零基础学炒股

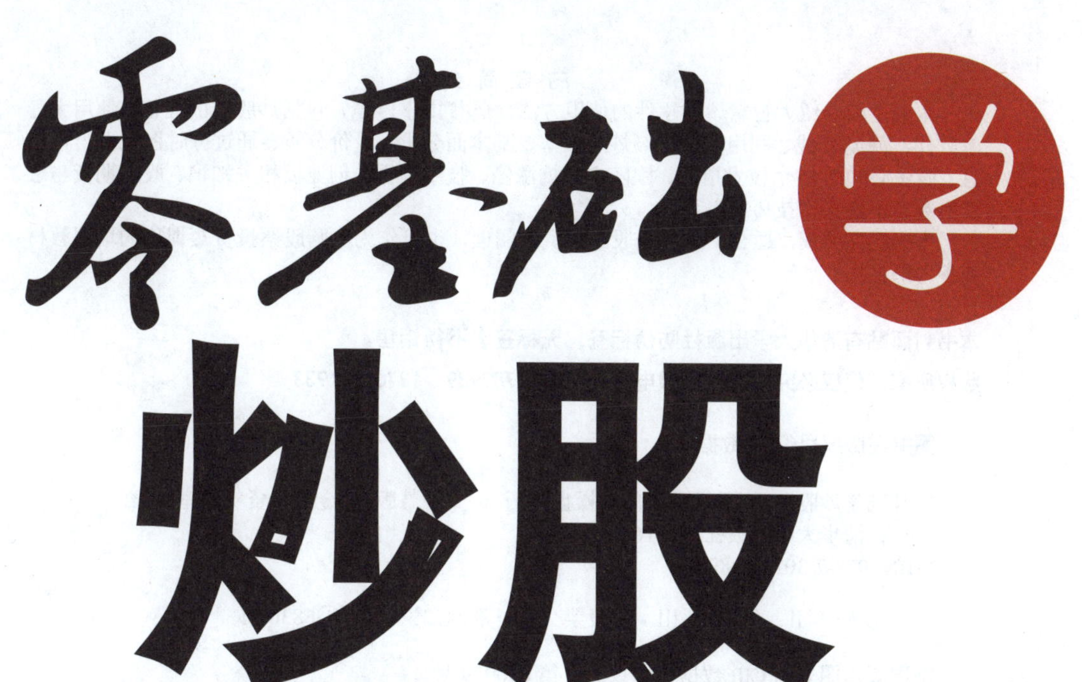

——股票投资入门与操盘技巧

(大智慧版)

金融投资实验室◎编著

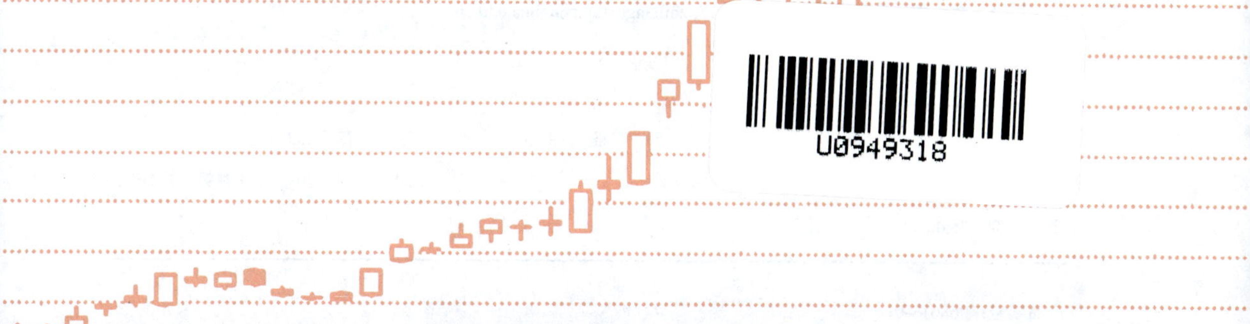

清華大學出版社
北　京

内 容 简 介

本书主要介绍大智慧炒股软件的使用方法，全书共分13章，包括炒股前的准备、使用大智慧软件、黄金K线、利用软件提高炒股效率、基本面分析、量价分析、通过分时图把握盘口信息、股民必知的15个技术指标、跟随主力擒涨停、技术分析、创业板相关知识、股指期货与融资融券、基金买卖技巧等内容。

本书图文并茂，适合广大电脑股票投资者阅读，也可作为电脑股票投资短训班的培训教材或参考书使用。

图书在版编目(CIP)数据

零基础学炒股 ： 股票投资入门与操盘技巧 ： 大智慧版 / 金融投资实验室编著.
-- 北京 ： 清华大学出版社，2016
ISBN 978-7-302-42989-0

Ⅰ. ①零… Ⅱ. ①金… Ⅲ. ①股票交易—基本知识 Ⅳ. ①F830.91

中国版本图书馆 CIP 数据核字(2016)第 030979 号

责任编辑：张立红
封面设计：邱晓俐
版式设计：方加青
责任校对：李跃娜
责任印制：沈　露

出版发行：清华大学出版社
网　　址：http://www.tup.com.cn，　http://www.wqbook.com
地　　址：北京清华大学学研大厦 A 座　　邮　　编：100084
社 总 机：010-62770175　　邮　　购：010-62786544
投稿与读者服务：010-62776969, c-service@tup.tsinghua.edu.cn
质 量 反 馈：010-62772015, zhiliang@tup.tsinghua.edu.cn
印 装 者：北京亿浓世纪彩色印刷有限公司
经　　销：全国新华书店
开　　本：180mm×250mm　　印　　张：18.75　　字　　数：433 千字
版　　次：2016 年 3 月第 1 版　　印　　次：2016 年 3 月第 1 次印刷
定　　价：75.00 元

产品编号：068013-01

前言

2013年6月25日，上证综指创出2009年以来的新低1849.65点，又经过一年的时间，到2014年7月，股市终于完成筑底过程，开始了新一轮牛市的征程。平静的股市又开始变得不平静了，上证综指连克前期压力位，不到一年的时间直冲5000点。

股市转牛又吸引了很多投资者的目光，开户数节节攀升，很多没有股市投资经验的投资者也冲进了股市。当投资者进入市场后才发觉，原来股市赚钱没有想象中那么简单。对于新入市的股民来说，不仅要掌握一些必备的股市常识，而且还要学会如何使用股票行情分析软件，掌握预测股价走势的分析方法。只有这样，才能在股市中游刃有余地生存下去，实现财富增值的梦想。本书由浅入深地对这些内容进行了详细讲解，将带领新入市的股民循序渐进地步入令人充满期待的股市。

新手炒股，一般要从以下三个方面着手。

第一，了解股市基础知识。

与进入其他市场一样，作为初入股市的新手，要对市场的参与者、自己交易的标的、交易价格的形成、自己日常所使用的交易工具进行一个简单的了解。这种了解能使人从较为宏观的角度来观察股市，摆脱股价短期波动带来的不利影响。

第二，掌握一项适合自己的操作策略。

在职场中要想成为某一行的专业人士，通常都需要一个较长周期的技术训练和经验积累，其实股市也完全相同，要想在股市中存活下来，必须通过长时间的经验积累，以及对股市交易专业知识的学习，形成一套自己的交易策略。

第三，树立正确的交易理念。

投资者可根据自己的个性、操作风格，采取不同的投资方式（短线、中线、长线投资），但是，在投资过程中投资者必须要有正确的交易理念，如止盈与止损、严格的操作纪律、仓位的控制等。

本书可为刚入市的投资者提供相应的股票基础知识和炒股软件使用技巧。

第1、2章主要介绍股票的基础知识和大智慧365炒股软件的安装使用，为投资者进入股市做好准备。

第3至10章则介绍炒股过程中要使用到的相关技术分析手段，涉及的内容包括K线理论、基本面分析、量价分析、分时图看盘口、常用的15个技术指标、涨停板等股市操作必须掌握的技术。

第11至13章介绍了创业板、股指期货与融资融券、基金买卖等内容。

本书是以大智慧365炒股软件为基础，在使用本书前要求读者掌握计算机Windows操作系统的基本使用方法。

本书适用于以下读者群：

- 新入市的股民
- 有一定股市经验，想使用网络炒股的股民
- 准备使用大智慧炒股软件的老股民
- 电脑炒股短训班学员

相信本书能够为投资者的股市求索之路提供实实在在的帮助，让投资者尽量避开被套牢和亏损，实现用钱赚钱的梦想。

由于股票市场本身的变化非常大，并且牵涉到的相关知识也非常多，书中难免有疏漏之处，敬请广大读者朋友批评指正，并多提出宝贵意见。

本书由金融投资实验室组织编写，参与编写的还有黄维、金宝花、李阳、程斌、胡亚丽、焦帅伟、马新原、能永霞、王雅琼、于健、周洋、谢国瑞、朱珊珊、李亚杰、王小龙、张彦梅、李楠、黄丹华、夏军芳、武浩然、武晓兰、张宇微、毛春艳、张敏敏、吕梦琪，在此一并表示感谢！

编者

Contents 目录

第1章 炒股前的准备

第2章 使用大智慧软件

第3章 黄金K线

第5章 基本面分析

第6章 量价分析

第8章 股民必知的15个技术指标

第10章 技术分析

第11章 创业板相关知识

第12章 股指期货与融资融券

第13章 基金买卖的技巧

第1章 炒股前的准备

炒股

沪深交易所公布了2014年市场概况：A股市场2014年实现了熊市向牛市的转变，投资者开户总数达到2.43亿户，两市股票总面值逼近40万亿，成交总额超过74万亿。面对这种全民炒股的热潮，不少人都跃跃欲试，准备进入股海，实现自己的资产增值。那么，该如何进行操作？炒股前需要做哪些准备呢？

投资者要进入股市，首先必须到证券公司开户，然后才能交易。开户之后，投资者还需要学习一些股票相关的基本知识，才不会出现错误操作，给自己造成不必要的损失。

1.1 开设证券账户

如何建立自己的投资账户？该到哪里去开户？这是新投资者首先需要知道的问题。这还得从我国证券市场的总体架构说起，我国设有两个证券交易市场供投资者进行股票交易，在交易所设有很多交易席位，这些交易席位通常由大机构和证券公司使用，普通投资者则是通过委托证券公司进行交易。

1.1.1 证券交易市场

证券交易市场也称二级市场、次级市场，是指对已经发行的证券进行买卖、转让和流通的市场。在二级市场上销售证券的收入属于证券的投资者，而不属于发行该证券的公司。

1. 证券交易所

根据我国《证券交易所管理办法》规定，证券交易所是指依法设立的、不以营利为目的、为证券的集中和有组织的交易提供场所和设施，履行国家有关法律、法规、规章、政策规定的职责，实行自律性管理的会员制事业法人。它与证券公司等证券经营机构不同，证券交易所本身并不从事证券买卖业务，只是为证券交易提供场所和各项服务，并履行对证券交易的监管职能。

我国有两个证券交易市场：上海证券交易所（简称上交所或沪市）和深圳证券交易所（简称深交所或深市）。

2. 交易席位

交易席位原指交易所交易大厅中的座位，座位上有电话、电脑等设备，证券公司可以通过它传递交易与成交信息。证券公司要参与证券交易，必须首先购买席位。拥有交易席位，就拥有了在交易大厅内进行证券交易的资格。

随着科学技术的不断发展，通信手段日益现代化，交易方式由手工竞价模式发展为电脑自动撮合，交易席位的形式也发生了很大变化，已逐渐演变为与交易所撮合主机联网的电脑报盘终端。

我国证券交易所为证券公司提供的交易席位有两种，即有形席位和无形席位。有形席位，指设在交易所交易大厅内与撮合主机联网的电脑报盘终端；无形席位，指证券公司利用现代通信网络技术，将证券营业部的电脑终端与交易所撮合主机直接联网，将交易委托传送到交易所撮合主机，并通过通信网络接收实时行情和成交回报数据。

1.1.2 选择证券公司开户

在证券交易所内能提供的交易席位是有限的，面对需要交易的众多投资者，该怎么办呢？这时，通常采用一种代理机制。在证券交易所一个证券公司使用一个交易席位，而普通投资者则到证券公司去开户，进行股票交易时向证券公司发出买卖指令，再由证券公司将投资者发送的委托指令通过交易席位提交给交易所。

因此，投资者要炒股，首先必须要选择一家证券公司进行开户。

面对众多的证券公司，新投资者该怎么选择呢？下面列出选择证券公司进行开户时需要考虑的一些重要因素。

- 公司的实力和信誉：在变化无常的证券市场上从事股票交易，选择一个实力强大、信誉好的证券公司，是保证其资产安全，进而能够盈利的重要前提。
- 是否有证券交易所的席位：只有取得了证券交易所席位的证券公司才能派员进入证券交易所从事股票的买卖；否则，证券公司只能再委托其他获得席位的经纪人代理买卖。如果这样将会徒然增加委托买卖的中间环节，增加投资者买卖股票的费用。
- 资讯服务：客户如何及时获得信息，是一个证券公司资讯服务的重要体现。选择证券公司时，这点是最需要考虑。证券公司能否每天提供重要信息，包括股票的推荐、大盘的分析等，甚至每天的电子邮件或手机短信能否接收到关于股票市场的信息，都值得考虑。
- 选择好的客户经理：在股票交易过程中有什么疑难问题，都可以通过客户经理得到专业的回答和帮助。
- 是否有增值服务：增值服务是证券公司提供一些收费服务（也有些是免费），为客户定制相关股市信息，或进行技术提高培训。
- 交易成本：在股票交易过程中，投资者买卖股票都会产生佣金、印花税、过户费等交易费用，有的证券公司撤单也是要收费的，所以，选择一个收费体制合理的证券公司可以节约不少钱。
- 交易方式是否多样：证券公司提供的交易方式有营业部交易大厅柜台交易、电话委托、网上交易、手机交易等多种。证券公司提供的交易方式越多，客户在炒股过程中就越方便。例如，如果提供手机交易方式，则只要在手机能上网的地方，客户就可以进行股票的买卖操作。

1.1.3 新规：投资者可开设多个账户

中国证券登记结算有限责任公司在2015年4月12日晚发布公告《关于取消自然人投资者A股等证券账户一人一户限制的通知》，通知称，自2015年4月13日起取消自然人投资者开立A股账户的一人一户限制，允许自然人投资者根据实际需要开立多个沪、深A股账户及场内封闭式基金账户。同一个投资者只能申请开立一个一码通账户，同一个投资者最多可以申请开立20个A股账户、封闭式基金账户，只能申请开立一个信用账户、B股账户。

在这之前的规定是只能一人一户，如果投资者在A证券公司开设了证券账户后，若想到B证券公司开设账户，则必须将在A公司开设的账户注销，才能到B公司重新开户。办理起来手续繁琐，费时费力。这样，如果最初选择的证券公司服务不好、收费较高，一般投资者怕麻烦，也只有忍受。

2015年4月13日之后，投资者就有了更多的选择权。例如，如果A公司的服务不好，投资者可直接到B公司重新开户，原来A公司的账户可以不去注销。

1.2 开户需要的资料

当投资者选定了一家证券公司作为其买卖股票的经纪人之后，接下来就是在证券公司开户。所谓开户，就是股票的买卖人在证券公司开立委托买卖的账户。

投资者去证券公司开设账户，是投资者委托证券商或经纪人代为买卖股票与证券商或经纪人签订委托买卖股票的契约，确立双方为委托与受委托的关系。

1.2.1 开户的资料

对于普通投资者来说，一般都是以个人名义开户的，必须持身份证亲自到证券公司营业部办理开户手续。但是，以下人员不能开户：

- 未满18周岁的未成年人及未经法定代理人允许者；
- 证券主管机关及证券交易所的职员与雇员；
- 党政机关干部、现役军人；
- 证券公司的职员；
- 被宣布破产且未恢复者；
- 法人委托开户未能提出该法人授权开户证明者；
- 曾因违反证券交易的案件在查未满三年者。

如果不是个人投资者，而是以一个企业（或其他机构）的名义开户，则需要准备以下资料：

- 机构营业执照副本原件；
- 机构营业执照正本复印件（加盖公章）；
- 法人代表证明书；
- 法人代表授权委托书；
- 法人代表身份证；
- 代理人身份证原件；
- 预留印鉴卡及回款账户。

1.2.2 开立股票账户

投资者要在某个证券交易所进行交易，就需要在该交易所开设一个股东账户，由于我国有两个证券交易所，所以投资者也需要分别开设深圳证券账户卡和上海证券账户卡。

股票账户类似于股票存折，既是投资者的代码卡，又是投资者分红派息、买卖股票的有效凭证。每一个投资者只能建立一个代码，投资者在认购新股、委托买卖、代理股票过户时，必须在有关凭证上填写自己的代码。

开立股票账户的开户费标准，上海股票账户40元/户，深圳股票账户50元/户。证券公司核查开户者提供的相关材料无误后，进行相关开户操作，最后给投资者发放股票账户卡。

1.2.3 开立资金账户

开立资金账户。投资者开设资金账户，委托人必须亲自签订受托契约并交验居民身份证和股东代码卡正本。

资金账户只需要开设一个，沪深两市的股东账户卡可对应一个资金账户。通常情况下，投资者只需要记住这一个资金账户即可，平常在网上交易时通过资金账户登录即可。

资金账户是投资者以后进行交易时要经常使用到的一串数字，与其对应的还要设置一个资金账户密码。今后凭资金账号和交易密码进行委托交易。

另外，根据规则，凡要进行股票交易者，都必须首先到任意一家专业银行和综合性银行开设一个三方存管银行账号，以便作日后分红派息之用，此账号也可作为委托买卖资金专户，以便清算交割顺利进行。

提示：在去银行开设账号之前，最好先咨询证券公司，确定支持银证业务的银行。

1.2.4 开通网上交易和手机交易

投资者若准备使用网上交易（即网络炒股），在开户时可同时申请开通网上交易。申请网上交易时，还需要签署《因特网交易的开户申请表》和《网上证券交易委托协议书》等文件，并根据需要获取网上交易的认证许可。

同样，如果投资者准备使用手机进行炒股交易，在开户的同时也可申请开通手机交易功能。

1.2.5 网上开户

投资者到证券公司的营业厅去办理开户手续，最少需要2个小时，如果因为工作和生活等原因没时间到证券公司营业厅去办理开户手续，投资者也可以通过互联网进行网上开户。目前各大证券公司都支持网上开户。这样，投资者足不出户即可完成开户操作。很多证券公司晚上网上开户也可以，为在上班期间不方便进行网上开户的投资者提供了便利。

在网上进行开户，除了要准备到营业厅开户所需相关证件和银行卡之外，还需要准备能正常接入互联网的电脑，以及摄像头、话筒、音箱（或带麦克风的耳机）等相关设备。有了这些基础后，就可以打开电脑按如下步骤进行网上开户操作了。

（1）进入证券的官方网站（建议选择大券商）；

（2）在网站首页找到“网上开户”，然后点击进入网上开户页面；

（3）安装证书控件（根据网页上的提示安装好证书控件，与首次登录网上银行时类似，以保证网络环境的安全）；

（4）根据本人的真实信息如实填写身份信息；

（5）选择营业部（可以选择离你最近的一家营业部，方便以后业务的办理）；

（6）上传身份证照片。可用手机或相机拍下身份证正面及背面并上传，也可通过摄像头直接拍照上传。但是为保证审核的通过率，建议尽量使用要求的照片上传方式。上传完成后系统会弹出“已上传”字样。

（7）点击“发送视频见证申请”，页面会自动弹出视频预览界面，该环节要求电脑务必配好视频和语音的设备。证券公司的见证人员将通过语音提示告诉投资者“视频见证”的步骤，在视频预览窗口中可以看到自己的视频图像，同时在对话框中看到见证人员给出的提示信息。当见证人员提示“开始”后，客户需要清晰、匀速地朗读页面上标记红色的文字。

（8）当投资者的身份验证通过时，系统会提示“本次见证已通过”，单击“确定”，就可以继续下一步骤。如果申请没有通过，请检查电脑配置的设备，满足条件后可再一次进行申请。

网上开户都需要经过以上几个关键步骤，其他的步骤就很简单，只需要按照提示一步一步操作就可以了。通常十分钟左右就能够完成网上开户。

1.3 炒股需支付的费用

在进行股票交易时，将产生相关的交易费用，如印花税、证券公司的佣金等。下面简单介绍一些主要费用，方便投资者在进行交易时计算成本。

1. 开户费

根据相关规定，投资者开户时需要缴纳相关费用。

上海证券交易所的开户费如下：

- 个人投资者开户费：40元/户；
- 机构投资者开户费：400元/户。

深圳证券交易所的开户费如下：

- 个人投资者开户费：50元/户；
- 机构投资者开户费：500元/户。

开户费是一次性费用，开设好股东账户之后就不会再产生这笔费用了。

现在多数证券公司都不会再收客户的开户费了。

2. 委托费

这笔费用主要用于支付通信等方面的开支。一般按交易的单数计算，对于上海证券市场的股票、基金，上海本地证券公司按每笔1元收费，异地证券公司按每笔5元收费；交易深圳证券市场的股票、基金，证券公司按1元收费。

3. 印花税

投资者在买卖成交后支付给国家税务部门的税收。2008年9月19日开始，将证券交易印花税调整为单边征收，税率为1‰，由卖出方缴纳1‰的印花税。

印花税由证券公司代扣后由交易所统一代缴，债券与基金交易均免交印花税。印花税作为政府调控股市的一个工具，会进行调整。

4. 佣金

这是投资者在委托买卖成交后所需支付给证券公司的费用。上海股票、基金及深圳股票均按实际成交金额的3‰向证券公司支付，上海股票、基金成交佣金起点为10元，深圳股票成交佣金起点为5元；深圳基金按实际成交金额的3‰收取佣金，债券交易佣金收取最高不超过实际成交金额的2‰。

实际投资中，3‰的佣金是最高收费标准。投资者可以和证券公司进行佣金的谈判，如果投资金额大，现在佣金可以低到万分之三，即使只有几万、十几万的投资金额，通常也可以谈到1‰以下。

5. 过户费

是指股票成交后，进行过户所需支付的费用。我国两家交易所采用不同的运作方法。上海股票采用的是“中央登记、统一托管”，所以此费用只在投资者进行上海股票、基金交易中才支付此费用。深股交易时无此费用。过户费按成交股票数量（以每股为单位）的1‰支付，不足1元按1元收。

6. 转托管费

办理深圳股票、基金转托管业务时所支付的费用。此费用按账户计算，每户办理转托管时需向转出方证券公司支付30元。

1.4 股票的交易时间

股票的交易时间包括交易日和每日交易时间两个方面。

1. 交易日

股票交易日首先必须是在工作时间，对周末、国家法定的节假日，股市都不进行交易。一般在上一年年底就会公布下一年度节假日休市的安排，在节假日来临之前证券交易所的网站上也会公布节假日的休市安排（同时也会通过不同媒体公布休市安排）。

刚入门的投资者还要注意，并不一定工作日就一定是交易日。有的假期会进行调休，调整的工作日也不会进行交易。例如，2015年2月18~24日为春节放假时间，2015年2月15日（星期日）调为工作日，但这一天由于是星期日，股票也不交易。

2. 每日交易时间

根据规定，在股市的每个交易日中交易时间分为两段：

- 上午：9:30~11:30，共2小时；
- 下午：13:00~15:00，共2小时。

全天共4小时交易时间。

除了以上4小时交易时间外，在每天开盘前5分钟为集合竞价时间，即早上9:25将产生集合竞价，成为当天的开盘价，5分钟之后（即9:30）开始当天正式的交易。

1.5 股市专业术语

1.5.1 指数

经常在财经新闻中看到上证多少点、深证多少点这样的播报，这些是什么意思？下面就来介绍这些最常见的股票指数。

1.5.1.1 股票指数

股票指数是由证券交易所或金融服务机构编制的，表明股票行市变动的一种可供参考的指示数字。

由于股票价格变化是没有规则的，投资者必然面临市场价格变化的风险。在实际操作中，对于某一只股票价格的变化，投资者可以跟踪了解，但是，如果想对市场中所有股票（或大批量股票）价格变化趋势进行了解，即使使用股票软件分析也很困难。

为了能跟踪了解到市场中众多股票的变化趋势，一些金融服务机构利用自己的业务知识和熟悉市场的优势，编制出股票价格指数并公开发布，作为市场价格变动的指标。而我们一般的投资者只需要通过这些指数来分析市场的变化趋势即可。这种股票指数，也就是表明股票行市变动情况的价格平均数。

编制股票指数，通常以某一个交易日为基础，将这一天的股票价格作为100，将以后各时期的股票价格和基期价格比较，计算得出的百分比，就是该时期的股票指数。投资者根据指数的升降，就可以判断出股票价格的变动趋势。

为了能实时的向投资者反映股市的动向，所有的股市几乎都是在股价变化的同时即时公布股票价格指数。

1.5.1.2 上证指数

我们经常看到报道上证多少点，其实报道的是上证指数，是一种股票指数，其全称是上海证券交易所综合股价指数，简称为上证综指、上证综合指数。一般投资者、分析师说的大盘指数的走势，就是指上证指数。

上证指数最初是中国工商银行上海分行信托投资公司静安证券业务部根据上海股市的实际情况，参考国外股价指标的生成方法编制而成。上证指数以1990年12月19日为基期，1991年7月15日开始公布。上证股价指数以上海股市的全部股票为计算对象，计算公式为

股票指数=（当日股票市价总值÷基期股票市价总值）×100

由于以上海证券交易所上市的全部股票进行计算，因此，上证指数可以较为贴切地反映上海证券交易所股价的变化情况。

如果有新股上市、股票退市或上市公司扩股时，采用“除数修正法”修正基期股票市价总值，以保证指数的连续性。2007年1月上海证券所规定，新股于上市第11个交易日开始计入上证综指。

1.5.1.3 深证指数

深证指数，全称为深圳证券交易所成份股价指数，简称深证成指，是深圳证券交易所

的主要股指。它是按一定标准选出40家有代表性的上市公司作为成份股，用成份股的可流通数作为权数，采用加权平均法编制而成。成份股指数以1994年7月20日为基准日，基准日指数为1000点，起始计算日期为1995年1月25日。

计算深证成指的基本公式为：

股价指数=现时成份股总市值÷基期成份股总市值×1000

为保证成份股样本的客观性和公正性，成份股不搞终身制，深交所定期考察成份股的代表性，及时更换代表性降低的公司，选入更有代表性的公司。当然，变动不会太频繁，考察时间为每年的一、五、九月。

根据调整成份股的基本原则，参照国际惯例，深交所制定了科学的标准，采取了分步骤选取成份股样本的方法，即先根据初选标准从所有上市公司中确定入围公司，再从入围公司中确定入选的成份股样本。

1. 确定入围公司

确定入围公司的标准包括上市时间、市场规模、流动性三方面的要求。

- 有一定的上市交易日期，一般应当在3个月以上。
- 有一定的上市规模。将上市公司的流通市值占市场比重（3个月平均数）按照从大到小的顺序排列并进行累加，入围公司居于90%之列。
- 有一定的市场流动性。将上市公司的成交金额占市场比重（3个月平均数）按照从大到小的顺序排列并进行累加，入围公司居于90%之列。

2. 确定成份股样本

根据以上标准确定入围公司后，再结合以下各项因素确定入选的成份股样本。

- 公司的流通市值及成交额；
- 公司的行业代表性及其成长性；
- 公司的财务状况和经营业绩（考察过去三年）；
- 公司两年内的规范运作情况。

对以上各项因素分别赋予科学的权重，进行量化处理，就选择出了各行业的成份股样本。

1.5.1.4 其他指数

除了上面介绍的上证指数、深圳指数之外，我国股票市场中还有很多股票指数，下面再介绍几个常用指数的概念。

- 上证180指数：又称上证成份指数，是上海证券交易所对原上证30指数进行了调整并更名而成的，其样本股是在沪市所有A股股票中抽取最具市场代表性的180种样本股票，自2002年7月1日起正式发布。作为上证指数系列核心的上证180指数的编制方案，目的在于建立一个反映上海证券市场的概貌和运行状况、具有可操作性和投资性、能够作为投资评价尺度及金融衍生产品基础的基准指数。
- 上证50指数：2004年1月2日，上海证券交易所发布了上证50指数。上证50指数根据流通市值、成交金额对股票进行综合排名，从上证180指数样本中选择排名前50位的股票组成样本。上证50指数以2003年12月31日为基准日，以该日50只成份股的调整市值为基准期，基数为1000点。

- 沪深300指数：简称沪深300，中证指数公司编制并发布了沪深300统一指数，为反映中国证券市场股票价格变动的概貌和运行状态，并能够作为投资业绩的评价标准，为指数化投资及指数衍生产品创新提供基础条件。目前我国股指期货的交易，就是以沪深300指数为标的合约。

1.5.2 板块

股票板块主要是按行业、地区、概念分类。其中，行业是根据上市公司所从事的领域划分的，例如有煤炭、纺织、医药等板块；地区主要是根据省份划分的，例如有上海本地板块、成渝板块等；概念是根据权重、热点、特色题材划分的，例如低碳概念板块。

本节简单介绍几个常见板块。

1.5.2.1 ST股

ST是英文Special Treatment的缩写，意思是“特别处理”。对于出现财务状况或其他异常状况的上市公司，在其股票名称前面加上ST标志，这类股票称为ST股。

沪深证券交易所在1998年4月22日宣布，根据1998年实施的股票上市规则，将对财务状况或其他异常状况的上市公司的股票交易进行特别处理。

1. 财务异常情况

这里所说的财务状况异常包括以下情况：

- 最近一个会计年度的审计结果显示股东权益为负值，扣除非经常性损益后的净利润为负值；
- 最近一个会计年度的审计结果显示其股东权益低于注册资本，即每股净资产低于股票面值；
- 注册会计师对最近一个会计年度的财务报告出具无法表达意见或否定意见的审计报告；
- 最近一个会计年度经审计的股东权益扣除注册会计师、有关部门不予确认的部分，低于注册资本；
- 最近一份经审计的财务报告对上年度利润进行调整，出现连续一个会计年度亏损；
- 经交易所或中国证监会认定为财务状况异常的。

2. 其他异常情况

除了财务亏损之外，出现其他异常情况时，上市公司也会进行ST处理，这里所说的其他异常情况包括以下几种：

- 由于自然灾害、重大事故等导致上市公司主要经营设施遭受损失，公司生产经营活动基本中止，在三个月以内不能恢复的；
- 公司涉及负有赔偿责任的诉讼或仲裁案件，按照法院或仲裁机构的法律文书，赔偿金额累计超过上市公司最近经审计的净资产值的50%的；
- 公司主要银行账号被冻结，影响上市公司正常经营活动的；
- 公司出现其他异常情况，董事会认为有必要对股票交易实行特别处理的；

- 人民法院受理公司破产案件，可能依法宣告上市公司破产的；
- 公司董事会无法正常召开会议并无法形成董事会决议的；
- 公司的主要债务人被法院宣告进入破产程序，而公司相应债权未能计提足额坏账准备，公司面临重大财务风险的；
- 中国证监会或交易所认定为状况异常的其他情形。

3. ST股的交易规则

在上市公司的股票交易被实行ST处理期间，其股票交易应遵循下列规则：

- 股票报价日涨跌幅限制为5%；
- 股票名称改为原股票名前加“ST”，例如“ST前锋”；
- 上市公司的中期报告必须经过审计。

如果上市公司经营连续三年亏损，则在其股票名称上加上“*ST”标记，称为退市预警。这类股票需要投资者特别小心，因为如果该上市公司继续亏损，则该股票将从交易所退市。

另外在股市中还可以看到，有的股票前面还有SST，或S*ST这些字符的，SST表示上市公司经营连续二年亏损，进行特别处理，且还没有完成股改；S*ST表示上市公司经营连续三年亏损，进行退市预警，且还没有完成股改。

4. ST股的摘帽规定

如果上市公司最近年度财务状况恢复正常、审计结果表明财务状况异常的情况已消除，公司运转正常，公司净利润扣除非经常性损益后仍为正值，公司可向交易所申请撤销特别处理。撤销特别处理的股票代码前不再有ST标记，俗称“摘帽”。摘帽后的公司恢复正常交易，并取消ST标记。

1.5.2.2 大盘股

大盘股，常指发行在外的流通股份数额较大的上市公司股票。反之，小盘股就是发行在外的流通股份数额较小的上市公司的股票，我国现阶段一般不超1亿股流通股票都可视为小盘股。中盘股，即发行在外数额的股票介于大盘股与小盘股中间。以前流通盘的股票相对少，所以把流通盘在3000万以下的称小盘股，流通盘1个亿以上的就叫大盘股了。

随着许多大型国企的上市，这一概念也发生了转变，流通盘1个亿以下的都只能算是小盘股了。许多如钢铁股、石化股、电力股由于流通盘较大，称为大盘股。而像中石化、中联通、宝钢这些有十几亿甚至几十亿流通盘的股票就称为超级大盘股。

上市公司的流通盘或总股本有可能逐步增大。例如，苏宁云商（002024）虽然是在中小板市，2004年上市时其流通股份为2500万股，但经过每年的送配股、增发新股等，现在其总股本已达到73.83亿股，流通股已达到近50亿股，已属于大盘股了。

目前对于大盘股的界定没有一个明确的规定，一般认为流通盘在5亿股以上，可以称为大盘股。

另外，也可按上市公司的总市值来对大盘股进行定义，通常将市值总额达50亿元以上的称为大盘股。总市值是公司的总股本数乘以股票的市值。大盘股公司通常为造船、钢铁、石化类等公司。

1.5.2.3 低碳概念股

低碳概念股就是证券市场里以节能环保为题材的上市公司。低碳经济是以低能耗、低污染、低排放为基础的经济模式，是人类社会继农业文明、工业文明之后的又一次重大进步。低碳经济实质是能源高效利用、清洁能源开发、实现绿色GDP，核心是能源技术和减排技术创新、产业结构和制度创新，以及人类生存发展观念的根本性转变。

“低碳经济”提出的大背景，是全球气候变暖对人类生存和发展产生了严峻挑战。随着全球人口和经济规模不断增长，能源利用带来的环境问题及其诱因不断被人们所认识，不只是颗粒物、光化学烟雾和酸雨等危害，大气中二氧化碳（CO_2）浓度升高带来的全球气候变化已成为不争的事实。

低碳经济概念主要包括以下两大类别：

- 新能源板块：包括风电、核电、光伏发电、生物质能发电、地热能、氢能等；
- 节能减排板块：包括智能电网、新能源汽车、建筑节能、半导体照明节能、变频器、余热锅炉、余压利用、清洁煤发电和清洁煤利用板块（包括CDM项目）等。

1.5.3 市盈率、市净率、涨幅、振幅

在股票市场中有一些特定的术语，如市盈率、市净率，这些与上市公司的财务指标有关；而涨幅、振幅这类的术语，则与盘面成交数据有关。

1.5.3.1 市盈率PE

市盈率又叫作本益比（Price earnings ratio，简称PE），是投资者所必须掌握的一个重要财务指标。市盈率反映了在每股盈利不变的情况下，并且派息率为100%时及所得股息没有进行再投资的条件下，经过多少年投资者的投资可以通过股息全部收回。

一般情况下，某只股票的市盈率越低，表明投资回收期越短，投资风险就越小，股票的投资价值就越大；反之则结论相反。

市盈率有以下两种计算方法：

（1）股价同过去一年每股盈利的比率。

（2）股价同本年度每股盈利的比率。

前者以上年度的每股收益作为计算标准，不能反映股票因本年度及未来每股收益的变化而使股票投资价值发生变化这一情况，因而具有一定滞后性。买股票就是买未来，上市公司当年的盈利水平具有较大的参考价值，第二种市盈率即反映了股票现实的投资价值。因此，如何准确估算上市公司当年的每股盈利水平，已成为把握股票投资价值的关键。

上市公司当年的每股盈利水平不仅和企业的盈利水平有关，而且和企业的股本变动也有着密切的关系。在上市公司股本扩张后，平均分配到每股里的收益会减少，企业的市盈率会相应提高。因此在上市公司发行新股、送红股、公积金转送红股和配股后，必须及时摊薄每股收益，计算出正确的有指导价值的市盈率。

1.5.3.2 市净率PB

市净率（Price to book ratio 简称PB）指的是每股股价与每股净资产的比率。市净率可用于投资分析，一般来说市净率较低的股票，投资价值较高；相反，则投资价值较低。但在判断投资价值时还要考虑当时的市场环境以及公司经营情况、盈利能力等因素。

市净率的计算公式为：

市净率=（股票市价÷每股净资产）

每股净资产是公司资本金、资本公积金、资本公益金、法定公积金、任意公积金、未分配盈余等项目的合计，它代表全体股东共同享有的权益。净资产的多少是由股份公司经营状况决定的，股份公司的经营业绩越好，其资产增值越快，股票净值就越高，因此股东所拥有的权益也越多。

1.5.3.3 涨幅

涨幅是指目前这只股票的上涨幅度，通常是当前股价与上一个交易日价格的比率，即

涨幅=（股票现价－上一个交易日收盘价）÷上一个交易日收盘价×100%

如果涨幅为0则表示今天没涨没跌，价格和前一个交易日持平；如果涨幅为负则表示该股当天是处于下跌状态。

从1996年12月16日起，深交所、上交所对上市的股票、基金的交易实行涨跌幅限制，在正常情况下股票、基金价格的上涨、下跌幅度都不能超过10%，对ST股票涨跌幅度限制为5%。根据规定，超过涨跌限制的委托为无效委托，当日不能成交。

但是，以下情况的股票不受涨跌幅度限制：

- 新股上市首日；
- 股改完成后，首日复牌；
- 暂停上市的ST股扭亏复牌首日；
- 权证。

涨跌幅限制最直接的作用是对一天之内市场的暴涨暴跌进行抑制，预防短期市场风险，但另一方面，涨跌幅限制也具有一定程度的助涨助跌作用，很容易受到大资金的控制。总体上来看，涨跌幅限制只能改变短期大盘和个股走势，对中长期市场的波动没有太大的影响。

1.5.3.4 振幅

振幅是指开盘后最高价、最低价之差的绝对值与股价的百分比。它在一定程度上表现股票的活跃程度。如果一只股票的振幅较小，说明该股不够活跃，反之则说明该股比较活跃。

股票振幅有日振幅分析、周振幅分析、月振幅分析等类型。

由于有涨跌幅限制，股票的上涨、下跌都限制在10%之内，因此，正常情况下股票的日振幅为20%，即最低价达到跌停价，最高价达到涨停价。

1.5.4 送配股、分红、除权除息

股市的主要目的是为广大投资者提供投资渠道，投资者将自己手中的钱投入到上市公

司中，成为上市公司的股东，就可从公司的收益中获利。获利的方式有股息分红、送配股等方式，由此引出了分红、送配股、除权除息等专业术语。

1.5.4.1 送配股

送配股是送股和配股两个概念。

送股是指上市公司将利润（或资本金转增）以红股的方式分配给投资者，使投资者所持股份增加而获得投资收益。

配股是上市公司在扩大生产经营规模、需要资金时，通过配售新股票向原有股东募集资本金的一种办法。配股赋予企业现有股东对新发股票的优先取舍权，按照惯例，公司配股时新股的认购权按照原有股权比例在原股东之间分配，即原股东拥有优先认购权。

使用配股这种方式可以保护现有股东合法的优先购买权。股东也可以表决放弃其优先认股权，允许企业向新股东发行新股。

配股最主要的特点是，新股的价格是按照发行公告发布时的股票市价做一定的折价处理来确定的。折价处理是为了鼓励股东出价认购，当市场环境不稳定的时候，确定配股价是非常困难的。

1.5.4.2 分红

股份公司经营一段时间后（一般为一年或半年），如果产生了利润，就要向股东分配股息和红利。其交付方式一般有以下三种：

- 以现金的形式向股东支付。这是最常见、最普通的形式；
- 向股东送红股，采取这种方式主要是为了把资金留在公司扩大经营，以追求公司发展的远期利益和长远目标；
- 实物分派，即是把公司的产品作为股息和红利分派给股东。

在分红派息前，持有股票的股东一定要密切关注与分红派息有关的四个日期，这四个日期是：

- 股息宣布日，即公司董事会将分红派息的消息公布于众的时间；
- 股权登记日，即统计和确认参加期股息红利分配的股东的日期；
- 派息日，即股息正式发放给股东的日期；
- 除息日，即不再享有本期股息的日期。

提示：很多投资者对于这四个日期的含义没理解清楚。在这四个日期中，股权登记日是最重要的，只要在这一天收盘后还持有该股，则享有该股分红的权利。在股权登记日的次日卖出股票，不影响分红，到派息日，股息仍然会自动发送给股票。

对于现金分红，只要投资者在股权登记日收盘后持有该股的账户，在派息日都会由交易单位将相应红利金额自动划转到股东账户，不需要股东进行任何操作。

对于送红股也是类似的，只要投资者在股权登记日收盘后持有该股的账户，都会由交易单位将对应数量的股份自动划入到股东账户中。根据规定，沪市所送红股在股权登记日后的第一个交易日——除权日即可上市流通，深市所送红股在股权登记日后第三个交易日上市。

1.5.4.3 除权除息

当公司对股东进行分红后要确定一个除权除息日，表示持有该股票的投资者已经分红完成，这一天以后不再享有本股的分红权利（因为现金红利或转增股数已经转到股东的股户了）。

凡是进行了分红的股票，都要设置一个除权除息日。除权或除息的产生是因为公司原股东在除权或除息日之前已经持有该公司股票，与在除权除息日购买该公司股票的投资者相比，两者买到的是同一家公司的股票，但是内含的权益不同（前者已得到了分红），显然不公平。因此，必须在除权或除息日当天向下调整股价，成为除权或除息参考价。

如果只是除息，可按以下公式计算除息价。

除息价=股息登记日的收盘价 – 每股所分红利现金额

例如，工商银行（601398）2015年分红方案是10派2.55元，股权登记日是2015年7月6日，除权除息日是2015年7月7日。7月6日这天的收盘价为5.79元，则7月7日的除息价为：

$$5.79 - 2.55 \div 10 = 5.5346 \approx 5.535$$

如果只是送红股或转增股，则

送红股后的除权价＝股权登记日的收盘价 ÷（1+每股送红股数）

既送红股，又派现金红利，则除权除息价的公式为：

除权除息价＝（股权登记日的收盘价 – 每股所分红利现金额+配股价 × 每股配股数）÷（1+每股送红股数+每股配股数）

提示：对现金红利，需按红利金额纳税。自2013年1月1日起对个人从公开发行和转让市场取得的上市公司股票，股息红利所得按持股时间长短实行差别化个人所得税政策。持股超过1年的，税负为5%；持股1个月至1年的，税负为10%；持股1个月以内的，税负为20%。对于送红股，每股按1元面值计算，同样按10%征税，即每股应缴0.1元的税；对于送红股的税一般在现金红利中扣除。所以一般分配方案中有送股的，肯定也有现金分红，其现金金额至少足够扣税。

沪市股票在除权日当天会在股票名称前出现XR、XD、DR的标志，这些前缀的意思为：

- XR：为除权，对送红股或转增股除权；
- XD：为除息，对现金派息进行除息；
- DR：除权除息，对送红股或转增股除权，同时对现金派息进行除息。

炒股 第2章 使用大智慧软件

网上炒股是近几年随着互联网的发展而兴起的一种交易方式。通过网上炒股，投资者可以在计算机中查看到即时的行情，做出即时判断，委托交易时也能快速下单。更为方便地是，通过接入互联网的计算机，投资者可以获取大量资讯，可提高对股票的分析能力。

随着网上炒股的兴起，网上炒股软件层出不穷，比较常见的有大智慧、同花顺、通达信等软件。本书主要介绍如何使用大智慧软件进行炒股。

2.1 安装大智慧365

大智慧365是一款电脑软件，我们使用之前需要将其安装到电脑中。本节主要介绍大智慧软件的下载、安装等操作技巧，为进行网上炒股做准备。

2.1.1 下载与安装

1. 下载“大智慧365”软件

大智慧软件分为付费版和免费版，下面主要介绍免费版软件的下载、安装和使用。

（1）登录到大智慧官方网站http：//www.gw.com.cn/，在主页上方单击“下载”链接（或者直接打开网页http：//www.gw.com.cn/download.shtml），可看到如图2–1的下载页面。

图2-1 下载软件

（2）在图2–1所示下载页面中可看到有免费软件和收费软件的下载链接，单击免费软件下载中的“大智慧365”链接，将打开一个介绍该软件的网页。

（3）单击勾选下方的“我已了解并同意风险提示内容”，然后单击“大智慧365”下方的“下载”按钮，即可下载大智慧365软件。

（4）选择保存软件的位置，开始下载名为“365.exe”的软件。

2. 安装“大智慧365”

将大智慧365软件的安装程序下载到计算机后，就可以直接安装了，具体步骤如下：

（1）双击下载的软件“365.exe”开始进行安装。首先将出现如图2–2所示窗口，单击“下一步”按钮。

（2）接下来设定安装位置，如图2–3所示。默认安装到C：\dzh365，建议修改安装到其他盘中，以便保留历史数据，如安装到E：\dzh365。设定好安装路径之后单击“下一步”按钮。

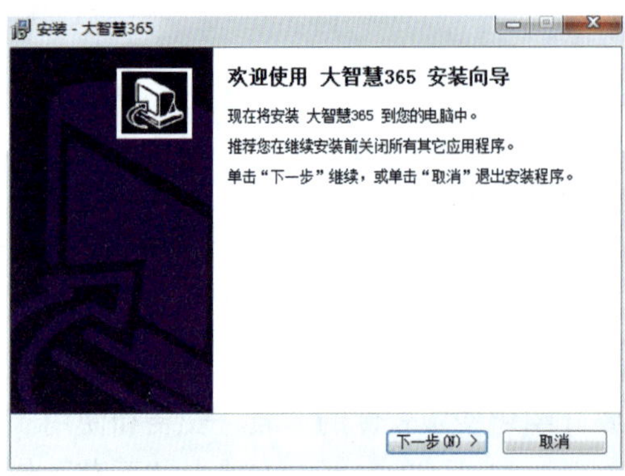

图2-2　开始安装

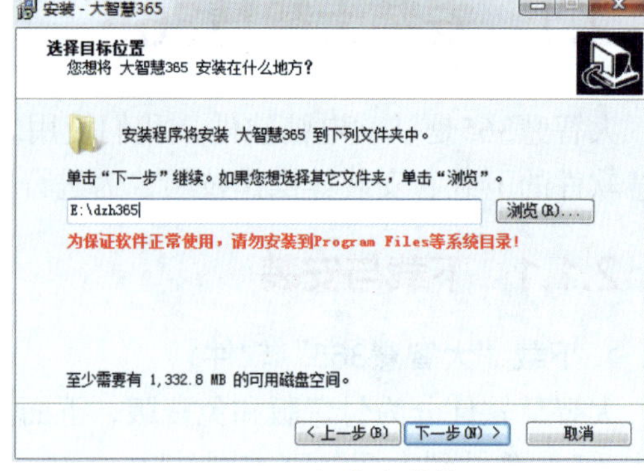

图2-3　设定安装位置

（3）接着设定安装程序在“开始菜单文件夹”中显示的文件夹，使用默认设置，如图2-4所示。直接单击“下一步”按钮。

（4）接着出现设置的参数，如图2-5所示，单击“安装”按钮，开始复制文件，进行安装。

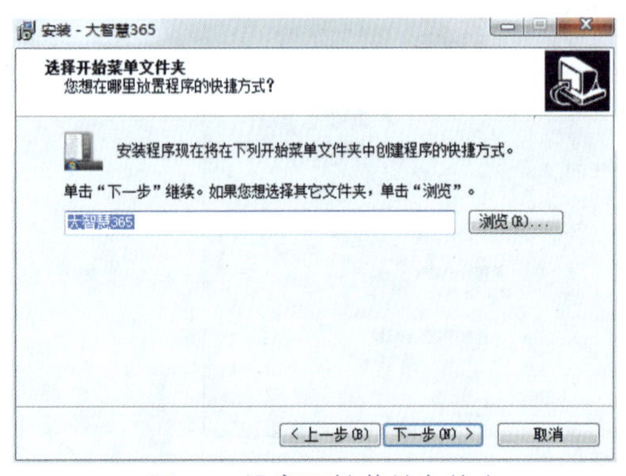

图2-4　设定开始菜单文件夹

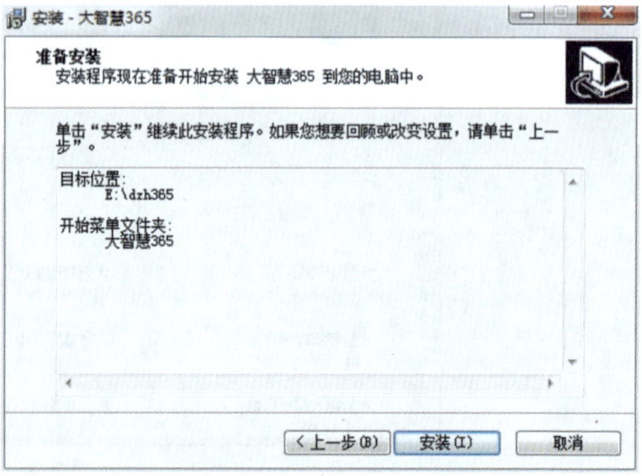

图2-5　准备安装

（5）接着出现如图2-6所示的复制文件过程，安装完成后将显示如图2-7所示窗口，单击“完成”按钮，完成软件的安装。

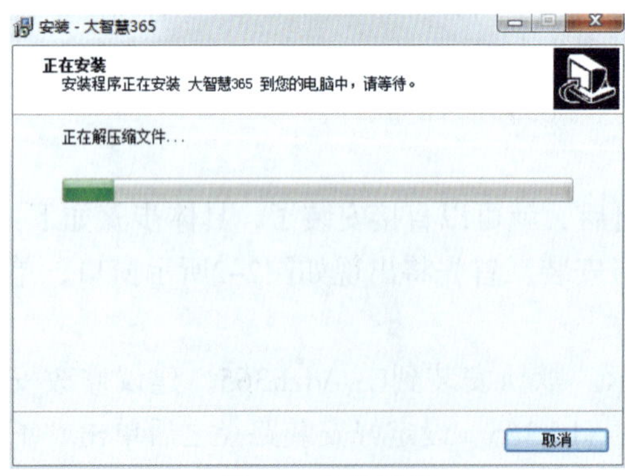

图2-6　安装过程

图2-7　安装完成

在图2-7所示对话框中，默认勾选中了“启动大智慧365”，单击“完成”按钮即可启动软件。

2.1.2 软件的启动

启动大智慧软件时，需要用户进行一些选择，下面介绍具体的启动过程。

（1）在Windows7中单击左下角的“开始”按钮，从弹出的开始菜单中逐项选择“所有程序/大智慧365/大智慧365”（也要该图标复制到桌面创建快捷启动方式），将显示如图2-8所示的启动提示界面。

（2）接着将出现如图2-9所示“选择网络运营商”窗口，选择用户连接到互联网时使用的运营商，如果不知道是哪个网络运营商，选择“我不知道”即可。

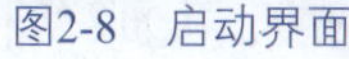
图2-8 启动界面

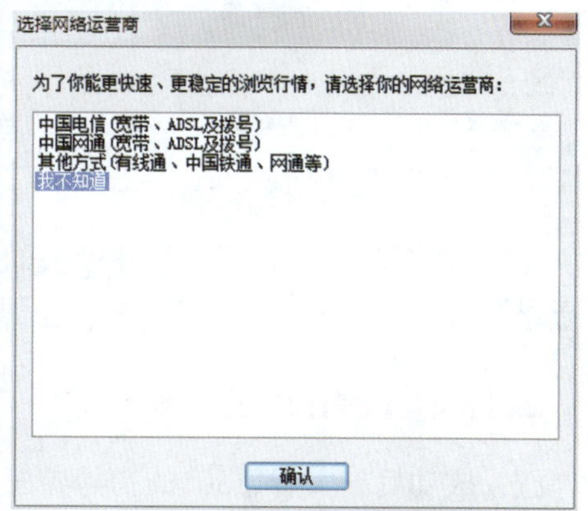

图2-9 选择网络运营商

（3）这时将出现如图2-10所示的界面。如果原来在其他计算机中申请过账号（并能记住账号和密码），可单击“已有账号”按钮进行登录。

（4）由于是新安装的软件，还没有大智慧的免费账号，单击“免费申请”按钮开始申请账号，将显示如图2-11所示窗口，提示新账号和密码，输入验证码，单击“我知道了”完成账号的申请（系统将自动记录该号，以后在安装的这台电脑上启动“大智慧365”，默认使用该账号和密码）。

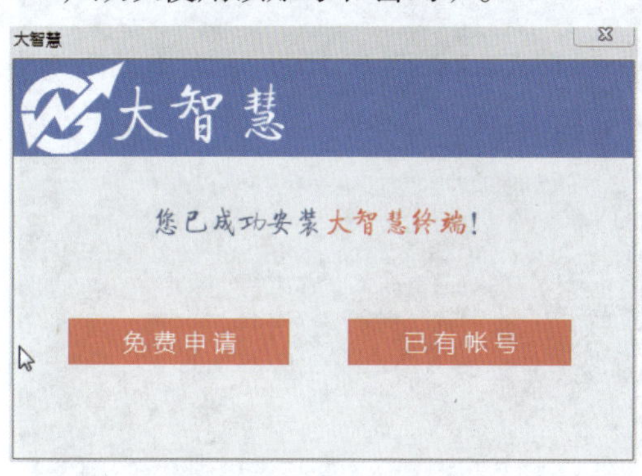

图2-10 账号提示窗口

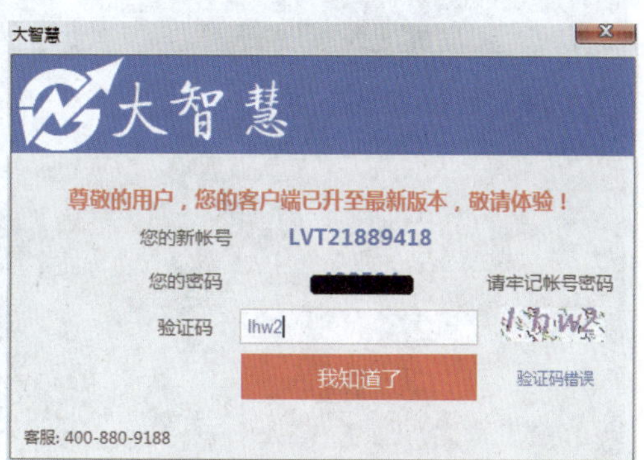

图2-11 申请账号

（5）接着将出现如图2-12所示的选择主站界面，这里显示了可连接的主站，每个主站名称右侧有一个类似“快39”的速度标识（速度有快、较快、慢、较慢、一般等项，每项后面还有一个数字，数字越小表示连接速度越快），选择连接速度快的主站进行连接。

（6）在图2-12中还可以单击右下角的“优选主站”按钮，打开如图2-13所示的对话框，单击“重新测试”按钮可对这些主站重新进行测速，单击“返回”按钮可回到图2-12所示界面。

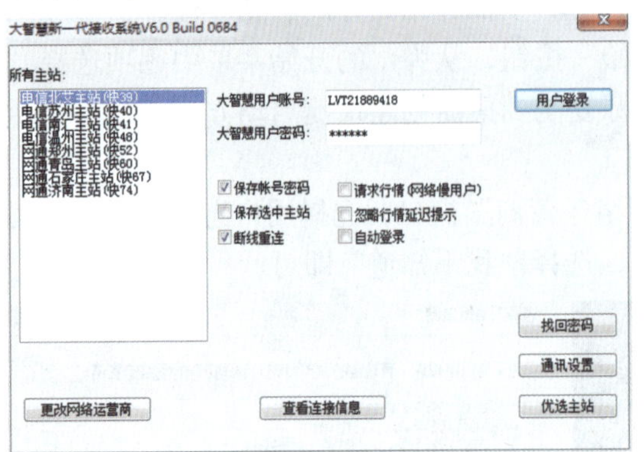

图2-12　选择主站

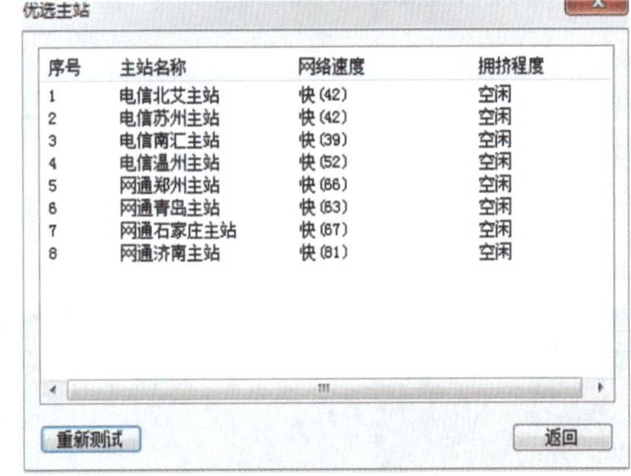

图2-13　优选主站

（7）在图2-12中选择连接速度快的主站，账号和密码已填写在相应位置，单击“用户登录”按钮，即可进入大智慧软件主界面。

2.1.3　设置配色方案

登录成功后，大智慧365的初始界面显示如图2-14所示。初始界面分为三个部分，左侧是自选指数和自选股，由于是新安装的软件，还没有自选股，因此“自选股”列表部分为空。中间部分上方是一些实时信息列表，单击列表中的某项，则可查看到相应的详细信息；中间部分的下方显示的是股指期货的走势。右侧的是一些行业信息或互动信息。

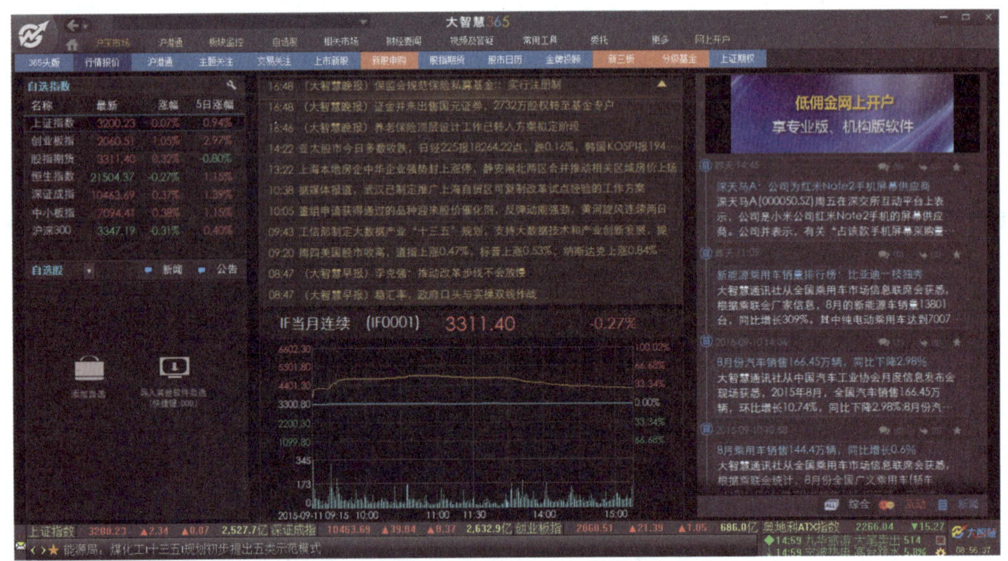

图2-14　大智慧365初始界面

大智慧365默认是黑色背景，为了使截图在书中印刷效果更好，本书的操作需对配色方案进行设置。选择界面顶部的菜单“常用工具”，从弹出的命令面板的“系统设置”中选择“系统选项”（也可按快捷键Ctrl+O），打开“选项”窗口，如图2-15所示。

在“外观”选项卡中单击“配色方案”下拉列表框，选择“蓝白”（也可选择“绿白”之类的），如图2-16所示。

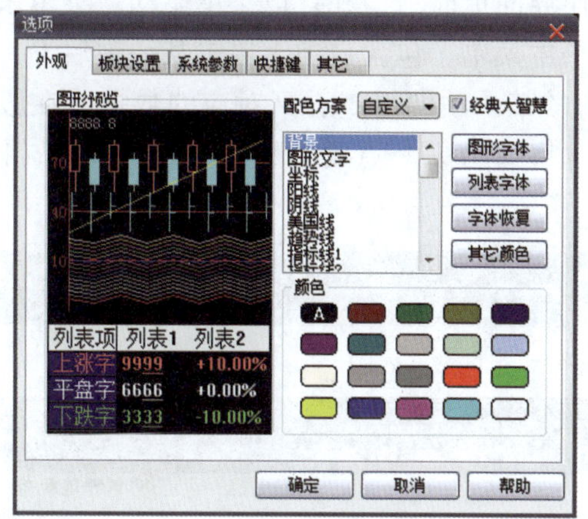

图2-15　选项

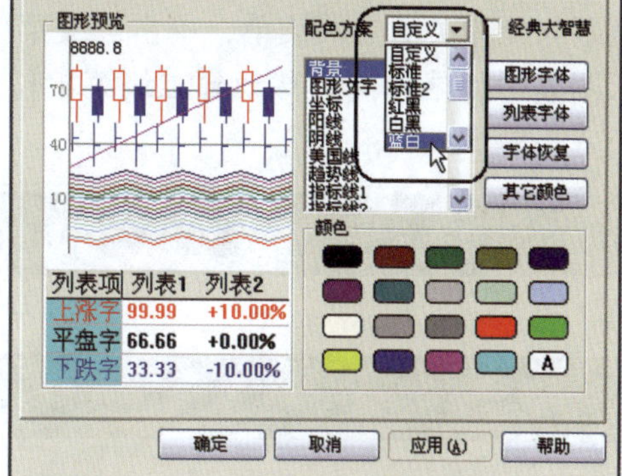

图2-16　选择配色方案

设置好配色方案后，单击顶部菜单中左侧的“沪深市场”，可看到行情报价窗口的背景色变为白色，上涨用红色表示，下跌用蓝色来表示，如图2-17所示。

序号	代码	名称	最新	涨跌	涨幅↓	总手	换手率	现手	总额	昨收	今开	最高	最低	涨速	买一价	卖一价	行业	市盈率
1	600675	中华企业	7.87	+0.72	10.07%	1229367	6.58%	1229367	94814	7.15	7.10	7.87	7.08		7.87		房地产	71.9
2	000034	深信泰丰	10.18	+0.93	10.05%	270495	7.95%	270495	27239	9.25	9.11	10.18	9.11		10.18		综合类	35.3
3	300107	建新股份	6.13	+0.56	10.05%	260498	15.59%	260498	15529	5.57	5.54	6.13	5.54		6.13		石油化工	25.5
4	600824	益民集团	8.32	+0.76	10.05%	657612	7.49%	657612	52390	7.56	7.53	8.32	7.53		8.32		商业贸易	34.9
5	600822	上海物贸	10.95	+1.00	10.05%	207097	5.23%	207097	21643	9.95	9.90	10.95	9.89		10.95		商业贸易	9125.0
6	002162	斯米克	9.86	+0.90	10.04%	364245	8.71%	364245	34190	8.96	8.81	9.86	8.81		9.86		金属材料	-52.3
7	600701	工大高新	14.36	+1.31	10.04%	329456	6.61%	329456	46336	13.05	13.02	14.36	13.02		14.36		综合类	-224.3
8	600662	强生控股	14.91	+1.36	10.04%	1412468	13.41%	1412468	199967	13.55	13.28	14.91	13.04		14.91		社会服务	87.4
9	002127	新民科技	12.39	+1.13	10.04%	158699	3.55%	158699	19342	11.26	11.70	12.39	11.60		12.39		石油化工	619.5
10	600601	方正科技	6.47	+0.59	10.03%	2436234	11.10%	2436234	154915	5.88	5.88	6.47	5.87		6.47		信息技术	80.4
11	600679	金山开发	13.38	+1.22	10.03%	66909	3.68%	66909	8543	12.16	11.98	13.38	11.91		13.38		机械仪表	1115.0
12	002488	金固股份	18.21	+1.66	10.03%	165527	19.01%	165527	29098	16.55	16.66	18.21	16.66		18.21		机械仪表	43.3
13	600624	复旦复华	11.30	+1.03	10.03%	690344	20.00%	690344	77040	10.27	10.27	11.30	10.27		11.30		综合类	114.2
14	300330	华虹计通	14.60	+1.33	10.02%	94499	8.42%	94499	13308	13.27	13.30	14.60	13.27		14.60		信息技术	185.2
15	000018	中冠A	25.80	+2.35	10.02%	33610	3.37%	33610	8091	23.45	23.01	25.80	22.60		25.80		纺织服装	-645.0
16	600797	浙大网新	11.53	+1.05	10.02%	542536	6.60%	542536	61926	10.48	10.61	11.53	10.60		11.53		信息技术	-432.3
17	600855	航天长峰	24.27	+2.21	10.02%	223862	9.60%	223862	52291	22.06	22.50	24.27	22.11		24.27		机械仪表	983.9
18	600820	隧道股份	12.30	+1.12	10.02%	1911613	9.45%	1911613	224231	11.18	11.19	12.30	11.16		12.30		建筑业	26.5
19	600676	交运股份	13.18	+1.20	10.02%	630106	8.06%	630106	79965	11.98	11.80	13.18	11.75		13.18		机械仪表	35.7
20	600086	东方金钰	35.26	+3.21	10.02%	194019	5.51%	194019	65863	32.05	32.20	35.26	32.05		35.26		其他制造	109.0
21	600172	黄河旋风	14.72	+1.34	10.01%	376247	7.58%	376247	55378	13.38	14.72	14.72	14.62		14.72		金属材料	46.6
22	300116	坚瑞消防	9.01	+0.82	10.01%	559042	22.90%	559042	44550	8.19	7.37	9.01	7.37		9.00	9.01	其他制造	247.5
23	600576	万好万家	25.71	+2.34	10.01%	200614	9.20%	200614	48646	23.37	23.40	25.71	23.40	1.42%	25.71		商业贸易	-194.7
24	600846	同济科技	8.79	+0.80	10.01%	733946	11.75%	733946	62510	7.99	8.03	8.79	8.02	0.11%	8.79		建筑业	50.7

图2-17　修改配色方案后的效果

2.2　大智慧365查看行情

大智慧365是由3000人组成的金融专业团队倾力打造，是面向广大专注于A股市场投资者推出的专业级产品。大智慧365具有全新的导航界面，简单快捷的操作，它包含了当前市场所有基本功能。下面简单介绍一下该软件在股票分析方面的操作。

2.2.1 菜单栏

与以前的大智慧版本相比，大智慧365操作界面更简洁，并且以菜单驱动。菜单采用两层结构，如图2-18（a）所示。最上面是一个主菜单，包含11项，单击某一项后下一行将显示与此相关的二级菜单，单击二级菜单中的某一项即可查看到对应的数据。在股票技术图表中将鼠标向上移动到二级菜单位置时将弹出一个隐藏工具栏，如图2-18（b）所示。

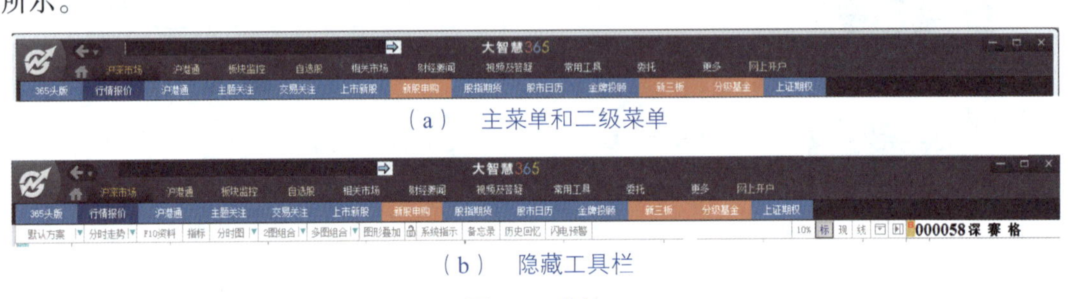

（a） 主菜单和二级菜单

（b） 隐藏工具栏

图2-18 菜单

2.2.2 行情报价

查看行情报价是所有股票软件必备的功能。单击主菜单中“沪深市场”，然后在二级菜中单击“行情报价”，将出现图2-19所示界面。

1. 排序

在行情报价界面中，以表格形式显示沪深A股的实时报价数据，与证券交易大厅的大屏显示的内容相似。单击表格表头中的某一列，即可按该列的数据进行排序。例如，单击“最新”列头，将按股票最新价格进行降序排列，弹出如图2-19所示界面。

序号	代码	名称	最新↓	涨跌	涨幅	总手	换手率	现手	总额	昨收	今开	最高	最低	涨速	买一价	卖一价	行业	市盈
1	600519	贵州茅台	192.91	-0.30	-0.16%	16932	0.15%	16932	32628	193.21	191.88	194.10	191.05	0.47%	192.97	192.98	食品饮料	15.4
2	002739	万达院线	162.26	-2.94	-1.78%	34234	5.71%	34234	56021	165.20	164.90	167.00	159.52	0.04%	162.26	162.27		71.1
3	300436	广生堂	132.59	+1.09	0.83%	5474	3.91%	5474	7199	131.50	129.00	133.33	129.00	0.06%	132.58	132.59	木材家具	76.3
4	603600	永艺股份	114.75	-12.75	-10.00%	41705		41705	50107	127.50	128.00	128.10	114.75			114.75	木材家具	
5	600763	通策医疗	110.36	-0.00	0.00%					110.36		110.36	110.36				社会服务	145.2
6	601021	春秋航空	107.97	-0.30	-0.28%	6558		6558	7047	108.27	107.01	108.71	106.00	0.43%	107.92	107.94	交通仓储	
7	600446	金证股份	101.55	-0.00	0.00%					101.55		101.55	101.55				信息技术	163.7
8	300439	美康生物	97.50	+7.18	7.95%	28490	10.05%	28490	26532	90.32	90.24	98.88	89.12	-0.16%	97.50	97.52	木材家具	68.6
9	000661	长春高新	96.21	-1.71	-1.75%	15580	1.19%	15580	15091	97.92	97.20	99.30	94.02	0.53%	96.16	96.21	生物医药	48.1
10	300451	创业软件	94.90	+0.90	0.96%	4889		4889	4673	94.00	93.88	98.48	93.01	0.40%	94.90	94.98		
11	300426	唐德影视	94.79	+0.11	0.12%	9148		9148	8661	94.68	94.39	95.99	93.21	0.16%	94.70	94.79		
12	300431	暴风科技	91.02	+0.73	0.81%	22675		22675	20712	90.29	90.00	93.22	89.30	0.24%	91.02	91.10		
13	300364	中文在线	90.70	+1.75	1.97%	21551	7.18%	21551	19528	88.95	89.00	92.99	88.05	0.22%	90.70	90.78		755.8
14	300419	浩丰科技	90.18	+3.08	3.54%	18318		18318	16355	87.10	87.10	90.95	87.10	-0.02%	90.18	90.20		
15	300471	厚普股份	89.92	+1.02	1.15%	6534		6534	5862	88.90	89.30	90.85	88.62	-0.04%	89.92	89.93	造纸印刷	
16	002769	普路通	89.86	+3.21	3.70%	14605	7.89%	14605	12973	86.65	86.50	89.98	86.50	0.06%	89.86	89.87		31.4
17	300443	金雷风电	89.80	+0.79	0.89%	4328		4328	3883	89.01	89.58	91.50	67.44	0.11%	89.80	89.81	造纸印刷	
18	002153	石基信息	89.10	+2.45	2.83%	33979	2.08%	33979	30339	86.65	85.26	90.57	85.26	0.11%	89.09	89.10	信息技术	131.0
19	002252	上海莱士	86.40	+2.15	2.55%	71386	0.74%	71386	61155	84.25	86.66	88.25	83.01	1.23%	85.58	86.40	生物医药	70.8
20	002568	百润股份	86.01	+0.51	0.60%	11095	1.02%	11095	9542	85.50	84.51	88.00	84.30	-0.38%	86.01	86.02	石油化工	268.7
21	002750	龙津药业	83.50	+3.20	3.99%	12124		12124	9866	80.30	80.32	83.51	80.00	0.57%	83.13	83.50	木材家具	
22	300418	昆仑万维	82.30	+2.80	3.52%	63206		63206	51529	79.50	80.01	83.00	79.61	-0.01%	82.30	82.33		
23	600645	中源协和	79.34	-0.00	0.00%					79.34		79.34	79.34				社会服务	52.8
24	603686	龙马环卫	79.18	-0.00	0.00%					79.18		79.18	79.18				机械仪表	

上证指数 3200.23 ▲2.34 ▲0.07 2,527.7亿 深证成指 10463.69 ▲39.04 ▲0.37 2,632.9亿 创业板指 2060.51 ▲21.39 ▲1.05 686.0亿 瑞典斯德哥尔摩30指数 1488.41

国家集成电路产业基金运营顺利 募资已超千亿

图2-19 行情报价——最新价格排序

从图2-19可看出，2015年9月11日沪深A股中股价最高的是贵州茅台（600519），其股价为192.91元；次之的是万达院线（002739），其股价为162.26元。需要注意的是这里显示的最高价不包括停牌股票的价格，例如，在9月11日迅游科技（300467）停牌，其9月10日的股价为218.89元。

再次单击“最新”列头，最新股价又会以升序方式排列，即最低价的股票排在前面。

2. 查看指数

“行情报价”界面除了可查看个股的行情报价之外，也可查看指数的报价信息，在图2-19所示界面中单击下方的“上证指数”，将显示如图2-20所示上海证券市场的各种指数，如上证指数、A股指数、B股指数、工业指数、商业指数等。类似地，单击“深证指数”就可以查看到深圳证券市场的指数。

序号	代码	名称	最新	涨跌	涨幅	今开	昨收	最高	最低	总手	总额
1	000001	上证指数	3200.23	+2.34	0.07%	3189.48	3197.89	3223.76	3163.45	224557824	25276946
2	000002	A股指数	3352.36	+2.17	0.06%	3341.35	3350.19	3377.23	3313.96	223785136	25223088
3	000003	B股指数	310.79	+7.25	2.39%	303.41	303.54	310.87	302.74	772690	53859
4	000004	工业指数	2573.72	+4.39	0.17%	2564.87	2569.33	2593.70	2541.32	119972720	13613159
5	000005	商业指数	4398.67	+116.65	2.72%	4271.96	4282.02	4398.95	4271.96	11916248	1594343
6	000006	地产指数	5786.66	+120.29	2.12%	5642.22	5666.37	5791.62	5632.24	6132752	688237
7	000007	公用指数	6663.71	+27.71	0.42%	6622.37	6636.00	6715.60	6556.31	30809788	2869143
8	000008	综合指数	2711.30	-12.41	-0.46%	2712.96	2723.71	2736.25	2691.92	55726312	6512064
9	000009	上证380	5782.94	+75.08	1.32%	5695.69	5707.86	5796.12	5667.94	80765848	9142025
10	000010	上证180	7310.29	-24.89	-0.34%	7314.65	7335.18	7383.28	7244.74	77407592	8726493
11	000011	基金指数	5521.42	-2.20	-0.04%	5525.20	5523.62	5552.92	5499.70	15670590	2904418
12	000012	国债指数	151.33	+0.11	0.07%	151.23	151.22	151.33	151.22	429919	44323
13	000013	企债指数	192.41	+0.06	0.03%	192.38	192.35	192.42	192.35	2089059	213477
14	000015	红利指数	2586.65	-8.50	-0.33%	2590.58	2595.15	2613.77	2559.66	22899964	1939820
15	000016	上证50	2195.39	-13.09	-0.59%	2199.58	2208.48	2218.82	2180.23	36221968	3990603
16	000017	新综指	2703.71	+1.75	0.06%	2694.84	2701.96	2723.76	2672.75	223725792	25210626
17	000018	180金融	4251.70	-28.17	-0.66%	4261.71	4279.87	4296.95	4230.39	21053034	2304074
18	000019	治理指数	981.80	-0.33	-0.03%	979.36	982.13	990.43	971.30	95505912	10108426
19	000020	中型综指	1436.10	+20.12	1.42%	1414.14	1415.98	1438.16	1407.46	42237988	5631306
20	000021	180治理	854.54	-3.97	-0.46%	855.78	858.51	863.76	847.76	48298952	5248867
21	000022	沪公司债	168.00	+0.01	0.01%	168.01	167.99	168.02	167.94	995123	102216
22	000025	180基建	2164.19	-17.89	-0.82%	2176.64	2182.08	2193.33	2149.06	8888826	694742
23	000026	180资源	2317.50	-15.41	-0.66%	2331.60	2332.91	2351.89	2294.13	7666061	533427
24	000027	180运输	1239.46	-2.36	-0.19%	1243.12	1241.82	1251.35	1225.69	3296090	233346

图2-20 上证指数

3. 查看各分类证券的行情

在大智慧365中，除了可查看到沪深A股、指数的行情，还可查看基金、债券、权证等各类证券的行情。

在图2-20所示界面中单击“上证指数”右侧的三角形图标将出现如图2-21所示的弹出菜单项。

从图2-21所示弹出的菜单可查看指数、A股、B股、基金、债券、转债、回购、ETF基金、开放基金、权证等各类详细证券类型的行情。例如，单击选择“ETF基金”，将出现上海证券交易所中的ETF基金行情，如图2-22所示。

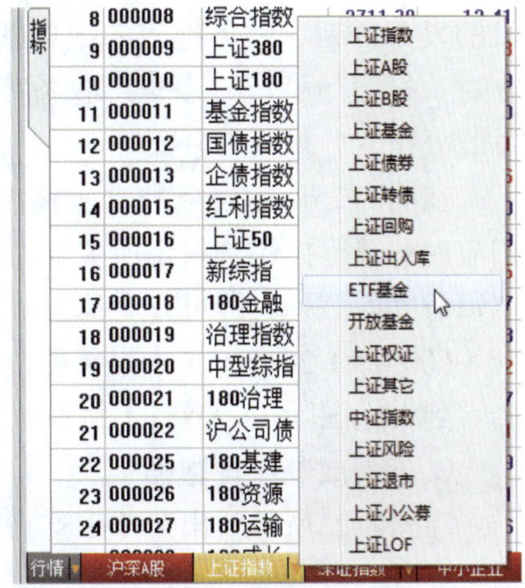

图2-21 弹出菜单项

序号	代码	名称	最新	涨跌	涨幅	总手	现手	昨收	今开	最高	最低	委买价	委卖价	涨速	总额	振幅	量比	均价
1	510010	治理ETF	0.955	+0.006	0.63%	2442	2442	0.949	0.960	0.966	0.948	0.954	0.955	0.74%	23.35	1.90%		0.
2	510020	超大ETF	2.191	+0.020	0.92%	375	375	2.171	2.113	2.197	2.113	2.150	2.190	-0.05%	8.17	3.87%		2.
3	510030	价值ETF	3.720	-0.039	-1.04%	560	560	3.759	3.759	3.780	3.678	3.718	3.770		21.01	2.71%		3.
4	510050	50ETF	2.193	-0.013	-0.59%	4208979	4208979	2.206	2.205	2.220	2.184	2.194	2.195	0.09%	92738	1.63%		2.
5	510060	央企ETF	1.659	-0.013	-0.78%	22278	22278	1.672	1.675	1.682	1.651	1.658	1.662	0.06%	371	1.85%		1.
6	510070	民企ETF	1.616	-0.007	-0.43%	17	17	1.623	1.627	1.637	1.610	1.619	1.620	0.25%	0.28	1.66%		1.
7	510090	责任ETF	1.192	-0.003	-0.25%	361	361	1.195	1.228	1.228	1.192	1.165	1.200	-0.67%	4.33	3.01%		1.
8	510110	周期ETF	2.813	-0.026	-0.92%	24	24	2.839	2.811	2.813	2.811	2.813	2.867	0.07%	0.67	0.07%		2.
9	510120	非周ETF	2.837	+0.039	1.39%	83	83	2.798	2.845	2.867	2.826	2.718	2.862	-0.84%	2.36	1.47%		2.
10	510130	中盘ETF	3.696	-0.032	-0.86%	101	101	3.728	3.810	3.810	3.676	3.696	3.700	-0.11%	3.74	3.59%		3.
11	510150	消费ETF	3.878	+0.128	3.41%	156	156	3.750	3.750	3.890	3.550	3.680	3.875	5.38%	5.76	9.07%		3.
12	510160	小康ETF	0.521	-0.001	-0.19%	12875	12875	0.522	0.518	0.526	0.516	0.520	0.521	0.19%	66.9	1.92%		0.
13	510170	商品ETF	1.771	-0.001	-0.06%	612	612	1.772	1.780	1.780	1.768	1.739	1.772	0.17%	10.84	0.68%		1.
14	510180	180ETF	2.959	-0.005	-0.17%	265401	265401	2.964	2.960	2.987	2.930	2.956	2.958	0.20%	7872	1.92%		2.
15	510190	龙头ETF	3.169	-0.012	-0.38%	4358	4358	3.181	3.064	3.195	3.064	3.114	3.169	-0.19%	136	4.12%		3.
16	510210	综指ETF	3.427	-0.031	-0.90%	69	69	3.458	3.438	3.438	3.368	3.376	3.430	0.09%	2.35	2.02%		3.
17	510220	中小ETF	4.330	+0.004	0.09%	439	439	4.326	4.368	4.369	4.300	4.283	4.330		18.94	1.60%		4.
18	510230	金融ETF	4.711	-0.033	-0.70%	3490	3490	4.744	4.743	4.766	4.696	4.716	4.720	0.02%	165	1.48%		4.
19	510260	新兴ETF	1.184	-0.019	-1.58%	2342	2342	1.203	1.183	1.185	1.165	1.173	1.184		27.46	1.66%		1.
20	510270	国企ETF	0.989	-0.001	-0.10%	2506	2506	0.990	1.005	1.005	0.985	0.989	0.996	-0.90%	24.88	2.02%		0.
21	510280	成长ETF	1.263	-0.002	-0.16%	46	46	1.265	1.265	1.265	1.223	1.226	1.263		0.58	3.32%		1.
22	510290	380ETF	1.566	+0.016	1.03%	233938	233938	1.550	1.552	1.570	1.518	1.564	1.570	0.13%	3639	3.35%		1.
23	510300	300ETF	3.388	+0.007	0.21%	2550800	2550800	3.381	3.389	3.442	3.359	3.388	3.389	0.06%	86842	2.45%		3.
24	510310	HS300ETF	1.359	-0.006	-0.44%	5439	5439	1.365	1.345	1.373	1.345	1.355	1.360	0.37%	73.86	2.05%		1.

图2-22　ETF基金行情报价

4. 查看股票主题

在行情报价界面中，单击左下角的“行情”右侧的三角形，弹出如图2-23所示菜单。从这个菜单中可看出，除了“行情”之外，个股的报价数据还有更多内容，包括主题数据、财务数据、统计数据、指标数据、交易监控等。

在图2-23弹出菜单中选择“主题”，出现如图2-24所示的行情报价界面，即可看到每只股票所属主题的信息。

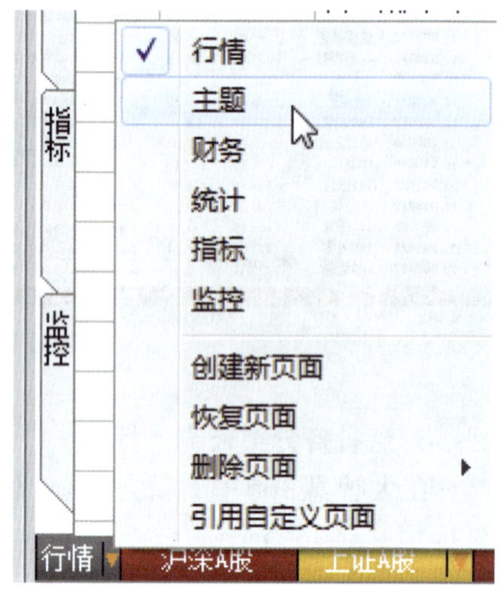

图2-23　行情弹出菜单

5. 查看财务数据

在图2-23所示弹出菜单中选择“财务”项，行情报价界面中将显示股票的各类财务数据，包括财务报表的发布日期、财务报表的报告期、上市日期、每股收益、每股净资产、净资产收益率、每股经营现金、每股公积金、每股未分配等。

在图2-25所示财务数据表格中，可通过单击表头相应的列进行排序，找出所关注财务指标的最好和最差股票。例如，关注每股收益，单击“每股收益”列，即可查看每股收益最高的股票在2016年2月2日的排序中，可看到贵州茅台（600519）2015年三季报每股收益9.09元。再次点击每股收益，则换为升序排列，我们会看到大连国际（000881）每股收益最低。

6. 查看成交统计数据

在图2-23所示弹出菜单中选择“统计”项，行情报价界面中将显示股票交易统计，包括7日涨幅、7日换手、7日累计成交量、30日涨幅、30日换手、30日累计成交量、365日涨幅、365日换手、365日成交量等，如图2-26所示。

图2-26所示界面中显示的是按“7日换手率”排序的结果，可看出在最近7日嘉化能源（600273）的换手率最高，达到30.17%。

类似地，还可以在图2-23弹出的菜单中选择“指标”、“监控”等项进行行情数据查看。

图2-23所示弹出菜单中的菜单项会随右侧选择的分类证券不同而不同。例如，若右侧选择“上证基金”，则弹出菜单中将只显示行情、扩展、指标、统计这几个菜单项。

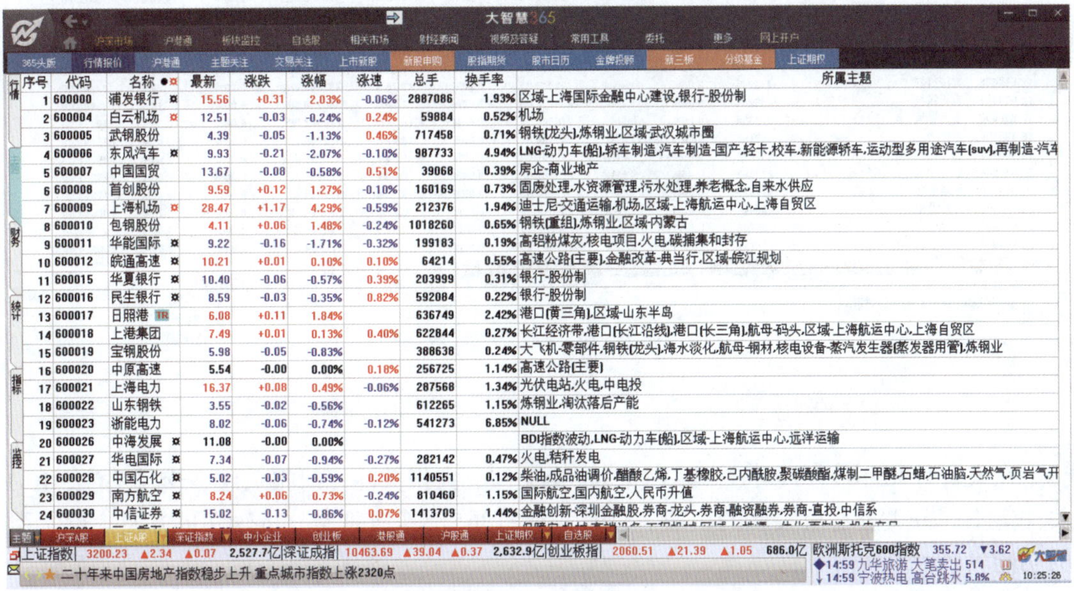

序号	代码	名称	最新	涨跌	涨幅	涨速	总手	换手率	所属主题
1	600000	浦发银行	15.56	+0.31	2.03%	-0.06%	2887086	1.93%	区域-上海国际金融中心建设,银行-股份制
2	600004	白云机场	12.51	-0.03	-0.24%	0.24%	59884	0.52%	机场
3	600005	武钢股份	4.39	-0.05	-1.13%	0.46%	717458	0.71%	钢铁(龙头),炼钢业,区域-武汉城市圈
4	600006	东风汽车	9.93	-0.21	-2.07%	-0.10%	987733	4.94%	LNG-动力车(船),轿车制造,汽车制造-国产,轻卡,校车,新能源轿车,运动型多用途汽车(suv),再制造-汽车
5	600007	中国国贸	13.67	-0.08	-0.58%	0.51%	39068	0.39%	房企-商业地产
6	600008	首创股份	9.59	+0.12	1.27%	-0.10%	160169	0.73%	固废处理,水资源管理,污水处理,养老概念,自来水供应
7	600009	上海机场	28.47	+1.17	4.29%	-0.59%	212376	1.94%	迪士尼-交通运输,机场,区域-上海航运中心,上海自贸区
8	600010	包钢股份	4.11	+0.06	1.48%	-0.24%	1018260	0.65%	钢铁(重组),炼钢业,区域-内蒙古
9	600011	华能国际	9.22	-0.16	-1.71%	-0.32%	199183	0.19%	高铝粉煤灰,核电项目,火电,碳捕集和封存
10	600012	皖通高速	10.21	+0.01	0.10%	0.10%	64214	0.55%	高速公路(主要),金融改革-典当行,区域-皖江规划
11	600015	华夏银行	10.40	-0.06	-0.57%	0.39%	203999	0.31%	银行-股份制
12	600016	民生银行	8.59	-0.03	-0.35%	0.82%	592084	0.22%	银行-股份制
13	600017	日照港	6.08	+0.11	1.84%		636749	2.42%	港口(黄三角),区域-山东半岛
14	600018	上港集团	7.49	+0.01	0.13%	0.40%	622844	0.27%	长江经济带,港口(长江沿线),港口(长三角),航母-码头,区域-上海航运中心,上海自贸区
15	600019	宝钢股份	5.98	-0.05	-0.83%		388638	0.24%	大飞机-零部件,钢铁(龙头),海水淡化,航母-钢材,核电设备-蒸汽发生器(蒸发器用管),炼钢业
16	600020	中原高速	5.54	-0.00	0.00%	0.18%	256725	1.14%	高速公路(主要)
17	600021	上海电力	16.37	+0.08	0.49%	-0.06%	287568	1.34%	光伏电站,火电,中电投
18	600022	山东钢铁	3.55	-0.02	-0.56%		612265	1.15%	炼钢业,淘汰落后产能
19	600023	浙能电力	8.02	-0.06	-0.74%	-0.12%	541273	6.85%	NULL
20	600026	中海发展	11.08	-0.00	0.00%				BDI指数波动,LNG-动力车(船),区域-上海航运中心,远洋运输
21	600027	华电国际	7.34	-0.07	-0.94%	-0.27%	282142	0.47%	火电,秸秆发电
22	600028	中国石化	5.02	-0.03	-0.59%	0.20%	1140551	0.12%	柴油,成品油调价,醋酸乙烯,丁基橡胶,己内酰胺,聚碳酸酯,煤制二甲醚,石蜡,石油脑,天然气,页岩气开
23	600029	南方航空	8.24	+0.06	0.73%	-0.24%	810460	1.15%	国际航空,国内航空,人民币升值
24	600030	中信证券	15.02	-0.13	-0.86%	0.07%	1413709	1.44%	金融创新-深圳金融股,券商-龙头,券商-融资融券,券商-直投,中信系

图2-24　股票主题

序号	代码	名称	最高	最低	涨速	买一价	卖一价	行业	市盈率	市净率	市销率	每股收益↓	外盘	总额	振幅	量比
1	600519	贵州茅台	202.66	200.64	0.02%	202.38	202.39	食品饮料	16.70③	4.25	8.24③	9.090	2192	7110	1.00%	
2	002304	洋河股份	59.55	58.53	0.51%	59.15	59.43	食品饮料	15.06③	4.06	4.92③	2.960	2048	2335	1.74%	
3	601336	新华保险	36.68	36.06	0.19%	36.59	36.62	金融保险	9.92③	2.11	0.64③	2.770	18880	11675	1.73%	
4	601318	中国平安	29.90	29.50	-0.13%	29.71	29.73	金融保险	8.45③	1.66	0.86③	2.640	35841	24469	1.35%	
5	000333	美的集团	27.95	27.30	0.04%	27.81	27.93	机械仪表	8.02③	2.49	0.80③	2.600	13448	5658	2.38%	
6	600894	广日股份	14.40	14.08	-0.14%	14.28	14.30	机械仪表	4.60③	1.96	2.57③	2.329	9461	2420	2.27%	
7	000661	长春高新	93.89	92.22	0.07%	93.73	93.75	生物医药	31.11③	7.28	5.38③	2.260	3293	4695	1.81%	
8	000623	吉林敖东	23.57	23.13	0.04%	23.50	23.51	生物医药	7.82③	1.26	9.58③	2.256	16807	7780	1.90%	
9	600694	大商股份	35.10	34.20	0.14%	34.95	34.97	商业贸易	12.14③	1.61	0.33③	2.160	6227	3540	2.62%	
10	601166	兴业银行	14.44	14.27	0.14%	14.37	14.39	金融保险	5.00③	0.91	1.83③	2.160	45703	9713	1.19%	
11	000963	华东医药	69.04	67.27	0.69%	68.80	68.97	商业贸易	24.21③	10.68	1.39③	2.137	2196	2431	2.63%	
12	000538	云南白药	60.46	59.45	-0.07%	60.32	60.39	商业贸易	21.96③	4.91	3.21③	2.060	3466	2817	1.70%	
13	600000	浦发银行	16.75	16.46	-0.06%	16.70	16.71	金融保险	6.29③	1.15	2.15③	1.992	28439	7765	1.76%	
14	300443	金雷风电	182.47	175.00	0.07%	181.65	181.99	机械仪表	69.16③	11.91	15.58③	1.970	1268	3886	4.24%	
15	600104	上汽集团	18.82	18.52	0.16%	18.80	18.81	机械仪表	7.32③	1.25	0.33③	1.928	10961	2875	1.61%	
16	600036	招商银行	14.88	14.65	0.14%	14.82	14.83	金融保险	5.79③	1.07	1.79③	1.920	23677	5663	1.56%	
17	000550	江铃汽车	26.07	25.34	0.04%	25.93	25.96	机械仪表	10.93③	1.98	0.99③	1.780	957	374	2.83%	
18	601211	国泰君安	17.47	17.06	-0.06%	17.36	17.38	金融保险	7.44③	1.44	3.42③	1.750	49677	15897	2.40%	
19	601788	光大证券	16.82	16.39	-0.12%	16.68	16.69	金融保险	7.24③	1.73	3.96③	1.728	46954	14468	2.62%	
20	000423	东阿阿胶	45.30	44.83	-0.02%	45.17	45.18	生物医药	19.62③	4.54	5.86③	1.727	6855	4824	1.05%	
21	002749	国光股份	74.96	72.90	0.01%	74.54	74.55	石油化工	33.08③	6.85	7.93③	1.690	997	1475	2.83%	
22	601009	南京银行	14.61	14.33	0.07%	14.56	14.58	金融保险	6.54③	1.11	2.21③	1.670	11617	3185	1.95%	
23	601601	中国太保	23.23	22.90	-0.04%	23.12	23.16	金融保险	10.47③	1.65	0.81③	1.660	9254	3334	1.44%	
24	300433	蓝思科技	65.55	64.51	-0.14%	65.16	65.20	电子	29.44③	4.40	2.58③	1.660	4786	5622	1.60%	
25	000651	格力电器	19.05	18.49	0.21%	18.94	18.95	机械仪表	8.61③	2.54	1.05③	1.650	71482	23417	3.04%	
26	600884	杉杉股份	24.30	23.10	0.08%	24.02	24.05	电子	11.13③	2.29	2.41③	1.621	32280	13787	5.22%	
27	000028	国药一致						商业贸易	31.34③	4.56	0.91③	1.583				

图2-25　财务数据

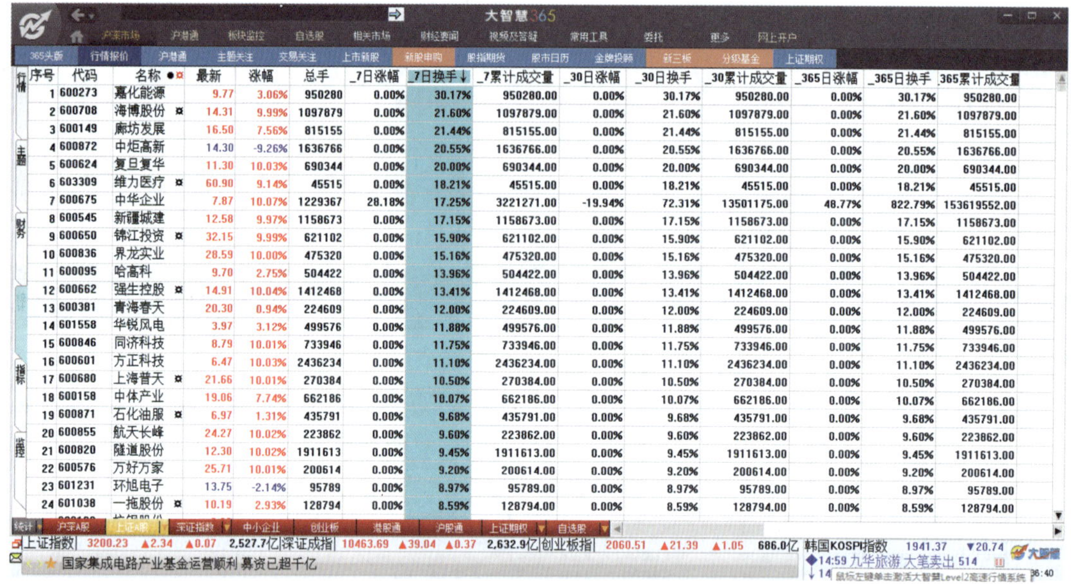

序号	代码	名称	最新	涨幅	总手	_7日涨幅	_7日换手↓	_7累计成交量	_30日涨幅	_30日换手	_30累计成交量	_365日涨幅	_365日换手	365累计成交量
1	600273	嘉化能源	9.77	3.06%	950280	0.00%	30.17%	950280.00	0.00%	30.17%	950280.00	0.00%	30.17%	950280.00
2	600708	海博股份 ¤	14.31	9.99%	1097879	0.00%	21.60%	1097879.00	0.00%	21.60%	1097879.00	0.00%	21.60%	1097879.00
3	600149	廊坊发展	16.50	7.56%	815155	0.00%	21.44%	815155.00	0.00%	21.44%	815155.00	0.00%	21.44%	815155.00
4	600872	中炬高新	14.30	-9.26%	1636766	0.00%	20.55%	1636766.00	0.00%	20.55%	1636766.00	0.00%	20.55%	1636766.00
5	600624	复旦复华	11.30	10.03%	690344	0.00%	20.00%	690344.00	0.00%	20.00%	690344.00	0.00%	20.00%	690344.00
6	603309	维力医疗 ¤	60.90	9.14%	45515	0.00%	18.21%	45515.00	0.00%	18.21%	45515.00	0.00%	18.21%	45515.00
7	600675	中华企业	7.87	10.07%	1229367	28.18%	17.25%	3221271.00	-19.94%	72.31%	13501175.00	48.77%	822.79%	153619552.00
8	600545	新疆城建	12.58	9.97%	1158673	0.00%	17.15%	1158673.00	0.00%	17.15%	1158673.00	0.00%	17.15%	1158673.00
9	600650	锦江投资 ¤	32.15	9.99%	621102	0.00%	15.90%	621102.00	0.00%	15.90%	621102.00	0.00%	15.90%	621102.00
10	600836	界龙实业	28.59	10.00%	475320	0.00%	15.16%	475320.00	0.00%	15.16%	475320.00	0.00%	15.16%	475320.00
11	600095	哈高科	9.70	2.75%	504422	0.00%	13.96%	504422.00	0.00%	13.96%	504422.00	0.00%	13.96%	504422.00
12	600662	强生控股 ¤	14.91	10.04%	1412468	0.00%	13.41%	1412468.00	0.00%	13.41%	1412468.00	0.00%	13.41%	1412468.00
13	600381	青海春天	20.30	0.94%	224609	0.00%	12.00%	224609.00	0.00%	12.00%	224609.00	0.00%	12.00%	224609.00
14	601558	华锐风电	3.97	3.12%	499576	0.00%	11.88%	499576.00	0.00%	11.88%	499576.00	0.00%	11.88%	499576.00
15	600846	同济科技	8.79	10.01%	733946	0.00%	11.75%	733946.00	0.00%	11.75%	733946.00	0.00%	11.75%	733946.00
16	600601	方正科技	6.47	10.03%	2436234	0.00%	11.10%	2436234.00	0.00%	11.10%	2436234.00	0.00%	11.10%	2436234.00
17	600680	上海普天 ¤	21.66	10.01%	270384	0.00%	10.50%	270384.00	0.00%	10.50%	270384.00	0.00%	10.50%	270384.00
18	600158	中体产业	19.06	7.74%	662186	0.00%	10.07%	662186.00	0.00%	10.07%	662186.00	0.00%	10.07%	662186.00
19	600871	石化油服 ¤	6.97	1.31%	435791	0.00%	9.68%	435791.00	0.00%	9.68%	435791.00	0.00%	9.68%	435791.00
20	600855	航天长峰	24.27	10.02%	223862	0.00%	9.60%	223862.00	0.00%	9.60%	223862.00	0.00%	9.60%	223862.00
21	600820	隧道股份	12.30	10.02%	1911613	0.00%	9.45%	1911613.00	0.00%	9.45%	1911613.00	0.00%	9.45%	1911613.00
22	600576	万好万家	25.71	10.01%	200614	0.00%	9.20%	200614.00	0.00%	9.20%	200614.00	0.00%	9.20%	200614.00
23	601231	环旭电子	13.75	-2.14%	95789	0.00%	8.97%	95789.00	0.00%	8.97%	95789.00	0.00%	8.97%	95789.00
24	601038	一拖股份 ¤	10.19	2.93%	128794	0.00%	8.59%	128794.00	0.00%	8.59%	128794.00	0.00%	8.59%	128794.00

图2-26　股票成交统计数据

2.2.3　关注个股

在大智慧365中，可以按主题关注、资金关注、大报关注、研报关注、交易关注、IPO关注等不同分类查看所关注的个股。这是大智慧365较其他股票分析软件更方便、更实用的功能。

1. 主题关注

在主菜单中选择“沪深市场”后，在二级菜单中单击“主题关注”将出现如图2–27所示界面。

图2-27　主题关注

在图2-27上方所示界面可看到“热门股票”的最新价格、涨幅、5日涨幅、10日涨幅和所属主题。下方是“热门主题”，任意单击一个主题（如“证金扫货”），则其上方将显示该主题对应的热门股票。

2. 资金关注

在图2-27所示界面中单击左下角的“资金关注”，如图2-28所示，显示了资金关注的个股。单击下方“资金关注”项中的不同选项，上方将显示不同的热门股票。

类似地，在图2-27所泵界面中，单击下方的“大报关注”、“研报关注”、“交易关注”、“IPO关注”等项，可分别查看不同关注点下的热门股票。

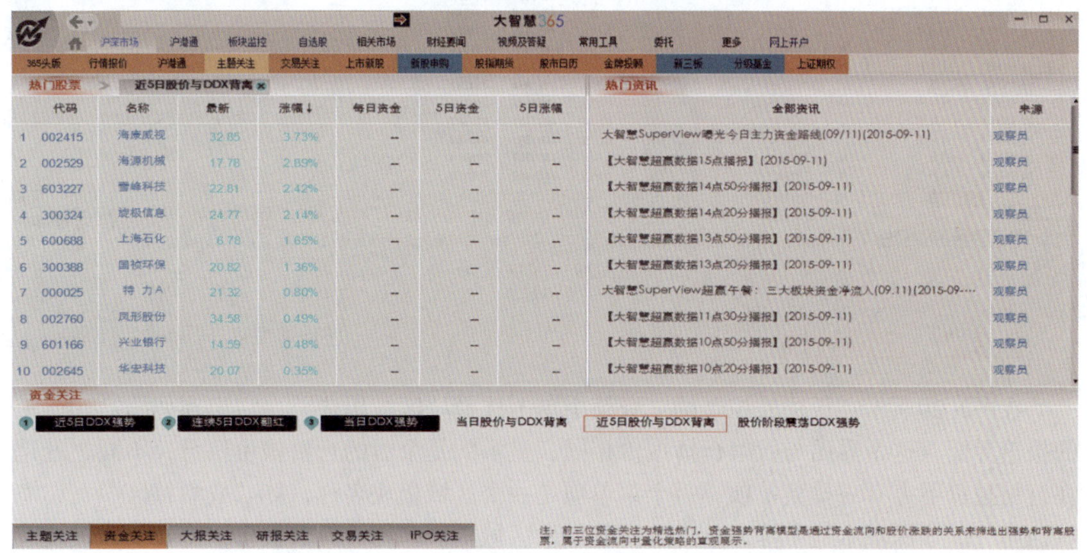

图2-28 资金关注

2.3 板块监控

大多数情况下，股票市场都是板块联动的。因此，有经验的投资者通常都会对板块进行监控。大智慧365可以很方便地进行板块监控。

2.3.1 板块综合

在大智慧365软件主菜单中单击“板块监控”，二级菜单将显示与板块相关的菜单项，单击“板块综合”即可出现如图2-29所示的板块信息。

序号	代码	名称	最新	涨跌	涨幅↓	涨速	总手	总额	量比
1	993051	迪士尼 ¤	5164.01	+365.35	7.61%	0.03%	14297362	2270532	
2	993039	沪自贸区 ¤	6483.83	+253.38	4.07%	0.04%	11981928	2038861	
3	993930	上海国资	3511.73	+127.60	3.77%	0.03%	22286660	3326341	
4	993931	冷链物流	3439.69	+106.41	3.19%	0.10%	4495678	614575	
5	993738	云计算 ¤	4427.44	+129.13	3.00%	-0.01%	15056847	2613440	
6	993957	高校系 ¤	3326.86	+91.47	2.83%	-0.08%	8992361	1113811	
7	993067	大数据 ¤	4815.96	+115.40	2.46%	0.08%	10660315	2450890	
8	993969	工业4.0 ¤	4314.88	+100.38	2.38%	-0.03%	4749035	758673	
9	993950	在线教育 ¤	3354.40	+73.77	2.25%	0.09%	6771435	1045134	
10	993038	土地流转	3081.43	+66.34	2.20%	0.09%	8011616	808648	
11	993047	安防 ¤	3658.38	+78.12	2.18%	0.07%	6304685	1206206	
12	991023	商业连锁 ¤	5410.63	+113.08	2.13%	0.06%	12180316	1628090	
13	991004	计算机 ¤	9113.12	+187.94	2.11%	-0.01%	23371156	5057098	
14	993707	电子支付	4483.85	+90.46	2.06%	0.19%	7686613	1443627	
15	993966	体育产业 ¤	4192.10	+83.00	2.02%	0.09%	7723220	1307561	
16	993954	燃料电池	2596.53	+50.76	1.99%	0.13%	3925515	459622	
17	991007	房地产 ¤	6141.81	+119.35	1.98%	0.04%	35615300	3831776	
18	993965	职业教育 ¤	3289.98	+62.54	1.94%	0.09%	2210437	294760	
19	993956	机顶盒	2505.69	+46.95	1.91%	0.26%	1550834	434747	
20	993926	二线地产 ¤	3530.83	+64.81	1.87%	0.03%	3823587	284582	
21	993029	污水处理	3100.41	+55.76	1.83%	0.04%	4363121	537807	
22	993058	小贷典当	4595.45	+81.50	1.81%	0.07%	16281093	2045082	
23	993610	新疆振兴 ¤	4039.39	+67.68	1.70%	-0.04%	2815397	265014	
24	991010	供水供气 ¤	5010.24	+83.88	1.70%	0.05%	7601608	780450	

图2-29　板块综合

2.3.2　区域板块

在图2–29所示“板块监控”的二级菜中单击选择“区域板块”，将出现如图2–30所示的报价界面。这个界面与股票行情报价相同，显示的是个股的行情报价信息，不同之处是在行情报价下方有一排菜单项，每个菜单项是一个区域板块名称，如“成渝特区”、“海峡西岸”、“深圳本地”等。单击选择某一个区域板块名称，行情报价中将显示该板块股票的信息。

序号	代码	名称	最新	涨跌	涨幅↓	总手	换手率	现手	总额	昨收	今开	最高	最低	涨速	买一价	卖一价	行业	市盈率
1	600675	中华企业	7.87	+0.72	10.07%	1229367	6.58%	2	94814	7.15	7.10	7.87	7.08		7.87		房地产	71.9
2	600824	益民集团	8.32	+0.76	10.05%	657612	7.49%	657612	52390	7.56	7.53	8.32	7.53		8.32		商业贸易	34.9
3	600822	上海物贸	10.95	+1.00	10.05%	207097	5.23%	207097	21643	9.95	9.90	10.95	9.89		10.95		商业贸易	9125.0
4	600662	强生控股 ¤	14.91	+1.36	10.04%	1412468	13.41%	1412468	199967	13.55	13.28	14.91	13.04		14.91		社会服务	87.4
5	600601	方正科技	6.47	+0.59	10.03%	2436234	11.10%	2436234	154915	5.88	5.88	6.47	5.87		6.47		信息技术	80.4
6	600679	金山开发	13.38	+1.22	10.03%	66909	3.68%	66909	8543	12.16	11.98	13.38	11.91		13.38		机械仪表	1115.0
7	600624	复旦复华	11.30	+1.03	10.03%	690344	20.00%	690344	77040	10.27	10.27	11.30	10.27		11.30		综合类	114.2
8	600820	隧道股份	12.30	+1.12	10.02%	1911613	9.45%	1911613	224231	11.18	11.19	12.30	11.16		12.30		建筑业	26.5
9	600676	交运股份 ¤	13.18	+1.20	10.02%	630106	8.06%	630106	79965	11.98	11.80	13.18	11.75		13.18		机械仪表	35.7
10	600846	同济科技	8.79	+0.80	10.01%	733946	11.75%	733946	62510	7.99	8.03	8.79	8.02	0.11%	8.79		建筑业	50.7
11	600638	新黄浦 T	12.75	+1.16	10.01%	269946	4.81%	269946	33010	11.59	11.58	12.75	11.58		12.75		房地产	72.5
12	600648	外高桥 TBR	28.25	+2.57	10.01%	250054	3.09%	250054	67542	25.68	25.49	28.25	25.40		28.25		商业贸易	41.9
13	600604	市北高新 ¤	14.51	+1.32	10.01%	14991	0.45%	14991	2175	13.19	14.51	14.51	14.51		14.51		房地产	-287.9
14	600680	上海普天 ¤	21.66	+1.97	10.01%	270384	10.50%	270384	54370	19.69	20.30	21.66	18.86		21.66		信息技术	1624.5
15	600836	界龙实业	28.59	+2.60	10.00%	475320	15.16%	475320	128904	25.99	25.63	28.59	25.61		28.59		造纸印刷	1429.5
16	600663	陆家嘴 TBR	50.71	+4.61	10.00%	222561	1.64%	222561	108263	46.10	46.10	50.71	45.97		50.71		房地产	71.9
17	600639	浦东金桥	22.99	+2.09	10.00%	282088	4.30%	282088	62062	20.90	20.96	22.99	20.91		22.99		房地产	50.2
18	600655	豫园商城	16.83	+1.53	10.00%	840659	5.85%	840659	135148	15.30	15.42	16.83	15.35		16.83		商业贸易	31.0
19	600834	申通地铁 ¤	16.83	+1.53	10.00%	343339	7.19%	343339	54496	15.30	14.95	16.83	14.75		16.83		社会服务	72.3
20	600628	新世界 T	20.14	+1.83	9.99%	631749	11.88%	631749	119352	18.31	17.95	20.14	17.76		20.14		商业贸易	50.3
21	600848	自仪股份 ¤	16.07	+1.46	9.99%	114900	3.93%	114900	17570	14.61	15.00	16.07	14.61	0.82%	16.07		机械仪表	1043.5
22	600708	海博股份 ¤	14.31	+1.30	9.99%	1097879	21.60%	1097879	145476	13.01	12.51	14.31	12.51		14.31		交通仓储	131.0
23	600284	浦东建设	13.76	+1.25	9.99%	523444	7.92%	523444	69194	12.51	12.43	13.76	12.43		13.76		建筑业	30.1
24	600650	锦江投资 ¤	32.15	+2.92	9.99%	621102	15.90%	621102	187460	29.23	28.76	32.15	28.28		32.15		交通仓储	79.0

图2-30　区域板块

2.3.3 行业新闻

在图2–29所示“板块监控”的二级菜单中单击选择“行业新闻”，将出现如图2–31所示的新闻页面。在这个界面中将实时滚动行业最新资讯，从图中可看出，大智慧365按行业汇集了相关的新闻，如能源、银行、保险、券商、信托、消费、医药、地产等各行业的新闻。这样，投资者不用再到各类网站去寻找信息，通过大智慧365的“行业新闻”即可查看到相关的新闻信息。

与行业新闻类似，在大智慧365的主菜单中还有一个“财经新闻”菜单项，单击该项将出现如图2–32所示的界面，其中汇集了各类财经要闻。

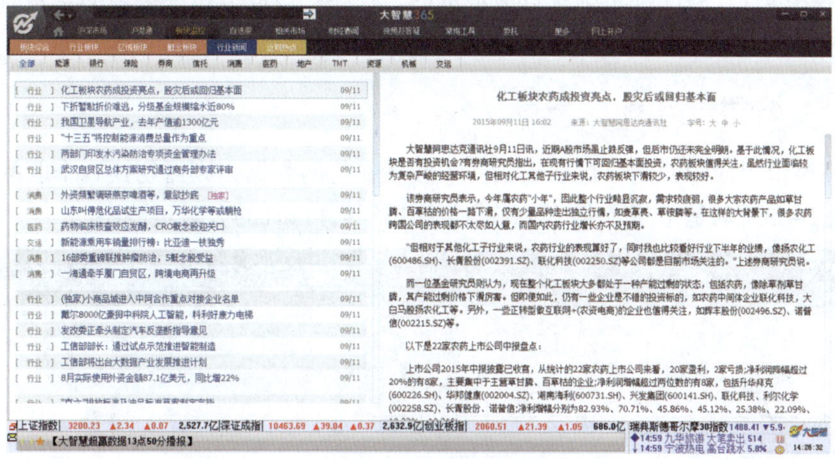

图2-31 行业新闻

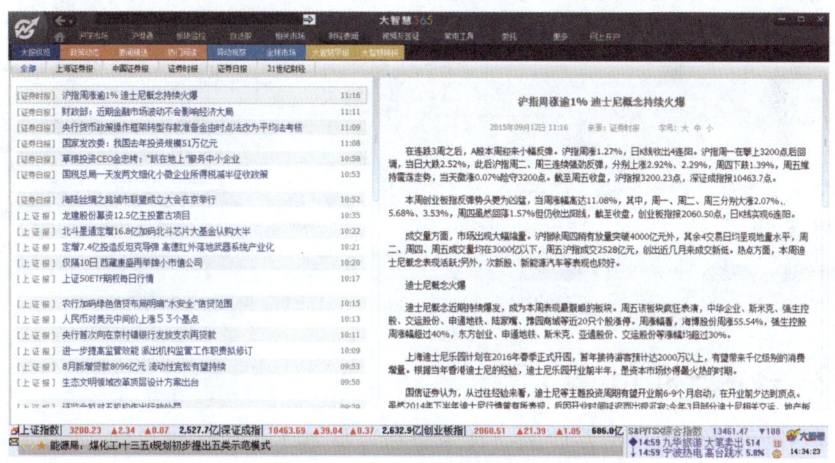

图2-32 财经要闻

在图2–32所示财经要闻界面中，包括多个财经板块。

- “大报纵览”汇集了上海证券报、中国证券报、证券时报、证券日报、21世纪财经等主要财经报刊的要闻；
- “政策动态”汇集了央行、发改委、财政部、国资委、证监会、统计局、上交所、深交所、保监会、中金所等各类国家部委近期发布的新闻信息；

- “要闻精选”汇集了宏观经济、全球市场、行业新闻、公司新闻、债券、期货商品、外汇、基金等相关的新闻信息；
- “热门阅读”汇集了各类财经要闻中阅读浏览量最多的一些新闻信息。

此外，页面上还有“异动观察”、“全球市场”、“大智慧早报”、“大智慧晚报”等各个相关栏目。

2.4 个股分析

前面介绍的操作界面都是围绕行情报价的，在实际炒股分析中更多的是查看个股的分时走势图和技术分析K线图。本节就介绍大智慧365提供的个股分析相关界面。

2.4.1 分时走势图

在行情报价界面中，用鼠标双击关注个股所在行的数据，则可切换到个股的分时走势图界面，图2-33所示是中华企业（600675）2015年9月11日的分时走势图。

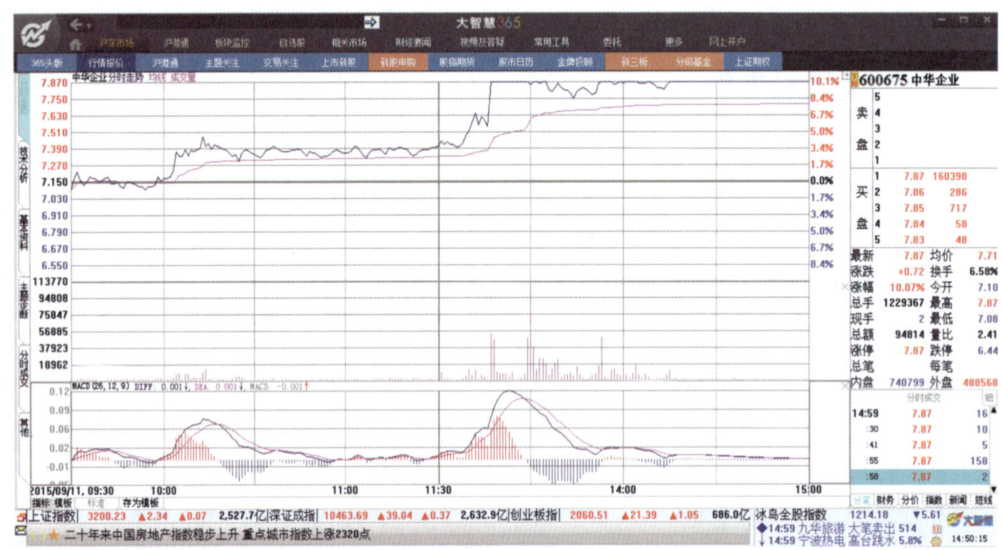

图2-33 中华企业（600675）分时走势图

2.4.2 技术分析（K线）图

在图2-33所示界面中单击左侧的“技术分析”标签（也可按键盘F5），即可出现如图2-34所示的技术分析K线图。

在图2-34所示技术分析图中，技术分析图从上到下分为4栏，第1栏是K线图，第2栏是成交量柱状图，第3栏是技术指标（图中显示的是KDJ技术指标），第4栏则显示了该公司（中华企业）的公司新闻、公告、研究报告等基本面信息。

在技术分析图右侧显示的是个股的交易实时数据，包括买盘、卖盘、成交数据、分时成交数据等内容。

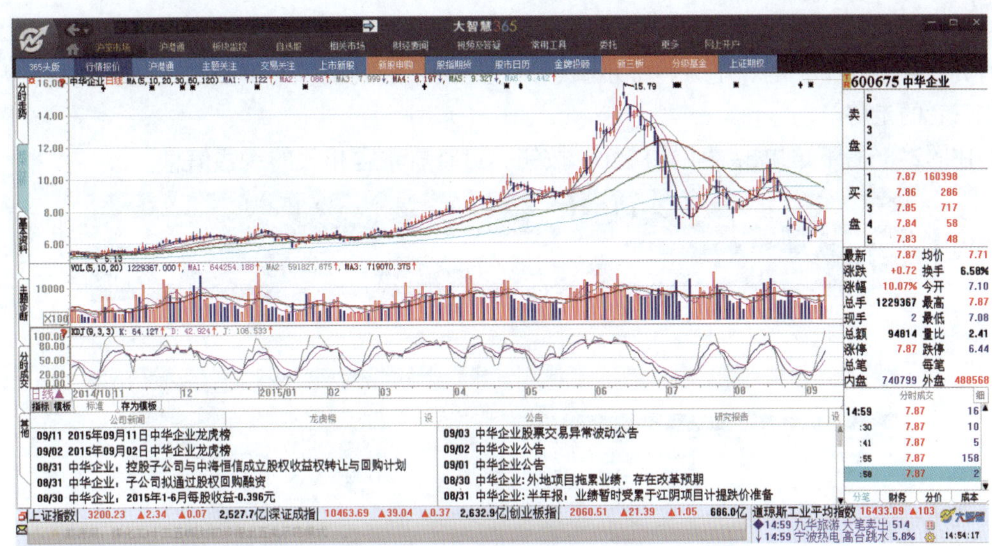

图2-34 中华企业（600675）技术分析K线图

需要注意的是，现在大智慧365免费版不再提供10档买卖盘数据的试用，需要投资者另外付费购买才能使用。

2.4.3 基本资料

在图2-34所示界面单击左侧“基本资料”选项卡，将显示个股的基本资料，如图2-35所示，这个界面与大多数股票分析软件中的F10功能相同。在图2-35所示界面中，列出了个股的财务、主营构成、行业新闻、公司概况、股本分析、公司公告、盈利预测等各种信息。

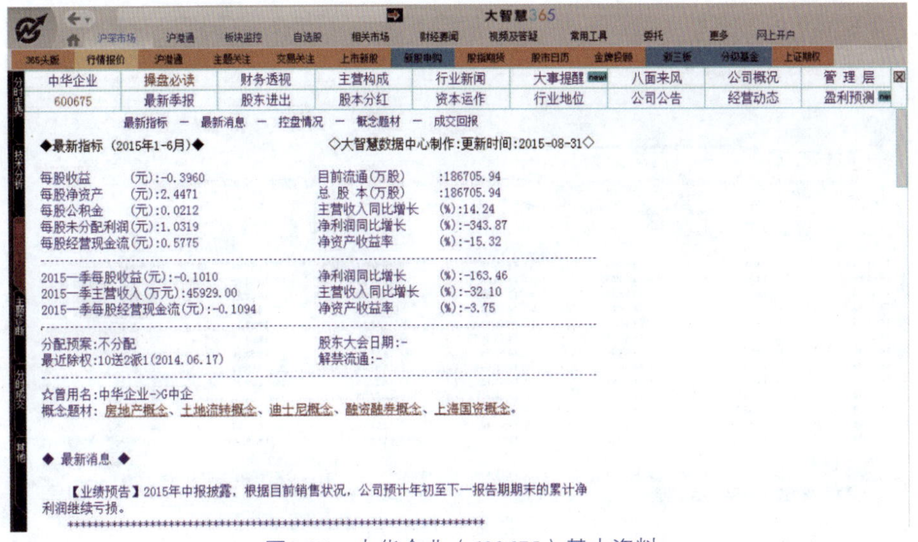

图2-35 中华企业（600675）基本资料

2.4.4 主题诊断

在图2-35所示界面单击左侧“主题诊断”选项卡，将显示与个股主题相关的信息，如

图2-36所示。从该界面可看出“中华企业”（600675）所属主题包括三项，单击选择“上海国资整合”这个主题，下方将显示属于该主题的个股列表，右侧显示主题、个股、大盘指数三者的走势。

在图2-36右下角单击“主题属性”按钮，可查看主题相关的一些信息。

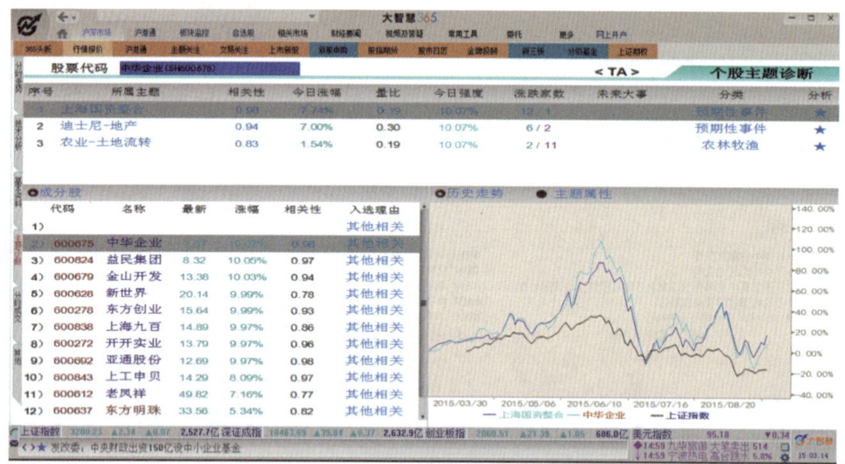

图2-36　中华企业（600675）主题诊断

2.4.5　分时成交

在图2-36所示界面单击左侧“分时成交”选项卡，将显示个股分时成交数据，如图2-37所示。在技术分析图下方以表格形式显示当天的分时成交数据，拖动分时成交列表右侧的滚动条可查看当天每一笔成交信息。

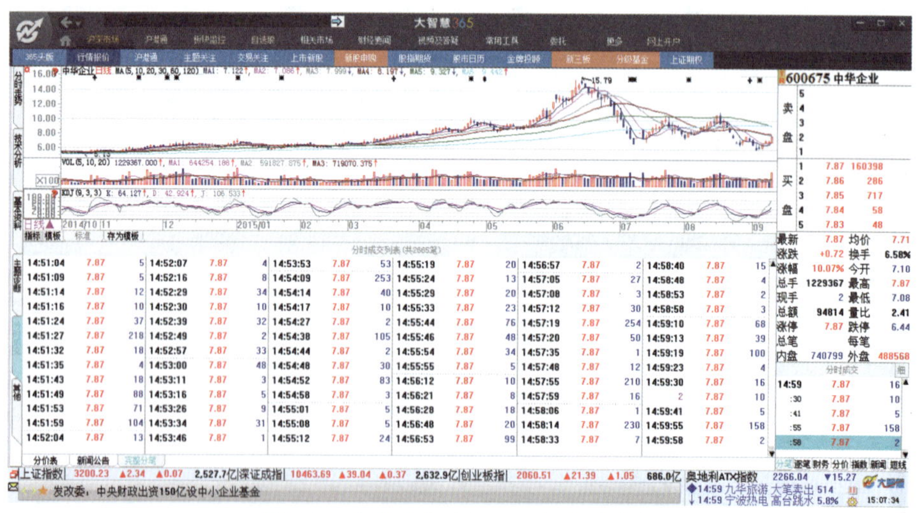

图2-37　中华企业（600675）分时成交

由于篇幅所限，本章不再详细介绍大智慧365软件的各项功能，后面各章介绍股票分析的相关知识时再详述相关功能。另外，大智慧365不只是应用于股票分析，对于债券、基金、期货等交易品种也提供了相应的分析功能，投资者若有兴趣，可参考大智慧365提供的帮助功能。

第3章 黄金K线

炒股

K线图起源于日本德川幕府时代（1603~1867），是当时日本米商用来记录和分析米价行情与价格波动的一种记录手段，因其特殊和直观的表现形态，后来被引入到股市及期货市场。使用K线图，可以把每天或某一周期的股市或股票的运行状态全部记录下来。同时根据不同的K线形态和K线组合可以对股市或股票的后市运行提供预测。

3.1 K线的基础

当今，包括中国在内全球股市都通过K线这样的图像来记录股价的涨跌起伏状态。当股民开始参与股票交易时，需要查看K线，从而获得买卖信息。但是很多新股民除了能看出股价的涨跌外，并不完全理解K线的含义，本节将从K线基础开始讲解，然后逐步深入论述。

3.1.1 单K线图

单K线是构成K线图的最小单位，是根据一天的走势绘制出的。在单K线图中记录了股票或指数的开盘价、收盘价、最高价、最低价，并且根据收盘时的结构推断上涨、下跌、平衡3种情况。下面就分别学习上涨、下跌、平衡3种不同情况的基本图形和特征。

1. 上涨

在上涨时，K线表示为红色。此时最常见的基本K线如图3-1所示。

从图3-1可以看出，当上涨时，开盘价格位于下方，随后出现一段粗实体，这段实体的顶部是收盘价格，而上下两条细线则是最高价格和最低价格。

2. 下跌

在下跌时，K线表示为绿色。此时最常见的基本K线如图3-2所示。

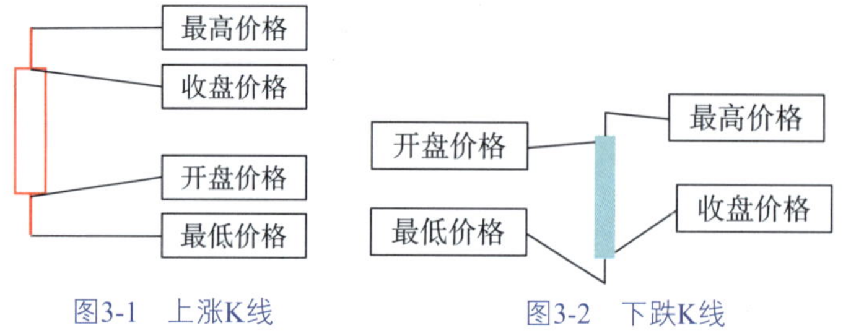

图3-1　上涨K线　　图3-2　下跌K线

从图3-2可以看出，当下跌时，开盘价格位于上方，随后出现一段粗实体，这段实体的底部是收盘价格，而上下两条细线则是最高价格和最低价格。

3. 平衡

在平衡时，K线表示为白线。此时最常见的基本K线如下图3-3所示。

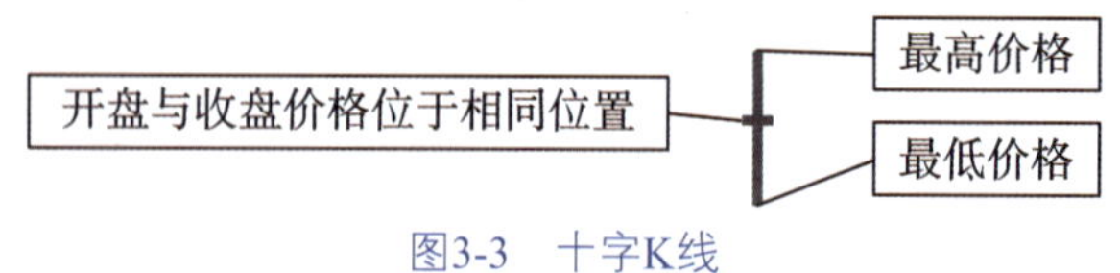

图3-3　十字K线

从图3-3可以看出，当平衡时，开盘和收盘价格位于同一位置，而上下两条细线则是最高价格和最低价格。

3.1.2 日K线图

日K线图就是股民通常说的K线图，该K线是由多个上涨和多个下跌的单K线构成的。由于计算机技术的普及，所有的股票行情软件都可以显示从中国A股开市以来每只股票每天的交易情况，以及当天股票的即时情况。图3-4所示是贵州茅台（600519）日K线走势，在走势图的左上角可以看到“日线”文字。

图3-4 贵州茅台（600519）日K线走势

3.1.3 周K线图

周K线图其含义就是指以一周为单位绘制出的K线图，股民通过该图可以对股市的中期和长期走势进行分析。在很多股票资料中都将周K线称为中期走势图。图3-5所示是泸州老窖（000568）周K线走势，在图左上角可以看到“周线”二字，表示该图是周K线图。要想查看股票的周K线图，在日K线图中按“F8”键即可。

图3-5 泸州老窖（000568）周K线图

3.1.4 月K线图

所谓月K线图，就是从股票上市开始，以月为单位绘制的单K线，该K线能反映每月股票或指数涨跌的变化。在很多股票资料中都将月K线称为长期走势图。图3-6所示是工商银行（601398）月K线走势，在图的左上角可以看到“月线”二字，表示该图是月线图。要想查看股票的月K线，在日K线图中按两次“F8”键即可。

图3-6 工商银行（601398）月K线图

3.1.5 季度K线图

所谓季度K线图，就是从股票上市开始，由多个以季度为单位单K线构成，每个单K线的时间单位是季度。它是反映每季度股票涨跌变化的K线组合。其绘制的图形是每个季度的第一个交易日到最后一个交易日的价格走势。图3-7所示是中国银行（601988）的季度K线。就是中国银行从上市当前时间的季度K线，从图左上角可以看到“季线”二字，表示该图是季度K线图。要想查看股票的季度K线，在日K线图中按四次“F8”键即可。

图3-7 中国银行（601988）季度K线图

3.1.6 分钟K线图

除了前面介绍的K线图外，还有分钟K线图。分钟K线图按周期分为1分钟线图、10分钟线图、15分钟线图、30分钟线图和60分钟线图。这几种短周期的K线图，通常是大户在进行短线快炒时使用，图3-8所示是万里杨（002434）的1分钟K线图和图3-9所示30分钟K线图。当需要查看1分钟线图、10分钟线图、15分钟线图、30分钟线图和60分钟线图时，可以在股票软件中多次按“F8键”进行切换。

图3-8 万里杨（002434）1分钟K线图

图3-9 万里杨（002434）30分钟K线图

3.1.7 分时走势图

分时走势图及时反映个股和指数的即时行情，同时还能显示成交量，并且在其窗口下方的指标区域提供的即时指标可以帮助股民判断买入和卖出股票的时间，下面以平煤股份为例进行讲解。

图3-10所示是平煤股份（601666）的分时走势图。在图3-10中可以看到，该图分为上下两个部分，上方为价格走势曲线，其中，波动幅度较大的曲线代表即时价格，而比较平缓的曲线代表当日成交均价；下方竖线代表每个价格的成交量。左侧的纵坐标代表股票的价格，右侧的纵坐标代表涨跌幅度，通过百分比来表示。

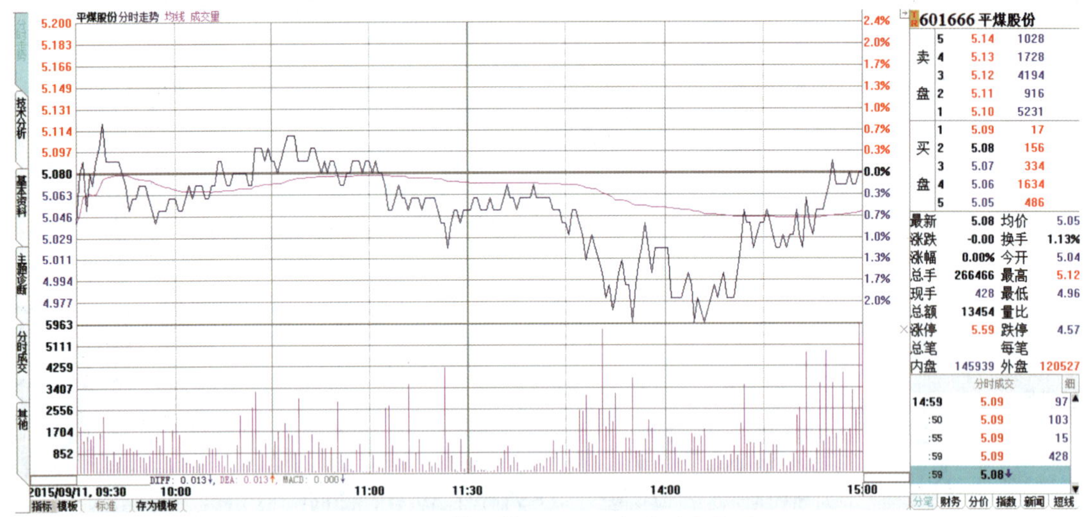

图3-10　平煤股份（601666）分时走势图

在图3-10左下角可以看到多个标签，当股民需要买卖该只股票时，可以单击“指标”标签，随后在标签上方将看到一个指标区域，如图3-11所示，在坐标区域中将看到蓝粉两线和红蓝柱（颜色因大智慧365中设置的配色方案而有所不同）。当需要买入股票时，可以在蓝柱缩短并且蓝线上穿红线的焦点处进行买入；当需要卖出股票时，可以在红柱缩短并且蓝线下穿红线的焦点处进行卖出。这样将避免买入就套、卖出就涨的尴尬局面。

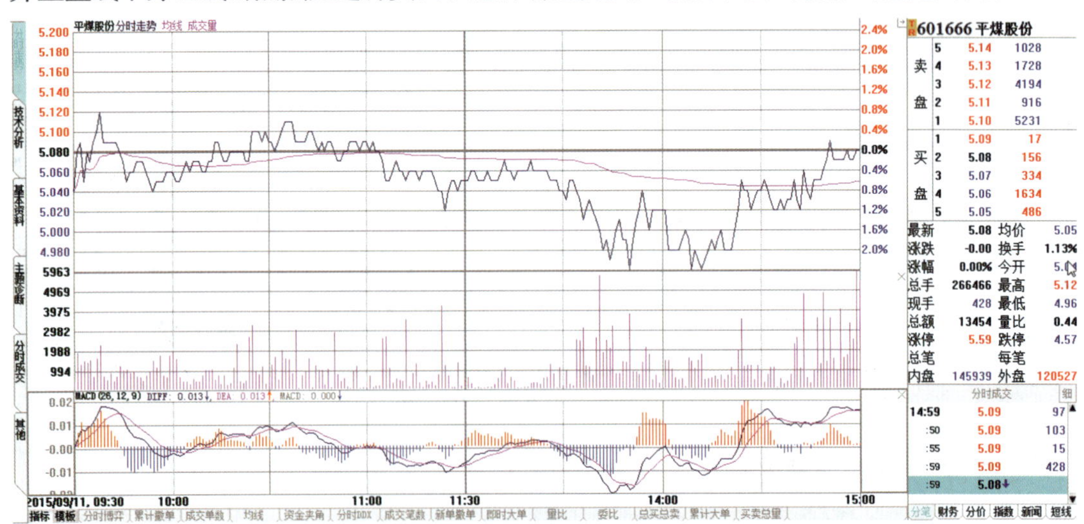

图3-11　分时K线图

此外，上证指数和深证成指指数的分时走势图与个股分时走势图是有一定差别的，在这两个图的下方有一个板块列表，勾选其中某一个板块名称，即可将该板块指数显示在上方的图中，这样可与大盘指数进行比较，分析该板块强于大盘还是弱于大盘。如图3-12所示是上证指数与“迪士尼”板块指数的叠加显示，可以看出全天迪士尼板块指数都强于大盘指数。

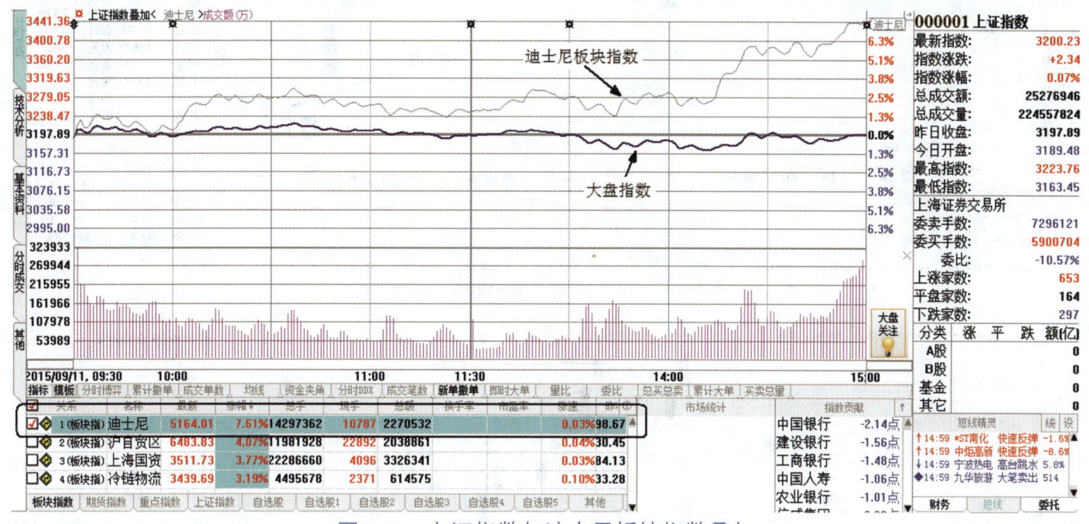

图3-12　上证指数与迪士尼板块指数叠加

提示，可以同时将多个板块指数叠加到大盘指数中。

3.2　单K线分析

要在股市中获利就必须能看懂K线，通常，大量的股民只知道看涨跌，而不知道其背后的含义。也就是说看K线一定要找到关键点，而不是只看是涨是跌。本节将先从单K线的讲起。

3.2.1　十字K线

不管是在K线组合中还是在单K线中，十字K线都是股市中相当重要的一个信号。该K线的出现，通常表示市场买卖双方势均力敌，处于上涨和下跌的不确定中。在一个长期上涨或长期下跌的过程中出现该K线时，就该引起股民高度注意，因为该图形引发股价反向运行的概率通常是90%。如图3-13所示双汇发展（600895）的K线图，在出现十字K线后开始上涨。

图3-14所示金陵药业（000919）K线图，在连续上涨后出现一个十字K线，随后股价大幅下跌，可见十字K线是一个变盘信息。

除了以上见到的标准十字K线外，还有两种十字K线的变形。

图3-13　双汇发展（600895）K线图

图3-14　金陵药业（000919）K线图

1. 墓碑十字

该十字K线因像一个墓碑，所以得名墓碑十字，如图3-15所示。这是十字K线中最具下跌含义的K线，其开盘价与收盘价均为最低价格，表面上多方在盘中拉升股价，但在尾盘被空方抛压打回原形，无力拉升股价。当出现此十字线时，股民该考虑抛出股票。

2. T十字

该线因像英文字母“T”，所以得名T十字线，如图3-16所示。这是十字K线中最具上涨含义的K线。其开盘价与收盘价均为最高价格，表面空方在盘中打压股价，但在尾盘被多方买盘拉起，无力打压股价。当出现此线时，股民该考虑买入股票，特别是在股价底部更应大胆买入。

图3-15　墓碑十字　　图3-16　T十字

3.2.2 阳线

阳线是股民最喜欢看到的一种K线，该线代表在股市是以上涨状态收盘的。该单K线有多种不同的变形，分为小阳星、小阳线、平头阳线、平脚阳线、穿脚破头阳线、光头光脚阳线等，下面分别对其特点进行讲解。

1. 小阳星

小阳星表示股价全天运行在很小的价格区间，其收盘价略高于开盘价，如图3-17所示。如果在股价上涨期间，连续很长的时间内都一直出现该K线的话，那么股民就可以持股待涨，或进行加仓操作。

2. 小阳线

小阳线通常出现在连续多天小幅上涨后，主力资金开始第一次拉升股价，使其脱离原先的波动区间，向上打开上涨空间。当市场出现该K线后，可以推断其继续上涨的概率较大，如图3-18所示。

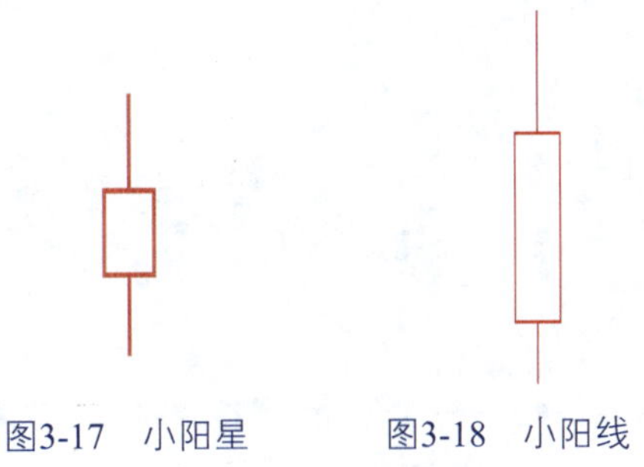

图3-17　小阳星　　　图3-18　小阳线

3. 平头、平脚阳线

平头阳线和平脚阳线这两类上涨K线，通常出现在股价运行到一个关键阻力位，主力资金需要突破该阻力位的压制时进行大幅拉升，使先前的套牢盘不至于过多地卖出，从而打开上涨空间。另外，当股价通过一段时间的暴跌后，市场的抄底投资者感觉股价已经比较低了，于是纷纷买入从而使股价大幅上涨，如图3-19所示。

4. 穿脚破头、光头光脚阳线

穿脚破头K线的上下都有影线，但是影线都很短，几乎为一个点，而实体部分却很长。当出现该K线图形后，表明多方占据优势，多数情况下后市看涨，并且在后一天开盘时高开概率比较高，如图3-20所示。如果在股市涨势良好的时候，很有可能K线没有上下影线，也就是说，在开盘后一路上涨，最后以最高价格收盘，那么此时的K线就被称为光头光脚阳线，其后市上涨的概率比穿脚破头K线概率更大，如图3-20所示。

图3-19　平头、平脚阳线　　　图3-20　穿脚破头、光头光脚阳线

3.2.3 单阴线

单阴线是股市下跌时的一种K线图形。在股市开盘后，由于股民、机构对股市后市不再看好，大家开始大量地卖出股票，最后导致股价的收盘价比开盘价低，于是就出现阴线。单阴线分为小阴星、小阴线、平头阴线、平脚阴线、穿脚破头阴线、光头光脚阴线，其含义与单阳线中的各类阳线含义正好相反，这里就不作过多讲解了。

唯一要提醒股民注意的是，如果在下跌时出现了光头光脚阴线，就要尽可能地卖出自己的股票，因为该K线的杀伤力相当大。通常在第一根光头光脚阴线后，估计至少还会下跌20%，图3-21所示是南方汇通（000920）股票在出现光头光脚阴线后继续大幅下跌的K线走势图。

图3-21　南方汇通（000920）K线图

3.2.4 带下影线的K线

带下影线的K线是一类比较特殊的K线图形，该类K线主要是对后市有引导作用。同时不管该K线是阴线还是阳线，其根本上没有太大的区别。下面就来看看该类K线中的两种类型。

1. 锤头

锤头K线实体部分比较短，而影线比实体长，或与实体相当。该K线通常出现在下跌过程中，但是不管该K线是阴线还是阳线，其含义都是一样的。当然，如果是上涨锤头则对多方更为有利。

该K线表明，在股市下跌的时候，所有的投资者对后市都不看好，开盘就开始卖出股票。但是在快接近收盘时，多方突然开始买回卖出的股票，给空方迎头痛击，此时卖盘减少，空方失去力量，使得下跌不能继续。当出现该图形时，股民不能盲目判断，需要通过第二天的K线进行确认。如图3-22所示。

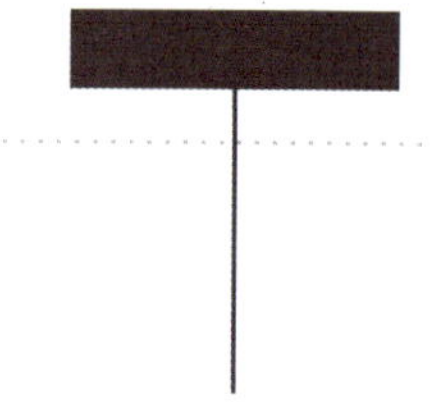

图3-22　锤头

【锤子K线的确认原则】

- 下影线越长，那么出现反转的概率就越大。
- 应当没有上影线，或者上影线相当短，几乎成为一个点。
- 第二天必须有一个强力的上涨信号。如果第二天开盘高开，那么基本可以断定反转发生。

如果锤头出现当天成交量放大，此时不管锤头是上涨还是下跌的K线，那么后续下跌的概率都很大。

图3-23所示是同洲电子（002052）K线图，在出现锤头K线后，股价开始上涨。

图3-23　同洲电子（002052）K线图

2. 吊颈

吊颈K线图同样是单K线图形，与锤头图形一样，但不同的是，该图出现在上涨过程中。不管是下跌吊颈还是上涨吊颈，其含义都是一样的。只是下跌吊颈对空方更为有利，如图3-24所示。

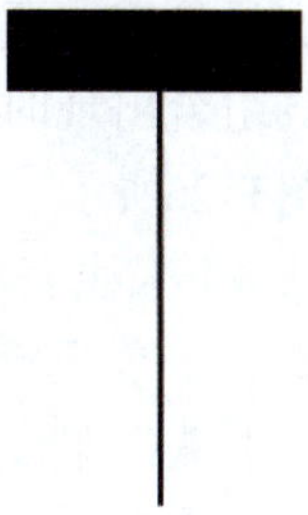

该K线表明，在一个上涨的过程中，市场非常看好，开盘却高开低走，此时卖盘大量出现；等待快到收盘时，多方买盘涌入，将价格拉抬起来。虽然此时多方控制住了短暂的下跌，但是由于股票前期涨幅过大，下跌不可避免。

图3-24　吊颈

【吊颈K线的确认原则】

- 下影线要比实体长，至少与实体相当。
- 应当没有上影线，或者上影线相当短，几乎成为一个点。
- 第二天必须有一个强力的下跌信号。以便证实该K线是一个反转信号。

图3-25所示是云南旅游（002059）K线图，在连续上涨之后出现了两根吊颈K线，股价开始下跌。

图3-25　云南旅游（002059）K线图

3.3　上涨K线组合形态

机构、大户、中户、散户等所有炒股的投资者，在购买股票后都希望自己的股票能够快速上涨，从而为自己带来利润。那么，判断什么时间点买入股票就显得非常关键，事实上我们可以通过查看K线组合来获取这个时间点。当某种K线组合出现后，就该考虑买入股票套取利润，这就是本节讲解的上涨组合K线，即所谓的买入点K线形态。

3.3.1　上涨孕线

上涨孕线K线组合又被称为多头母子线，通常是在股市或股票经过长期的下跌后形成的。其组合为前一天的K线是下跌的，而后一天的K线是上涨的。并且后一天的开盘价、收盘价、最高价、最低价都低于前一交易日下跌K线对应的价格。当此K线组合出现时，预示着下跌已经进入尾声，后市将出现上涨的走势，如图3-26所示。

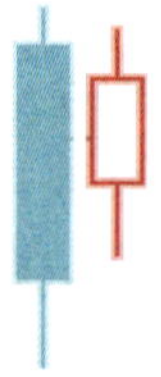

图3-26　上涨孕线

该K线表示市场非常看跌，但是在第二天股价高开，此时空方很着急，于是开始买入股票，从而导致以较高价格收盘。如果下一交易日继续上涨，那么该K线组合将扭转下跌趋势。

【上涨孕线的确认原则】

- 前一天K线必须是下跌，后一天必须是上涨。
- 下跌过程已经持续一段时间，且在下跌过程中没有明显的反弹。
- 第二天开盘价格必须比第一天收盘价高，而收盘价比前一天开盘价低。

图3-27所示是山河智能（002097）K线图，在经过前面连续多日的下跌后出现了上涨孕线，随后经过几天的横盘整理后出现了一波快速上涨。如果股民在上涨孕线出现时积极地买入该股票，那么在短期内就可以获得可观的收入。

图3-27 山河智能（002097）K线图

3.3.2 多方反扑

多方反扑是一个很容易识别的K线组合，通常是在股市或股票经过长期的下跌后形成的。该K线是由两个K线构成的组合K线图形。

其中第一根K线为下跌阴线，但是这根下跌阴线是最后一根阴线，这根阴线通常是一根小阴线或是一根阴十字K线，可以说股价此时已经出现企稳的征兆。不过此时还不是买入股票的时候，因为很可能只是下跌中途的一次弱市调整。当股市第二天在前一天的开盘价附近开盘后接着开始上涨，最后出现一根明显很长的长阳线。此时这两个K线的组合就被称为多方反扑，如图3-28所示。随后股价就会进一步上涨，股民就可以在第三天进行买入操作。

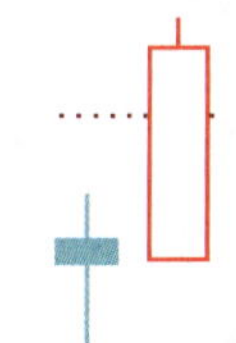

图3-28 多方反扑

该K线组合表示市场已经下跌很长一段时间，卖盘力度已经很小，在第二天出现突如其来的利好，此时买盘出现，将股价轻松地拉升起来。

图3-29是天润控股（002113）在下跌中途出现的一个阴十字K线，但是后一天并没出现长阳线，而是出现了一根比前几天更长的阴线。如果股民自以为会出现多方反扑，第二天离开就会出现亏损。所以一定要等长阳线出现，多方反扑K线组合已经形成后再进行买入操作，而不该提前赌第二天的长阳线。

【多方反扑的确认原则】

- 下跌过程已经持续一段时间，且在下跌过程中没有明显的反弹。
- 第二天开盘价与前一天开盘价基本位于同一位置或者高开，而收盘价至少位于前一天最高点附近，并且第二天的最高点必须高于前一天最高点。
- 通常该K线是由于突然的利好消息刺激。

图3-29　天润控股（002113）K线图

第二根上涨K线的实体长度要比下跌K线实体长度长，而且越长越有利于后市的上涨。

图3-30所示是实益达（002137）K线图，在经过前面连续多日的下跌后出现了多方反扑，随后出现了一波快速上涨。股民如果在多方反扑出现时积极地买入该股票，那么在短期就可以获得可观的收入了。

图3-30　实益达（002137）K线图

对于多方反扑的K线组合一定要注意其出现的位置，必须要在下跌很长一段时间后出现才是有效的。如果是在高位出现，此时的多方反扑很可能是主力刻意拉升，准备卖出手中股票而进行的欺诈行为，以诱惑股民买入股票。图3-31所示是广电运通（002152）的K线图，在上涨途中出现了多方反扑的K线组合，但是随后就开始持续下跌，可见是假的多行反扑。

图3-31 广电运通（002152）K线图

3.3.3 反击线

反击其含义为对敌对人物或势力进行攻击。这里沿用这个含义，但是其对象不再是真实的敌人或进攻者，而是股市。对于反击K线组合，与前面的解释相当符合，在股市中股民最害怕的是什么？那就是下跌。阻止下跌的有效方法就是反击，让股市重新上涨。此时就会出现反击线的组合K线图形。

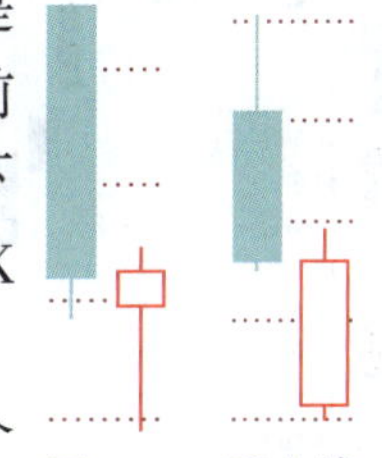

图3-32 反击线

该K线组合通常出现在下跌很长的过程中，是由一个下跌K线和一个上涨K线组合而成，如图3-32所示。其中，下跌K线通常是一个很长的大阴线，而上涨K线通常为一个长阳线或带有很长下影线的吊颈线。该K线出现在下跌很长一段时间，在下跌到一个比较低的位置后，买盘进入。此时空方力量已经衰弱，股价随后开始上涨。

【反击线的确认原则】

- 下跌过程已经持续很长一段时间，且在下跌过程中没有明显的上涨。
- 后一天的开盘价低于前一天的收盘价，但在收盘时回到前一天的收盘价。

图3-33所示是三特索道（002159）的K线走势图，在经过了前期连续多个交易日的下跌后，出现了反击线的K线组合，随后出现了一波长时间的上涨行情。

图3-34所示是有研新材（600206）的K线走势图，在经过了前期的长期大幅下跌后，出现了反击线的K线组合，随后出现了一波小幅上涨行情。

从上面的两只股票的K线走势图中可以看到两种不同的反击线，但是不管是哪种反击线，都带来了股价的上涨。其实这跟股市中股民的心理有很大关系，当股价大幅下跌了一段时间，在市场出现了久违的阳线后，会立刻激发散户、中户、大户、机构的做多热情。在这些做多热情的推动下，买盘不断涌入，从而将股价从底部拉起。

图3-33 三特索道（002159）K线图

图3-34 有研新材（600206）K线图

3.3.4 早晨之星

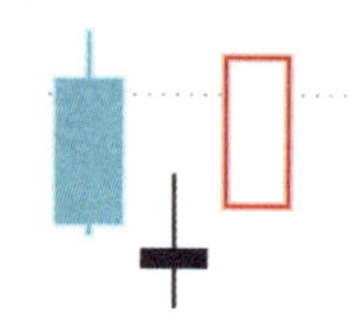

图3-35 早晨之星

早晨之星K线组合同样是一个上涨K线组合。该K线组合在有些资料中又被称为希望之星，该K线组合是由三根K线组合而成的。其中，第一根K线为下跌阴线，第二根K线通常为一个十字形小阳线或小阴线，最后的第三根K线是一个较长的上涨K线，要求最后的收盘位置需要重返第一个下跌K线价格范围之内，如图3-35。

【早晨之星的确认原则】

- 下跌过程已经持续一段时间，且在下跌过程中没有明显的反弹。

- 第二天开盘价和收盘价必须比第一天收盘价低。
- 第三天收盘价必须至少位于第一天下跌K线实体的一半之上。

图3-36所示是阳光照明（600261）的K线图，从图中可以看到，当出现早晨之星后，股价开始连续上涨。该K线组合有效概率相当高，而且出现频率也相当高，在很多股票的底部区间都可以看到该K线组合。所以当该K线在股市底部出现时，股民应该大胆地买进。

图3-36　阳光照明（600261）K线图

3.3.5　穿刺线

当后一天的K线在比前一天的收盘价更低的位置开盘，并且在收盘时达到前一天实体的一半以上或接近前一天的开盘线，该K线组合就被称为穿刺线，随后股价有反转可能，如图3-37所示。该K线组合是常见的一种多方宣战模式，当出现该组合后，股民就该考虑买入股票操作了。

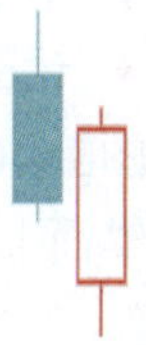

图3-37　穿刺线

该K线表示所有的股民和机构相当地看淡后市，谁也不愿意买入股票。但是由于股市已经下跌很大幅度了，卖出股票也不是明智之举。所以在股市下跌后期时，很多股民和机构开始买入股票，以便降低自己的损失。再买入时成交量也开始放大，于是产生跟随效应，更多的股民又加入到买入股票的行列。最后出现越来越多的买盘，股价的下跌被终止，随后就是一波上涨行情。如图3-38中新药业（600329）的K线图，在长期下跌后出现穿刺线，然后股价开始上涨。

【穿刺线的确认原则】

- 前一天K线必须是下跌，后一天必须是上涨。
- 下跌过程已经持续一段时间，且在下跌过程中没有明显的反弹。
- 第二天开盘价格必须比第一天低，而收盘价必须在前一天实体的一半以上。

图3-38　中新药业（600329）K线图

3.3.6　多头吞噬

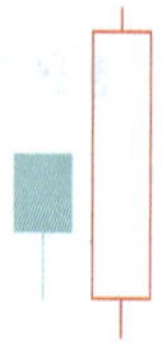

多头吞噬是一个典型的止跌上涨信号，通常发生在下跌过程中，该K线组合由两根单K线组成。其第二天的上涨K线开盘价格会在比前一天股价更低的位置，然后在收盘时超过前一天的收盘价，在多数情况下就连最高价也会超过前一天的最高价，如图3-39所示。

图3-39　多头吞噬

【多头吞噬的组合确认原则】

- 第二天的实体必须完全吞噬前一天的实体，但是可以不包括影线部分。
- 如果吞噬的是一个十字K线，此时应该小心，等待更多的上涨信号出现再进行买入。
- 如果被吞噬的前一天的下跌K线很长，并在吞噬后出现放量，此时该大胆买入。
- 该图形通常出现在下跌底部。

图3-40所示是宁沪高速（600377）K线图，在出现多头吞噬的K线组合后，股价止跌，继而上涨。

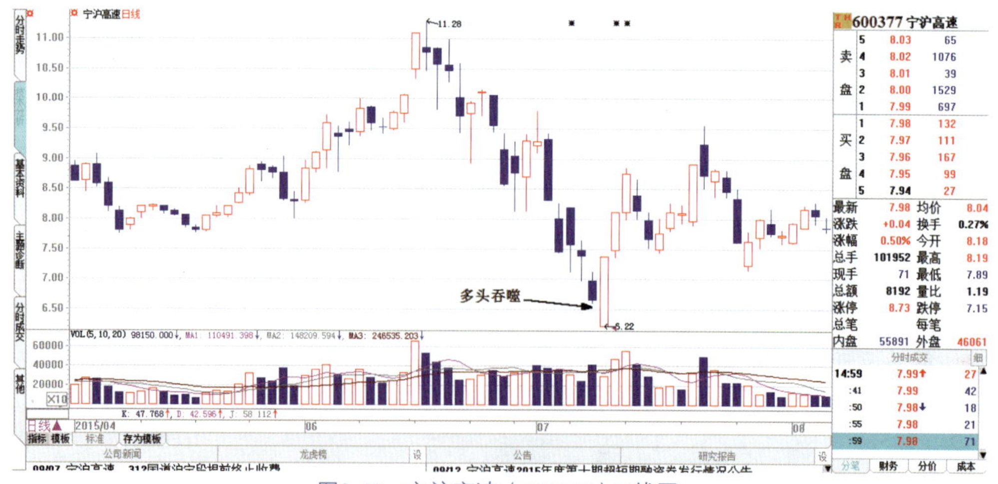

图3-40　宁沪高速（600377）K线图

3.3.7 红三兵

红三兵K线组合是由三根连续上涨的K线构成，并且其每根K线的收盘价都比前一天的价格高，如图3-41所示。当股价在底部出现该图形的时候，股民该积极进行买入操作。但是，由于该K线是上涨K线中一个经典的K线组合，主力机构有时反而会利用该图形迷惑股民，所以要判断该K线组合是否有效的最关键前提是必须出现在下跌后的股价底部区域。

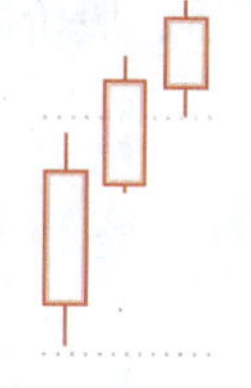

图3-41 红三兵

【红三兵的确认原则】

- 下跌过程已经持续很长一段时间，且在下跌过程中没有明显的上涨。
- 每一天的开盘价都低于前一天的收盘价，但是最高点在不断地提高。
- 后一天上涨K线的实体长度都超过前一天的一半左右。

图3-42所示是华光股份（600475）的K线走势图，在出现红三兵K线组合后，股价开始上涨。

图3-42 华光股份（600475）K线走势图

3.3.8 夹心三明治

夹心三明治K线由三根K线构成，对于新股民来说，该K线具有很大的迷惑性，给人的感觉是还要继续下跌，所以在出现该K线后，股民一定要看清楚它出现的位置，其位置必须为股价在经过前期暴跌而且跌幅很大的时候才是有效的上涨图形。否则，股价还有继续下跌的可能，且概率相当大。

该K线图表示下跌已经走到了尽头，最后的恐慌盘在做最后的卖出，随后股价有90%的概率迎来上涨，如图3-43所示。

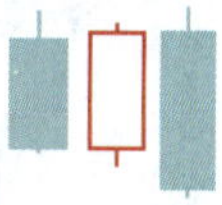

图3-43 夹心三明治

【夹心三明治K线的确认原则】

- 下跌过程已经持续很长一段时间，且在下跌过程中没有明显的上涨。
- 中间的上涨K线开盘价高于第一个下跌K线的收盘价，并在收盘时高于第一个下跌K线的开盘价。
- 最后一个下跌线吞没了前一天的上涨。

图3-44所示是科达洁能（600499）的K线走势图，从图中可以看到，当出现夹心三明治后，股价随之出现了一波上涨。

图3-44　科达洁能（600499）K线走势图

3.3.9　乳燕归巢

乳燕归巢由两根下跌K线构成，其形成位置基本是在下跌底部。当股价连续大幅下跌后，在出现该K线时，股民该考虑买入操作，如图3-45所示。该K线组合是典型的底部K线组合，在一个强势下跌后，多方在开盘就发力，直接在前一天股价下跌的实体内开盘，并且始终保持着小幅波动，最后以小阴线收盘。

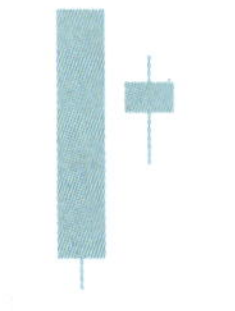
图3-45　乳燕归巢

【乳燕归巢的确认原则】

- 该K线组合出现在大幅下跌以后。
- 两个K线都是下跌K线。
- 第二天的开盘价和收盘价在第一根K线实体之内。

图3-46所示是巨轮股份（002031）的K线走势图，该股在经过前期大幅下跌后，出现了乳燕归巢K线组合，股价随后上涨。

图3-46　巨轮股份（002031）的K线走势图

3.3.10 低价配

低价配由两根下跌K线组成，该K线是典型的底部K线组合，在一个强势下跌后，多方在开盘就发力，直接在高位开盘。但是由于受前期下跌的影响，很多股民仍然选择卖出股票，此时多方也不急于拉升股价，而是低价吸纳股票。通常以略高于前期最低价的价格收盘，以此表明下跌结束。如图3-47所示。

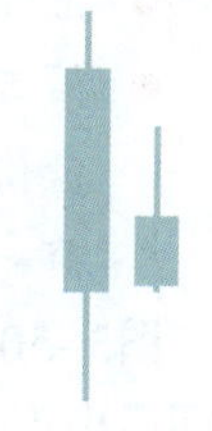

图3-47 低价配

【低价配的确认原则】

- 该K线组合出现在连续下跌过程中。
- 两根K线都是下跌K线。
- 第二天高开，收盘价与前一天收盘价格相同。

图3-48所示是大东南（002263）的K线走势图，在经过前几天的暴跌后，出现了低价配的K线组合，股价随后上涨。

图3-48 大东南（002263）K线走势图

3.4 下跌K线组合形态

当股市经过一段时间的上涨后，就会出现一些滞涨信号。在出现这些信号后，股市就可能开始下跌，本节将讲解一些常见的下跌K线组合。股民在股票顶部看到这些信号后，就可以考虑卖出股票了。

3.4.1 空方反扑

空方反扑通常是股票下跌初期的信号，该组合是一个很容易识别的K线组合，出现在连续上涨的顶部阶段。如图3-49所示，该K线组合由两根K线构成，第一根为上涨K线，第二根为下跌K线。通常该K线的组合预示着股价将进一步回落，此时股民就该小心了。

【空方反扑的确认原则】

- 上涨过程已经持续一段时间，且在上涨过程中没有明显的下跌。
- 第二天开盘价与前一天开盘价基本位于同一位置或者低开，而收盘价至少位于前一天最低价附近，并且第二天的最低价必须低于前一天最低价。

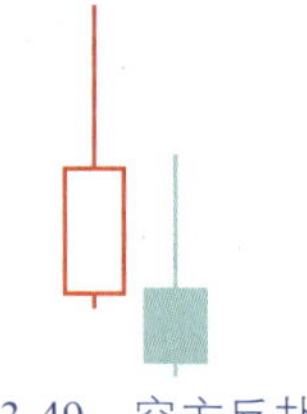

图3-49　空方反扑

图3-50所示是岭南控股（000524）的K线走势图，在连续上涨一段时间后出现了空方反扑K线，随后股价开始下跌。

图3-50　岭南控股（000524）K线走势图

3.4.2　三只乌鸦

三只乌鸦是由三根下跌K线组合而成，该K线通常出现在股价顶部。通常这是由于市场买盘自然衰竭而导致的。该K线组合杀伤力相当大，通常其后期的下跌幅度会达到20%以上，如图3-51所示。

【三只乌鸦的确认原则】

- 上涨过程已经持续很长一段时间，且在上涨过程中没有明显的下跌。
- 后一天的开盘价都为前一天实体的一半位置附近，并在收盘时创出新低。
- 三根K线均为下跌K线。

图3-51　三只乌鸦

图3-52所示是浙江龙盛（600352）的K线走势图，在出现三只乌鸦后，股价随后连续下跌。

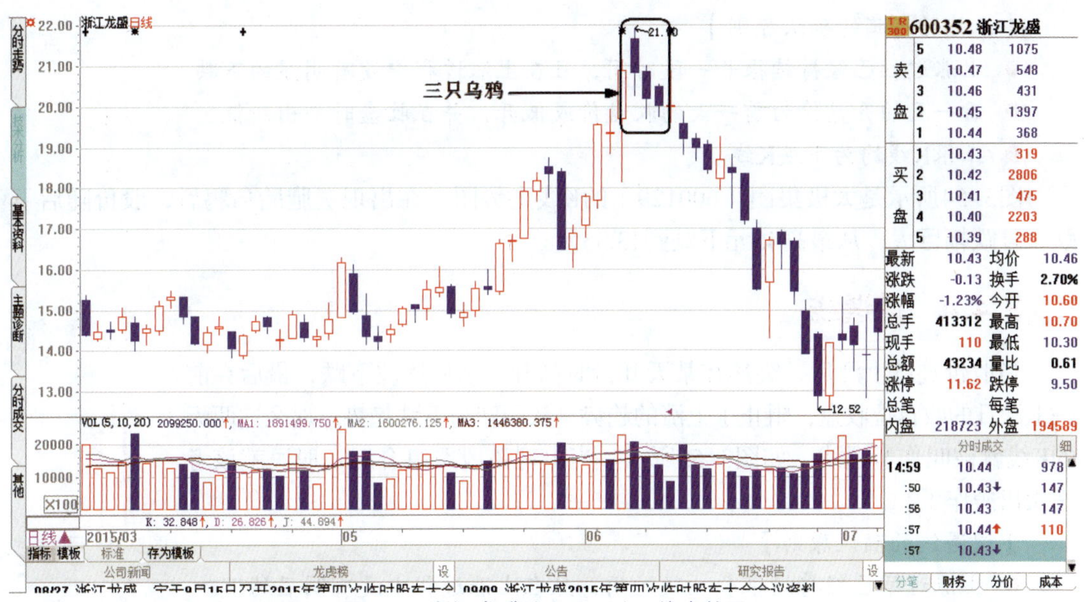

图3-52 浙江龙盛（600352）K线走势图

3.4.3 三胞胎乌鸦

三胞胎乌鸦是三只乌鸦的变形K线组合，并且其杀伤力要比三只乌鸦更厉害。该K线组合是由于前期的上涨涨幅巨大，对后市的上涨空间缺乏信心，于是开始快速卖出，如图3-53所示。由于在卖出初期很多股民对后市还有期望，所以其跌幅不大，但是当第四天，也就是三胞胎乌鸦K线组合成立之后，股市出现恐慌情绪，于是开始大幅下跌。

图3-53 三胞胎乌鸦

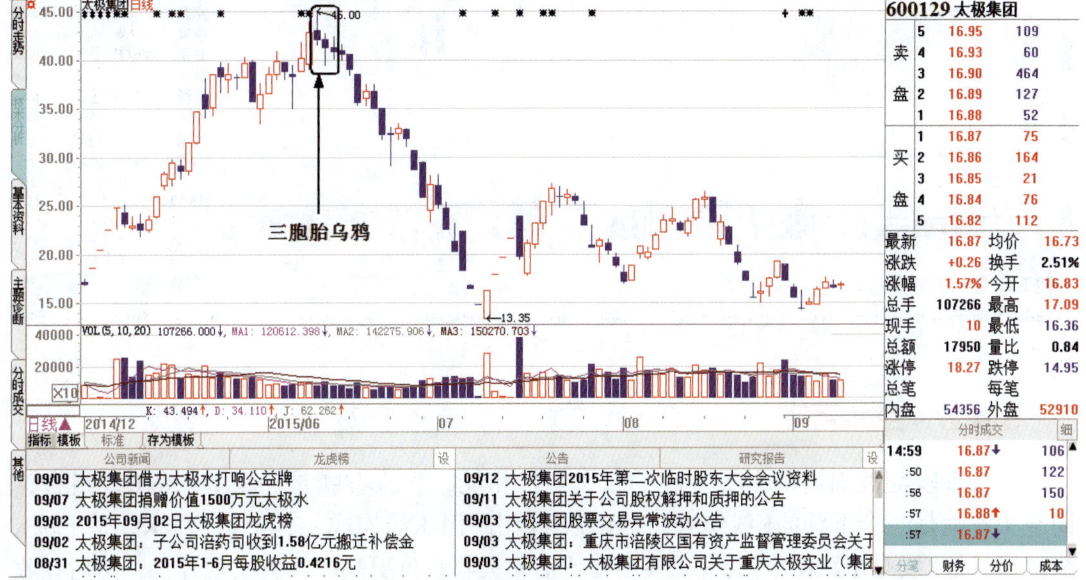

图3-54 太极集团（600129）K线走势图

【三胞胎乌鸦的确认原则】

- 上涨过程已经持续很长一段时间，且在上涨过程中没有明显的下跌。
- 后一天的开盘价为前一天的收盘价或低开，并在收盘时创出新低。
- 三根K线均为下跌K线。

图3–54所示是太极集团（600129）的K线走势图，在出现三胞胎乌鸦后，股价随后下跌，且跌幅巨大，从最高45元下跌到13.35元。

3.4.4 遭遇线

当股价连续上涨后，突然在某天开盘时高开，然后逐波下跌，最后在前一上涨日的收盘位收盘，阻止了上涨的趋势，从而转为下跌趋势，那么这两天的K线就被叫作遭遇线，如图3–55所示。当出现该股票组合后，股民就该考虑卖出操作了。

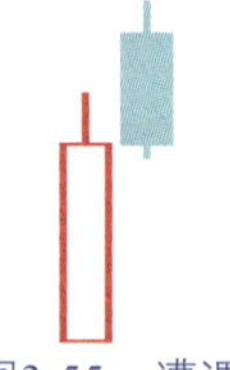

图3-55 遭遇线

【遭遇线的确认原则】

- 上涨过程已经持续很长一段时间，且在上涨过程中没有明显的下跌。
- 后一天的开盘价远远高于前一天的收盘价，并且收盘价回到前一天的收盘价。

图3–56所示是三友化工（600409）的K线走势图，在遭遇线出现后，股价随后下跌。

图3-56 三友化工（600409）K线走势图

3.4.5 空头吞噬

空头吞噬与前面讲的多头吞噬的含义恰恰相反，多头吞噬是一个上涨的K线组合，而空头吞噬是一个下跌的K线组合。该K线组合由两个K线构成，其中第一根K线是上涨K线，第二根K线是下跌K线，下跌K线会在比前一天收盘价更高的位置实现开盘，然后在收盘时超过前一天的开盘价，如图3–57所示。

【空头吞噬确认原则如下】

- 该图形通常出现在上涨顶部。
- 第二天的实体必须完全吞噬前一天的实体，但可以不包括影线部分。
- 如果吞噬的是一根十字K线，此时应该小心，下跌的概率更大。
- 如果被吞噬的前一天的上涨K线很长，并在吞噬后出现放量，此时该大胆卖出。

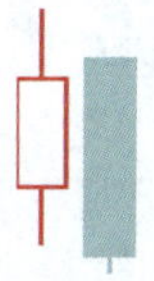

图3-57　空头吞噬

如图3-58所示是昆药集团（600422）的K线走势图，在出现空头吞噬后股价开始下跌。

图3-58　昆药集团（600422）K线走势图

3.4.6　乌云压顶

当后一天的K线在比前一天的收盘价更高的位置开盘，并且在收盘时下跌到前一天实体的一半以下或接近前一天的收盘价，该K线组合就被称为乌云压顶，随后股价有反转可能，如图3-59所示。该K线组合通常出现在上涨阶段末期。

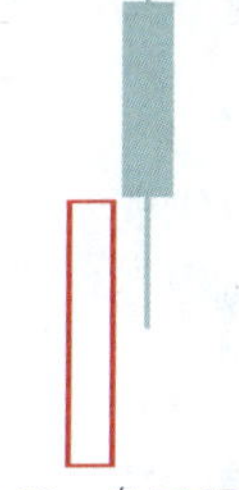

图3-59　乌云压顶

【乌云压顶的确认原则】

- 前一天K线必须是上涨，后一天必须是下跌。
- 上涨过程已经持续一段时间，且在上涨过程中没有明显的下跌。
- 第二天开盘价格必须比第一天高，而收盘价必须在前一天实体的一半以下。

如图3-60所示是健康元（600380）的K线图，在出现乌云压顶后股价也没有再创新的高点，并在横盘一段时间后开始下跌，其下跌幅度巨大。

图3-60　健康元（600380）K线图

3.4.7　下跌孕线

下跌孕线又被称为空头母子，其构成为后一天的K线是下跌的，并且开盘价和收盘价都位于前一交易日上涨K线之内，并且最高点与最低点均未突破前一交易日K线的开盘与收盘价格。该K线组合通常发生在上涨一段时间后，并且预示后市下跌的概率相当大，如图3-61所示。

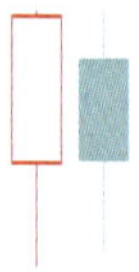

图3-61　下跌孕线

该K线表示市场非常看涨，但是在第二天股价低开，此时多方很着急，于是开始卖出股票，从而导致以较低价格收盘。如果下一交易日继续下跌，那么该K线组合将扭转上涨趋势。

图3-62　华纺股份（600448）K线走势图

【下跌孕线的确认原则】

- 前一天K线必须是上涨，后一天必须是下跌。
- 上涨过程已经持续一段时间，且在上涨过程中没有明显的下跌。
- 后一天开盘价格必须比前一天低，而收盘价比前一天开盘价高。

如图3-62所示是华纺股份（600448）的K线走势图，在经过前期上涨后，在顶部出现了下跌孕线，随后股价开始下跌。

3.4.8 晚星之星

从名字就可以知道，晚星之星是一个下跌的K线组合，该K线由三根K线构成，如图3-63所示。在股价经过前期大幅上涨后，由于股票的利好消息，或上涨幅度过大其上涨动能不足时，主力资金就会选择卖出该股票从而锁定获利，但是为了诱惑股民买入股票，于是在开盘时快速拉高，并使其最高点超过前期的最高点，使股民感觉该股还有上涨空间，于是纷纷买入。

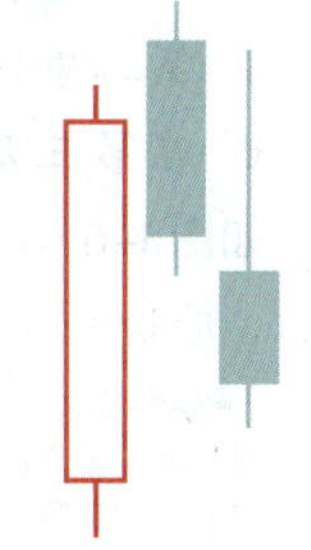

图3-63 晚星之星

随后，由于股民的买入，买盘大量出现，此时主力资金也尽可能地在高位卖出股票，导致其股价波动不大，但是由于没有大资金的流入，股票最后以下跌收盘。第三天，由于主力资金手中还有大部分股票，所以再进行诱惑，选择低开高走的方式，不过此时是以卖出为主，上涨幅度不大。

图3-64 风神股份（600469）K线走势图

【晚星之星的确认原则】

- 上涨过程已经持续一段时间，且在上涨过程中没有明显的下跌。
- 第二天开盘价必须比第一天的收盘价高或相当。
- 第三天收盘价必须至少位于第一天上涨K线实体1/2的范围之下。

如图3-64所示是风神股份（600469）的K线走势图，从该K线图中可以看到，当出现晚星之星后，股价就开始下跌了。

3.4.9 射击之星

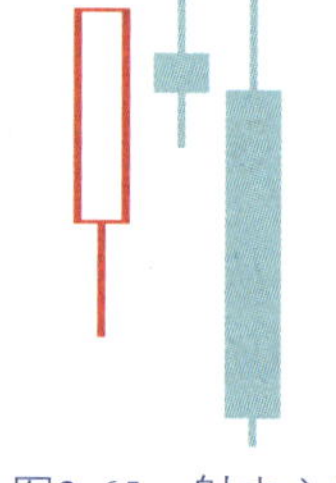
图3-65 射击之星

射击之星是一个三K线组合，该K线组合通常出现在股价顶部，并且90%概率将使股票下跌。该K线组合的形态与晚星之星有点相似，但是第二根K线是锤头K线或十字K线。至于第二根K线是收阳线还是收阴线并不重要。如图3-65所示，第二根K线收阴线。

【射击之星的确认原则】

- 上涨过程已经持续一段时间，并且在上涨过程中有许多大阳线。
- 第二根锤头的上影线很长，而且成交量会比较大。
- 在第三天的下跌K线中，下跌幅度较大，收盘时呈大阴线。

如图3-66所示是福能股份（600483）的K线走势图，从图中可以看到，在出现射击之星后，股价开始大跌。

图3-66 福能股份（600483）K线走势图

3.4.10 如临大敌

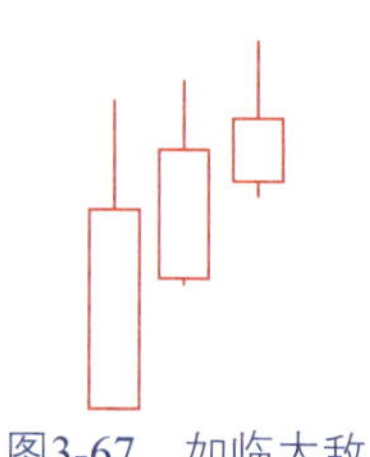
图3-67 如临大敌

如临大敌是下跌K线组合中一个比较特殊的K线组合，它是由三根上涨K线构成，并且三根上涨K线均为阳线，所以很容易让股民将其判断为红三兵的K线组合，如图3-67所示。但是结果却恰恰相反，虽然该K线组合是由三根阳线构成，但是三根阳线的实体部分会越来越短，并且出现在K线走势图的高位处。

【如临大敌的确认原则】

- 上涨过程已经持续很长一段时间。
- 后一天的开盘价都低于前一天的收盘价，但是收盘价在不断地提高。
- 每一根上涨K线的实体长度都在逐渐缩短，这一点是最关键的。

图3-68所示是信达地产（600657）的K线走势图，从图中可以看到，当出现如临大敌的K线组合走势后，股价就开始下跌。

图3-68　信达地产（600657）K线走势图

3.4.11　齐头并进

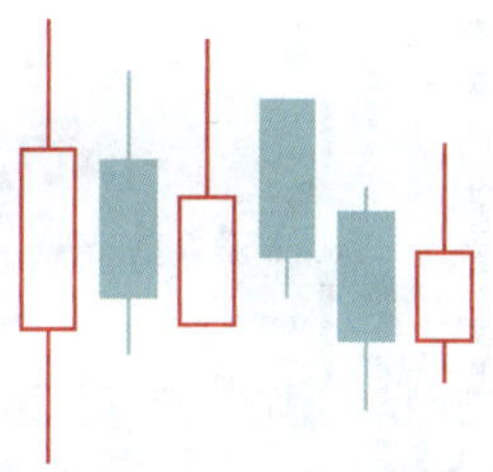

图3-69　齐头并进

齐头并进由多个K线构成，其特点是在上涨很长一段时间后，连续多日其上涨下跌的幅度基本相同，围绕着一个价格范围不断出现上涨和下跌K线，但是每根K线都不能超过前期的高点，如图3-69所示。

【齐头并进的确认原则】

- 上涨过程已经持续很长一段时间。
- 股价始终不能突破前期高点。
- 整个K线组合的运行时间通常不超过7天，如果超过7天，该K线组合将由下跌转为蓄势待涨。

图3-70所示是长江传媒（600757）的K线走势图，当图中出现齐头并进的K线组合后，该股票就开始下跌。

图3-71所示是红阳能源（600758）的K线走势图，在图中可以看到出现了一段时间的齐头并进的K线组合后，但是其时间超过了7天股价也没下跌，所以此时就是一个蓄势待涨的K线，随后该股票开始上涨。

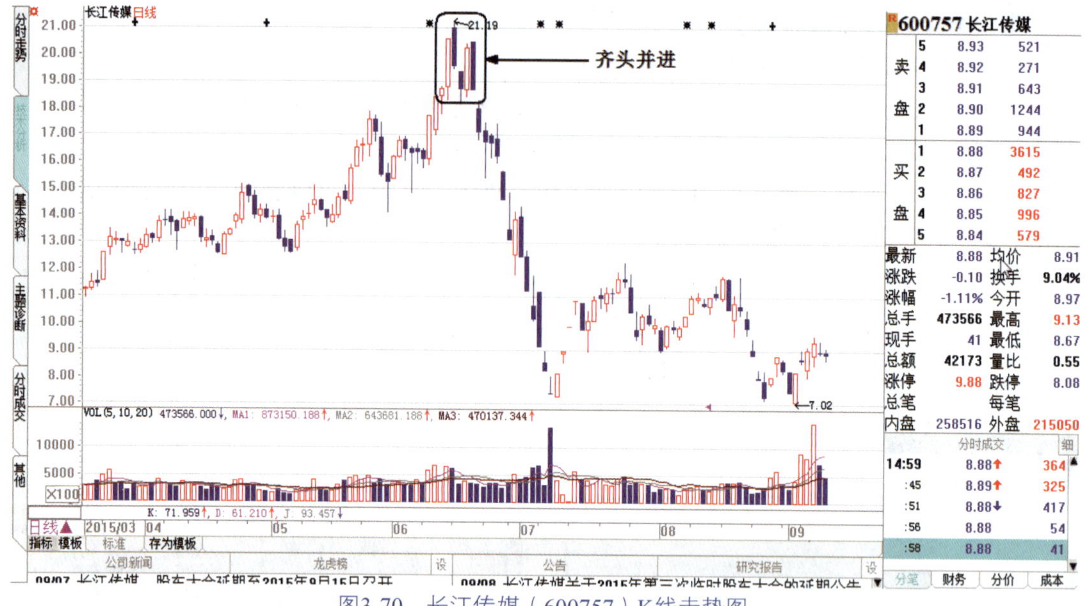

图3-70　长江传媒（600757）K线走势图

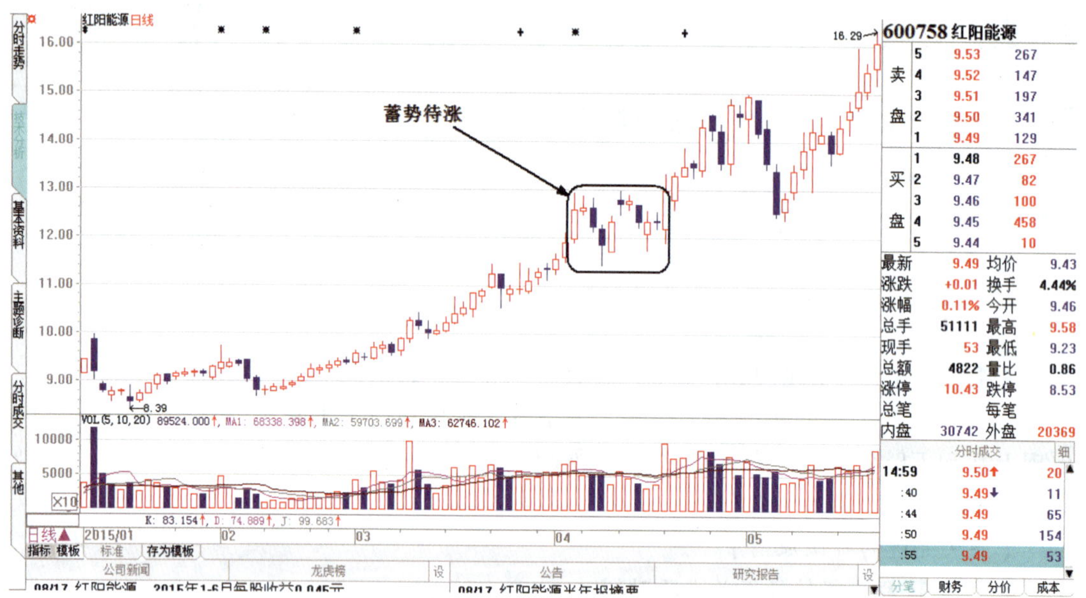

图3-71　红阳能源（600758）K线走势图

3.5　持续形态

当股市上涨或下跌一段时间后，就会进行横盘整理，在一个比较小的范围波动。此时，K线将出现一些持续形态的特征组合。通过对这些K线组合的学习，股民可以判断股票是否还会继续上涨或继续下跌。

3.5.1 插入

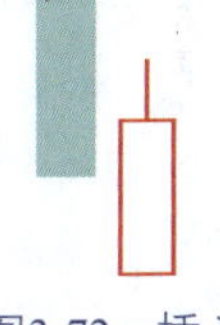

图3-72 插入

插入由两根K线构成，并出现在下跌过程的中，如图3-72所示。其中第一根为下跌阴线，第二根为上涨阳线。正是由于第二根上涨阳线导致很多股民产生股票会出现止跌上涨的幻想，但这只是一种主力资金诱多的假象。

【插入的确认原则】

- 涨幅很大，但是下跌幅度不大。
- 后一天低开高走，但是收盘价在前一天一半以下的位置。

图3-73所示是祥龙电业（600769）的K线走势图，从图中可以看到，在下跌一段时间后出现了插入K线组合，但是股价并没止跌，而是继续下跌。

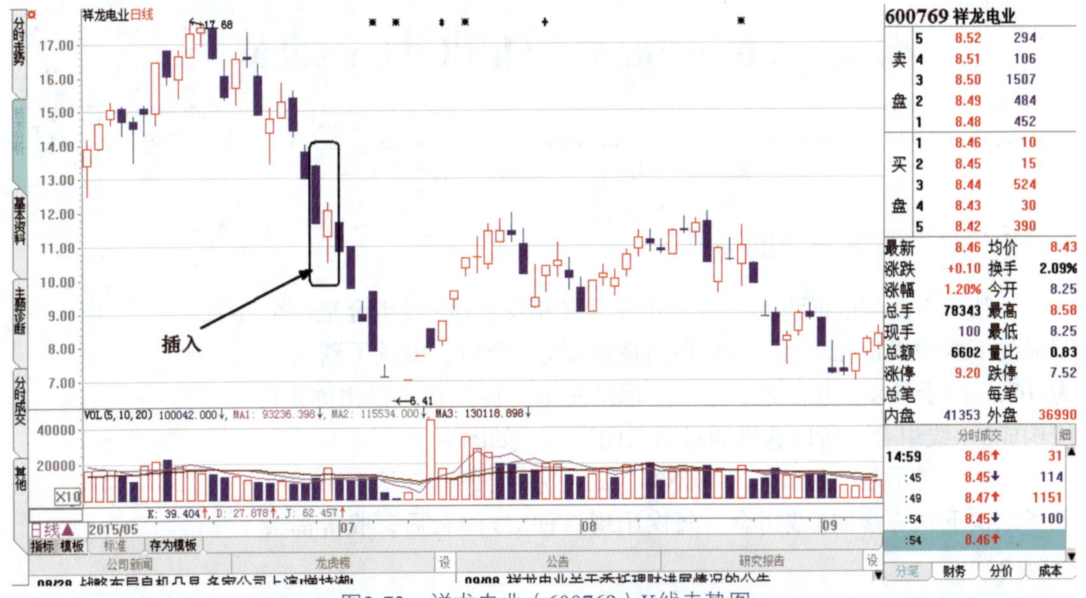

图3-73 祥龙电业（600769）K线走势图

3.5.2 上涨三步曲

上涨三步曲是一个明显的上涨中继K线组合，通常在出现该K线组合后，继续上涨概率为90%。由于该K线组合并不是一个标准图形，而且也不是由固定K线构成的K线组合。所以这里通过示意图展示，如图3-74所示。

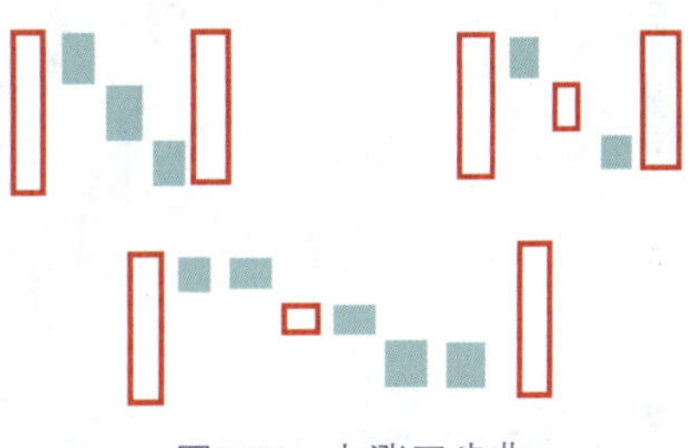

图3-74 上涨三步曲

在示意图中显示了3种主要变形，当然该K线还有一些其他的变形，但是不管如何变形，只要K线出现这个结构，那么就还会继续上涨。

图3-75所示是国电电力（600795）的K线走势图，出现了两组这种K线组合，每次出现该K线组合后，股价都会上涨一定的幅度。

图3-75　国电电力（600795）K线走势图

3.5.3　下跌三步曲

下跌三步曲与前面讲的上涨三步曲含义相反。该K线组合是一个明显的下跌中继K线组合，通常在出现该K线组合后，继续下跌概率为90%。由于该K线组合并不是一个标准图形，而且也不是由固定K线构成的K线组合。所以这里通过示意图展示，如图3-76。

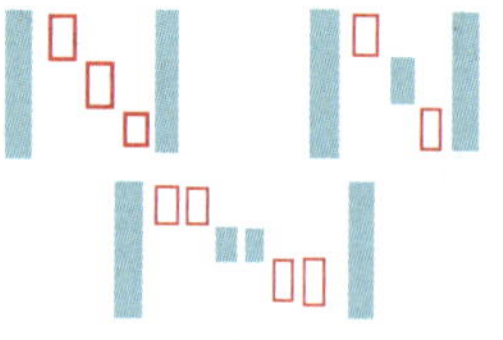

图3-76　下跌三步曲

图3-77所示是杉杉股份（600884）的K线走势图，在这个图中出现了两次下跌三步曲K线组合，每次出现这种K线组合后，股价都会继续下跌。

图3-77　杉杉股份（600884）K线走势图

3.5.4 平底上涨

如图3-78所示，平底上涨由两根上涨K线构成，两根K线的开盘价格基本相同，而且第二根K线是在开盘后就一路上涨。当出现该K线组合后，预示着上涨还会继续。

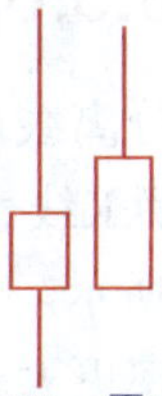

图3-78 平底上涨

图3-79所示是长江电力（600900）的K线走势图，在出现平底上涨后，股价继续上涨。

图3-79 长江电力（600900）K线走势图

3.5.5 平顶下跌

如果在下跌过程中出现两根上涨K线，并且两根K线的收盘价基本相同，这就是平顶下跌的K线组合。当出现该K线组合后，预示着下跌还会继续，如图3-80所示。

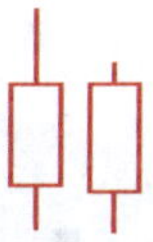

图3-80 平顶下跌

图3-81所示是交通银行（601328）的K线走势图，在下跌一段时间之后出现平顶下跌K线组合，接着该股继续下跌。

图3-81 交通银行（601328）K线走势图

3.5.6 分离线

分离线出现在上涨过程中，而且很容易识别。该K线组合是由两根K线构成，第一根为下跌K线，第二根为上涨K线。其上涨K线的开盘价位于下跌K线的开盘价附近，如图3-82所示。如果后一天上涨K线的开盘价能比前一天下跌K线的开盘价更高，那么其上涨的概率更大。

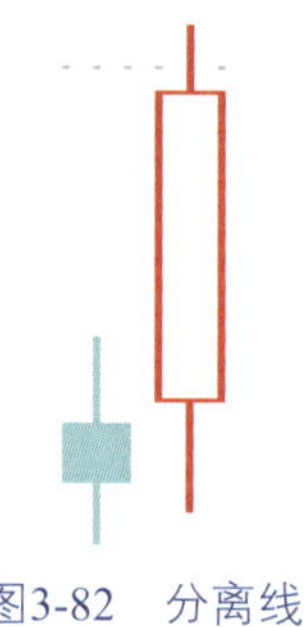

图3-82 分离线

图3-83所示是中洲控股（000042）的K线走势图，在出现分离线后，该股继续上涨。

图3-83 中洲控股（000042）K线走势图

炒股

第4章 利用软件提高炒股收益

大智慧365股票分析软件为投资者提供了非常完善的辅助分析功能，包括优化的动态图形浏览界面、丰富的分析指标以及强大的各种辅助分析功能等。除此之外，大智慧365还提供了一些实用的分析和买卖股票工具。本章将对大智慧365的各种决策辅助功能进行详尽讲解。

4.1 大智慧图形分析优化功能

大智慧为投资者提供了优化的图形分析界面，投资者可以对图形界面进行个性化的定制，并且按照个人的操作习惯进行画线以辅助分析。

4.1.1 分析周期与画面组合的选择

分析周期功能用于切换不同的股票分析图形，包含分时图、分笔成交、1分钟图、5分钟图等短周期分析以及日线、周线、月线等长周期分析，总共有14种。用户也可以使用快捷键F8进行不同分析周期的切换。

用户可以在分析周期的多日图中自定义周期，其使用方法为，打开“常用工具”→“系统选项”，修改“系统参数”选项卡中的“多日线天数”即可设定。

提示：在分析图表中可以使用快捷键F3切换到上证指数，快捷键F4切换到深证指数。

画面组合功能用于调整动态图形分析窗口的个数。在技术分析界面中，将光标向上移动接近二级菜单的位置时，将弹出如图4-1所示的隐藏工具栏，单击“1图组合”右侧的三角形图标将出现一个下拉菜单，从中选择要组合的窗口数，该窗口数主要用于修改图形分析画面中指标的数量。可选的图形组合包括1图组合到6图组合，可以使用快捷键Alt加需要的子图数目来切换，如要切换到4图组合，可以使用Alt+4。

图4-1　画面组合

可以通过输入指标的英文缩写方式切换窗口中显示的指标，或者在需要修改的指标子窗口点右键选择指标进行替换。如图4-2所示，首先使用Alt+4调用“4图组合”，然后在最后一个默认的“均线”指标子窗口点右键，选择“常用指标”中的“MACD”，则最下面的指标子窗口替换为MACD指标。

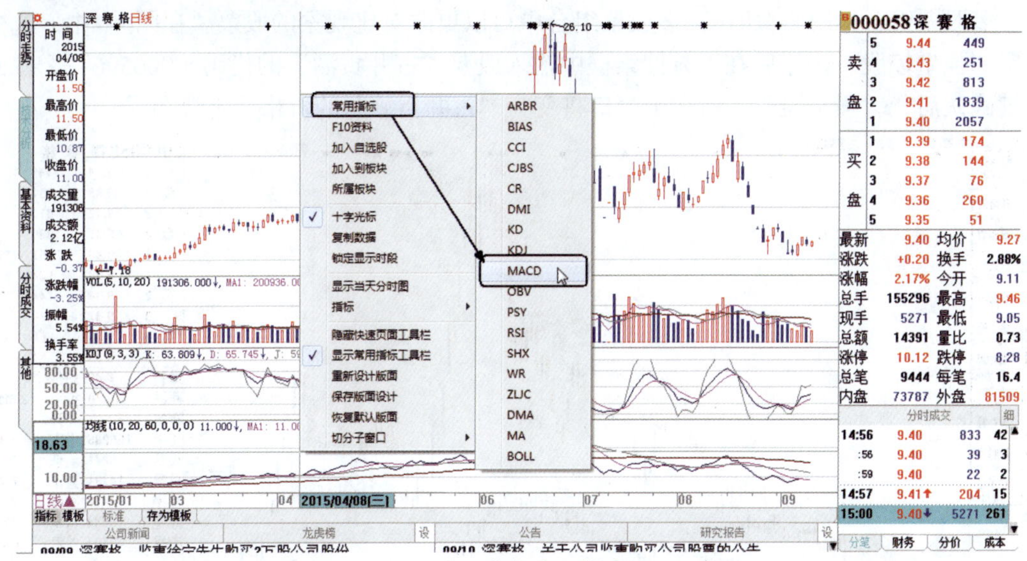

图4-2 指标窗口组合

4.1.2 主图叠加与多图组合

主图叠加功能用于叠加股票到同一主图上进行对比分析。在技术分析界面中，将鼠标向上移动接近二级菜单的位置时，显示隐藏工具栏（如图4-1所示），单击选择“图形叠加”按钮会跳出选择股票窗口，从中选中股票叠加到现有的股票分析图形中。选择股票时，按住Shift键或Ctrl键可以实现多个股票的选择。

需要注意的是，切换到其他股票的分析页面时，主图叠加还会保留。另外，分时走势分析页面不支持主图叠加。

主图叠加示例如图4-3所示，主图最多支持四只股票的叠加。指标副图也是可以叠加的，但实际应用中比较少。

主图叠加会随着一屏显示的时间不同而出现差异，其原因在于主图的叠加是以第一个开盘价相同日期进行叠加的。这样当图形变化时，其基准点也会发生变化。此时用户可以使用画面平移功能，将K线进行上下平移，改变其相对位置重新完成叠加。

多图组合用于将技术分析界面变成多个小窗口的形式，每个小窗口显示一只股票的价格及走势图。多图组合常用于同时进行多只股票的对比观察，另外还有一种用法，是对同一只股票的不同时期或历史分时进行多图对比。

多图组合页面也可以通过快捷键Ctrl+M打开，退出时可以直接按ESC键。多图组合下面包含四个子菜单，即多图切换、多股票组合、多周期组合和多日分时组合。

多图切换是指切换到最近一次的多图组合操作，如果最近一次的操作是“多股票组合”，选择“多图切换”子菜单则会进行单只股票与多股票组合页面的切换。

多股票组合用于将技术分析界面划分为多个小窗口，每个小窗口显示一只股票的价格及走势。默认的窗口数为9，即可同时显示9只不同的股票。用户可以在“查看”菜单下的“选项”子菜单中更改显示的数量，可用数量有4、9、16、25及36。

多股票组合如图4–4所示。多股票组合中可以更改对比观察的股票。在图4–4中，选中股票“强生控股”，然后在上方搜索框中输入股票“古井贡酒”的代码“000596”，按回车键确认后，“强生控股”所在子窗口将变为“古井贡酒”的价格及走势图。

图4-3 主图叠加

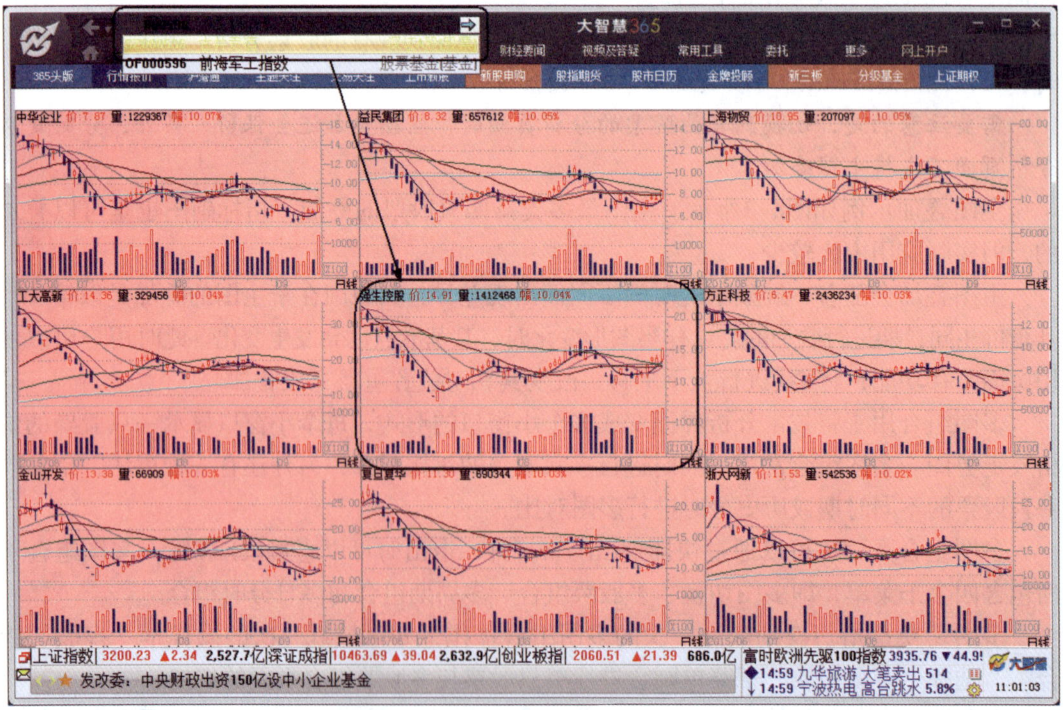

图4-4 多图组合

多周期组合与多股票组合类似，也是将技术分析界面划分为多个小窗口，每个窗口显示该股票一个周期的价格及成交量走势图。默认的周期顺序为分时线、分笔成交线、1分钟线、5分钟线、10分钟线等，周期越来越长。投资者可以选中其中的某个小窗口，按F8实现预设周期的切换。

多日分时组合用于显示同一股票的不同日期的分时线，如图4-5所示，窗口是以时间由小到大排列的，在每个小窗口的上部可以看到分时线所在的日期。

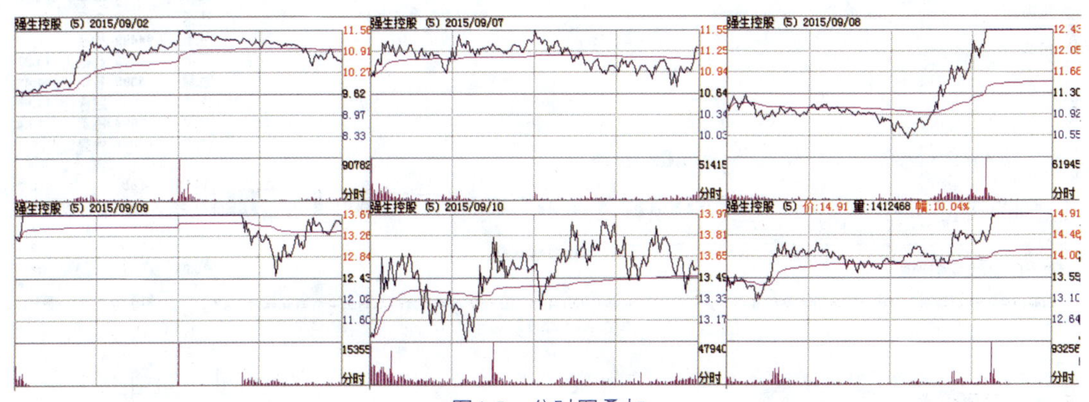

图4-5 分时图叠加

4.1.3 平移画面与测量距离

利用平移画面功能可平移图形分析页中的主图。在技术分析图表界面中，将光标向二级菜单下方移动将显示隐藏的工具栏，在隐藏工具栏右侧有一个按钮，单击该按钮，图形分析页中的光标会变成小手形状，此时可以上下左右拖动K线图形。再次单击该按钮或者直接按ESC键，可以退出平移画面模式。

在平移画面模式下，当用光标左右拖动K线可以得到不同时间的数据，查看历史数据是平移画面的一个常用功能；当按下左键上下移动K线时，可以调整K线坐标的基线，即K线的横向中轴线。

当用鼠标右键拖动K线时，可以实现图形水平或垂直方向的放大或缩小。图4-6所示即为先用左键更改基线，然后用右键左右拖动放大图形后的效果。

测量距离功能则是用于测量图形分析界面上两点之间的时间跨度和涨幅。在隐藏工具栏中单击右侧的按钮，光标会变成一把小标尺，此时用户可以方便准确地测量出K线图上面任意两点的时间跨度和涨幅。如图4-7所示，在图中选中起始位置后按住鼠标左键到达目的位置，此时在起始位置会显示出距离、涨跌、幅度三个数据。距离，在日K线图中指的是从起始点到目标点经过了多少交易日，而在分时线中指的是中间经过了多少分钟；涨跌指的是价格，以元为单位；幅度是两点之间涨跌的百分比。

需要注意的是，如果希望将测量的起点和终点精确在最高价、最低价时，可以在测量过程中一直按住Ctrl键，此时测量工具将自动吸附到附近的最高价、最低价上。

图4-6　平移画面

图4-7　测量工具

4.1.4　画线工具中的10种常用曲线

大智慧365提供的“画线工具”对投资者进行趋势分析很有用处。通过画不同类型的线，投资者可以更直观地找出股价走势、顶点判断、买卖时机等规律。

投资者单击工具栏右侧的线按钮后弹出一个画线工具栏窗口，里边包含常用曲线的模板，如周期线、波段线等，如图4-8所示。画线工具的快捷方式是键盘输入Ctrl+X或输入09。

画线工具的使用方法是，先在画线工具窗口上选择图线类型，然后沿着需要画线的起点到终点通过光标拖动即可。画线完成后可以用光标拖动改变画线方向、移动画线位置、改变画线颜色等，或删除画线。

图4-8 启用画线工具

一个较好的窍门是，如果想精确地把画线对应到最高价或最低价，可以在画线的同时按住Ctrl键，这样只要画线经过K线的最高价或最低价时，就会自动地依附到其对应价格的精确位置。

“画线工具”中包含10种常用曲线，其含义及用法如下。

1. 趋势线

趋势线分为上升趋势线与下降趋势线，用于股票走势研判。趋势线通过连接一定时间内股价的低点或高点而完成。

上升趋势中，将两个或多个低点连接起来就是上升趋势线；下降趋势中，将两个或多个高点连接起来就得到下降趋势线。实际使用中，上升趋势线所选的两个低点应该是两个反转低点，即下跌到某一个位置后止跌回升，然后再次下跌但没有跌破前一个低点并再次止跌回升，选取这两个位置所画成的趋势线可以作为未来股价支撑线的参考。同理，下降趋势线需选择两个反转高点，即上升到某一个位置后开始转而下跌，下跌过程中的回升到达某一位置后再次转而下跌，且第二个反转点要低于前一个反转点。

上升趋势线起支撑作用，属于一种支撑线；相应地，下降趋势线属于压力线的一种，起压力作用。趋势线对未来的股价变动起约束作用。趋势线被突破，说明股价变动可能出现反转。趋势线越有效，其反转信号越强烈。出现反转后，原有的上升趋势线会变为压力线，而原有的下降趋势线则会变成支撑线。

2. 平行线

平行线用于分析判断股价在某一价格通道内的运行情况。平行线由一条趋势线和一条管道线组成。趋势线画法如上所述，而连接第一个股价峰值和谷值即可完成管道线。

平行线中间的轨道称为上升轨道或下降轨道，其作用是限制股价的变动范围，让股价在轨道内波动。股价一旦突破轨道的上限或下限，其行情都可能发生较大的变化。不同的是，趋势线的突破意味着行情可能出现反转，而轨道线的突破则意味着行情将沿着管道线的方向加速运行。

3. 百分比线

百分比线用于描述重要的支撑位和阻力位。通过近期走势中重要的价格峰值和谷值计算出涨跌幅度，将涨跌幅按照0.25、0.50、0.75、1.00的比例四等分，然后4个等分点连接起来即可生成百分比线。画百分比线时，按住第一个点位然后拖动鼠标到另外的三个点位即可完成。

上升行情中，0.25线属于上升趋势中强势回调整理的支撑线，一旦回调突破则要看0.50线，如果0.50线再次突破则股价走势可能转而向下，此时需要观察0.75线。0.75线是上升趋势的最后一道防线，如果未能突破，则上行趋势还会进行；一旦突破，则反转向下趋势得到确认。而上升行情中的1.00百分比线是加速下跌的确认线。

下降行情中的百分比线与之相反，0.25线是止跌反弹的初步标志，0.50线判断准确性要大得多，0.75线位置则可得到确认，1.00线表示会加速上涨。

4. 线性回归线

线性回归线用于确定一定时间内的价格走势。它的依据是数学上的线性回归原理。画线时选取重要的峰值和谷值连接起来，即可形成线性回归通道。

线性回归通道与平行线类似，用于约束股价的变动范围。处于通道内的股价如果向上或向下突破，则情势可能会发生反转。线性回归线的信号强烈性要比平行线弱一些。

5. 波段线

波段线用于确定中间的压力位和支撑位。实际使用中，把近期的价格空间分为55%、25%、33%等重要位置，将这些点位连接起来即刻生成波段线。

波段线的判断方法类似于百分比线，按照25%、33%、55%分别作为第一个压力位或支撑位。实际使用中可以选取不同百分比进行参考。

6. 矩形框

矩形框用于确定一点时间内的价格运行区间。选取一点作为矩形框的起点，按住鼠标左键移动，则窗口中会出现一个矩形框，移动鼠标到合适位置并释放左键即可完成此图线。矩形框的使用类似于平行线，实质上平行线就是矩形框的一种，使用时可参考平行线构筑的上升通道和下降通道判断方法。

7. 黄金分割线

黄金分割线用于判断未来股价走势中的重要点位。按照黄金分割比例将股价由低到高分为23.6%、38.2%、50.0%和61.8%四个点位，连接起来即可得到黄金分割线。

实际使用中，采用黄金分割比的23.6%、38.2%、50.0%和61.8%点位可以作为未来股价支撑位或压力位的参考标准。黄金分割线对于中长线分析较为有效。

8. 周期线（或称斐波拉契线）

周期线用于确定股票走势的周期。周期线是在上升或下降趋势中，将该趋势延续的时间等分点连结形成的线；而斐波拉契线是将上升或下降趋势延续的时间按斐波拉契指数分成的点位连结形成的图线。其画法为将鼠标移动到要画的起始位置，按住左键并移动到终点位置即可形成。

周期线是以以前的趋势周期作为参考，判断现在股价走势的可能周期。根据以前一个上涨波段延续的时间来判断当前上涨波段的延续时间，下降趋势中周期线的用法类似。

9. 圆弧线

圆弧线用于判断突破的时间及价位。大智慧的圆弧线分普通圆弧和甘氏圆弧。使用时在画图工具中选取圆弧线，选择起始位置，按住鼠标左键移动到终点位置即可得到圆弧线。

下降趋势中，投资者可以参考圆弧线向上的拐点判断股价止跌回升的时间及点位；同理，上升趋势中，投资者可以参考圆弧线转为向下的拐点位置判断行情转而向下的时间及点位。

10. 阻速线（甘氏线）

阻速线用于确定买卖点。画阻速线时，先用鼠标左键选中近期走势中重要的峰值和谷值之间的一点，然后按住鼠标左键拖动到另一峰值和谷值之间的一点，松开鼠标即可形成。甘氏线是阻速线的一种，它形成的图线要成45度角。

阻速线时通过一些特殊的角度来确定价格的变化方向，从而确定买卖点。当价格上升或下跌的第一波形态结束时，利用第一波的幅度和价格变化的特殊角度可以推断出后市的几条速度线，从而依据支撑位、阻力位作为买点和卖点参考。这些角度一般分为22.5、30、45、60等。其中30、45、60三个角度线最重要。45度线是多空分界线，一旦股价走到此位置，投资者即可根据现有走势做出买卖决定。30、60度线分别为上涨压力线或下跌支撑线。

除了这些重要的辅助线以外，大智慧的画线工具中还提供了文字工具、上下箭头等辅助功能。文字工具和上下箭头主要用于在重要的位置做标注、信息记录等。

下面给出一个趋势线画法的例子，如图4-9所示。首先在画图工具中选取趋势线，其次找出股票上升或下降趋势中的重要点位，本例中我们采用的两个基准点分别为

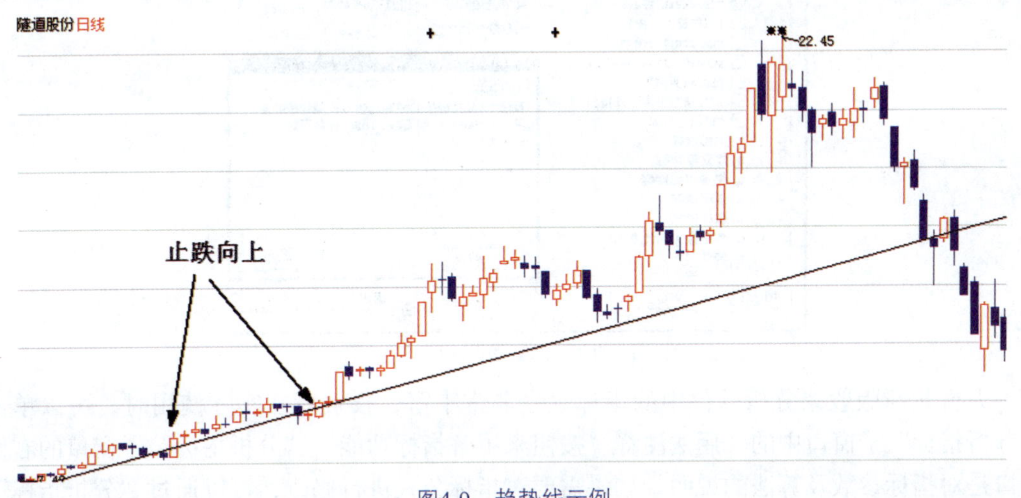

图4-9　趋势线示例

上升趋势中两次止跌向上的位置，最后，在第一个柱体的中间单击鼠标左键，拖动到第二个所选柱体的中间，即可完成趋势线。本例采用的上升通道中的趋势线，该趋势线代表的是下跌的支撑位。由图4-9可以看到，在后面的股价走势中，趋势线被有效突破，则该股票行情发生反转。

4.2 大智慧指标

大智慧365为投资者提供了极为丰富的指标系统，而且投资者可以对指标的具体参数进行定制，甚至可以定义自己的指标。另外，大智慧为投资者集成了公式系统，投资者可以自己定义公式并且与他人进行分享。

4.2.1 大智慧指标系统

大智慧365股票分析软件中内置了丰富的技术分析指标，几乎涉及到投资者所需的所有指标。另外，大智慧也支持自定义指标的编写以及对现有指标的编辑。

投资者可以在工具栏中单击“指标”按钮进入大智慧365的指标系统。将鼠标移向二级菜单位置将显示隐藏工具栏，单击“指标”按钮打开“选择指标”窗口，先通过指标的分组找到相应的指标，双击即可在图形分析页面的最下面一个子窗口显示该指标内容。

如图4-10所示，“选择指标”子窗口包含五项，即分组、全部、常用、自编和时间选项卡。“分组”用于按照指标所述的类别进行查找，“全部”会显示所有指标内容，“常用”直接显示常用的几个指标，“自编”用于投资者对指标进行编辑，“时间”用于显示以前曾引用过的指标。

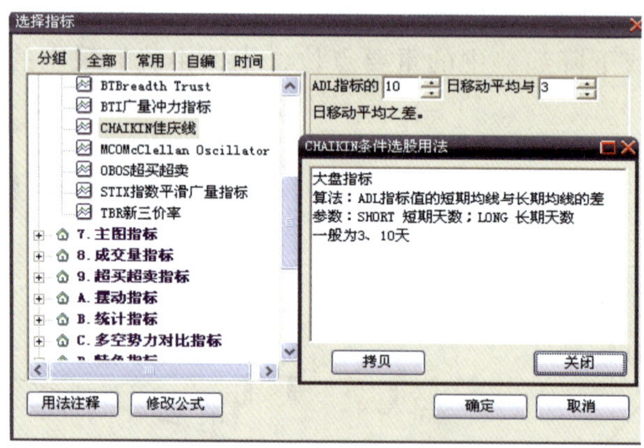

图4-10　大智慧指标系统

大智慧新版股票分析软件中的指标数量非常丰富，投资者在实际使用时，可以单击“分析指标”子窗口中的“用法注释”按钮来了解指标功能，“分析指标”子窗口的右侧窗口是对指标参数及算法的说明。如果需要对指标公式进行修改，可以通过“分析指标”中的“修改公式”进行。

如果投资者知道所需指标的英文缩写，也可以通过键盘直接输入指标英文缩写进行指标替换。

4.2.2 大智慧指标模板

用户可以在图形分析界面中将图形数量、分析指标、系统指示等设定为模板，然后利用“打开指标模板”菜单快速得到此模板，这样在新的图形分析界面中会显示前期设定的指标等内容。指标模板保存在大智慧安装目录的userdata\self目录下，扩展名为*.tpt。

下面通过一个简单的例子来说明“保存指标模板”、“打开指标模板”和将股票绑定到模板的操作方法。

在图形分析页面进行指标修改，如图4-11所示，该股票当前页面最下面的子窗口为KDJ指标，首先移动光标到该窗口，然后输入MACD，这时上方标题栏的搜索框中显示MACD指标的提示，回车后则最下面的子窗口的指标内容会从KDJ切换成MACD指标。

修改指标后，可以单击指标下方的选项卡“存为模板”对修改后的模板进行保存，这时会弹出对话框提示输入模板名称和模板类型。可以单击选择下面输入框里默认模板的其中一个，也可以手动输入模板名称。当选择默认模板作为名称时，默认模板将会被替换成新的模板。模板类型可以选择通用模板、上证A股类型专用模板等，也可以选择该股票的专用模板。“保存指标模板”的设定可以参考图4-12。

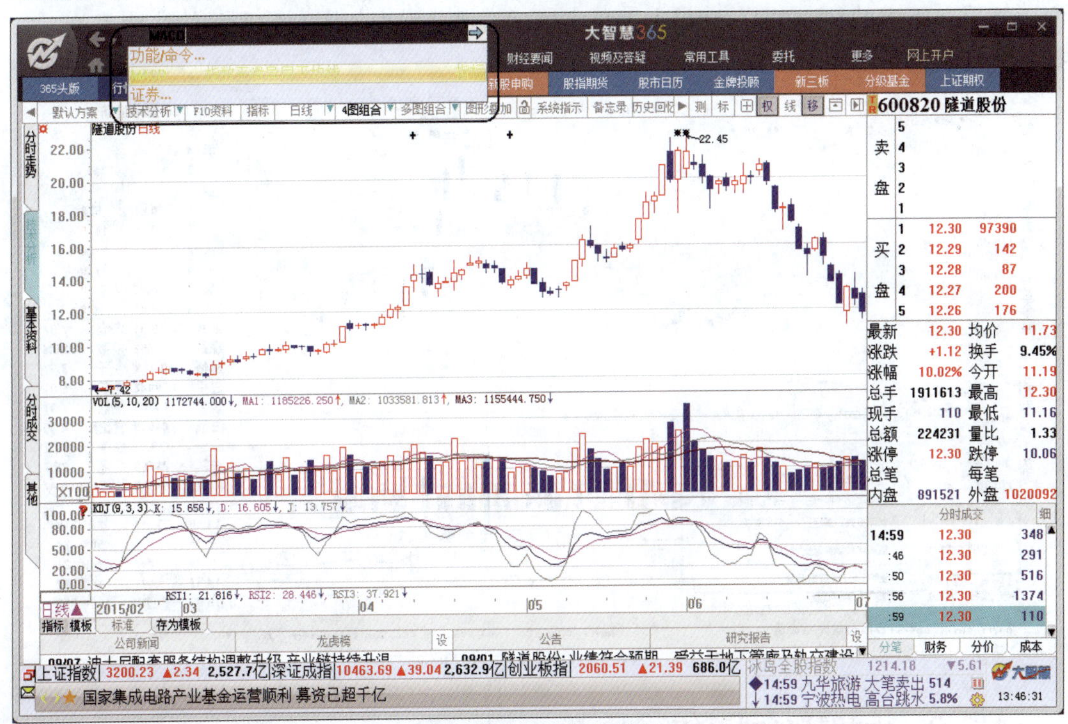

图4-11 大智慧指标模板

图4-12 指标模板的保存

设定完成后单击“确定”即可保存。随后，在下方则可看到刚才保存的模板名称“myTpl”选项卡。

投资者可以将自己设定的模板绑定到其他股票。其方法为先进入该股票的图形分析界面，然后在下方的“myTpl”选项卡上单击鼠标右键，弹出如图4-13所示的快捷菜单，选择“允许股票绑定”即可。

图4-13 股票绑定到模板

4.2.3 大智慧公式系统

大智慧365提供了整套的公式系统，用户可以新建、修改自定义的公式，并且可对公式进行测试。对技术分析型用户来说，公式系统是一个强大的工具。由于公式定义时需要较强的K线及技术分析知识，公式的新建、修改等技巧将在后面的章节详述。本节主要介绍公式系统的基本功能。

1. 公式管理

在主菜单中单击“常用工具”，从下拉菜单中选择“公式管理”会弹出公式管理器子窗口，其快捷键是Ctrl+F。在公式管理器中，用户可以对公式系统进行全面的管理，包括新建、修改公式算法及参数，引入、输出公式及设置组合条件等，如图4–14所示。

需要注意的是，图4–14中的“常用”按钮是将公式设为常用公式，已经为常用公式的则会从常用公式中取消。系统提供的公式也可以被修改或删除，但大智慧365不提供删除备份功能，因此，已经删除的公式将无法恢复。

2. 公式的导入导出

大智慧365提供了公式的导入导出功能，通过此功能投资者可实现公式的分享和同步。

所有可供输出的公式以树型排列，用鼠标选中即可确定所有需要导出的公式。需要注意的是，有些公式是加密的，在选中时需要先输入密码。

如图4–15所示，自定义公式在导出时可以有两种加密方式，即完全加密和定向加密。前者指的是输出公式时不导出内容，公式输出后不能被编辑或解密；而后者指的是输出公式只能被指定序列号的用户使用。如果二者皆不选中，则表示输出时不加密。

公式同时可以设定有限期，超过有限期之后该公式不能再用。

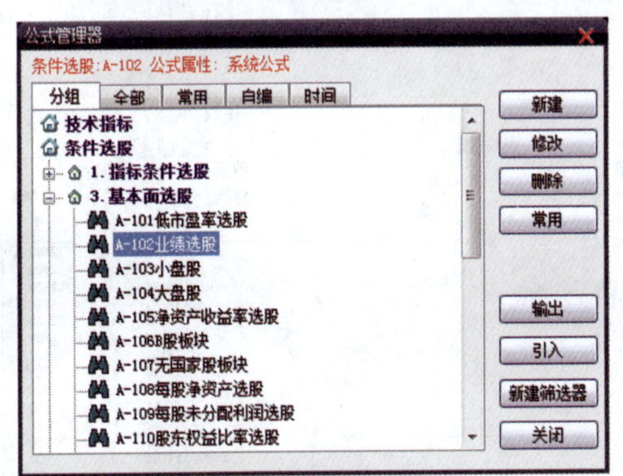

图4-14 大智慧公式系统

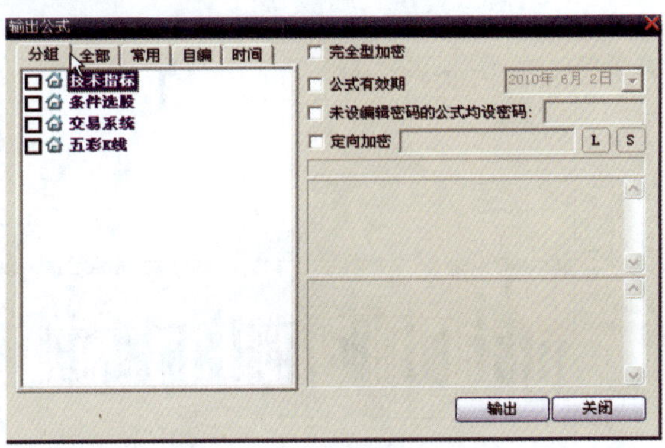

图4-15 公示系统导入导出

3. 公式的测试与验证

大智慧365提供了公式的测试与验证功能，位于“公式”菜单下的“系统测试平台”子菜单，系统测试平台的快捷键是Ctrl+F7。它的功能是用历史数据来验证投资方法是否准确。该测试平台筛选出所有满足买卖条件的位置并计算每一次交易的收益，从而判断相应投资方法的准确率。

系统测试平台功能在使用前需要进行5个步骤的设置，分别是选择公式指标、买入条件、平仓条件、市场模型以及测试设置。投资者可以通过系统测试平台统计的图形报告判断投资方法的准确率，进而不断修正以提高实战效率。

4.3 大智慧辅助分析

大智慧365为投资者集成了各种强大的辅助分析功能，包括分时分析、时空隧道以及板块分析等业内主流的分析手段。另外，大智慧365的付费功能可为投资者提供更进一步的买卖辅助功能，如主力资金的监控功能等。

4.3.1 大智慧分时功能

大智慧365提供了不同分析周期的分析功能，包括日、周、月、年以及分时。其中，分时线对于买卖点选择以及短线操作非常重要。

另外，大智慧365还提供了历史分时功能，用于投资者复盘时进行分时分析。在个股的日K线图中选中要查看分时图的K线，按空格键将在右下角显示该交易日的历史分时，如图4-16所示。

图4-16　历史分时功能

另外，投资者可采用“同步历史回忆”的方式保存之前的分时数据，方便以后进行复盘分析。

为了进一步的方便投资者进行买卖决策，大智慧365提供了10%分时线坐标和分时分笔成交功能，这也是分时分析的重要辅助手段。

10%分时线坐标只有在股票的分时图中才可用，它的目的是将股票分时线的最高价、最低价分别固定到10%和-10%。10%分时线坐标的快捷键是Ctrl+Y。

分析软件的坐标随着股票的价格会变化，因此涨跌幅相差很大的股票在分时图上是很难区分其涨跌幅差异的。10%分时线坐标的功能就是将坐标固定，这样即便在分时图上切换股票，其价格变化也可以一目了然。

需要注意的是，新股上市时以其上市首日的开盘价来确定坐标价格。分笔成交再现用于查看以前的分笔成交信息，该功能仅在分笔成交图的合分时图上可用。分笔成交再现的快捷方式是键盘上的左右方向箭头。

4.3.2 历史回忆与模拟K线功能

历史回忆功能用于查看过去某一时间的交易情况。该功能仅在图形分析窗口内可用。在启用该功能查看数据时，查看时间之后的数据将不再显示，就像回到过去的这一天，这就是历史回忆的含义。如果该天存储过分时线数据，就可以再现该时间的实时行情。

在行情数据界面的工具栏中单击“历史回忆”按钮，将出现如图4-17所示的“历史回忆”窗口，小窗口用来设置历史回忆的具体时刻，大窗口显示相应的分时图。在图4-17中，设置的是回忆2015年9月10日14:05分时的分时交易数据，则14:05分之后的数据将不会显示出来。根据步长、速度的设置值，该分时图会将当前时间的变化自动更新，也可单击下方的前进、后退按钮对历史成交数据进行再现。

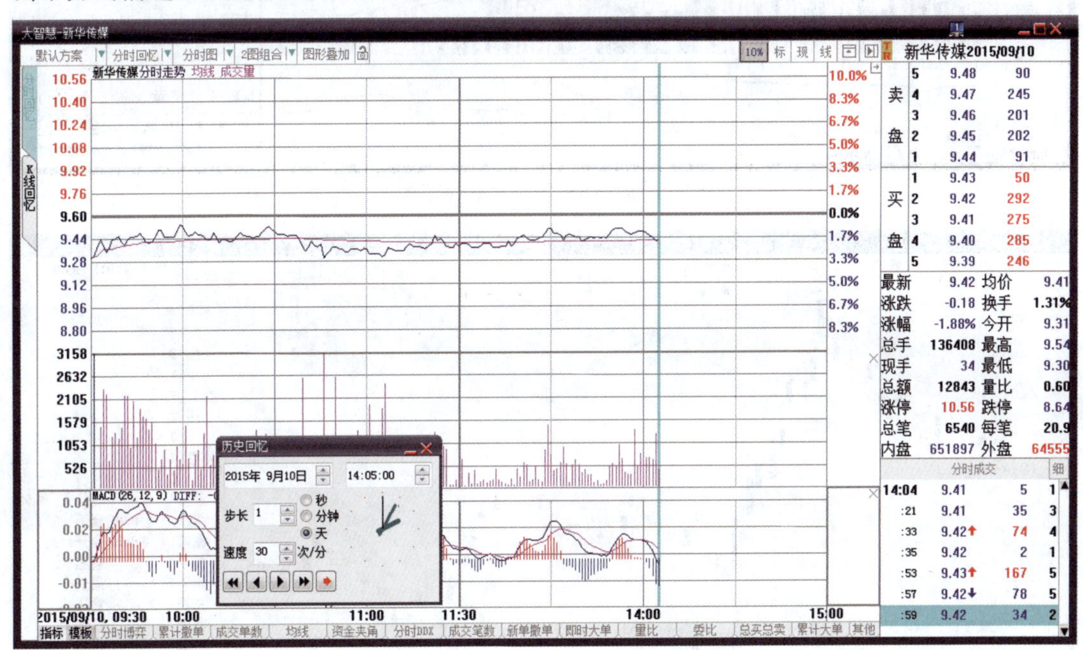

图4-17 历史回忆（分时图）

在图4-17所示界面左上角单击“分时回忆”右侧的三角形，将弹出一个下拉菜单，从中选择“K线回忆”，就显示该股的K线图，如图4-18所示。

在图4-18所示界面右下角的“历史回忆”小窗口中多了一个“模拟K线”按钮，单击该按钮将启用历史回忆中的模拟K线功能。它的功能是通过分析个股的历史走势，智能地模拟出该股的未来K线图走势。模拟出的K线背景呈斜纹，以便用户区别，如图4-19所示。

图4-19所示中的例子，是从实际的最后一个交易日开始模拟产生的未来数据。如果是在时空隧道中设置以前的时间，则系统会建议采用实际数据作为模拟K线。图中时空隧道设置窗口中删除K线，是用于从模拟K线的最后一根线开始删除，每单击一次即会删除一个K线。而新增K线是从最后一根模拟K线开始往后添加。

图4-18　历史回忆（K线图）

图4-19　模拟K线功能

4.3.3 模式匹配设计与定位分析功能

大智慧365分析软件推出的这个功能对“形态分析”非常有用。它从周期、空间、价位以及成交量四个方面对两个形态的相似性进行比较，使用此功能可以大大简化形态分析中理解和筛选的操作步骤。

形态分析是最基本的技术分析手段之一。所谓形态分析，简单来说就是根据K线的组合形态研判股价走势的方法。K线的不同组合预示不同的走势，常见的形态分析可参考前面的“K线分析基础”章节。而使用此功能，投资者不需要记忆很多的K线形态，可以简单地通过对比得到类似的效果。

下面给出一个简单的例子。如图4–20所示，在“模式匹配设计”子窗口中输入模式名称，模式描述可输可不输，此处以实际K线为例。选中“匹配实际K线”，然后找出与要分析的K线类似的K线并导入，则右侧窗口中会显示该股票近期的K线图。

按住鼠标左键通过拉动可以左右移动K线图，找出要匹配的K线区间，然后选择匹配方法。此处以价格走势作为匹配的例子，即以K线图形进行匹配。设置完成后保存，则可以以此K线作为形态模板来分析股票未来走势。

定位分析用于设定定位条件在指定股票和时间中查找满足条件的股票。查找出来之后，定位分析会统计这些顶点前后一定天数的数据，并用图形的方式展示出一定时间内股价走势、任意指标的分布情况。在K线技术图形的工具栏中，单击“分析工具”右侧的三角形将弹出一个下拉菜单，从中选择“定位分析”项，打开“定位分析”对话框设置好定位条件之后，单击右侧的“计算”按钮，将显示如图4–21所示的结果。

在统计图中，中间标志的一点是满足条件的定位点，两边用红、黄颜色区分出来的是股票在定位点前后的分布情况，而蓝色曲线是股票的收盘价曲线。

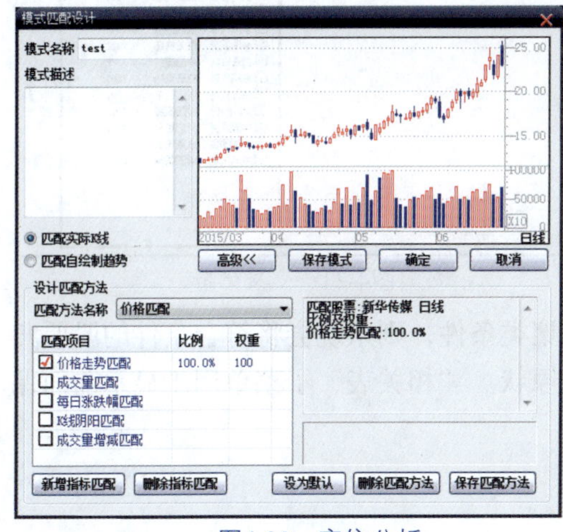

图4-20　定位分析

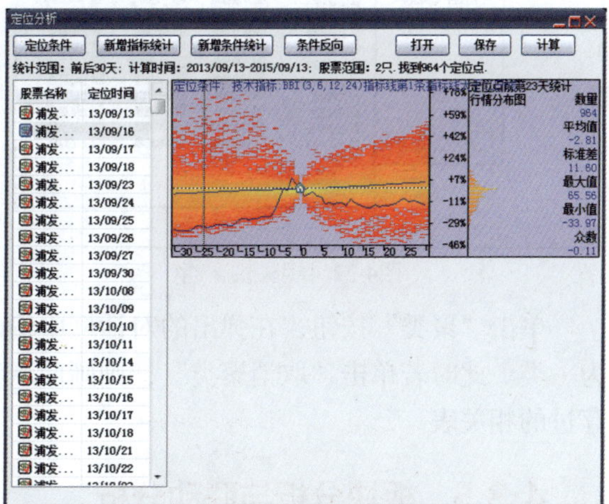

图4-21　模式匹配设计

4.3.4 相关性分析

相关性分析可用于多只股票之间的相关性和交叉性分析，能够提供股票之间、股票与指数之间的相关性。通过相关性分析可以得出相似的股票板块，从而创建投资组合。

相关性分析中的DaTa2按钮是大智慧365新引进的概念，表示两只股票之间的关联性；参数优化用于对相关性分析的指标进行优化；新增栏目按钮用于选择指标；计算股票按钮用于确定一只股票与其他股票的相关性分析。

交叉分析与相关性分析的功能类似，只是它的数据更多一些，它是多只股票相互之间的交叉分析。

下面给一个交叉分析的例子。如图4–22所示，首先单击“股票范围”按钮，单击“新增”，从弹出的选择股票子窗口中选择需要进行分析的股票，可以通过按住Ctrl和Shift进行多选，选中股票确认后，在股票窗口中可以看到股票添加成功。

选择股票后，可以通过单击“新增栏目”按钮添加指标，此处以“涨幅相关”为例。选择指标后可以对指标进行优化。然后切换到“交叉分析”按钮，单击“计算”，在窗口中会很快显示出计算的结果，如图4–23所示。单击“排序”按钮时，会弹出一个子窗口显示完整的任意两只股票之间的相关性分析结果。

此时，用户可以通过单击“拷贝”按钮将计算结果保存到剪贴板上，或者直接保存相关表。

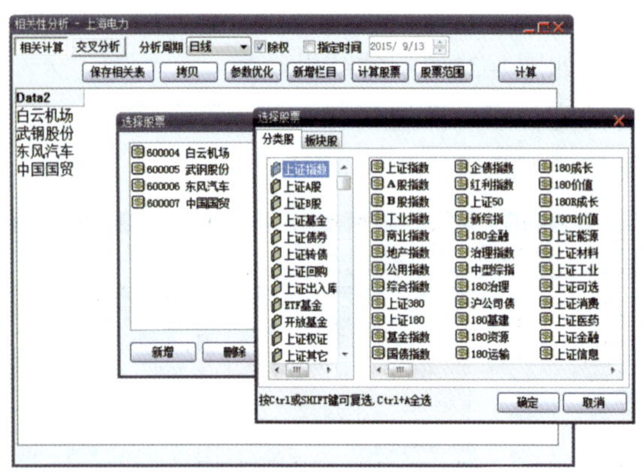

图4-22　相关性分析

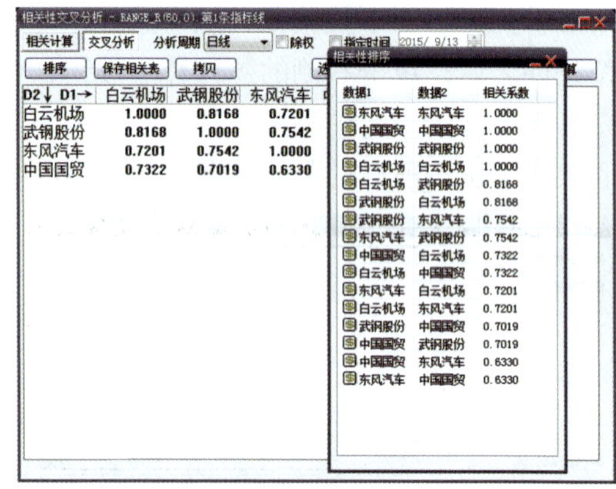

图4-23　交叉分析

单击“聚类”按钮，在弹出的对话框中输入聚类条件，则系统会将符合条件的股票归为一类。此时若单击“取消聚类”，则画面恢复原状。“相关表”子菜单用于显示前面保存过的相关表。

4.3.5 板块分析与联动分析

板块分析用于寻找热点板块。一般来讲，股价走势中有着板块轮动效应，即不同的板块会轮流发力上涨或轮流领跌。板块轮动效应的原因一是由于国内不同地区经济发展的不平衡，以及不同行业的行业周期不同，另外也是由于多空双方的发力点不同引起的。板块分析可以从对比分析、关系分析、样本股分析、交叉分析等不同方面进行对比，并用图形的方式给出对比结果。

图4-24中的例子，选取全部板块进行计算，则可以明显地看出不同板块日线涨幅的不同，从中可以把涨幅最高的板块作为当前热点板块，并对其领头个股进行考察。需要注意的是，在任意列单击列名项目，可以实现排序。

“移动成本分布”功能用于反映当天所有持股者的成本分布情况。其统计出的结果用等间距的水平线表示，水平线所处的高度表示成本价格，其线条长度表示持仓筹码所占的比例。需要注意的是，移动成本分布统计出的数据包含庄家和散户的所有数据。

联动分析用于考察A股、B股和H股走势之间的相关性。

目前国内上市公司的股票分为A股、B股和H股。由于地域、资金和上市公司之间的关联性，三种股票的股价往往也有着联动效应。联动分析从股价、涨幅、市盈率等多个角度来考察这种相关性，并用图形的方式显示出来，如图4-25所示。

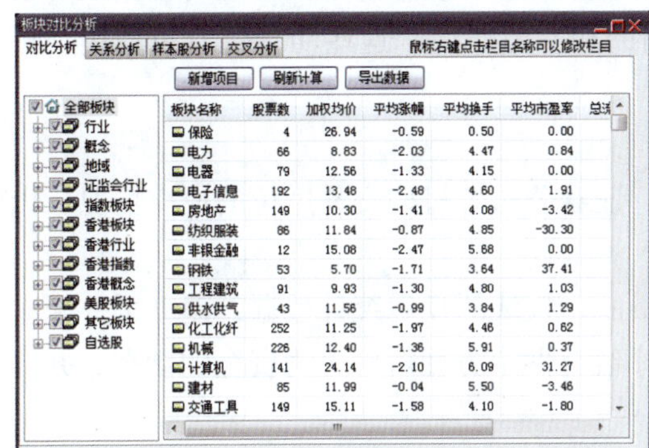

图4-24 板块分析

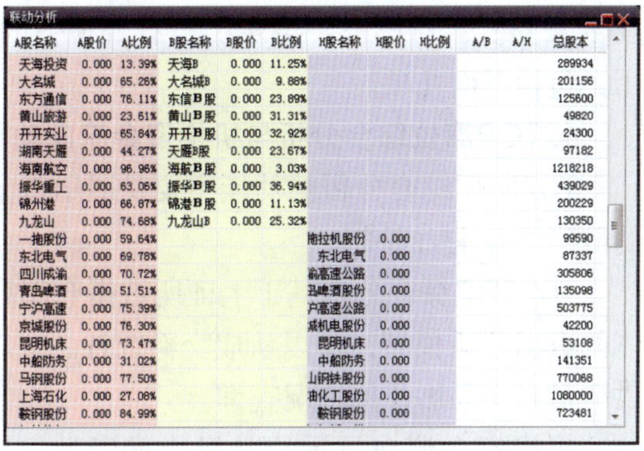

图4-25 联动分析

图4-25中表格由A股、B股和H股三部分组成，分别用红色、黄色和紫色显示三种数据。投资者在关联分析时，如果想考察具体的某一只股票，可以直接在股票名称上双击，则会弹出新的窗口页面并显示该股票在不同市场上市的价格叠加数据。

4.3.6 预测分析与套利分析

预测分析的理论基于股票的波动性，认为股票的走势类型会重复出现。预测分析设计是指选定的股票在选定的时间段内，通过以前的数据来对现在走势做出分布预测。

预测分析设计中可以添加股票及预测条件进行计算，系统会保存计算结果。当用户单击“预测分析”，就会显示上次计算的股票信息。

套利分析通过股票之间价差的比较来辅助决策。在价差分析子窗口中设定要比较的两只股票，分别对“第一腿”和“第二腿”进行相减或相处，从而可以用“第二腿”的股票来参考第一腿股票的利润空间。

在图4-26所示的例子中，把中海发展（600026）作为“第二腿”，相减确认后窗口显示的两只股票的价差结果。

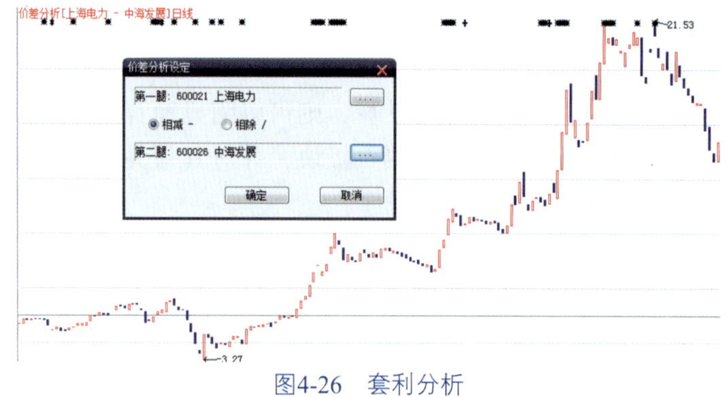

图4-26　套利分析

4.3.7　大智慧付费功能

大智慧365付费版提供了进一步的几个综合功能，这些功能基于大智慧的数据汇总以及专家分析，对投资者买卖决策有着很强的辅助和参考作用。这些功能仅有付费用户可用，包括下面几项。

1. TOP席位综合分析与机构资金流向功能

TOP席位综合分析的功能主要是展示基金、证券公司等机构交易席位的成交情况，以便散户追踪主力资金。

TOP席位综合分析基于上证所数据仓库海量的、权威的盘后统计数据，建立了一个立体的数据分析模型，可以从成交额统计、成功率统计两个方面解释主力资金的动态，并提供会员和交易席位的情况查询。

机构资金流向显示的是机构投资者进出的资金流数据。它也是根据上证所提供的TopView盘后统计数据归纳出的机构资金数据，散户可以参考此数据查看板块及个股的机构持仓情况，从而判断后期走势。

2. Super View资金功能

Super View资金基于Supper View深度数据，可以实时跟踪控盘资金在板块、个股中间的流动。Super View资金可以逐单监控控盘主力，对控盘资金在板块、个股之间的实时买卖、阶段累计量进行分析，还可以全景分析板块、个股。投资者在查看时，可以选择“列表显示”和“图形显示”两种方式。

在此功能模块上可以对不同的统计期间、统计范围、分类标准、统计指标等进行设定，从而查看不同的统计结果。

3. 系统股票池

大智慧超赢股票池包含三个功能，即超赢一号股票池、超赢二号股票池和新股能量池。

超赢一号股票池是大智慧通过对个股进行筛选之后得出的股票组。最终放在一号股票池中的股票经历了五重模型的筛选。这五重模型中第一重主要用于规避风险，第二重用于抓住热点，第三重用于筛选长线股，第四重用于筛选短线股，第五重用于监控盘中异动。池中的股票技术面和资金面相对较好，风险系统系数相对较低。

超赢二号股票池又称优质股能量池。这个股票池经过三步筛选，第一步是风险控制；第二步是通过成长性、盈利能力和资产情况进行分析，从而选出长线牛股；第三步是盘口能量分析，对第二步筛选出的股票进行再次选择，选出动能更充足的个股。新股能量池是根据新股的发行规则及盘口数据，筛选出新上市的高质股票。

大智慧的股票池对投资者进行股票筛选是个很好的辅助，投资者可以根据不同的筛选手段选择不同类型的个股进行操作。实际使用中建议投资者对股票进一步分析和观察，以进一步提高股票操作的准确率。股票池中个股分布是超赢系列股票池的股票详细信息，里边对不同的股票池组进行注释。

4. 实时策略功能

大智慧的实时策略功能用于筛选出当前最符合买卖系统的股票。实时策略中包括DDE实时策略和超盈实时股票池，全部属于增值服务。

付费用户可以参考实时策略中的股票进行买卖选择，在每只股票上大智慧365都给出了所参考的策略。投资者在股票池中选择大智慧推荐的股票后，再对股票进行考察，从而进行买卖决策。

4.4 大智慧实用工具

大智慧365为投资者提供了非常实用的投资管理工具。其中预警工具可以为投资者第一时间买卖做出预警；优选交易系统工具可以帮助投资者选择合适的交易系统从而节省交易时间，并且提供交易的成功率。

4.4.1 预警与迁移工具功能

大智慧365同样提供了买卖委托功能，用于用户进行买卖操作的委托。需要注意的是，用户在使用此功能前需要安装所述证券公司的委托软件。委托软件安装后与大智慧365关联即可直接使用大智慧365浏览软件进行委托。“委托设置”的快捷键为F12。另外，为了方便用户第一时间获得买卖提示，大智慧365还提供了预警功能。

预警功能用于捕捉个股或大盘的变化并反馈给用户，此功能可以大大减少投资者盯盘的时间。用户只需要设定监控条件及监控股票，就可以接收大智慧预警系统反馈的报警信息。

此预警系统的监控条件包括条件选股、交易系统、组合条件、价格预警、涨跌幅预警和短线精灵预警六大类。监控的股票范围则由用户自定义，可以设置到所有A股上，也可以只设置到自己的股票池中。一旦出现满足监控条件的情况，预警系统就会弹出预警窗口并伴有声音提示。

预警条件的设定方法：单击主菜单中的“常用工具”，从打开的下拉菜单中选择“预警”（也可按快捷键Ctrl+A）打开“预警”窗口，如图4-27所示。

在图4-27中单击“新增条件”按钮，出现如图4-28所示窗口。选择“新增条件”，在预警条件中选择“QSZL强势整理”，然后单击“加入”选择要监控的股票，单击确定即可。此时在股市开盘时单击“启动预警”，当满足条件的情况出现时，系统会给出窗口和声音提示。

图4-27　预警

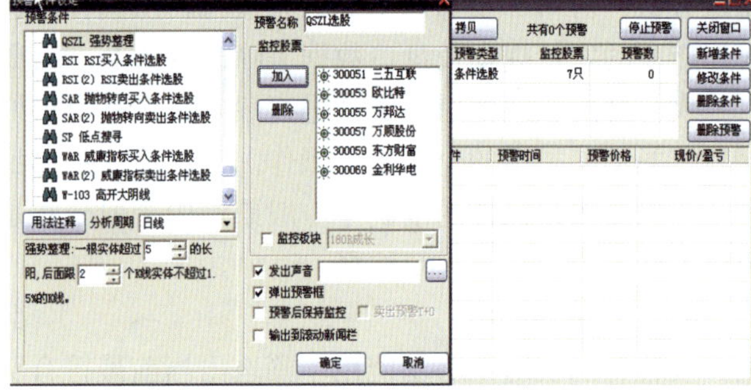

图4-28　预警条件设定

4.4.2　优选交易系统

优选交易系统仅用于图形分析窗口。使用此功能，当用户选定一只股票后，大智慧365会自动计算出最适合此股票的交易系统。如图4–29所示，以股票方正科技（600601）为例，通过选中的几个指标可以计算出不同的买卖策略的年收益率，可以选取年收益最高的指标查看详情，从中可以看到买卖的具体时间。

在图4–29中，投资者可以对各交易系统的最大收益进行排列，排在最前面的就是最适合该股票的交易系统。

另外，大智慧还提供了两种指示功能，即系统指示和区域指示。

系统指示是，当指标条件满足时在图形分析窗口中用高亮的符号标注出来，其中红色用来标注符合买入条件，绿色用来标注符合卖出条件。而区域指示是指用户可以通过分析周期来定位满足预设条件的区域。在“区域状态指示”子窗口的右上角可以看到，对某一条件有三种计算方式，即基于大盘、基于当前股票和基于制定股票，如图4–30所示。

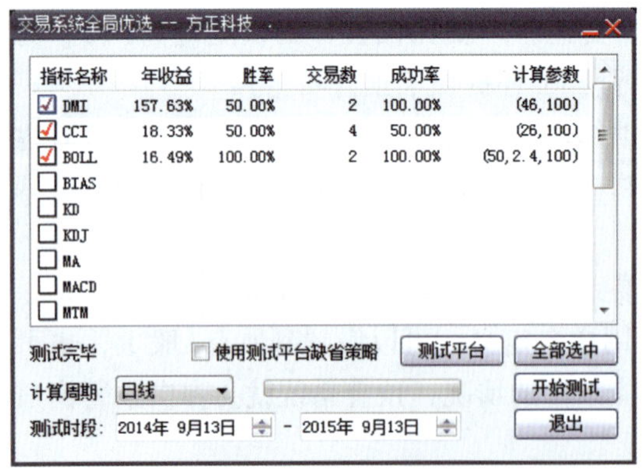

图4-29　优选交易系统

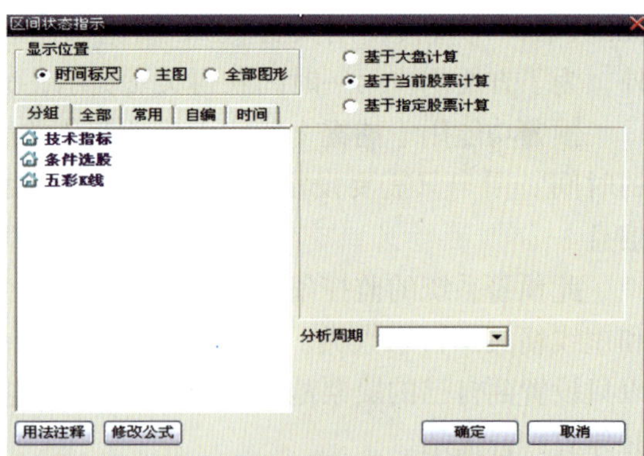

图4-30　区域指示功能

用户选中“删除系统指示”后，则符合“系统指示”的高亮符号将不可见。

4.4.3 投资管理与基金功能

投资管理是大智慧365为用户提供的投资管理器，用于统计用户投资收益情况。投资管理器可以设置多个账户，并分别设置密码。投资管理器也包含自动送配股等除权情况，与实际投资相符。投资者可通过投资管理工具来验证自己的投资情况或统计实际的投资成绩。

如图4–31所示，用户输入自己需要设置的投资者名称和密码，即可进入投资管理设置工具，设置投入资金、买入股票等内容以便分析。

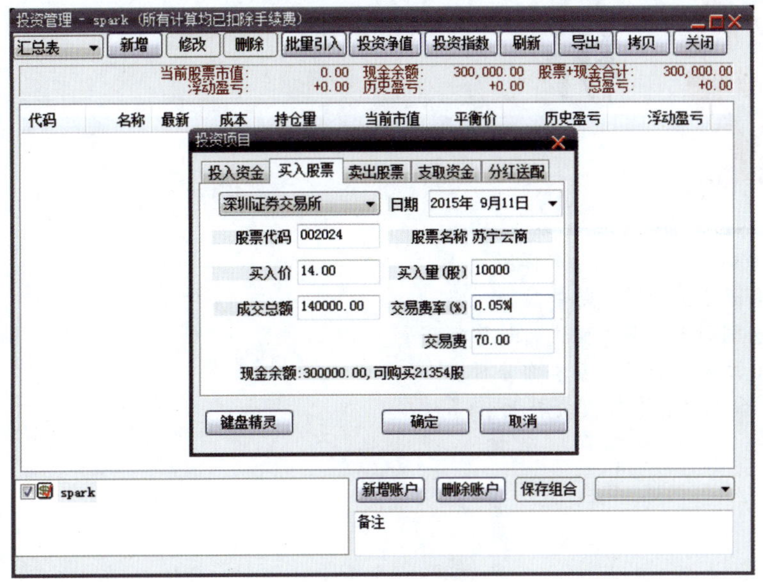

图4-31 投资管理

除了股票外，大智慧365也可以用来查看各种基金、权重等信息，其中基金信息包括基金净值、基金概况、基金公司概述、封闭式基金折价、在发基金、基金分红提示等。此功能囊括了基金产品的各种重要信息，投资者可以使用此功能进行买卖决策。

另外，大智慧365提供的基金平台和基金持股包含两个功能，不仅仅可用于基金的财务数据研究，同时对选股也有重要的意义。

基金排行功能支持用户对基金的不同数据进行排序，从而可以筛选出成长性较高的基金品种。而通过基金持股功能，投资者可以全面了解上市公司在基金中的持有情况，从而选择基金重仓的股票。

炒股

第5章 基本面分析

影响股价走势的原因是多种多样的，分析影响股市运行及个股股价走势的政治、经济、行业以及公司财务等数据而进行趋势判断的方法，就是本章要介绍的基本面分析。本章最后还对不同行情下的投资技巧作了说明。

5.1 影响股市的基本因素

所谓的基本面分析，是相对技术分析来说的。影响股价波动的因素来自两个方面：一个是基本面因素，如宏观的经济、政治等因素；而另外一个就是股价波动本身的商品学和数学因素，称之为技术因素。

基本分析法主要研究影响股价的政治、经济、人为操控及其他因素，因此，基本分析法又叫基本面分析法。它更关注的是股票本身的内在价值以及受宏观背景的影响。基本分析法对股票长线操作尤其有意义。下面针对几个最重要的因素一一说明。

5.1.1 政治经济因素

影响股价波动的政治经济因素主要包括经济周期、通货膨胀、物价变动、政治事件及政策变化、利率及汇率变化等。

按照四阶段法，经济周期可以分为四个阶段，即繁荣、衰退、萧条和复苏。经济周期是证券市场的最宏观的因素，也是持续时间最长的因素。从历史的角度来看，如果个股经济还是处于繁荣周期，此因素不会成为证券投资的障碍。但如果经济周期到达衰退甚至萧条时，则证券投资不能参与，相对地，应该做一些更保值的理财产品，比如黄金。

通货膨胀简单来讲，就是物价水平总体持续性上升，货币购买力下降。中国乃至全球目前正处于通货膨胀风险越来越大的时期，但膨胀发展速度总体比较温和，而温和的小幅膨胀对经济发展是有利的。目前国内对膨胀的抑制较为有利，对股票市场没有直接影响。相对地，适度的膨胀是有利于股市发展的，因为股票投资本身可以应对货币贬值带来的风险。

物价变动对股价的影响较为直接。一般来说，物价上涨，则其对应的股价会随之上涨；反之亦然。需要注意的是，这里有一个度的概念。如果物价是温和上涨，则相应股票的上市公司利润会增加，这也成为股价上涨的直接原因；但如果物价过快上涨，则会导致公司成本升高，反而不利于公司利润增长，因此其股价反而可能下跌。投资者在关注物价时要看其上涨的速度及其是否合理。

政治因素主要包括战争、政权和国际政治形势。战争对股价的影响是双方面的，一方面，战争或者军备会直接促使军工企业兴起，相应地股价会上涨；另一方面，战争会使相应地区的经济萎靡，不利于该地区公司的利润增长。政权主要影响社会的稳定，如果政权的更迭带来社会不稳定，则其股市会发生下跌。国际政治形势主要影响相关的某些行业，譬如经济制裁会带来某些行业的股价下跌；同时，国际政治形势过于敏感，也会对政权带来不利影响。

利率的变动对股票市场的影响是最为直接和迅速的。通常，利率下降时整体股价上涨；而利率上升时，整体股价会下跌。除了利率外，货币政策和财政政策对股价的影响也非常大。货币政策通常被政府用来调控宏观经济。宽松的货币政策会扩大货币供给总量，对经济发展有利，因此也会促使股价上涨，但宽松的货币政策会加大通货膨胀的风险。因此货币政策调控是一种灵活的政府行为。财政政策主要包含税收和国债两项内容。较多的税收会对证券市场产生消极影响，而降低税收往往会刺激证券市场的发展。一个明显的例子就是印花税的提高对股票市场是个利空；反之，降低则会促使股价上涨。国债作为一种重要的理财产品，对股票的影响也相当大。国债利率提高时，会有很多投资者转到国债投资，因此股价会下跌；反之，股价会上涨。

汇率对股价的影响较为直接。一般来讲，汇率提高，股价会上涨；反之，股价会下跌。

5.1.2 行业因素

与宏观经济周期类似，行业也有其生命周期，但二者不完全一样。因此，股票投资时需要对行业的前景有一个较为清晰的了解。

行业是由多个类似经营对象的企业组成的一个群体，因此，同行业内的股票往往存在着联动性。如果只是对某一只股票进行分析，则无法知道其他同行企业的情况，无法横向对比该股票所属企业在行业中的地位，也无法通过行业的周期判断股票的总体走势。

如果行业处于衰退期，则属于该行业的企业即便资金雄厚，也会慢慢走向衰退。譬如汽车制造业兴起之前的欧美马车业，或者是手机通信之前的固定电话业务。在分析行业前景时，除了看行业所属的周期外，还有两个重要的方面必须要注意。

一是看国家制定的产业政策导向。投资者需要了解国家出台的产业政策，选择受国家扶持的行业，而避开受国家政策限制的行业。一个明显的例子就是根据“十二五”规划的目标，2014年、2015年铁路投资的增速依然高于20%；另一方面，2014年铁路建设目标一提再提，且审批也在加速，但前三季度仅完成目标的50%左右，决定第四季度和明年的投资进程依然高涨；高铁出海提速；南北车整合。基于这些行业原因，高铁板块股票将会有一个好的行情。图5-1所示是中国铁建（601186）2014年、2015年的走势，可以看出这两年该股逐波上涨。

图5-1 中国铁建（601186）K线图

二是经济发展的阶段性不平衡。经济发展的过程中，不同行业启动的时间不同。比如在中国加入世贸组织后，与之相关的一些行业会首先得到快速的发展。首先是房地产行业，因为大量外资的引入会直接激活房地产市场；其次就是公用事业和外贸行业；最后，运输、电力和外贸等国内较有优势的行业也获得了快速发展的机会。

总而言之，在分析行业因素的时候，不仅仅要看行业本身的周期性发展阶段。当行业周期不符合股价走势时，要结合其他方面来分析，譬如上面所述的两个因素。

5.1.3 企业重组合并

企业资产重组或合并是企业资产的优化，在中国资本市场深化发展的大背景下，企业重组合并往往意味着相应股票的重大利好。企业重组合并通过资产的优化和重组，可以有效地壮大自身实力、提高经营效率和产业组织结构。

企业重组合并主要有四种方式。第一种就是大型非上市公司入驻小型的上市公司，就是通常所说的“借壳上市”或“买壳上市”。这种买方的非上市公司往往实力雄厚，如前几年的中远置业、深圳粤海等，而被入驻的上市公司则业绩较差且股本较小，因此，大公司入驻后会对小公司产生重大利好。

第二种就是上市公司内部资产重组和资产置换。采用这种方法重组的公司一般规模较大但资产质量参差不齐，通过资产置换或资产重组，可以有效地剥离一些不良资产并注入优质资产，从而提高上市公司业绩，如中国南车与中国北车2014年12月30日晚双双发布重组公告，正式宣布双方以南车换股吸收北车的方式进行合并，合并后的新公司更名为“中国中车股份有限公司”（以下简称“中车”）。消息发布后，中国南车、中国北车连续多日一字涨停，如图5-2所示。

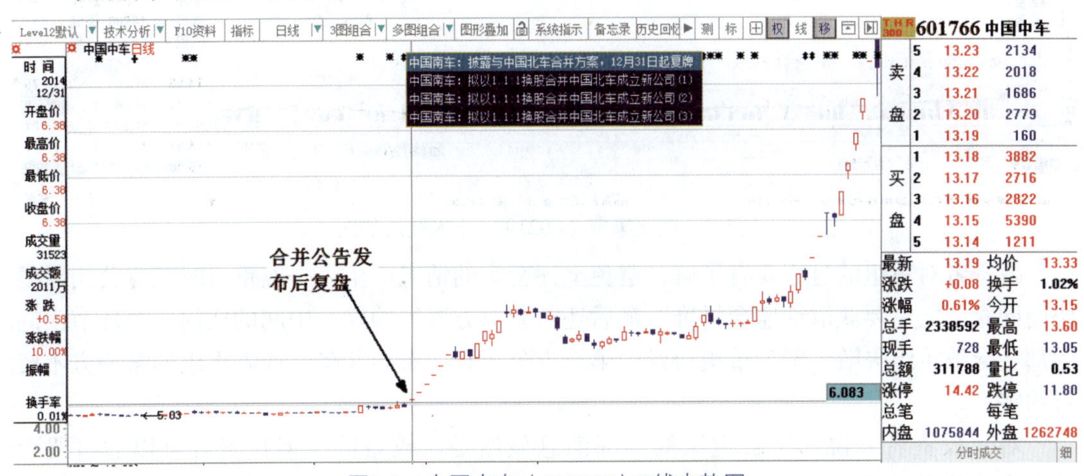

图5-2　中国中车（601766）K线走势图

第三种就是上市公司收购非上市公司。上市公司一般都是各行业里边的排头兵，其实力和国家扶强扶优的政策往往促使企业通过这种并购手段强大自身。

从这几年的股市发展来看，企业的重组或合并总会带来股价的上升。但需要注意的是，重组合并在带来企业超常规发展的同时，往往也容易出现再度分化，从而使企业价值受损。投资者在抓重组题材的赚钱机会时，一定要保持冷静。

投资者在进行重组题材的股票操作时，一方面需要有超前意识，在重组完成前选购股票；另外需要注意的是重组给股票带来的利好往往是较短时间的，在重组消息得到确认后要及时兑现利得。并非所有具备重组消息的股票都是适合参与的，有时候投资者通过各种渠道得到企业重组的消息，投资者大力介入，但之后就接着得到重组失败的消息，导致散户直接被套牢。

图5-3所示为成飞集成（002190）日K线走势图，2014年12月13日，成飞集成（002190）在停牌近一个月后宣布管理部门对重组的批复意见：因方案实施后涉嫌行业垄断，国防科工局建议中止本次资产重组。成飞集成在抛出150多亿元军工资产重组预案，拟实现中航工业旗下防务资产的整体上市后，其股价从2014年5月19日复牌当天的16.62元一路狂飙，最高涨到72元以上，一举成就整个军工板块大行情。最终重组预案落空，给投资者泼了一盆凉水，复牌当天股价无悬念跌停，其后两个交易日继续跌停。

图5-3　成飞集成（002190）日K线走势图

投资者对重组的过程要有了解，避免上述套牢的情况产生。一般重组时双方公司需要协商同意，之后要获取证监会批准，最后还需要双方履行约定。中间的任何一个环节出问题都会导致重组失败，譬如重组协商中第三方公司意图参与并购，或者重组的某一方不履行约定。

对于投资者来说，了解重组的内部消息显然是比较难的，但投资者可以通过股票的盘面表现作出判断。一般来说，会发现在不符合技术特征的情况下股价开始上涨或者，在股票图形分析页面按F10看到公司有较大的人事变动。此时投资者需要通过各种渠道获取消息来确认重组消息是否可信。

5.2 分析公司财务

前面是对于整个大盘的走势以及某个行业或板块运行趋势的分析方法。具体到某只特定的股票，投资者还需要对上市公司的财务数据进行基本面分析，从而研判股价的趋势，尤其是中长期的股价运行空间及投资可行度。

5.2.1 分析公司财务的意义

股票发行公司的经营状况是决定股价变动的内在因素，它直接决定了股价长期的成长空间。而财务报表是反映公司经营状况的直接材料，因此，分析公司财务对投资者进行股票选择，尤其是中长线股票选择意义重大。

财务分析是基本面分析必不可少的组成部分，其方法很简单，下面会介绍常用的差额分析法及财务比率分析法。

简单来讲，财务分析的分析对象是财务报表，主要包括资产负债表、财务状况变动表、利润及利润分配表。投资者在进行财务分析的时候，可以借助于大智慧的基本资料功能。在股票的图形分析页面按F10，即可跳转到基本资料页面，如图5-4所示。

投资者在进行财务分析时，要着重从各种财务数据中找出四个方面的内容。

第一个是公司的获利能力，这直接关联到其股票长线发展的空间。公司的获利能力，可以从公司的利润高低、利润增长速度几个方面进行判断。投资者在进行投资时应该首选利润增长稳定的公司。

第二个是公司的偿还能力。上市公司的偿还能力直接影响到投资者资金的安全。公司的偿还能力主要看两方面，一是其短期偿还能力，即看是否能够按时偿还债务；二是长期偿还能力。前者需要考察公司的资金流动情况，后者需要考察财务报表中各经营项目之间的关系，主营业务是否占据较高的收益增长点等。

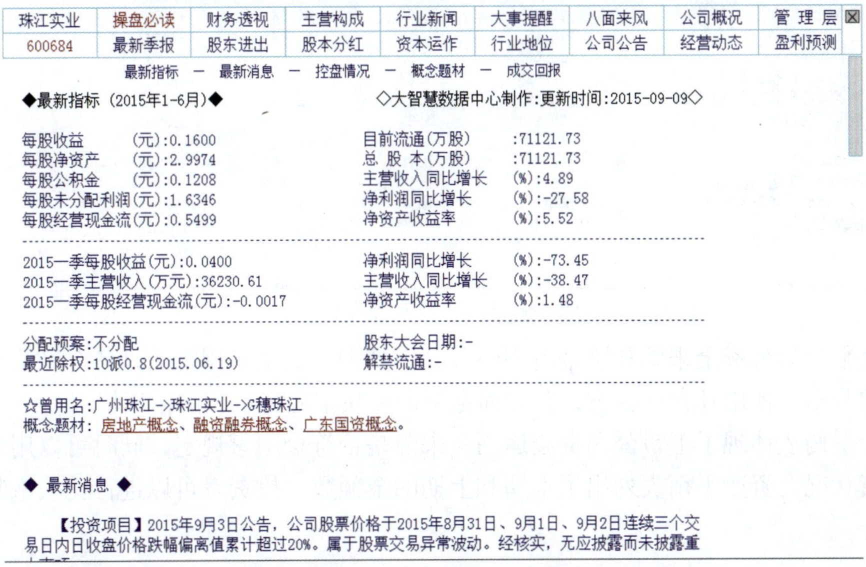

珠江实业	操盘必读	财务透视	主营构成	行业新闻	大事提醒	八面来风	公司概况	管 理 层
600684	最新季报	股东进出	股本分红	资本运作	行业地位	公司公告	经营动态	盈利预测

最新指标 — 最新消息 — 控盘情况 — 概念题材 — 成交回报

◆最新指标（2015年1-6月）◆　　◇大智慧数据中心制作:更新时间:2015-09-09◇

每股收益　(元):0.1600　　目前流通(万股)　:71121.73
每股净资产　(元):2.9974　　总 股 本(万股)　:71121.73
每股公积金　(元):0.1208　　主营收入同比增长　(%):4.89
每股未分配利润(元):1.6346　　净利润同比增长　(%):-27.58
每股经营现金流(元):0.5499　　净资产收益率　(%):5.52

2015一季每股收益(元):0.0400　　净利润同比增长　(%):-73.45
2015一季主营收入(万元):36230.61　　主营收入同比增长　(%):-38.47
2015一季每股经营现金流(元):-0.0017　　净资产收益率　(%):1.48

分配预案:不分配　　股东大会日期:-
最近除权:10派0.8(2015.06.19)　　解禁流通:-

☆曾用名:广州珠江->珠江实业->G穗珠江
概念题材:房地产概念、融资融券概念、广东国资概念。

◆ 最新消息 ◆

【投资项目】2015年9月3日公告，公司股票价格于2015年8月31日、9月1日、9月2日连续三个交易日内日收盘价格跌幅偏离值累计超过20%。属于股票交易异常波动。经核实，无应披露而未披露重

图5-4 基本面资料页面

第三个是公司扩展经营的能力。公司的扩展经营能力是长线投资者最需要关注的地方，譬如公司是否有海外扩展能力，是否有专利技术，是否形成垄断趋势等。

第四个是公司的经营效率。投资者可以观察报表中资金周转的速度，从而判断上市公司资金的利用效果及经营效率。

5.2.2 资产负债表与资产平衡表

资产负债表的分析有结构分析和比较分析两种方法。通过企业资产占总资产的比重与行业指标进行比较，从而了解资产占用情况。另外，通过计算负债与权益的比重来看企业的资金结构是否合理，以及偿还能力如何。

资产负债表在大智慧的基本资料中都有，方法是在股票的图形分析页面按F10进入基本资料页面，然后切换到“财务透视”项。如图5-5所示，是股票拓邦股份的资产负债表。从图中可以看到，公司流动资产比例较为稳定，因此偿还能力可以保证；固定资产净额稳定上升，负债表总体评价呈良性。

同时，从图5-5中可以看到该经营公司的负债情况。该公司短期负债和长期负债比例并不高，因此风险抵抗能力较强，不存在较大的债务危机；且该公司流动资产量大于总负债量，公司负债情况可评为良好。

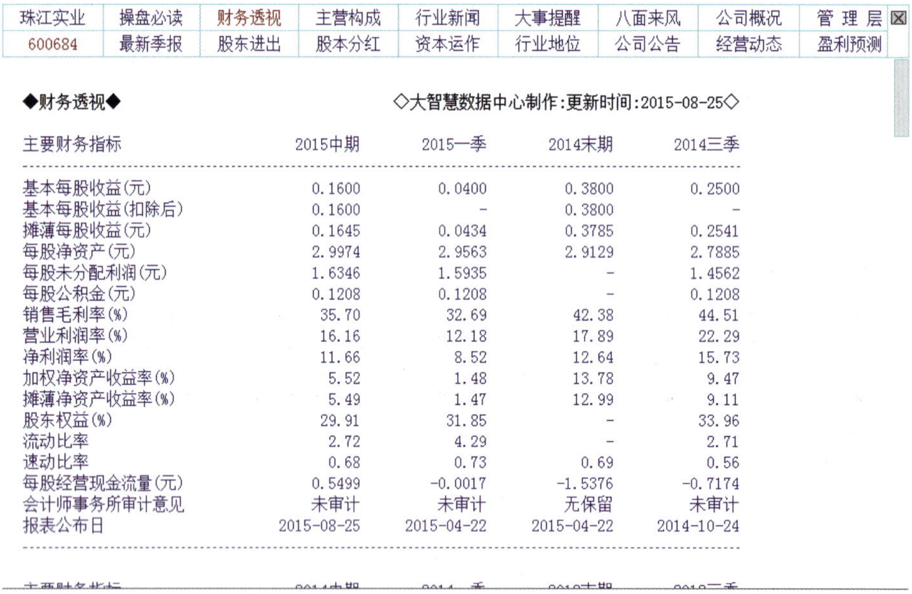

珠江实业	操盘必读	财务透视	主营构成	行业新闻	大事提醒	八面来风	公司概况	管 理 层
600684	最新季报	股东进出	股本分红	资本运作	行业地位	公司公告	经营动态	盈利预测

◆财务透视◆　　◇大智慧数据中心制作:更新时间:2015-08-25◇

主要财务指标	2015中期	2015一季	2014末期	2014三季
基本每股收益(元)	0.1600	0.0400	0.3800	0.2500
基本每股收益(扣除后)	0.1600	-	0.3800	-
摊薄每股收益(元)	0.1645	0.0434	0.3785	0.2541
每股净资产(元)	2.9974	2.9563	2.9129	2.7885
每股未分配利润(元)	1.6346	1.5935	-	1.4562
每股公积金(元)	0.1208	0.1208	-	0.1208
销售毛利率(%)	35.70	32.69	42.38	44.51
营业利润率(%)	16.16	12.18	17.89	22.29
净利润率(%)	11.66	8.52	12.64	15.73
加权净资产收益率(%)	5.52	1.48	13.78	9.47
摊薄净资产收益率(%)	5.49	1.47	12.99	9.11
股东权益(%)	29.91	31.85	-	33.96
流动比率	2.72	4.29	-	2.71
速动比率	0.68	0.73	0.69	0.56
每股经营现金流量(元)	0.5499	-0.0017	-1.5376	-0.7174
会计师事务所审计意见	未审计	未审计	无保留	未审计
报表公布日	2015-08-25	2015-04-22	2015-04-22	2014-10-24

图5-5　资产分析页面

资金平衡表分资金来源和资金占用两部分。其中，资金占用指的是各个经济组织或机关资金的分布、使用及存在状态，譬如固定资产反映了固定资金的占用情况。

资金平衡表体现了上市公司资金运用、来源是否符合国家规定，同时可以用来判断公司的经营状况。资产平衡表列出了本期和上期的金额数，投资者可以进行比较来判断资金变化情况。

5.2.3 财务状况变动表与收益表

财务状况变动表又叫资金表，它反映了公司资源的所有流入流出情况。资金表不但可以向企业的所有人报告公司财务状况的变动，也可以反映出收益表和资产负债表之间的关联。

投资者通过研究财务状况变动表可以了解上市公司资金的具体运用情况，从而了解公司的经营方针和策略。参考公司所在行业的趋势，投资者可以对上市公司的发展前景做出一个评估，以便于制定长期的投资策略。

收益表又名为损益表，也是考察上市公司经营状况的综合报表之一，它反映了一年内公司盈利或亏损的状况。

收益表由三部分组成，即营业收入、生产性费用及其他费用、利润及利润分配。其中，利润等于营业收入减去营业费用。

收益表的考察可以参考大智慧基本资料中的利润表摘要，其进入方式同“资产负债表”一样，从图形分析页面按“F10”键进入基本资料页面，然后切换到“财务透视”项，选择“利润表”，如图5-6所示。

珠江实业	操盘必读	财务透视	主营构成	行业新闻	大事提醒	八面来风	公司概况	管 理 层
600684	最新季报	股东进出	股本分红	资本运作	行业地位	公司公告	经营动态	盈利预测

利润表摘要

指标(单位:万元)	2015中期	2015一季	2014末期	2014三季
营业收入	100360.32	36230.61	213035.03	114888.94
营业成本	84212.52	31887.72	174943.30	89288.99
营业费用	2292.92	1261.14	5276.24	3036.58
管理费用	2982.01	1274.24	7118.75	4197.80
财务费用	1374.18	152.63	3061.88	1117.52
营业利润	16218.65	4413.75	38118.19	25608.08
投资收益	70.85	70.85	26.46	8.13
营业外收支净额	23.36	11.45	-226.20	-101.20
利润总额	16242.01	4425.20	37891.99	25506.89
净利润	11702.06	3087.40	26920.98	18074.32

指标(单位:万元)	2014中期	2014一季	2013末期	2013三季
营业收入	95681.22	58886.55	233705.91	167310.67
营业成本	73400.34	43077.74	173960.78	122440.20
营业费用	1645.62	660.11	4641.80	2480.10

图5-6 收益表

5.2.4 股票的“配股生命线”

根据国内证券市场的规定，上市公司净资产收益率连续三年超过10%则可配股；而上市公司若连续三年亏损，则会被摘牌。配股也是股票发行的一种形式，它指的是企业在新发股票时，现有股东对新股票拥有优先选择权，而摘牌是指上市公司被取消上市资格，实际上被摘牌的情况极少。

股票的“配股生命线”包含了两个概念。净资产收益率达到10%是上市公司配股的“配股线”，而不亏损是上市公司保持资格的“生命线”。

事实上收益率在“生命线”左右徘徊的是很多的，这种公司称之为微利公司。这些微利公司很多都是主业亏损，利润大多来自营业外收入或投资收益。

投资者在进行股票投资时最好选择净资产收益率较高的股票，这样不但股票本身有较好的成长空间，而且可能享受到配股带来的利得。净资产收益率可以通过大智慧分析软件的F10功能查看，如图5-7所示。

涪陵电力	操盘必读	财务透视	主营构成	行业新闻	大事提醒	八面来风	公司概况	管 理 层
600452	最新季报	股东进出	股本分红	资本运作	行业地位	公司公告	经营动态	盈利预测

◆财务透视◆　　◇大智慧数据中心制作:更新时间:2015-08-06◇

主要财务指标	2015中期	2015一季	2014末期	2014三季
基本每股收益(元)	0.8500	0.8500	0.4500	0.3300
基本每股收益(扣除后)	0.2200	-	0.2600	-
摊薄每股收益(元)	0.8476	0.8457	0.4498	0.3291
每股净资产(元)	3.9468	4.1440	3.2844	3.0132
每股未分配利润(元)	1.0121	1.2101	0.3645	0.2843
每股公积金(元)	1.6805	1.6797	1.6658	1.5153
销售毛利率(%)	9.00	12.51	12.36	9.95
营业利润率(%)	25.78	51.39	4.36	6.76
净利润率(%)	22.49	48.00	5.67	5.75
加权净资产收益率(%)	22.79	22.77	15.38	11.56
摊薄净资产收益率(%)	21.48	20.41	13.69	10.92
股东权益(%)	60.64	65.24	62.85	58.68
流动比率	1.00	1.08	0.58	0.45
速动比率	0.99	1.08	0.58	0.45
每股经营现金流量(元)	0.7684	0.3550	0.9468	1.0397
会计师事务所审计意见	未审计	未审计	无保留	未审计
报表公布日	2015-08-07	2015-04-30	2015-04-03	2014-10-31

图5-7　净资产收益率

5.2.5　差额分析法与比率分析法

差额分析法又叫绝对分析法，是财务分析的常用方法之一。它通过分析财务报表中重要科目的绝对数值差额，来判断上市公司的财务状况和经营情况。

差额分析法需要分析的数据包括账面面值、营运资产、速动资产、发放股利、普通股股利、销售毛利、营业纯利、税前盈利及税后盈利。有些数值可以直接在大智慧的基本资料中找到，但有些需要更多的了解上市公司财务数据并自己作计算。

差额分析法可以较为客观地反映出公司的财务状况及偿还能力，但它本身也有较大局限性。它对数据的反应没有一个统一的标准，投资者很难通过具体的数值得到一个清晰的结论。实际应用时，需要结合其他的财务分析方法。

比率分析法是以同一期财务报表上的不同项目数据进行比较，从而反映公司经营状况的一种财务方法。它是财务分析最基本的手段。

常用的比率分析手段包括两个方面，一是要选择能够反映公司获利能力的比率，如资产报酬率、股价报酬率、每股账面价值等。二是要找能够反映公司扩展经营能力的比率，主要包括再投资率、举债经营比率以及固定资产对长期负债的比率。

大智慧365分析软件基本资料中包含了一些重要的比率，包括销售毛利率、营业利润率、净利润率等，投资者可以进入大智慧基本资料页面，然后切换到“财务透视”予以参考。

5.3 不同行情下投资技巧

通常，股市有牛市、熊市、甚至牛皮市等说法。事实上并非只有在牛市投资者才可以进行股票投资的，投资者可以在不同的行情下进行股票投资，本节将介绍一些参考的方法。

5.3.1 多头市场的四个阶段

所谓多头市场，即通常所说的“牛市”，是指股价长期保持上涨趋势的股票市场。其特征是无论大盘K线还是绝大多数个股的K线都是倾斜向上的，即便中间有小幅回调，但总体股价呈向上趋势。

多头市场可以分为四个阶段，投资者在进行股票操作时，需要分清市场具体处于哪个阶段，不同阶段的操作策略是不同的。

在多头市场的第一阶段，绝大多数股票呈现快速上涨的趋势，A股市场的指数上升很快。在此行情下，投资者可以将可用资金全部放入增长速度较快的股票品种或股票组合中，即所谓的满仓操作。操作对象，最合适的股票是那些风险较高的股票和中小板股票。这些股票在空头市场上股价跌幅较大，且由于资金量小，在多头市场上往往可以获得更快的上涨速度。

图5-8 多头市场特征

多头市场第一阶段典型案例就是2014年6月20日开始的大反转，从这一天开始，大盘指数和个股指数在很长一段时间都呈倾斜向上的趋势，即便中间有回调，但总的向上趋势不变。在多头市场中，耐心持有优质股票往往比追涨杀跌可以获得更高的收益率。

多头市场的第二阶段中指数拉升得可能更快，但选股变得更艰难。在这个阶段中大多数股票已经达到其合理的股价，继续上涨的空间有限。此时选股更应该考虑中长期因素，基本面良好的中小板股票比较适合这个阶段的投资。因其资金量小，股价比较容易被拉升，从而成为投资者的偏爱。

多头市场第三阶段的特征是，大盘指数还是在上涨，但实际股价上涨的股票占的比例却少于40%。在此阶段中，投资者需要进行调仓换股，把手头持有的中小盘绩优股调换为前期滞涨的股票，或绩优大盘股。谨慎的投资者此时可以将部分资金回笼，不再进行满仓操作。在此阶段时投资者要保持谨慎心态，随时应对空头市场带来的风险。

多头市场的第四阶段的特点是，指数依然在上涨，但上涨的股票比例不多于20%，即所谓的二八现象。在此阶段中，只有极少数的绩优股和风险抵抗性的股票仍在上涨。此时投资者要密切关注大盘变化，谨慎的投资者可以提前出局，落袋为安。时刻谨记，本金安全是股票投资的第一目标。

多头市场第四阶段可见2015年5月后的A股市场，此时指数仍然在大幅拉升，但上涨股票却很少。以股票金隅股份（601992）为例，在此期间大盘指数仍然在拉升，但金隅股份（601992）的股价却呈现下降趋势。而且此期间呈现这种走势的个股还有很多。在市场上出现这种现象时，投资者一定要谨慎。后面还会介绍一些技术手段，帮助投资者识别多头市场的顶部。

图5-9　金隅股份（601992）K线走势图

投资者在多头市场的第四阶段中最好把股票出净，耐心等待空头市场的结束，等待下一波机会。空头市场中投资者以空仓观望为佳，不建议参与操作。

5.3.2　方向未明时

方向未明时的行情，又叫“消息行情”，其特征是市场对消息极为敏感。一旦出现利空消息，无论此消息对股市的影响力度是大是小，影响时间是长是短，都会导致股价直接下跌；而一旦出现利多消息，股价则会随之快速上升。

消息行情的产生往往是由于多空双方力量达到一个持平阶段，此时消息成为决定双方力量的直接因素。此时上市公司的基本面和技术面因素反而影响较小。

消息行情中，建议投资者控制仓位，谨慎为好。有消息产生时，需要对消息的真实性及其影响力度和影响时间做一个判断，不要跟风操作以免被套。

在分析消息时，投资者需要注意消息的反向效应，这是消息对股价走势隐含的影响因素。忽略消息的这个作用，往往使投资者的操作事倍功半。

消息的反向效应包含两重含义。一是消息在未确定状态下受人追捧，而一旦得到确认则其作用很快丧失。这是因为在消息未得到确认时，投资者都可能被该消息左右，从而做出相应的反应。但当消息真正确认时，消息的动能已经得到释放，消息反而被冷落了。

另外就是股市中有句有名的谚语“利好出尽是利空，利空出尽是利好。”其原因在于，消息行情中多空双方动能均衡，消息的产生引导动能走向。因此，当利空消息出尽之后，空方力量也得到了有效释放，此时多方的反击将会直接有效；反之亦然。

5.3.3 多新股发行时

新股的发行会对股价走势产生一定程度的影响，因为新股申购时会冻结一定程度的资金。因此，当同时发行股票的上市公司较多时，市场内的资金量会明显减少，此时股票市场的供求关系会发生变化。新股冻结的资金量越大，则股价下跌的可能就越大。

与之相反，申购新股的资金解冻时，又会再一次改变股票市场的供求关系，因为申购资金远远大于申购成功所占用的资金量。此时，这些资金在解冻后会考虑购买市场上的股票。解冻资金量较大时，也会带来股价的明显上涨。

新股申购对市场影响的一个例子是2015年6月2日中国核电（601985）这只超级大股将发行，公开发行38.91亿股，预计募集资金总额为1 319 049万元。许多投资者为了参与该股的申购，在6月1日之前都将卖出原有股票，以筹集资金进行新股的申购。因此，在5月28日A股证数出现大跌，如图5-10所示。

图5-10 多新股发行时

石油的申购。在申购前，市场普遍看好中国石油发行价给予投资者的收益空间。因此，在10月25日大量资金出局，导致上证K线出现大阴线。而从技术角度来讲，这根大阴线是不合理的。这就是新股上市给市场带来的影响。

一般来讲，社会上的游资充裕，在市场不明朗时，投资者会乐于申购新股。因为新股上市一般不会出现跌破发行价的情况，风险相对较小。但股票处于多方市场时，申购新股的投资者相对要少得多，因为新股的中签率一般比较低，投资者更乐于通过购买已上市的股票获得成功率更高的收益。

投资者在这种情况下，首先要看发行新股的公司是否多，其次要看其能够吸引的资金是否多。如果新股冻结资金较多时，可以把新股发行作为一个短线利空，在资金解冻前作一个短线。否则，投资者不用把新股发行带来的影响看得过重。

5.3.4 股价回档及下跌反弹时

股价回档出现在多头市场中，指的是由于股价快速上涨而带来的向下回跌现象。这种情况下股价的下跌幅度要小于上涨幅度。

股价回档的原因一方面是由于上涨中成交量逐渐加大，需要回跌一下来释放空方动能；另一方面则是由于有些投资者获利回吐或解套出局，从来加大了卖盘。多空市场中的股价回档为没有进入的投资者带来了难得机会，即俗话说的“有钱难买牛回头”。投资者可以参考消息以及技术分析来判断，如果确认股价回档是上涨中继，可以在回档结束时果断杀入。而已经持有股票的投资者，可以在回档前兑换收益，等待回档结束再进入。

下跌反弹与股价回档相反，它出现在空方市场，是多方力量释放的一个过程。下跌反弹为投资者带来了止损的机会。投资者在确认形式未能反转时，要果断地止损出局，等待股市形式确认反转再进入。

股价回档的例子可以参考图5-11中的三一重工（600031）K线图。从图中可以看出，该股总体走势是向上的，但每次向上运行一段时间总会回档一定的幅度。对于中短线投资者来说，在回档前出局，然后在回档结束时进入，可以收获比长线更大的利益。

图5-11　三一重工（600031）K线回档示意图

可以通过技术分析阶段底部和顶部判断股价回档开始及结束的方法，在后面分析中会有详细说明，在此不做赘述。

第6章 量价分析

炒股

“量是价的先行指标”，成交价和成交量是市场提供的最基本、最原始的数据，量价关系的研究和趋势判断是一切技术分析的基础和核心。股价的涨跌来自于多空双方的力量对比，某一时点的价和量就是该时点上多空双方市场行为的充分反映。投资者可以从价格涨跌和成交量变化来分析多空双方的态度和意图，从而预测并判断股价后期可能的走势。

6.1 什么是成交量

在股票进行交易时，成交量与股价有非常密切的关系。股价无论涨跌都会出现买卖双方，而股票市场的规律就来源于买卖的波动。既然是市场规律就有涨跌的情况，而股价的涨跌与成交量的多少，即买入和卖出股票的多少有直接关系。通过对两者的研究，可以掌握股价上涨和下跌的规律，从而让股民在股市中获利。本节先讲解成交量的基础知识。

6.1.1 K线中的成交量

成交量是股票市场买卖的量化，当买卖成交频繁时，成交量上升，股票价格也随之上涨。相反，当买卖成交冷淡时，成交量就会下降，并且可能连带股价下跌，市场表现不活跃，如图6-1所示。

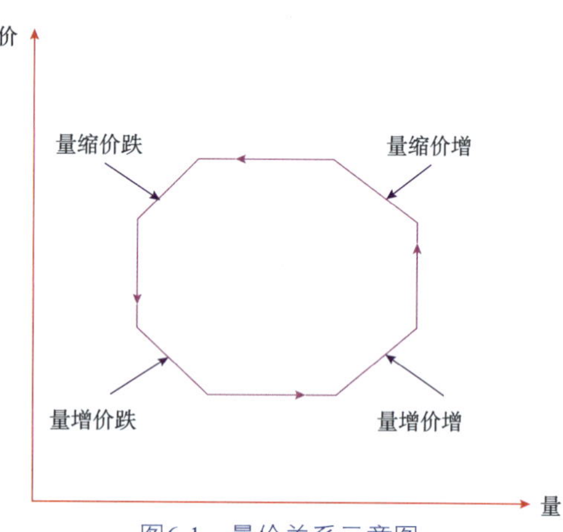

图6-1 量价关系示意图

成交量与股价的关系犹如汽车的“油门”和“刹车”，成交量的推动能让股价上涨，成交量的“缩水”也能让股价回落，所以说股价的涨跌和成交量是分不开的。

股票价格的涨跌离不开资金的进出，而成交量则反映了进入资金的多少，大家一定要通过成交量来分析和预测股票价格的走势，如图6-2所示。

成交量在K线走势图中以条形来表示，代表股票买卖的数量和成交金额。

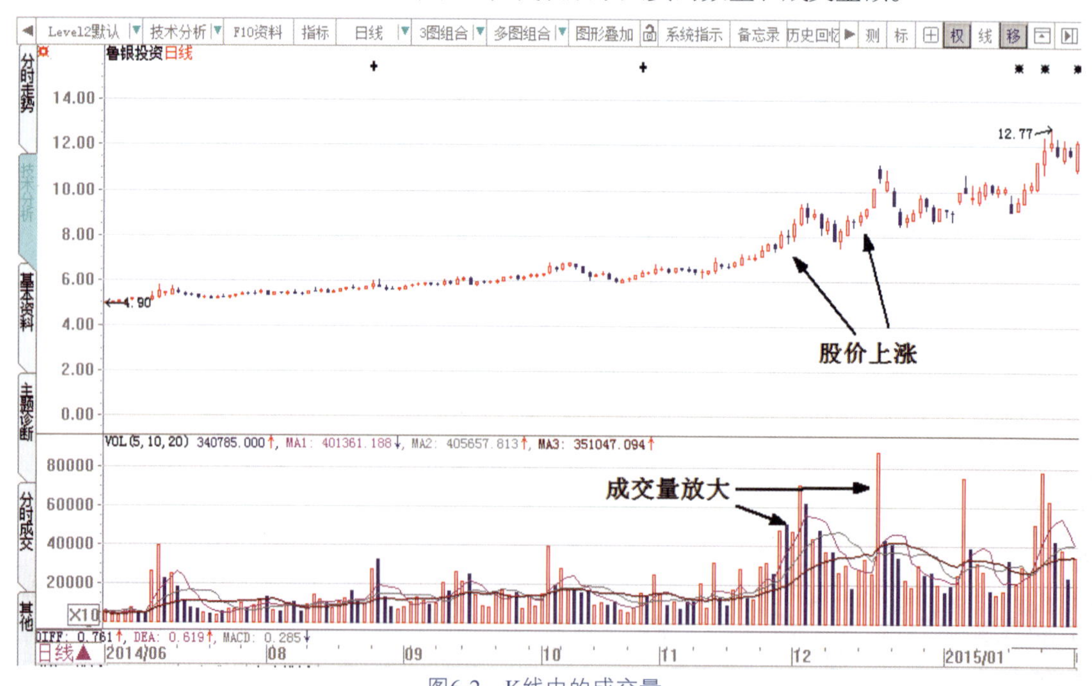

图6-2 K线中的成交量

6.1.2 分时图中的成交量

在分时图中，成交量按分钟数显示为长短不一的线条，代表每一分钟的成交量数据，如图6-3所示。

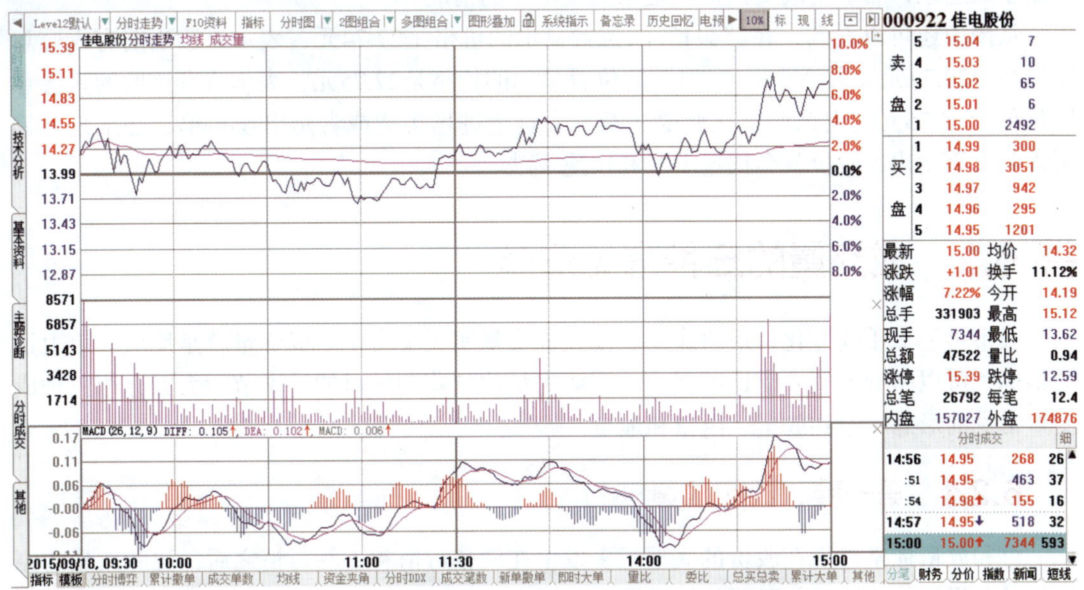

图6-3 分时图中的成交量

股票价格走势的轨迹和成交量都是通过分时图来表现的。

在分时图中，大家需要关注的就是以下几个数据：开盘价、分时线、均价线、成交量柱、成交盘口。如图6-4所示，可以看到荣科科技（300290）在分时图上方有两条线，走

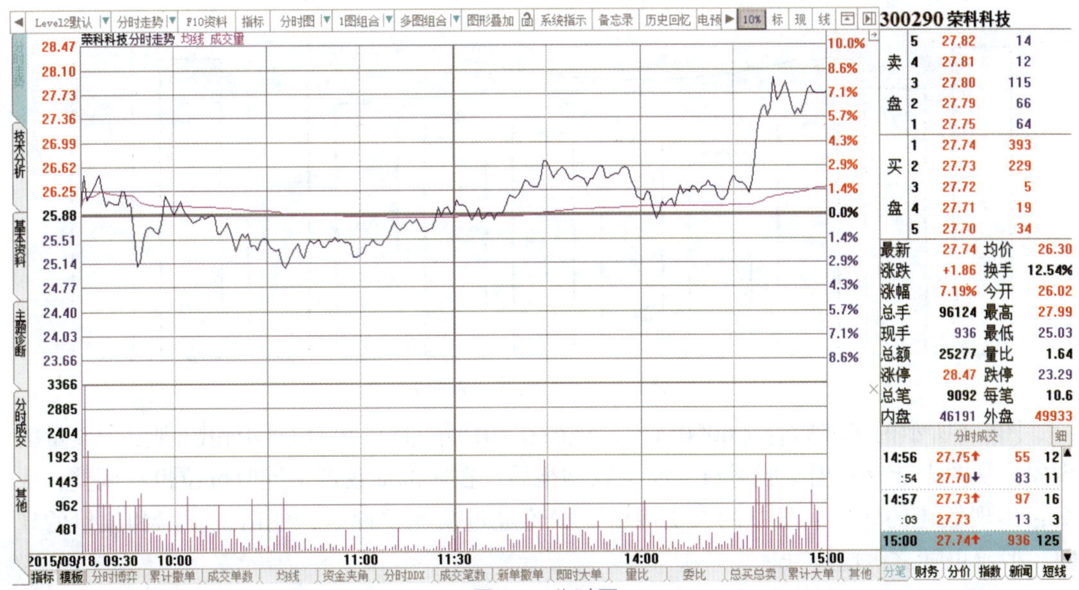

图6-4 分时图

势变化较大的是分时线，走势变化比较平缓的是均价线。右侧报价区域中部的“今开”为开盘价，此时应该注意开盘价，因为开盘价是庄家或者散户的第一动作区，并且结合分时线和均价线的位置关系；图中下方柱形为成交量柱，此时应该注意成交量有没有被放大或者缩小的迹象；右下角成交盘口，记录成交单子的情况。

从图中还可以看到，在“买1”的位置显示的价格是27.74元，表示该股当前有人愿意以最高价27.74元买入该股；“卖1”的位置显示的价格是27.75元，表示持有该股的人愿意以最低价27.75元卖出该股。在此要注意，大资金进场买货或者是出场卖单，必定是大笔买入和大笔卖出，股价就会快速上拉和快速下跌。

6.2 成交量的三种常见形态

股市再怎么千变万化，最终还是表现在成交量实买实卖中。成交量就是反应股市力量的指标，可以引导投资者借助股市中的强势力量达到获利的目的，本节为大家介绍三种成交量常见的形态：温和放量、巨量和地量。

6.2.1 第一种：温和放量

温和放量通常出现在股价的底部，多发生在调整行情和下跌行情之后，温和放量的原因是随着吸筹的延续，使股票价格慢慢向上爬升。

温和放量的形态线路不会出现非常明显的拐点。成交量柱状线像一座座小山似地逐步堆积起来，连续温和放量的形态如图6-5所示。

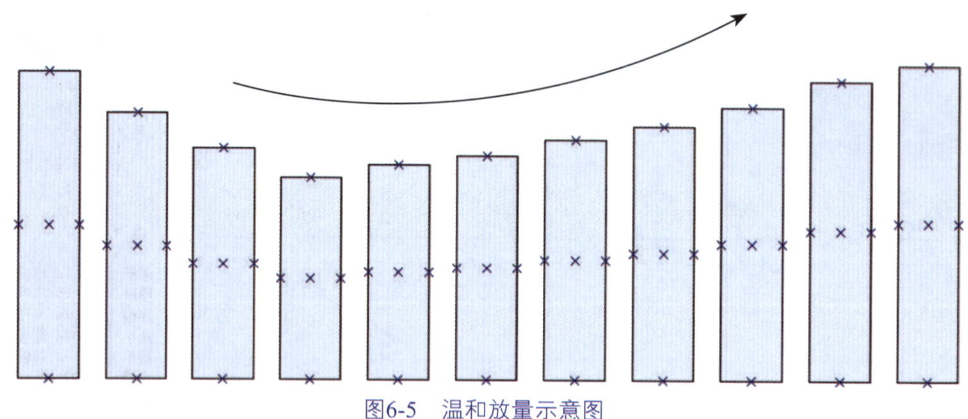

图6-5 温和放量示意图

图6-6所示的宁波联合（600051），该股在2015年2月中旬至3月中旬出现温和放量的现象。从图中能反映出该股通过一波下跌调整后，在底部横盘调整同时价位也在调整，成交量出现低迷的现象，盘中的买卖冷清。股价经过横盘整理后，便出现了温和放量的现象，股价也随之缓慢拉升。

如图6-7所示，古越龙山（600059）也在2015年2月中旬至3月初出现温和放量的现象，该股同样也是经过一段时间的下跌调整，成交量也持续低迷了一段时期，然后才上演温和放量的走势。

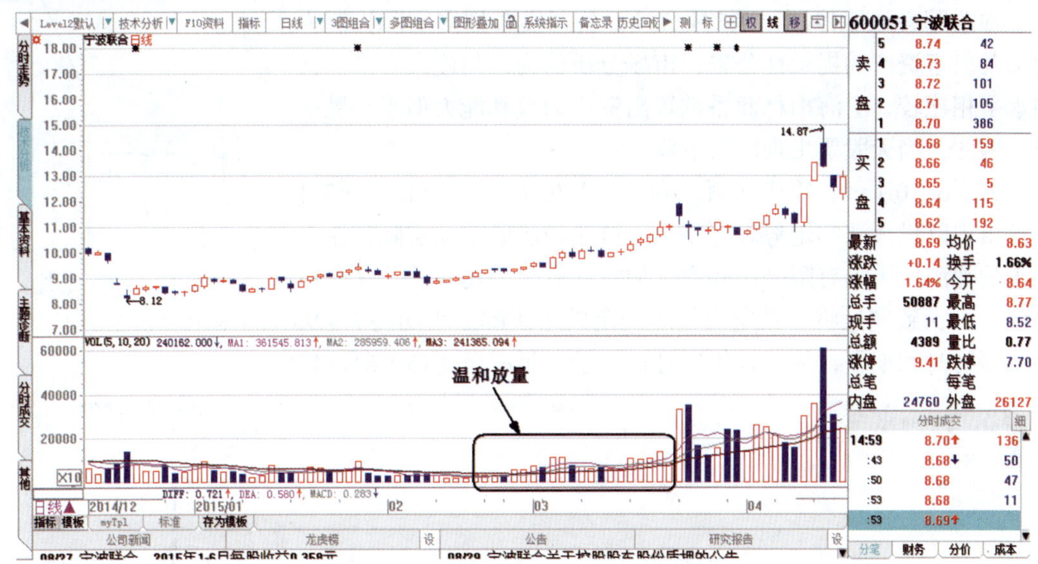

图6-6　宁波联合（600051）温和放量

图6-7　古越龙山（600059）温和放量

温和放量在不同行情和股价位置上有不同的表达，相对股价较低时产生的温和放量，是股价即将缓慢上涨的信号。

6.2.2　第二种：巨量

就是指某只股票成交了很多笔数目惊人的单子。成交量柱状线像一个个平房紧挨着，然后突然一栋楼房矗立起来了，巨量的形态如图6-8所示。

巨量下跌就是暴跌，说明下跌意向明显，一般出现在重大利空消息发布后。

如图6-9所示，上海梅林（600073）在2015年3月27日出现巨量下跌。该股在2015年3

月11日晚间发布公告，公司实际控制人光明集团拟对公司筹划重大事项改革，该股停牌。到3月27日，公司发布拟向实际控制人购买及出售资产的提示性公告，市场分析认为，与注入资产的盈利水平相比较，上海梅林此番欲置出资产的盈利能力似乎更胜一筹。因此，当天股票出现巨量下跌。

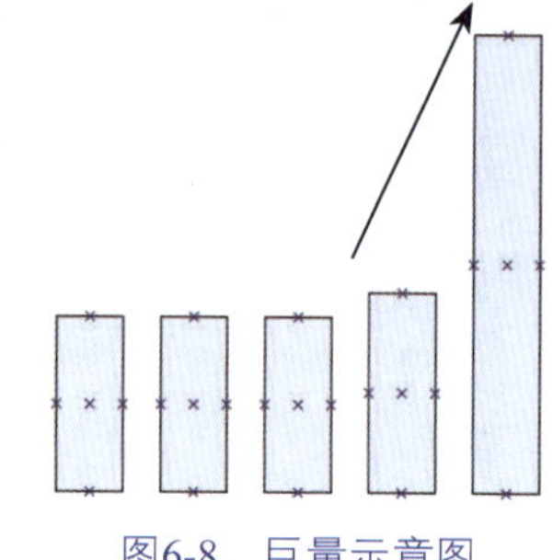
图6-8　巨量示意图

如图6-10所示，重庆啤酒（600132）在2015年3月13日至3月18日出现巨量大涨的走势。这是由于该股控股股东及实际控制人嘉士伯啤酒厂香港有限公司和嘉士伯重庆有限公司签署了《变更协议》，一致同意将《锁定协议》约定的重庆啤酒集团持有4.95%的剩余股份公开征集受让程序的时间期限，从2014年12月11日予以延展至2015年6月11日。

图6-9　上海梅林（600073）放巨量

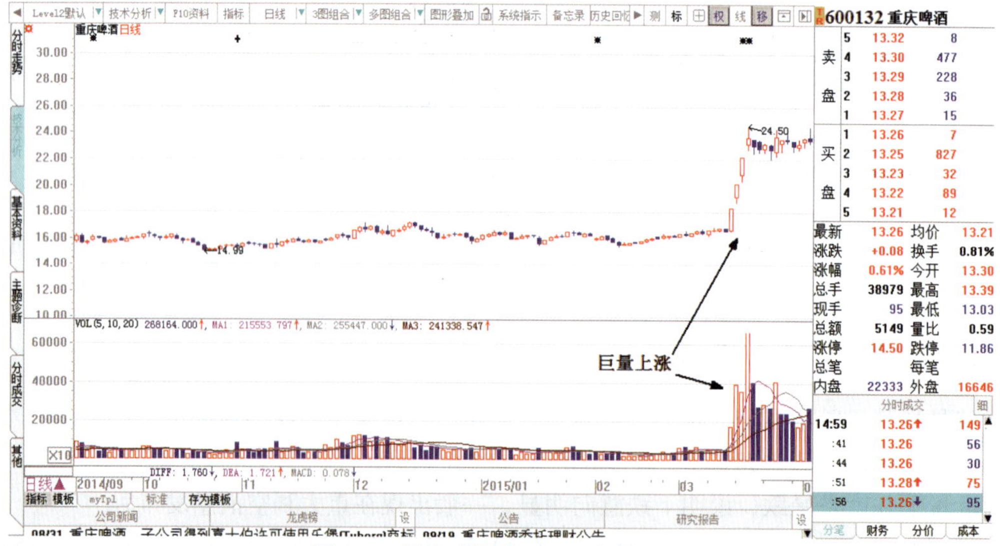

图6-10　重庆啤酒（600132）放巨量

6.2.3 第三种：地量

地量是衡量下跌行情是否见底的标准。

地量通常出现在股票行情清淡时，此时市场买卖表现不积极，因为基本上没有利润可谈，手中有股票的没有卖股的理由，有资金的也不愿入场买股。在出现地量的同时，股价也是在相当小的价格范围内波动。如图6-11所示的太原重工（600169），该股在2014年4月至2014年7月的一段时间内的换手率都维持在0.5%以下。由于长时间处于成交量低迷状态，股价基本上在小范围内上下波动，出现持续地量的状态。

图6-11　持续地量

有些股票会出现地量大幅下跌的现象，如图6-12所示，蓝星新材（600299）在2015年6月30日至7月3日出现连续跌停，成交量也缩至地量。

图6-12　地量大幅下跌

当股票股价整体趋势向上时，很明显这是标志性的地量上涨信号。如图6-13所示，金山股份（600396）从2012年8月开始至2014年3月这一年多时间股价缓慢上涨，但成交量一直没放大。

图6-13　地量上涨信号

6.3　常见的6种量价关系

股价的涨跌与成交量有着紧密的关系。例如，市场上现有100个人进行股票买卖，某股价在5元时有70个人看好，认为此股会出现更高的价格，而当这70个人都买进后，价格得到拉升；股价到了20元时，之前买入的人中有20人认定价格不会继续上升了，所以卖出股票；而最初看跌的30个人又改变了立场，认为价格还会继续上升，这时价格产生了瞬间不平衡，卖出的有20人，买入的只有30人，则价格上涨。看好、看淡的人数会重新组合并决定下一步走势。

股票成交量的大小，是股票被市场关注程度的表现。当投资者对股票看好时，他们就会投入资金购买股票，被购买的股票股价便上涨。当大多数投资者不看好股票时，通常会抛出股票，从而引起股价下跌。

下面分析几种经常出现的量价关系，希望大家能在实盘操作中得到应用。

6.3.1　量增价平

量增价平是指在一个时间段内成交量明显比之前的成交量有所增加，但是股票市场的指数或个股价格还是维持在一个小范围内进行波动的现象，其成交量形态如图6-14所示。

量增价平可以出现在市场走势任何一个阶段。

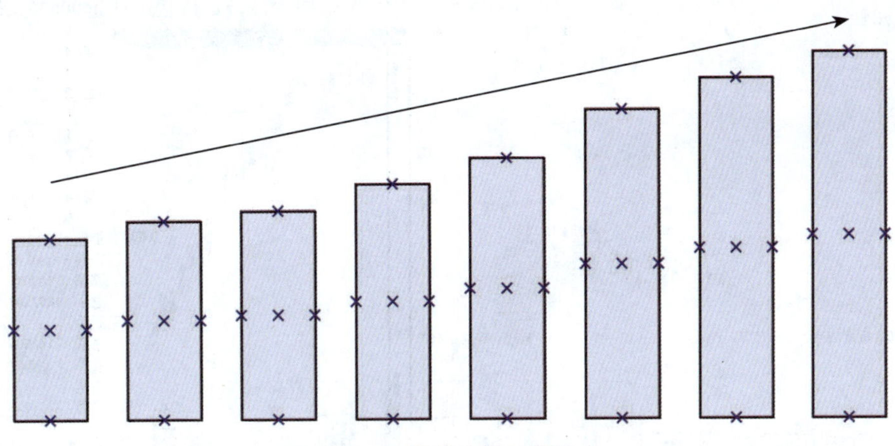

图6-14　量增价平示意图

1. 股票市场处在长时间的下跌状态中，出现量增价平的现象时，多数是由于新的主力资金正在建仓，如果市场有掉头向上的动作，表示底部已经形成，此时投资者应密切关注。如图6-15所示的上证指数（000001），2013年9月10日、11日成交量逐步放大，但指数没有大的变化，出现量增价平的走势。这种走势充分说明有新的资金介入，行情有较大可能在这附近止跌并且出现反弹。

图6-15　下跌行情中出现的量增价平

2. 股票市场处在相当高价位时出现量增价平的现象，是由于大多数投资者获利后开始悄然出货，如果市场和个股有掉头向下的动作，表示顶部已经形成，此时投资者应密切关注。如图6-16所示的大众公用（600635），该股2015年5月28日比27日的成交量增加一倍，但价格并没有上涨，出现了量增价平的走势，说明该股可能会出现向下的走势。果然，经过几个交易日的上冲，股价掉头向下，出现大跌。

图6-16　行情高位区出现的量增价平

3. 在股价上涨的过程中如果出现量增价平的走势，有可能是已经获利的投资者开始出货，但是股价不一定出现下跌，会经过一段时间的整盘调整后继续上涨。如图6-17所示，特力A（000025）股在一波上涨行情的高位时出现了放量现象，股价并没有出现下跌情况，而是出现了冲高回落调整的走势。

图6-17　股份上涨中出现的量增价平

6.3.2　量增价涨

量增价涨是指由于成交量的增长，指数或者个股也顺势上涨，市场将迎来一波好行情，成交量形态如图6-18所示。

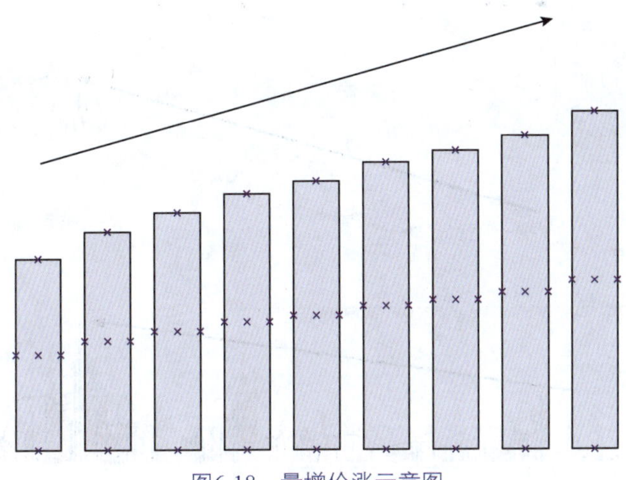

图6-18 量增价涨示意图

如图6-19所示，中能电气（300062）量增价涨。该股从2015年2月开始明显出现量增价涨的走势，3、4两月股价上涨超过30%，换手率也超过200%。

图6-19 中能电气（300062）量增价涨

如图6-20所示的太原重工（600169），该股从2014年7月至12月间明显出现量增价涨的走势。之后该股迎来一波大幅上涨，到2015年6月股价涨至13.78元（2014年7月初股价还不到3元），不到一年时间上涨幅度接近500%。

图6-20　太原重工（600169）量增价涨

6.3.3　量缩价涨

量缩价涨是指个股的成交量缩量的情况下，股价和指数反而上涨的一种现象，其成交量形态如图6-21所示。

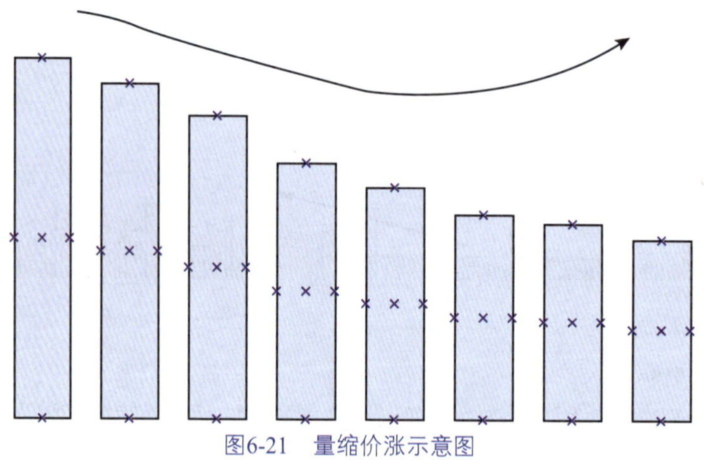
图6-21　量缩价涨示意图

1. 如果在上升行情中出现量缩价涨，说明很有可能是庄家或者机构锁住了大量的筹码，股票行情将出现上升的走势。如图6-22所示，太极集团（600129）该股在股价上升行情中出现量缩价涨的走势，股价上涨，而成交量不涨，反而出现缩量。

2. 如果量缩价涨出现在下跌行情时，通常是庄家或者机构为了出货，由于他们二者控盘程度比较强，会用极少的资金把股价拉高，很容易出货获利。如图6-23所示的深振业A（000006），该股在股价经过一波下跌行情之后的反弹过程中，出现了这种量缩价涨的走势。

图6-22　上升行情中的量缩价涨

图6-23　下跌行情中的量缩价涨

3. 如果量缩价涨出现在上涨过程中或从底部启动时，多数原因是庄家或者机构控盘程度非常高，只需放出很少成交量，便能让股票直接封涨停。如图6-24所示的深华发A（000020）的走势图，该股票由于公司筹划重大事项，于2014年6月24日开市起停牌，到2015年3月20日发布公告，公司拟定非公开发行不超过8760万股A股股票，当天股票复牌，连续几个交易日出现缩量涨停走势。

图6-24 在上涨过程中或者从底部启动的量缩价涨

6.3.4 量增价跌

量增价跌是指在个股出现成交量增量的情况下，股价和指数反而下跌的一种现象，其成交量柱状线形态如图6-25所示。

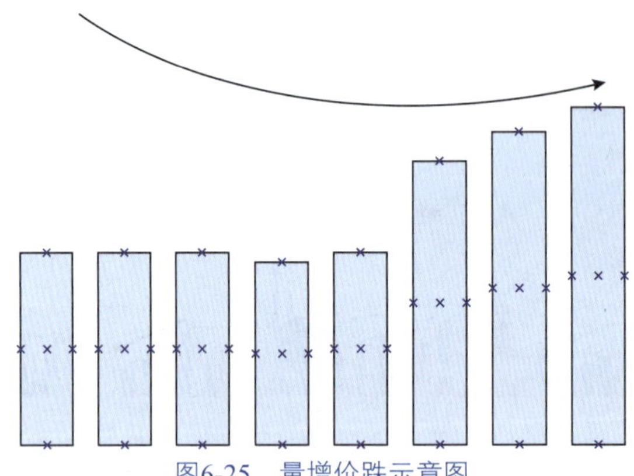
图6-25 量增价跌示意图

如果量增价跌出现在股价即将结束下跌时，通常是庄家或者机构为了以更低的价格吸收筹码，采用打压的方式来吸筹，很容易使股价出现量增价跌，这种现象正是底部买入的信号。如图6-26所示的国药一致（000028），该股2014年初经历一波大幅下跌，2014年9月股价有所反弹，但仍未超出年初的最高价，然后股价又开始逐步下跌，2014年9月至11月股价下跌但成交量却在慢慢增大，这种较长时间的放量是主力资金入场的行为，最后该股在2015年3月股价持续走高，如图6-27所示。

图6-26　股价结束下跌时的量增价跌

图6-27　股价持续走高时的量增价跌

6.3.5　量缩价跌

量缩价跌是指个股在成交量减少的同时，股价和指数也下跌的一种现象。量缩价跌，其成交量柱状线形态如图6-28所示。

1. 如果量缩价跌在股价底部出现，通常在这个时候卖家非常急于找到买家交易出场，但是买家多以观察为主，很少进场与卖家交易，所以在这种情况的行情中量缩价跌的出现是非常自然的现象，如图6-29中集集团（000039）所示。

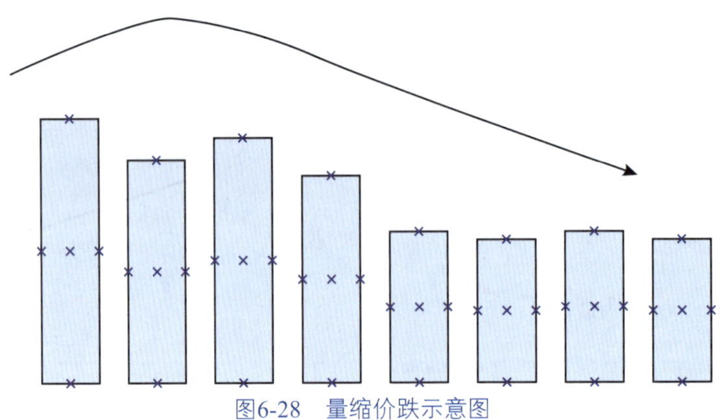

图6-28　量缩价跌示意图

图6-29　股价底部时量缩价跌

2. 如果当股价处于阶段性的顶部时，此时的主力不想继续持有股票，而是急于想找买家接盘，在主力找不到买家的情况下，主力只有采取“见一个卖一个”的方式来卖一些筹码，如图6-30所示通化金马（000766）。

3. 如果量缩价跌出现在股价价格位于不是最终顶部的时间，并且股价是调整中的阶段性向下行为。当股市中的筹码被新的买入者接盘后，股价会持续上升，如图6-31所示以的云南铜业（000878），该股从2014年3月的6.78元开始上涨，到2014年12月上涨到15.00元以上，股价已经翻番，随后出现了量缩价跌的走势，经过一段时间后股价重回升势，到2015年6月初创出25.50元的新高。

图6-30 通化金马（000766）走势图

图6-31 云南铜业（000878）走势图

6.3.6 天量天价

天量天价是指个股当天出现近段时间最大的成交量，通常是平时的几倍以上，有了天价才会出现天量，很明显是见顶信号，如图6-32所示的福晶科技（002222）。

天量天价的成交量非常高，与之对应的价格同样也很高，在这种行情出现时说明是股价见顶和出货的信号。

图6-32　天量天价

6.4　成交量减少意味着什么

缩量是指股票近期所形成的成交量与前期相比有减少的趋势，是相比较而得出的一个增减概念，包含有横向缩量、纵向缩量、单日缩量和阶段性缩量的概念。持续缩量表明市场成交极为冷淡，在这一时期大部分投资者对市场的后期走势意见趋于一致。

6.4.1　缩量上涨有没有风险

缩量一般是指当日成交量低于前一日成交量10%以上。而且，在实际的操作中，只有日换手率在3%以下才有意义。当大多数投资者都对后市看好，只有人买，没有人卖，就必然会使成交量持续萎缩，股价上涨。一般情况下，如果是缩量涨停，则可放心持有；如果不是涨停，可以分为以下四种情况。

（1）如果股票的价位偏低，说明空方惜售，后期上涨的空间很大。

（2）如果股票的价位偏高，说明多方做多意愿不足，回调的可能性很大，尤其是在放量上涨之后再缩量上涨，说明行情可能反转向下，短线就可以出货，彻底出局或者再过段时间抢进。

（3）上升中缩量上攻天天涨，股价在上涨的过程中不放量，因为大部分筹码已被主力锁定了，在没有抛压的情况下，股价上涨是不需要成交量支撑的。

（4）下跌中缩量阴跌天天跌。股价在下跌过程中不放量也是正常现象，一是没有接盘根本抛不出去，二是没有人肯割肉。实战中往往出现无量阴跌天天跌的现象，只有在出现恐慌性抛盘之后，再次放量才会有望企稳。

6.4.2 底部无量涨停是很好的机会

底部无量涨停是指股价在底部涨停时会出现无量的情况。在看待底部无量涨停这种情况之前，首先要明白一个概念，即“底部”是有相对性的。

假设大盘并没有出现大的波动并且个股方面也没有利好的消息面，而股价在底部整理一段时间后突然涨停，那么基本上可以断定是主力所为。但是，在实际操作中，可能会有各种不同现象的发生，下面分析两种无量涨停的现象。

1. 下跌放量、底部有量而涨停无量

在下跌的过程中放出了很大的量表明有主力出逃，等到达底部之后又出现了放量，应该是有新的主力进入，当新主力在底部拿到一定的浮动筹码之后就会开始拉升。由于新主力的成本在底部，希望能够尽量地拉高股价，所以，常常是拉出涨停，如果觉得现在还没有到出货时候，就会出现涨停无量。

2. 下跌无量、底部无量涨停也无量

下跌无量底部也无量，说明在这两个阶段都没有主力参与；但接下来出现了无量涨停，说明有主力参与。一般来讲，既然涨停也没有量，就表明主力没有减仓意愿，而且愿意再增加仓位，即使是老主力也还有一定的实力。从逻辑上说，因为没有看到建仓过程，即使是新主力也应该没有完成建仓，因此，应该进一步观察主力建仓的情况。通常出现这种情况，毫不犹豫地买进。

6.4.3 如何通过地量看股价走势

在股市的技术分析中，骗钱、骗量、骗指标的事情无处不在。但是，在众多的技术指标中，有一种没有欺骗性的、最简单、最有价值的指标就是地量。地量是缩量的一种极端表现，指市场人气十分低迷，交投极为清淡，成交量创下了很长一个时间段内的最低水平，表明绝大多数投资者对后市走势高度认同。

地量可以分为近期地量、历史地量、阶段性地量，一般股价在中长期底部时出现居多。出现地量之后往往意味着中长线买进时机的来临，如果投资者能够在出现地量的时候结合该公司基本面的分析，在这一价位介入，并能忍受住时间的考验，一般均会有所斩获。同时，在实际操作中地量只有在日换手率在0.5%以下，以及周换手率在2%以下的地量才有意义。

另外，地量在庄家洗盘的末期也会出现，是庄家判断自己震仓是否有效的一种方法。主力拉升前要让大部分筹码保持良好的锁定性，即“锁仓”。如果投资者能在这一时期跟上主力，毫无疑问将会获得丰厚的收益。

例如，盛达矿业（000603）从2012年5月开始经过漫长的下跌后，至2014年5月份成交量已萎缩至极（2014的5月5日的换手率只有0.13%），其股价也在此形势下止跌回升，形成中期底部，如图6-33所示。到2014年8月股价从底部10元上涨到接近19元，完成第一波上涨，经过较长时间的横盘，到2015年6月上涨到42元以上。

图6-33 盛达矿业（000603）走势图

1. 地量分析必须结合市场趋势

在上升趋势中，投资者要确认是否多次出现地量，然后可以在有温和放量伴随的股价上涨过程中择机介入；在下降趋势中，即使能够暂时确认地量，也不敢肯定在今后行情中是否会出现更低的地量，投资者最好不要轻易介入。在盘整趋势中，对地量的运用要结合技术分析的方法，通过技术形态和技术指标进行具体的分析。

2. 地量分析必须结合个股的基本面

在选择股票的时候，除了地量分析之外，还要考虑公司的基本面。分析出现地量的具体原因，是因为股价暴跌，市场中几乎没有获利盘产生的地量，还是庄家高度控盘导致的地量。投资者根据地量产生的不同原因，要采用不同的投资方法。

3. 地量分析必须结合资金动向

在实际操作中，地量能否止跌，并不取决于地量本身，而取决于地量之后的放量。当其他资金及时介入，就会出现反转上涨的情况；当其他资金介入缓慢时，地量将无法停止下跌的趋势，可能导致更深的下跌、更低的地量。

6.5 成交量的陷阱

传统的炒股理论认为成交量往往是不会骗人的，而股价则容易受主力或大户操纵，认为成交量的大小与股价的上升或下跌呈正比关系。趋势需要成交量来确认，例如成交量增加价格才能涨、缩量跌不深、天量之后有天价等，这些观点一般情况下是正确的，但有其片面的地方，甚至有时候是错误的。在实战操作中，主力机构不仅仅会利用操纵股价来骗钱，同样也会利用成交量来设置陷阱，让许多喜欢进行技术分析的投资者上当受骗。下面简单介绍一些主力利用成交量设置陷阱的方法，使投资者能够知己知彼，提高警惕。

6.5.1 久盘后突然放量突破

久盘整是指在一个相当长的时期内（如两个月、三个月，甚至半年等）股票在一个相对窄小的价格区间进行波动，上行无力，下跌无量，交投极不活跃，不被市场人士关注。这种股票有时候会在某一天的开盘后发现挂有大量的买单或卖单，给投资者一种向上拉升的假象。当许多人看到该股突破盘局而追涨时，该股再涨到5～7%左右会突然掉头下跌，大量的抛单抛向那些早上挂单追涨而未能成交而又没有撤单的中小散户。虽然随后还会反复拉升，但往上的主动买单减少，而往下的抛单却不断，股价逐渐走低，到收市前半小时甚至跌到前天的收盘价以下。随后的日子，该股成交量萎缩，股价很快跌破前次的起涨点，并一路阴跌不止。如果投资者不及时止损，股价还会加速下跌，跌到难以相信的程度，使投资者深度套牢。

为什么该股会在突然放量往上突破时又调头直转向下呢？其实，这就是庄家利用量增价涨这一普遍认可的原则设置的陷阱。因为庄家在久盘之后为了尽快脱身，往往会采取对敲的方式，制造出成交量放大的假象，诱使投资者跟进并接下庄家的卖单，为其提供出货机会。

例如，裕兴股份（300305）在2015年4月底被拉升到一个高位，随后进入一波盘整阶段；2015年5月下旬，庄家造成了几根小阳线，做出吸货的模样；6月1日压低开盘后，成交量迅速放大，股价几乎拉到涨停（拉升到接近8%），但随后却连连阴跌不止，如图6-34所示，显然6月1日那天是庄家拉升出货。而且，一旦股价跌破它带量上攻的那一天的开盘价，就应该止损出场，以防后面被深度套牢。

图6-34 裕兴股份（300305）走势图

6.5.2 中报或年报公告前，个股成交量突然放大

中报或年报公布前，许多企业的业绩已经做出来了，一些投资者会通过新闻媒体提前知道相关消息，股价会因消息面的影响出现异常波动。主力机构一般都能提前得到相关的利好消息，从而提前推升股价，一旦等到消息公布之时，大量的散户买入之后，庄家已经得到相当高的收益了，此时往往会趁机减仓或出货，导致股价大幅下跌。

例如，2015年中报公布前，康拓红外（300455）突然逆市而上，成交量温和放大。随后几天，不顾大势回调，放量推高，2015年7月中旬至8月中旬股价多次涨停，给人一种主力在中报前在收集筹码的感觉。8月17日公布中报，经营收入较上年同期上升15.66%，当日股价即下跌了1.27%，紧接着第二日又下跌了10.01%，如图6-35所示。

图6-35 康拓红外（300455）走势图

6.5.3 逆市放量上涨

逆势放量上涨是指在大盘放量下跌的时候，有些股票却逆市飘红、放量上攻，非常引人注目。一般来讲，逆势上扬的股票要么是有潜在的利好，要么是有庄家介入，于是，有散户会放心跟入。其实，这种情况也许只是主力的一个骗局，该股往往只有一两天的短暂行情，随后反而加速下跌，致使许多在放量上攻当日跟进的散户被套牢。这里庄家利用了反向操作的战术，在大盘下跌时逆势而为，吸引市场广泛的关注，然后在拉升中达到出货的目的。

例如，在2015年6月15日大盘大跌的情况下，瑞泰科技（002066）逆市飘红，随后几天虽然大盘在下跌，但该股继续强势，成交量居高不下，吸引许多投资者追涨。但6月26日后，该股却缩量下跌，使许多追涨的投资者深度套牢，如图6-36所示。

图6-36　瑞泰科技（002066）走势图

6.5.4 借利空大幅杀跌

这种情况通常会出现在大盘和个股持续下跌之后，此时一旦出现利空消息，主力往往喜欢采取放大利空效应，利用大手笔对敲来打压股价，刻意制造出恐慌性的破位下行或大幅杀跌，诱骗中小投资者纷纷抛售股票，以达到快速收集筹码的目的。主力在建仓后进行震仓洗盘时经常会采取这种手法。

例如，2015年8月18日开始，A股市场又开始了一波大幅杀跌走势，这时交通银行（601328）也顺势大幅杀跌，在8月24日、25日两天直奔跌停而去，盘面走势如图6–37所示。

图6-37　交通银行（601328）走势图

6.5.5 高送配除权后的填权

一般来讲，在个股有大比例送红股、公积金转送和配股消息公布之前，主力都会将股价炒得较高，一旦消息公布，炒高了股票大幅除权，价格马上会降低很多，30元的股票，“10送10”就只有15元了。这时，庄家再利用填权行情炒作和广大中小投资者喜欢追涨的心理，在除权后开始大幅拉升股价，造成大量踊跃买进的假象，趁机大肆出货。因此，对于除权的个股必须要复权，让股价波动保持一种连续性，以避免掉入陷阱。

例如，立思辰（300010）股价从2015年4月20日的40元左右上涨到5月18日的85元，5月19日该股高送转。除权后，庄家在开盘后有明显的滚打行为，成交量放大，许多人跟进，使庄家获得绝好的出货机会。随后几天，该股继续出货，进入逐步下跌的走势，如图6-38所示。

图6-38　立思辰（300010）走势图

炒股

第7章 通过分时图把握盘口信息

分时图清楚地记录了当天个股或大势的价量变化，是短期多空两股力量交战的结果。它有助于散户对多空力量对比有完整的认识，从而选择有利的买卖时机，而且也可从图中揭示庄家的操作手法。因此，对于股票投资者而言，研判分时图是盈利的一个重要法宝。

7.1 认识分时图

股市是一个整体，它是全体股票整体走势情况的反映，同时，它也深深影响并带动着个股的走势。股市的走势是通过指数来反映的，正确地解读指数的运行形态就显得极为重要。本节中，我们就来看看如何正确、全面地解读大盘指数分时图。

7.1.1 大盘分时图

大盘就是指全体股票所构成的股市整体，平常我们所说的大盘指数其实是指上证综合指数。在境内的股票市场中有两个证券交易所，一个是上海证券交易所，一个是深圳证券交易所；与之相对的股票市场就是上证市场（由在上海证券交易所挂牌上市的全体股票构成，包括上证A股与上证B股）和深证市场（由在深圳证券交易所挂牌上市的全体股票构成，包括深证A股与深证B股），上证市场的走势可以用上证综合指数表示（简称为上证指数），深证市场的走势则可以用深圳成指表示。

由于B股市场中股票数量极少，上证综合指数可以说就是上证全体A股走势的反映。上证市场权重股多、股票数量多、更能代表国内的股票市场，而且，上证市场与深圳市场所面向的投资者群体也是完全相同的，因此常用上证综合指数来指代大盘。

上证综合指数采用加权平均法进行计算，这使得权重大的大盘股对指数的影响力就会更大。在股票行情软件中，通过数字快捷键“03”可以调出上证综指的走势图。如图7-1所示，为上证指数（000001）2015年9月18日的分时图，图中蓝色粗曲线为上证综合指数，还有一条紫色细线为上证领先指数。

我们知道，上证综合指数采用加权平均法进行计算，所谓的“权”就是指个股的股本，股本越大的个股则“权”越重，对指数的影响力也越大，超级大盘股中国石油、工商银行的走势就形成强势影响。大多数情况，大盘股的走势与中小盘股的走势趋同，涨跌差异也不是十分明显，因此，上证综合指数可以很好地反映股市的整体情况。

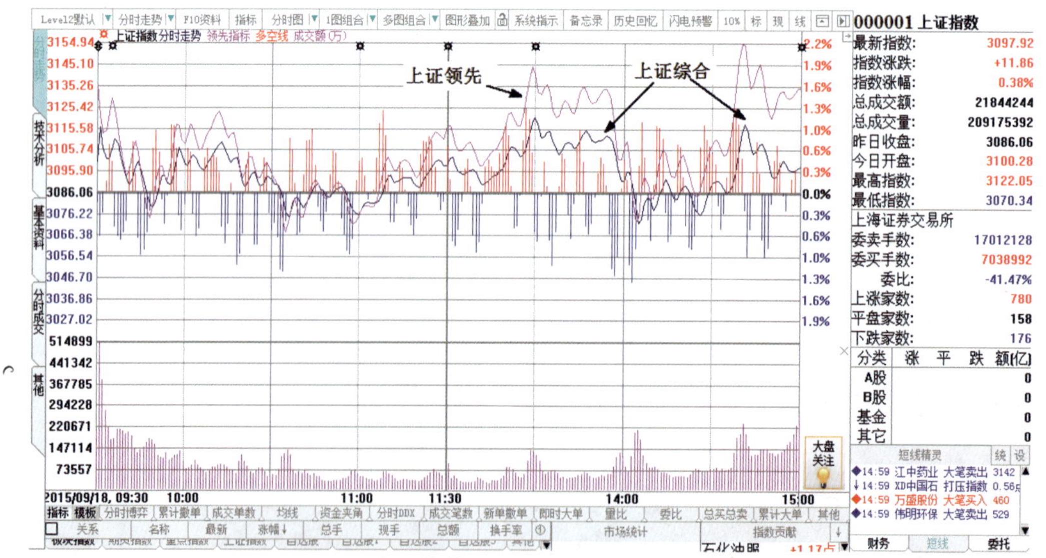

图7-1　上证指数（000001）2015-09-18分时图

7.1.2 大盘股和中小盘股分时图

有的时候，大盘股与中小盘股会因市场的转向而发生明显的偏差，此时，仅凭上证综指的运行，我们难以查看到股市的实际变化，为此引入了上证领先指数，这一指数采用不加权平均法进行计算，对所有个股不以股本大小论轻重，而是一视同仁地以股价高低进行平均计算，由于中小盘股的股价一般偏高于大盘股，因此，这一指数可以更精确地反映中小盘类个股的整体走势。

当市场处于一波涨势后的高点或是跌势后的低点时，如果上证综合指数与上证领先指数的走势出现了明显的分离，则往往被看作是市场短期内有转向的倾向。例如，在股市一波持续上涨后的高点，如果上证综指快速上行而上证领先却加速下跌，则多是主力资金拉升权重股，为其在中小盘股中的出货行为进行掩护所采取的措施。

如图7–2为上证指数（000001）2015–05–27的分时图，图中的粗曲线为上证综合指数，细曲线为上证领先指数。当日午盘14:00之后，两者的走势出现了明显的分离，上证综指虽然也有所下滑，但仍处于红盘状态，而上证领先却开始下跌到昨日收盘价之下。至收盘时，上证综指上涨了0.63%，而上证领先上涨幅度不到0.1%。两条指数线在运行上的明显差异是值得我们关注的，考虑到指数目前正处于持续上涨后的高点，因此，这是应引起我们重视的风险信号。如图7–3标示了上证综指（000001）在2015–05–27前后的走势情况，5月28日上证指数大跌6.5%，尽管随后几天有所反弹，但最终从5178点下跌到2015–07–08的最低点3421点。

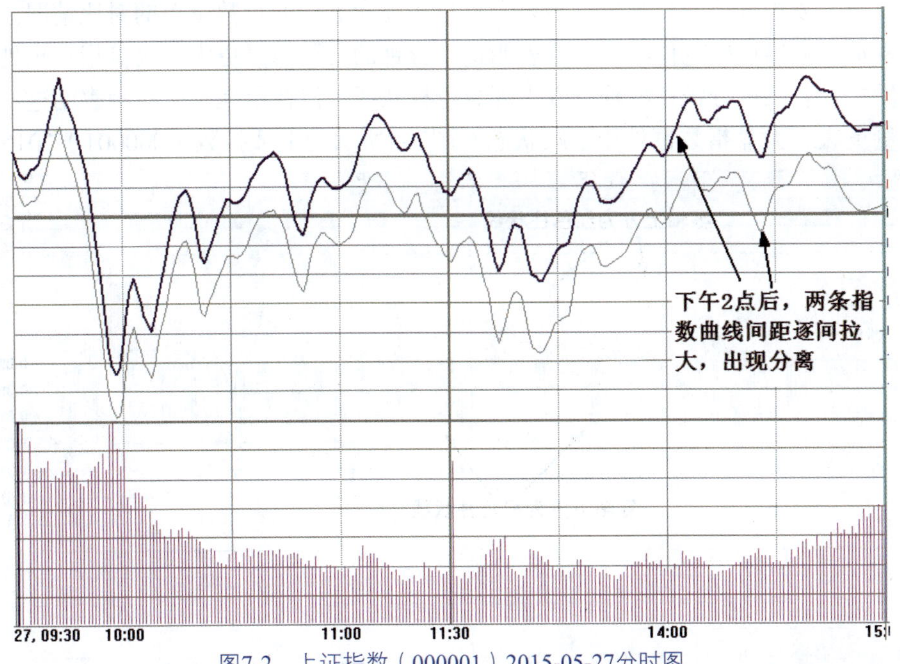

图7-2 上证指数（000001）2015-05-27分时图

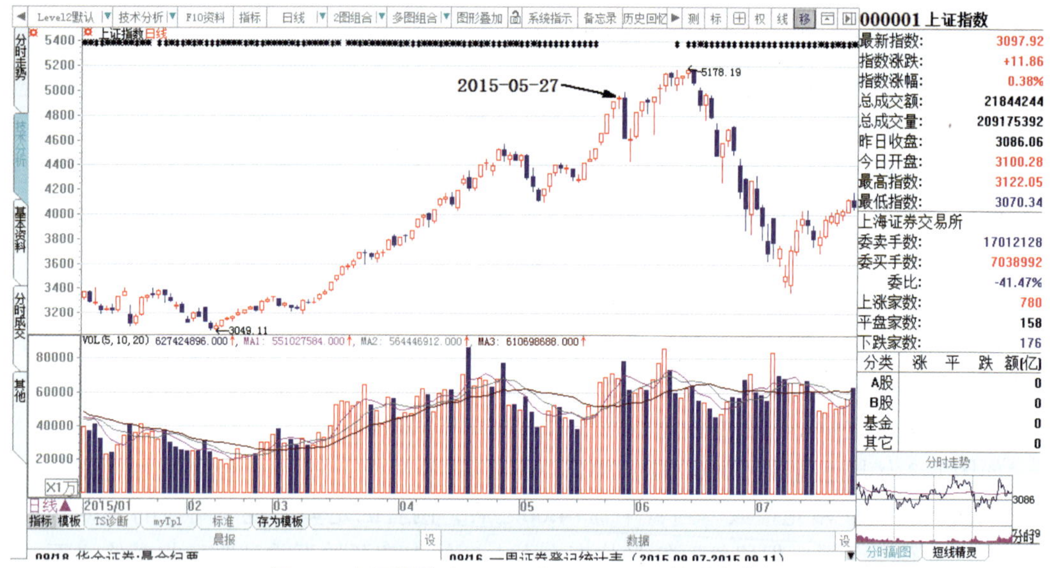

图7-3 上证指数（000001）2015-05-27前后走势图

7.1.3 盘中多空力量的对比

在上证指数分时图中，零轴上下方的红绿柱状线也是我们看盘时应关注的（注：零轴是指上一交易日收盘时的指数点位），红绿柱线以“柱状值”的方式实时地反映了股市中委买总量（委买五档的总数量）与委卖总量（委卖五档的总数量）的对比情况。若某一分钟在零轴上方出现红色柱状线，则表明这一分钟的委买总量更大，大盘指数也处于上涨状态。反之，若某一分钟在零轴下方出现绿色柱状线（以蓝色表示），则表明这一分钟的委卖总量更大，大盘指数也处于下跌状态。图7-4所示为上证指数（000001）2015-09-18

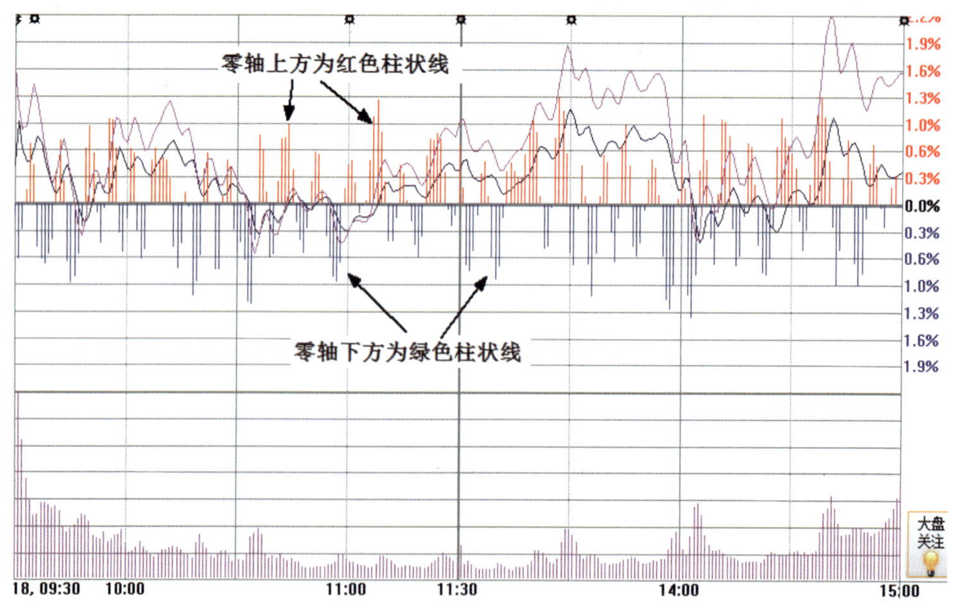

图7-4 上证指数（000001）2015-09-18红绿柱状线示意图

分时图，图中标示了红绿柱状线（如果选择其他配色方案，可能红绿柱状态线的颜色会有所变化，但其位于零轴上方和下方的含义是一样的）。

利用红绿柱状线的变化情况，可以更好地观察市场中做多力量与做空力量的变化。在当日分时图中，如果绿色柱线经常连续性的出现且更长，绿色柱状线的总体面积也明显大于红色柱状线，则说明市场抛压沉重，很多投资者在排队卖股，这是大盘上涨困难的标志。如果大盘此时正处于一波涨势后的高点，则它表明一波调整走势即将出现。反之，在当日分时图中，如果红色柱线经常连续性的出现且更长，红色柱状线的总体面积也明显大于绿色柱状线，则说明市场承接力量较强，很多投资者在排队买股，这是大盘难跌的标志。如果大盘此时正处于一波跌势后的低点，则它表明一波反弹上涨走势即将出现。

7.1.4 认识个股分时图

个股分时走势图如图7-5所示，其主要内容包括以下几个部分。

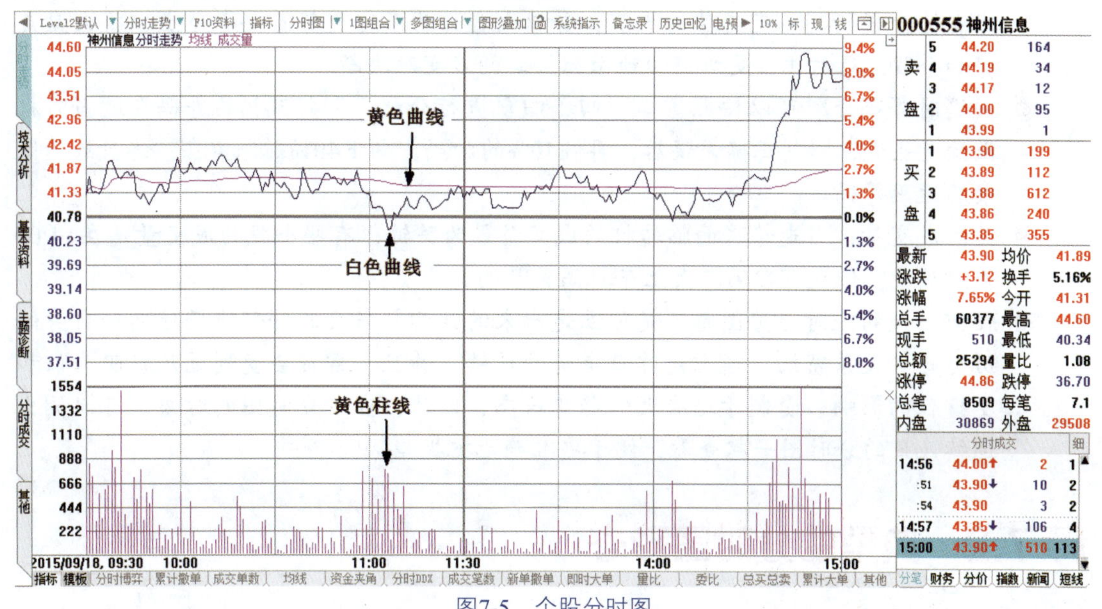

图7-5 个股分时图

1. 粗横线

粗横线表示上一个交易日股票的收盘位置，它是当日股票上涨与下跌的分界线，在它的上方是股票的上涨区域，下方是股票的下跌区域。

2. 黄白曲线

白色曲线也叫分时价位线，表示股票实时成交的价格。黄色曲线也叫分时均价线，表示股票即时成交的平均价格，是从当日开盘价到当时平均交易价格连结而成的曲线，其作用类似于移动平均线。

3. 黄色柱线

在黄白曲线的下方是黄色柱线，用来表示每一分钟的成交量。

4. 卖盘等候显示栏

该栏中显示的卖1、卖2、卖3、卖4、卖5的委托价格和数量，按照“价格优先、时间优先”的原则，同一时间内，报价较低的卖家优先成交。

5. 买盘等候显示栏

该栏中显示的买1、买2、买3、买4、买5的委托价格和数量，按照“价格优先、时间优先”的原则，同一时间内，报价较高的买家优先成交。

7.1.5 使用分时图的注意事项

分时图是把握多空力量转化的根本，在实战中非常重要，成为越来越多投资者投资的得力助手。但是，盘中的变化非常复杂，在使用分时图中还需注意以下几点。

- 注意开盘后15分钟走势的强弱、开盘的位置及多空战况、上涨或下跌幅度，成交量等情形，进行综合分析，不可依赖某一个指标行事。
- 客观地分析研判多空走势的虚实，并以大盘作为多空走势首要考量点，将大盘走势和个股进行对比，更加谨慎地做出买卖的应变及决断。
- 买进时筹码分配可以按照“二、四、四”进行分配，即将20%的筹码在适当时机做试盘买进，研判正确无误后，再做40%的加码，剩下40%则保留在“终盘战”做最后运用筹码。
- 关注成交量，当走势将面临转机的成交量最为关键，有些个股的成交量是在14:00左右放量，但也有在第二天上午拉高放量的。
- 任何一天的分时走势图都不是孤立走出来的，都与当天的外部市场信息和自身的历史走势关系密切，通常是昨日走势的延续，并且，常常会受到近几日阻力位和支撑位的影响，受制于过去大的趋势状态，因此，查看分时图的时候，可以调出连续几日的分时图一起查看，便于更准确地把握趋势。

7.2 典型的分时图形态

分时图是投资者看盘时不能不看的图形。它涉及到大盘和个股的实时走势，股票的买进点和卖出点等重要的信息，以及在实际操作中如何寻找分时图的买进信号和卖出信号。

影响分时走势的因素非常多，包括庄家的进出、多空力量对比变化、利多与利空消息的发布等，因此，分时走势图往往瞬息万变，没有固定的形态，下面分析几种比较典型的形态。

7.2.1 高开高走盘

一开盘即守住盘上3/4区域，10:00之前就拉至涨停板，并一直持续涨停至收盘，此种为超强盘，通常出现在大利多或庄家介入的时候。由于买方力量强劲，后市续创新高的可能性极大，如图7-6所示。

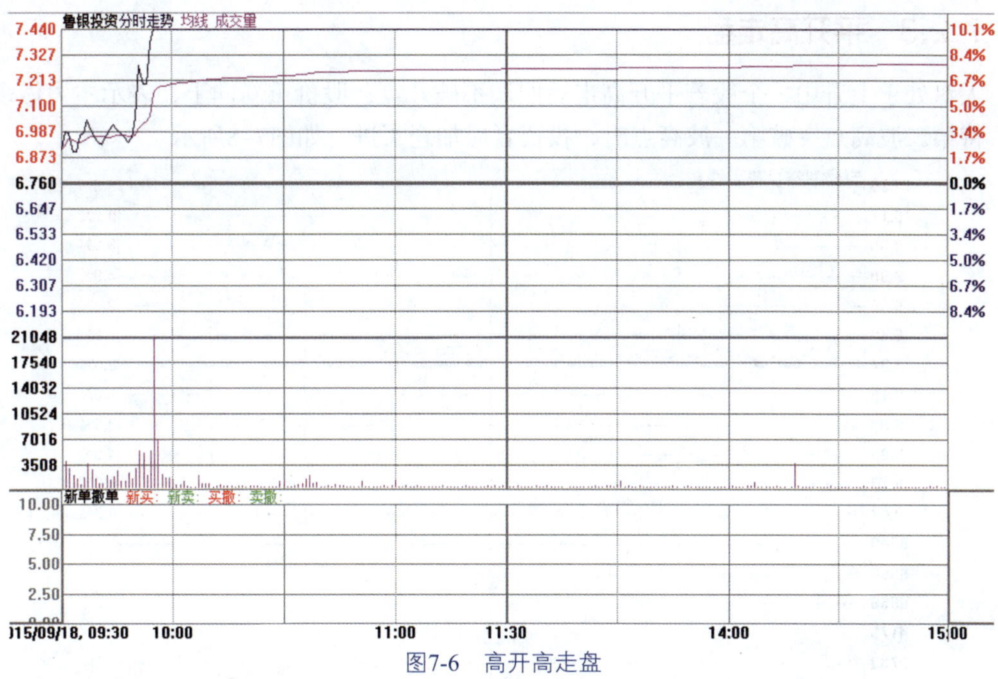

图7-6 高开高走盘

7.2.2 低开高走盘

开盘为低价，收盘涨停的开低走高者，此为强势股。盘中个股若探底拉升超过跌幅的一半时，此时股价回调跌不下去，表示主力做多信心十足，可在昨日收盘价附近挂内盘跟进，如图7–7所示。

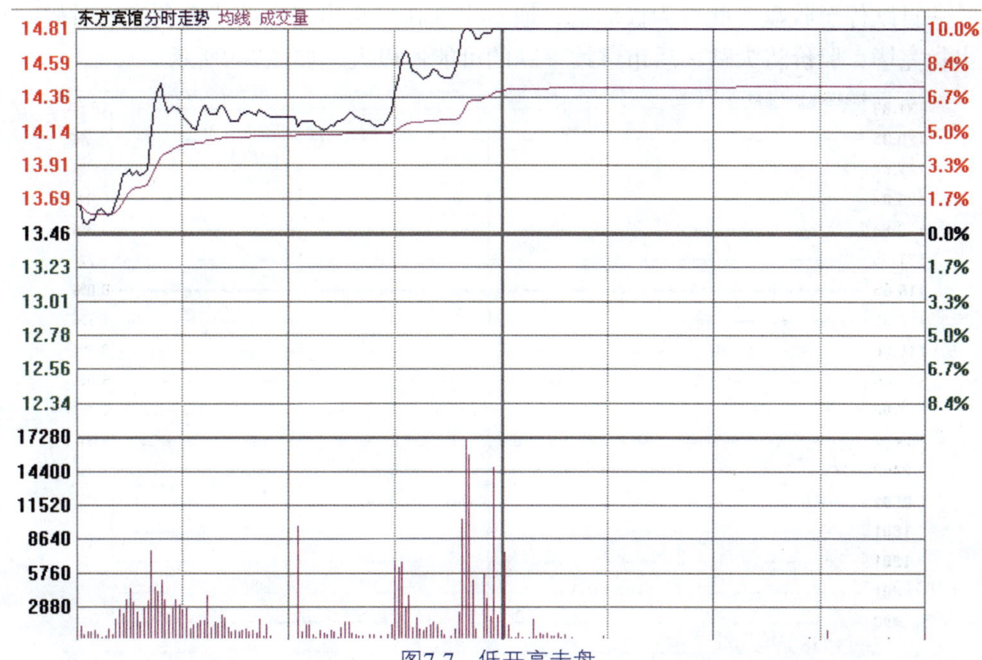

图7-7 低开高走盘

7.2.3 平开高走盘

大盘处于上升中，个股若平开高走后回调不破开盘，股价重新向上，表示主力做多坚决，待第二波高点突破第一波高点时，投资者应加仓买进，如图7–8所示。

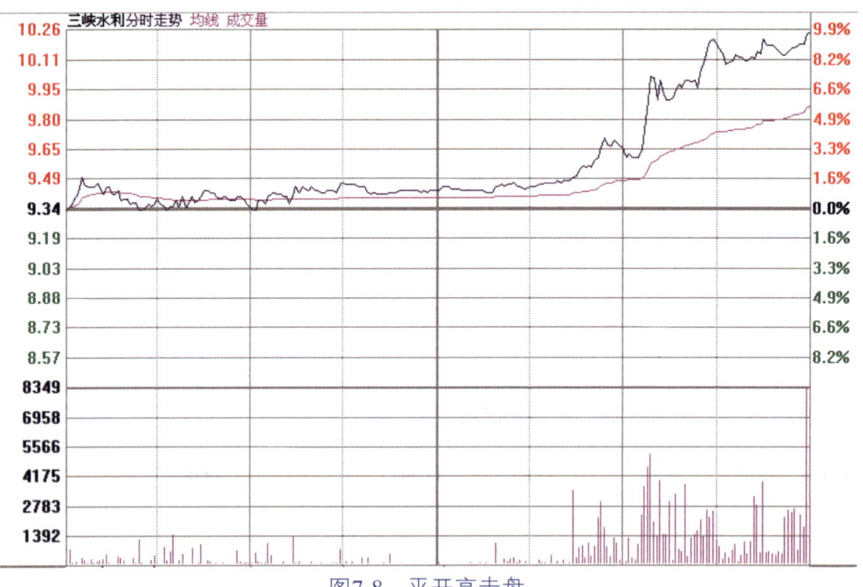

图7-8 平开高走盘

7.2.4 低开低走盘

开盘即以跌停板价开出，虽曾一度打开跌停，但连下3/4盘处皆无力突破，并再收跌停，并一直跌停至收盘。此种为极弱盘，通常出现在多头市场末期或大利空的时候，暗示庄家出货完毕，股价将大跌，后市继续下跌的可能性极大，如图7–9所示。

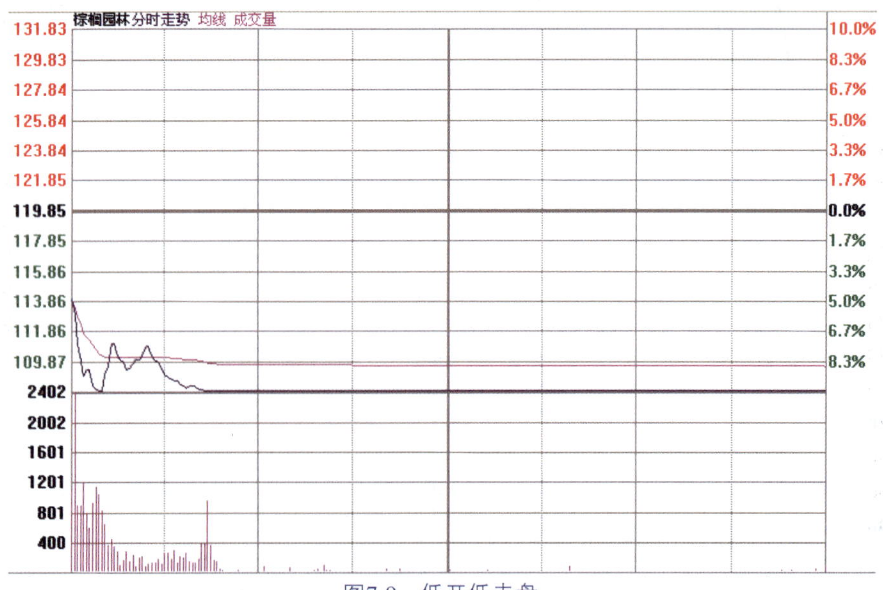

图7-9 低开低走盘

7.2.5 高开低走盘

开盘为最高，收盘为最低。这种开高走低的弱势股，股价在高档窄幅盘旋，或者困守平盘，临收急速滑落至跌停板价，并以跌停收盘，如非突发性利空打击股价，则暗示庄家已完成出货，不愿再支撑股价，散户见状惊慌杀低，后市下跌可能性大，如图7-10所示。

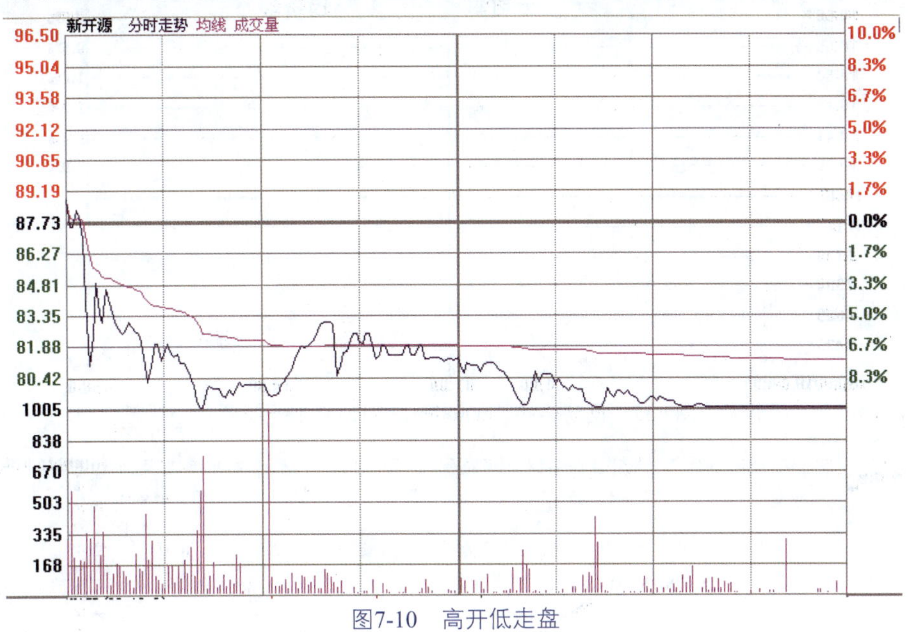

图7-10 高开低走盘

7.3 有上涨潜力的分时图

从分时图上可以明确看出个股的价格波动状态，但是哪些股票具有上涨潜力呢？本节给出四个典型特征。

7.3.1 分时线始终高于均价线

当分时线稳稳地运行于均价线上方时，说明市场的买盘力量较强，是个股处于相对强势的表现。如果均价线呈缓慢上升形态，而分时线又以均价线为支撑不时地出现上涨，从而使得股价节节升高，则是个股处于多方主导的体现。

如图7-11为同济科技（600846）2015-03-18分时图，当日此股的分时线稳健地运行于均价线上方，且均价线缓慢上移、对分时线的稳步上扬形成了有力的支撑，这是个股处于多方主导下的强势状态的表现。如图7-12为此股2015-03-18前后的K线走势图，可以看到，当日此股正处于盘整后的突破上行阶段，这种强势的分时图形态就更为可靠地反映了多方正强势做多此股，是我们短线看涨的信号。

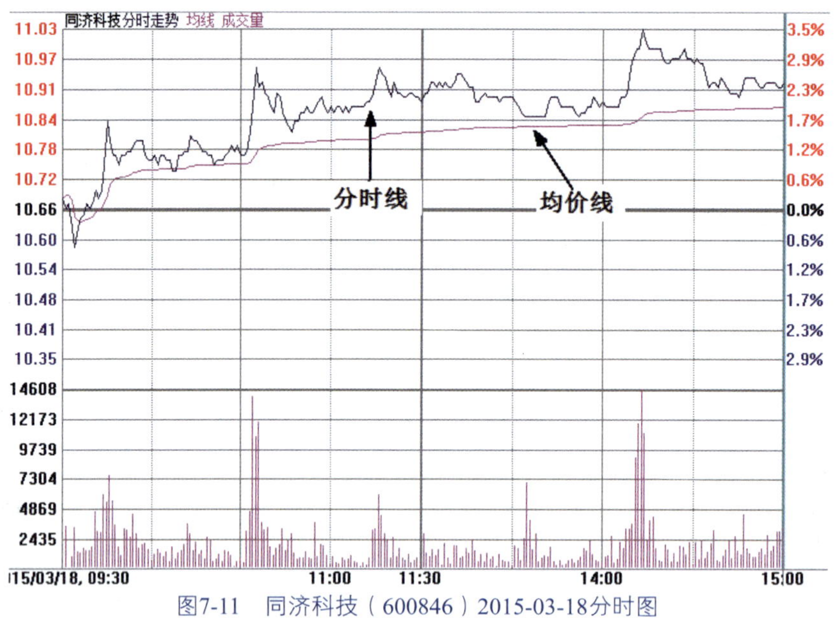

图7-11　同济科技（600846）2015-03-18分时图

图7-12　同济科技（600846）2015-03-18前后走势图

如图7-13为深深房A（000029）2015-07-09的分时图，从图中左侧的日K线走势中可以看到，当日此股正处于一波深幅调整后的低点。虽然此股当日低开，但在开盘之后却节节上扬，分时线与均价线保持了持续上扬的形态，且分时线稳稳地运行于均价线上方。这是买盘力量开始大幅转强的信号，也预示着阶段性调整走势的结束，此时可以作为短线买股的时机。如图7-14标示了此股在2015-07-09前后的走势情况。

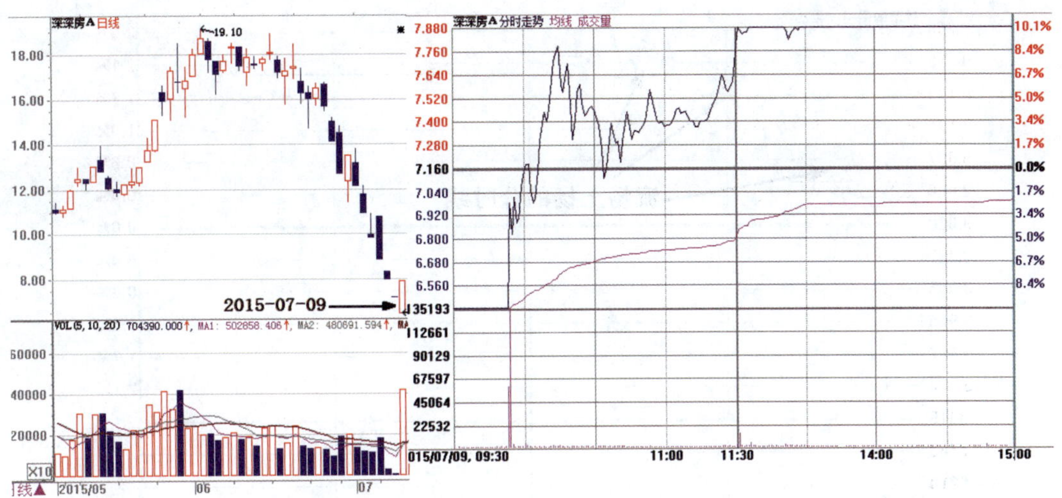

图7-13 深深房A（000029）2015-07-09分时图

图7-14 深深房A（000029）2015-07-09前后走势图

7.3.2 分时线快速上扬

个股之所以呈强势上扬的走势，往往与主力的积极拉升有关，而主力在盘中拉升个股时，其分时线形态多会呈现出流畅、挺拔的上扬形态，这是连续大买单扫盘所形成的，而这种流畅上扬的分时线形态也是我们分析个股是否强势、主力是否有较强拉升意愿的着手点。

如图7-15为慈星股份（300307）2015-02-16的分时图，当日此股在早盘时间段出现了三波流畅的上扬形态。很明显，这是主力资金通过连续大买盘扫盘拉升所致，是此股处于强势状态的反映。当日此股正处于盘整突破区，这多预示着主力有较强的拉升意愿，是个股将突破上行的信号。如图7-16标示了此股在2015-02-16前后的走势情况。

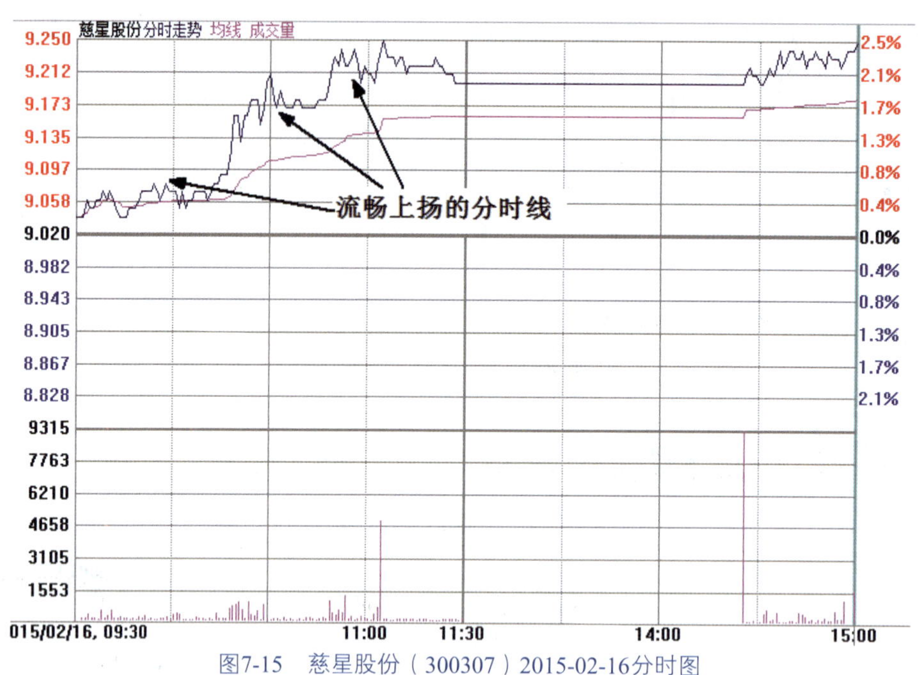

图7-15　慈星股份（300307）2015-02-16分时图

图7-16　慈星股份（300307）2015-02-16前后走势图

7.3.3　分时量配合关系理想

成交量可以反映买卖盘介入力度，如果一只个股在盘口中快速上扬时有明显放大的量能支撑，则这是买盘较为充足且介入力度较大的表现，这种上涨也较为真实，可以作为我们的看涨信号；反之，如果个股在盘口快速上扬中，分时量没有出现有效放大，则这种上涨很有可能是虚涨，我们不可以盲目追高。下面我们结合实例来看看如何利用分时量判别盘口中强势股。

如图7-17为华润万东（600055）2015-04-10分时图，随着股价在盘口中节节攀升，分时量也呈逐步放大的态势，这说明个股的上涨是源于充足买盘资金的推动，这是个股上涨较为坚实的体现。当日此股正处于一波上涨走势中，这是持股待涨的信号。如图7-18标示了此股在2015-04-10前后的走势情况。

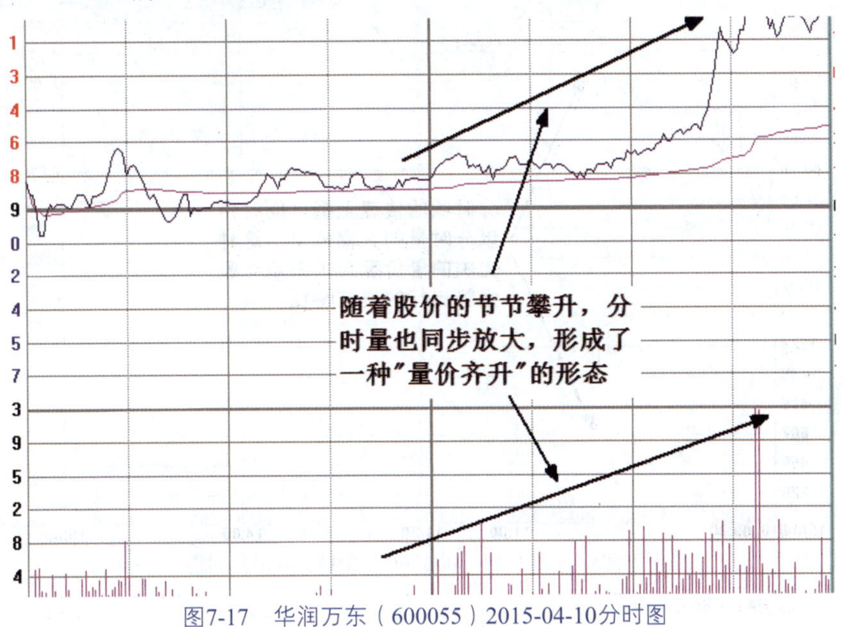

图7-17　华润万东（600055）2015-04-10分时图

图7-18　华润万东（600055）2015-04-10前后走势图

如图7-19为丹甫股份（002366）2015-04-10分时图，图7-20为此股2015-04-13分时图。此股在这两日的早盘阶段均出现了快速上扬的走势，分时线在上扬时坚挺有力，而在分时线的快速上扬的同时，分时量大幅放出，这种完美的量价配合关系是个股强势运行的典型特征。考虑到个股当时正处于长期盘整后的突破位置处，这可以看作是主力资金有意强势拉升个股的信号，也是个股即将突破上行的信号，可以积极做多。如图7-21标示了此股在2015-04-13的走势情况。

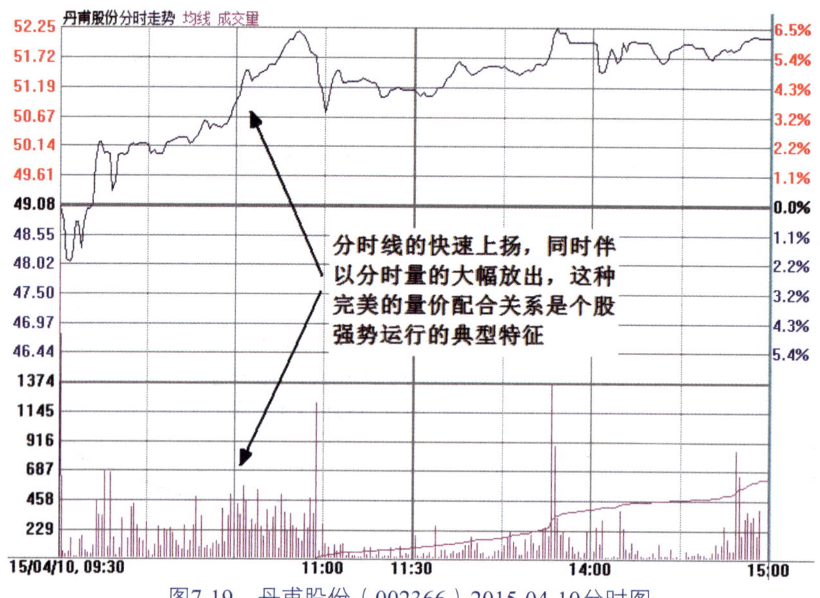

图7-19 丹甫股份（002366）2015-04-10分时图

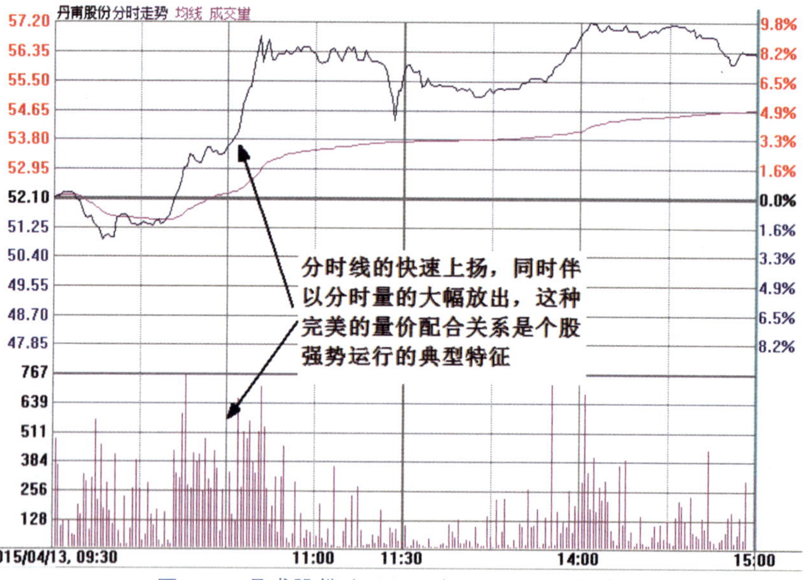

图7-20 丹甫股份（002366）2015-04-13分时图

图7-21　丹甫股份（002366）2015-04-13前后走势图

7.3.4　个股分时线强于大盘

大盘是我们分析个股强弱力度的一个参照物，如果个股当日的盘中走势明显强于大盘且目前的K线运行形态较好，则多是短期其有一波上冲行情的信号，对于这类个股，我们可以短线做多。

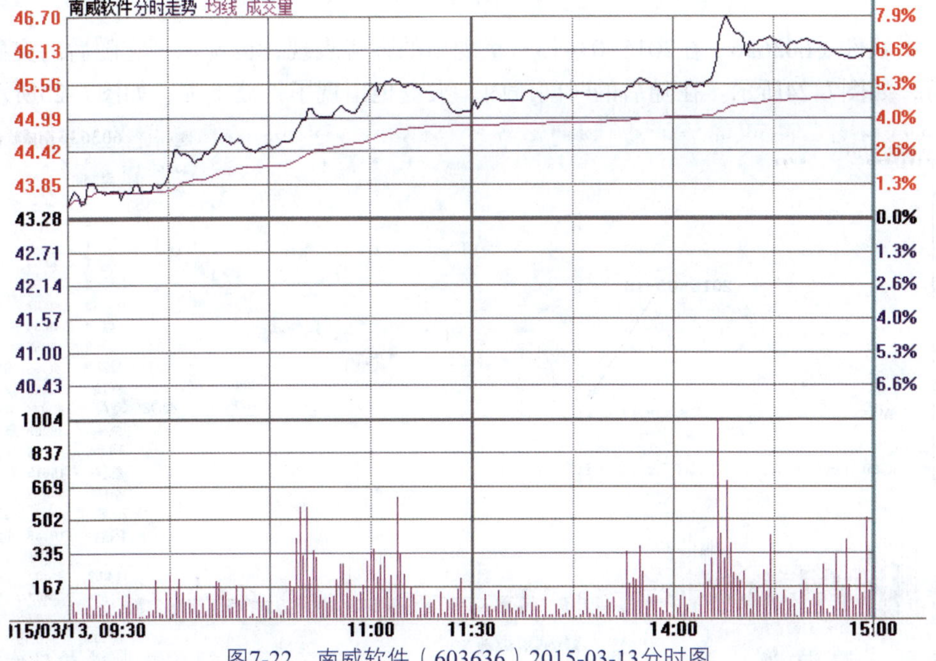

图7-22　南威软件（603636）2015-03-13分时图

如图7-22为南威软件（603636）2015-03-13分时图，当日此股的走势较为强劲，从日K线走势图中可以看到，当日的这一根大阳线使得其呈现出突破上行的态势。很明显，这是主力资金有意强势拉升此股的信号，但大盘当日的表现却不佳。如图7-23为上证指数2015-03-13的分时图，通过对比可以发现，南威软件的盘中分时图是远强于当日大盘的。

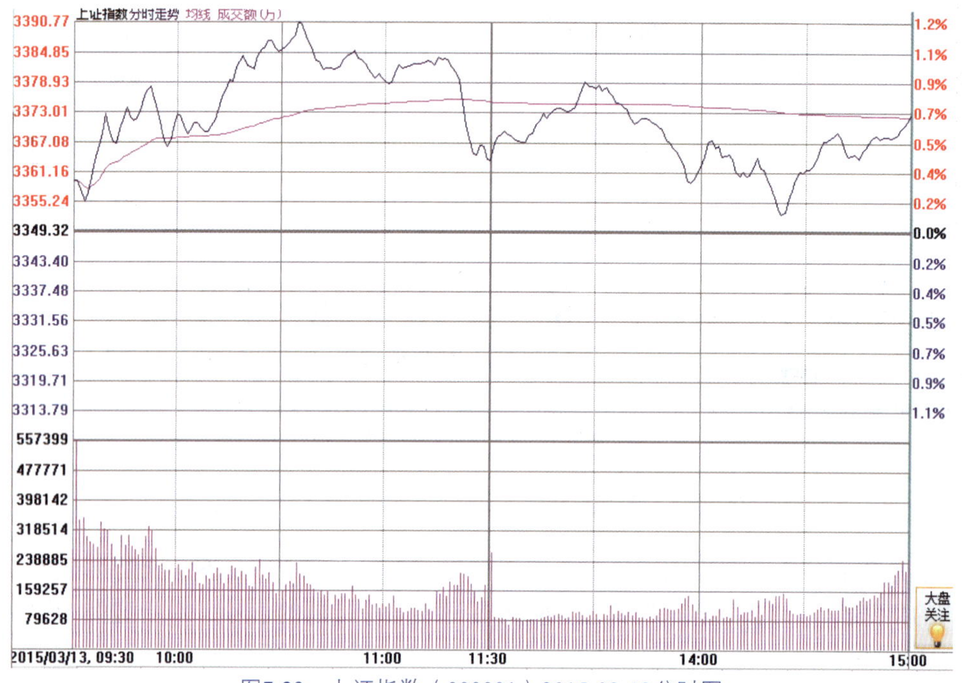

图7-23　上证指数（000001）2015-03-13分时图

南威软件（603636）在2015-03-13所呈现出的强势表现，也预示了它随后的突破上行的走势，如图7-24所示。在随后的时间段内，大盘也出现了一波上涨，如图7-25所示。但

图7-24　南威软件（603636）2015-03-13前后走势图

此股的涨幅超过了大盘的涨幅，到5月底南威软件股价从40多元上涨到106元，涨幅超过一倍；大盘指数从3300多点上涨到4800左右，涨幅50%左右。

图7-25　上证指数（000001）2015-03-13前后走势图

7.4　大概率下跌的分时图

与强势股相对而言的是弱势股，如果说强势股是短线机会的象征，那弱势股则是短线风险的预示。在股市中，不仅要把握住机会，还应更好地规避风险。只有这样，才能进退从容、游刃有余。本节就来看看弱势的分时图特征有哪些。

7.4.1　分时线持续运行于均价线下方

当分时线持续的运行于均价线下方时，这说明市场的卖盘力量较强，是个股处于相对弱势的表现。如果均价线呈缓慢下降形态，而且对分时线的反弹上行构成了有力的阻挡，从而使得股价节节走低，则是个股处于空方主导的体现。

如图7-26为中信证券（600030）2015-06-15分时图，当日此股的分时线持续的运行于均价线下方，且均价线缓慢下移，对分时线的反弹上行构成了有力的阻挡，并且在尾盘还出现放量跳水，这说明市场抛压沉重，个股当前处于空方主导下的弱势状态。如图7-27为此股2015-06-15前后的K线走势图，当日此股正处于下跌中盘整后的向下破位区，因此，这种弱势的分时图形态就更为可靠地反映了多方无力上推个股、而空方对个股的打压则逐步加重，是个股破位下行的可靠信号。

图7-26　中信证券（600030）2015-06-15分时图

图7-27　中信证券（600030）2015-06-15前后走势图

7.4.2 分时线出现深幅、快速的放量跳水形态

个股的弱势运行状态也很有可能是因为主力大量抛售所致。若果真如此的话，我们在分时图中往往可以看到个股出现深幅、快速的放量跳水形态。如果此时的个股恰好处于阶段性的高点，则这种跳水形态所预示的调整走势更为可靠，是我们短期看空的明确信号。

如图7-28为湘潭电化（002125）2015-06-17分时图，图7-29为此股2015-06-18分时图。此股在这两日的盘口中均出现了跳水走势，2015-06-17是出现在中盘交易阶段，2015-06-18则是出现在尾盘交易阶段。在快速跳水的过程中，可以看到分时量的明显放大，这往往是主力连续抛售所致。这时的个股正处于高位盘整区的箱体上沿位置处，属于明显的高点，因此，这种弱势形态的分时图就是个股随后下跌走势将出现的可靠信号。如图7-30标示了此股在2015-06-18前后的走势情况。

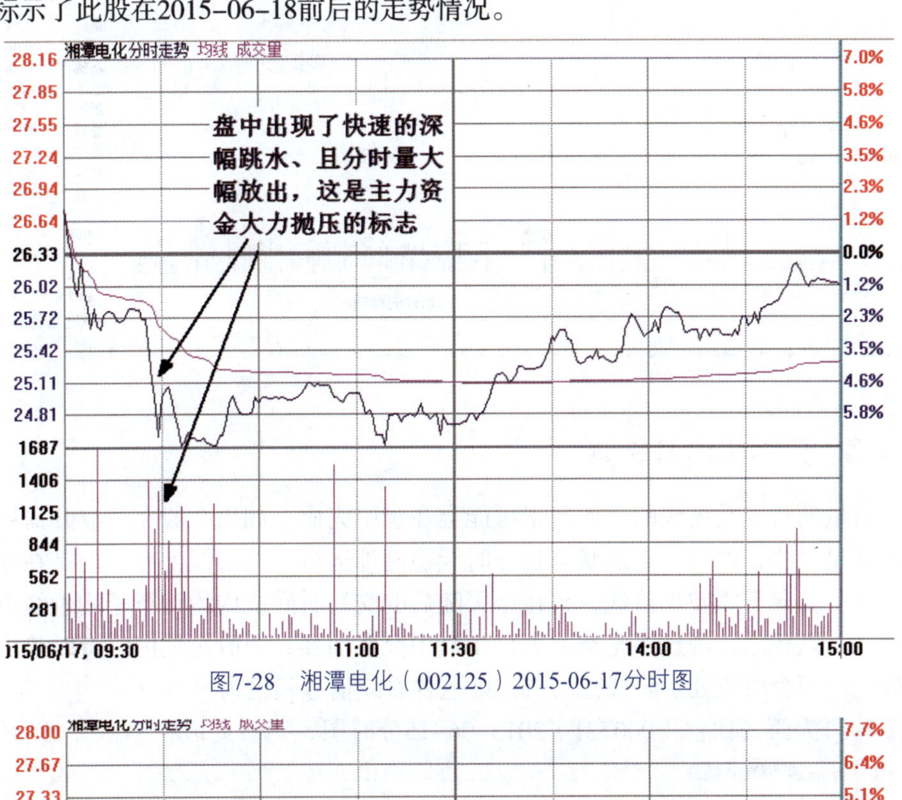

图7-28　湘潭电化（002125）2015-06-17分时图

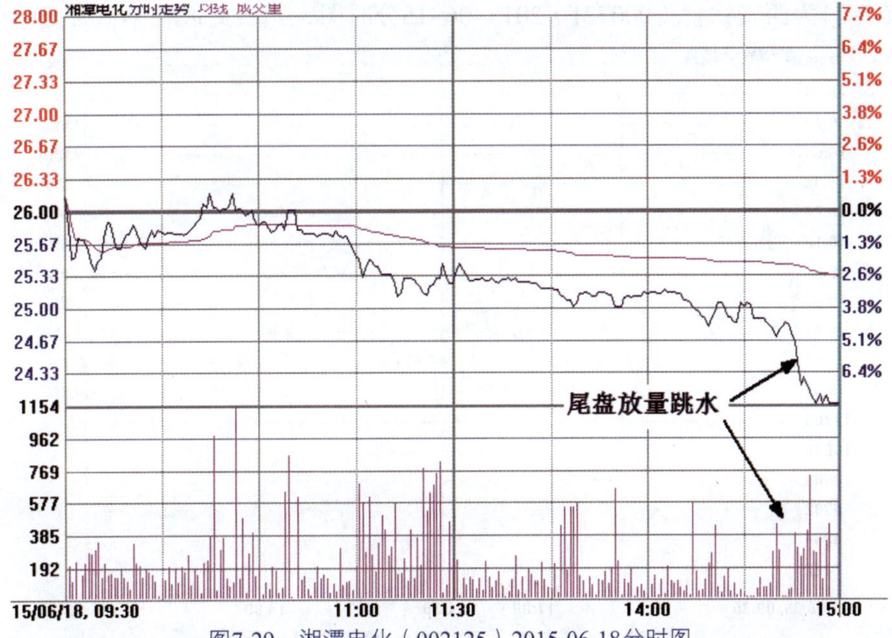

图7-29　湘潭电化（002125）2015-06-18分时图

图7-30　湘潭电化（002125）2015-06-18前后走势图

7.4.3　分时线由升转降

多空力量的转变是极快的，而且很可能会在盘中完成。如果个股在早盘开盘后的一段时间其走势呈强势，即处于上涨状态且分时线稳健地运行于均价线上方。但是在随后却突然开始下跌、并向下跌破均价线，且在全天随后的交易时间段内均运行于均价线下方，收盘时还处于下跌状态，则这多是空方力量于盘中突然加强，个股短期内将有跌势出现的信号，如果此时的个股正处于阶段性高点，则这种看跌信号就更为可靠。

如图7-31为西安饮食（000721）2015-06-15分时图，当日此股在早盘开盘后的一段

图7-31　西安饮食（000721）2015-06-15分时图

时间内走势较强，分时线还出现了流畅上扬的形态。但是没多久，分时线就向下跌破了均线，且在全天随后的交易时间段内不断走低，一直运行于均价线下方。这是一种典型的由强转弱形态，也是个股开始处于弱势状态的体现。从图7-32中可以看到，当日此股正处于一波快速上涨后的高点，因而这种分时线由升转降形态就是更为可靠的看跌信号。

图7-32　西安饮食（000721）2015-06-15前后走势图

7.4.4　分时线走势弱于当日大盘

如果个股当日的盘中走势明显弱于大盘，往往可能是以下两种情况导致的。

- 个股目前正处于一波上涨走势后的高点，市场中的获利抛压较重，这是个股将有一波调整走势出现的信号；
- 个股属于那种盘大、滞涨的“肉股”，这类个股难以获得主力资金的入驻，其走势往往是长期弱于大盘；

如图7-33所示为东吴证券（601555）2015-04-13分时图，如图7-34所示为上证指数2015-04-13分时图，当日此股的走势明显弱于大盘。当日大盘强劲上扬，而此时东吴证券个股却出现了下跌趋势，通过对比可以看出，这是一种极为弱势的形态。从日K线走势图中可以发现，当日此股正处于一波涨势后的高点，因此，个股当日的明显弱势状态是市场获利抛压较重、短期内难以上行的标志。

东吴证券（601555）在2015-04-13所呈现出的弱势表现，也预示了它随后的走势难有好的行情出现。如图7-35标示了东吴证券（601555）在2015-06-08前后的走势情况，图7-36标示了上证指数2015-04-13前后的走势情况。通过对比可以看出，虽然随后的大盘继续强势上扬，且阶段性的涨幅甚至超过了25%，但是此股却无力随大盘突破上行，弱势行情十分鲜明。

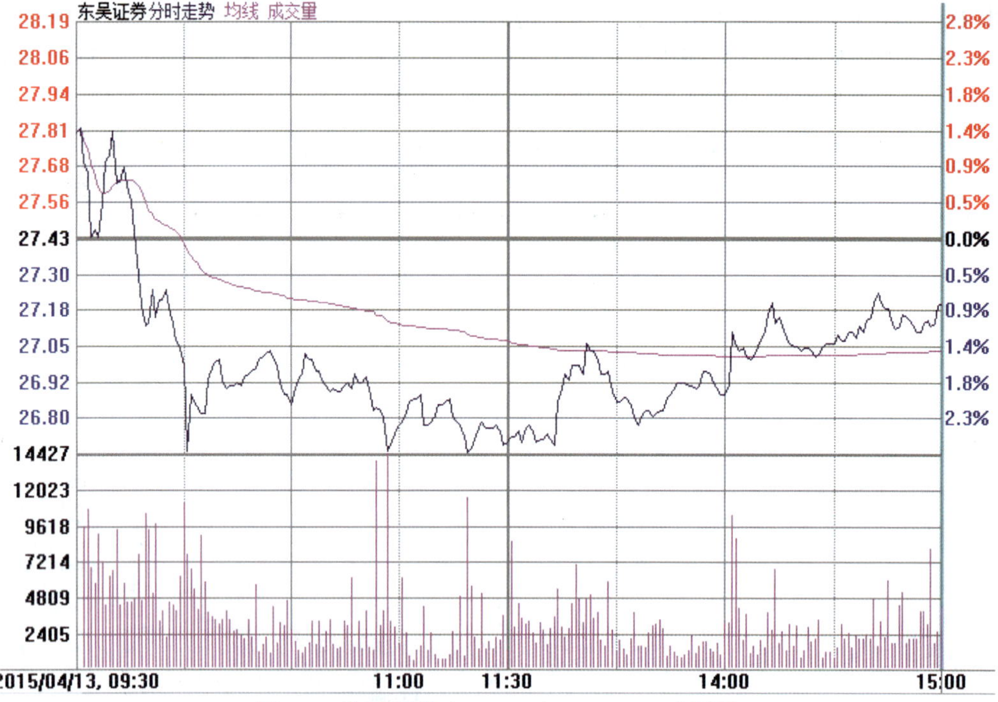

图7-33　东吴证券（601555）2015-04-13分时图

图7-34　上证指数（000001）2015-04-13分时图

图7-35　东吴证券（601555）2015-04-13前后走势图

图7-36　上证指数（000001）2015-04-13前后走势图

7.5　盘中买入信号

通过分析分时图，研究股票获利形态，可以及时把握正确的买点。并且，对获利形态的认识可以加深对盘面走势的感觉，从而提高操盘成功的概率。下面介绍几种常见的分时买进时机。

7.5.1　强势股的买入时机

在开盘之后，如果个股能够强势上冲的话，往往是主力有意拉升个股的标志，此时，均线可以作为衡量主力的做多意愿意是否强烈、个股抛压是否太大等信息的依据。如果个股在回调时不破均价线，而此股的前期K线走势也较为稳健的话，则此时可以作为盘中买股时机。

如图7-37为秋林集团（600891）2015-03-03分时图，此股在早盘开盘后出现了一波上涨，随后出现回调，但在回调时均价线对分时线形成了有力的支撑。这说明做多力量较为充足、空方抛压并不沉重，这种拉升也是主力做多意愿较为真实可信的形态。结合此股的日K线图走势稳等特征，可以在个股回调不破均价线时买股布局。如图7-38所示是此股在2015-03-03前后的走势图。

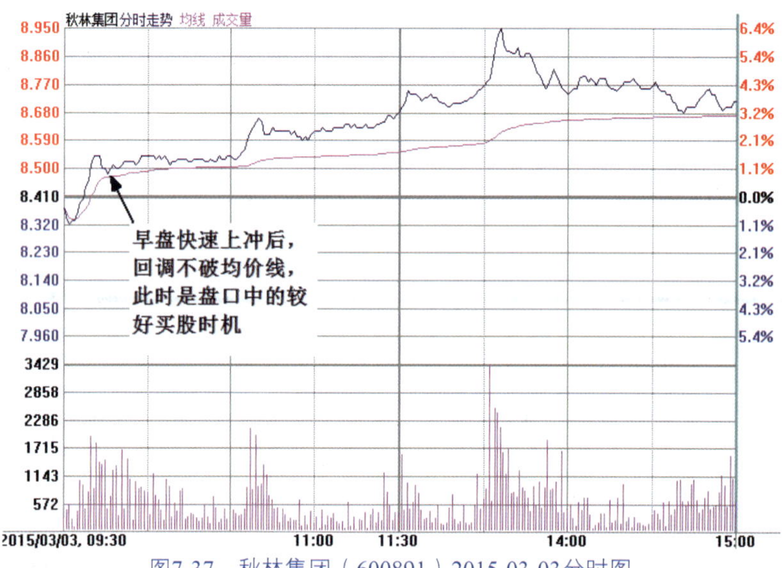

图7-37　秋林集团（600891）2015-03-03分时图

图7-38　秋林集团（600891）2015-03-03前后走势图

7.5.2 早盘强势上涨后、均价线上方的中盘买股时机

个股在早盘经强势上涨之后，往往会开始处于相对平静的状态，如果此时的分时线稳稳地运行于均价线上方，则可以考虑买股做多。因为这是空方抛压不重、多方力量占据明显主导地位的标志，也是个股短期内上涨行情仍将继续的信号。

如图7–39为湖南发展（000722）2015–02–26分时图，当日此股早盘出现了明显的上涨。显然，有主力资金在积极做多，随后的盘中交易时间段，可以看到分时线稳稳地运行于均价线上方。这是多方占据明显主动的反映，而当股价回调至均价线附近时，就是在当日盘中买股的好时机。如图7–40标示了此股在2015–02–26前后的走势情况。

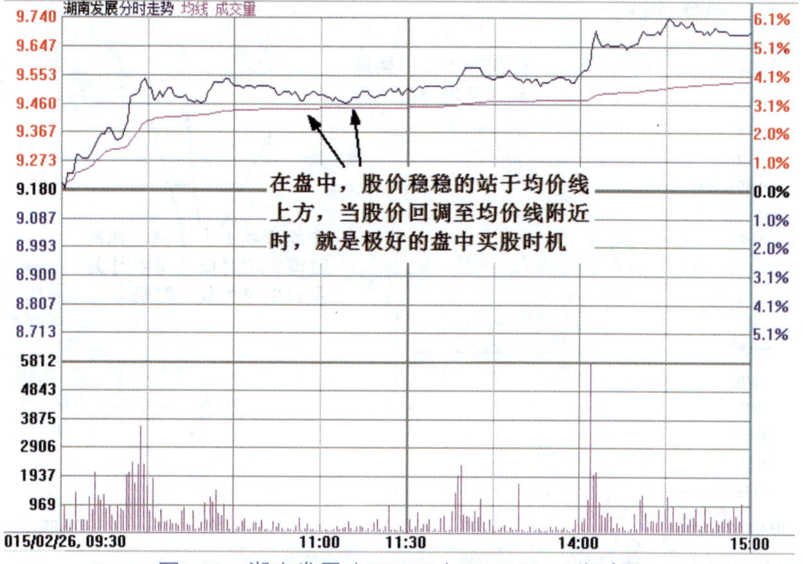

图7-39 湖南发展（000722）2015-02-26分时图

图7-40 湖南发展（000722）2015-02-26前后走势图

7.5.3 由弱转强、上冲均价线后的买股时机

强弱的转化往往会在盘中完成，如果个股在早盘开盘后处于相对弱势，但随后经一波流畅的上扬而跃升至均价线之上，并稳稳地站于其上方，则表明个股已由弱转强，随后，在均价线上方我们可以逢个股的回调低点买股布局。

如图7-41为中超控股（002471）2014-12-24分时图，当日此股处于前期调整走势后的低点区，当日的分时图走势在早盘界面相对较弱，但是在午盘之后，此股经两波流畅的上涨而跃升至均价线上方，并且随后稳稳地站于均价线上方，此时可以利用个股波动中的相对低点进入买股。如图7-42标示了此股在2014-12-24前后的走势情况。

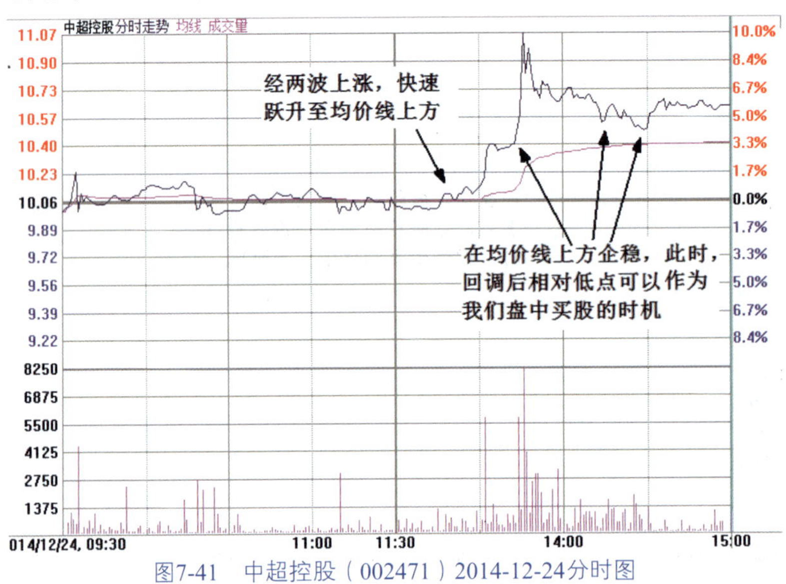

图7-41 中超控股（002471）2014-12-24分时图

图7-42 中超控股（002471）2014-12-24前后走势图

7.6 盘中卖出信号

股市中有这么一句话，“会买的不如会卖的”，准确地把握卖出信号，落袋为安，将自己的盈利抓到手中才是真正的盈利。虽然卖点不是很好把握，但在盘面上还是有迹可循的，下面介绍几种常见的分时卖出时机。

7.6.1 弱势股的卖出时机

在开盘之后，如果个股出现放量下跌的话，则多是主力资金开始打压出货或是市场抛压较为沉重的表现，这也是个股短期内一波调整走势将出现的信号。此时，均线可以衡量多方力量随后能否有力承接这种抛压，如果个股在放量下跌后的反弹上涨中，难以有效地向上突破均价线，而此股又正处于阶段性的高点或是盘整破位区等下跌可能性较大的位置时，则此时可以作为盘中卖股时机。

如图7-43为新北洋（002376）2015-06-08分时图，此股在早盘开盘后出现了两波明显的放量跳水走势，且反弹无力、无法上冲至均价线上方，这说明做空力量较为充足、多方承接能力较弱。结合此股当日正处于一波快速上涨后的阶段性高点，正是市场抛压较为沉重的区域，因此，可以在个股反弹至均价线附近时卖股出局，以规避此股随后的短线下跌风险。如图7-44标示了此股在2015-06-08前后的走势图。

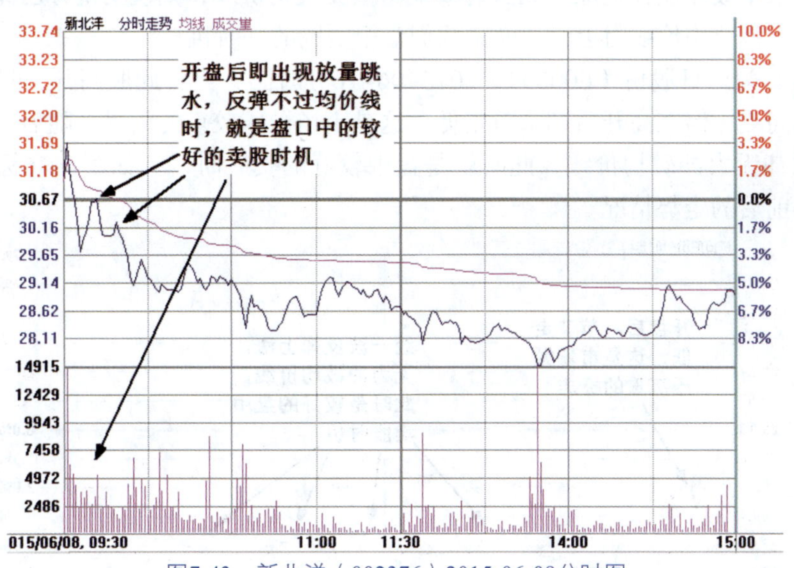

图7-43 新北洋（002376）2015-06-08分时图

图7-44 新北洋（002376）2015-06-08前后走势图

7.6.2 持续运行于均价线下方的中盘卖股时机

如果个股在开盘后的抛压较重，那它就会节节走低，从而持续地运行于均价线下方，在盘中，如果个股在反弹上涨时无法有效地向上突破均价线，则说明空方已完全占据了主动，当个股反弹至均价线附近时，就是我们盘中卖股的好时机。

如图7-45为广日股份（600894）2015-06-16分时图，当日此股高开，且处于前期一波涨势后的高点，但在高开后却节节走低，这是市场抛压较重的信号。随后，在盘中，此股反弹上涨却无力冲破均价线，此时就是盘中较好的卖股时机。如图7-46标示了此股在2015-06-16前后的走势情况。

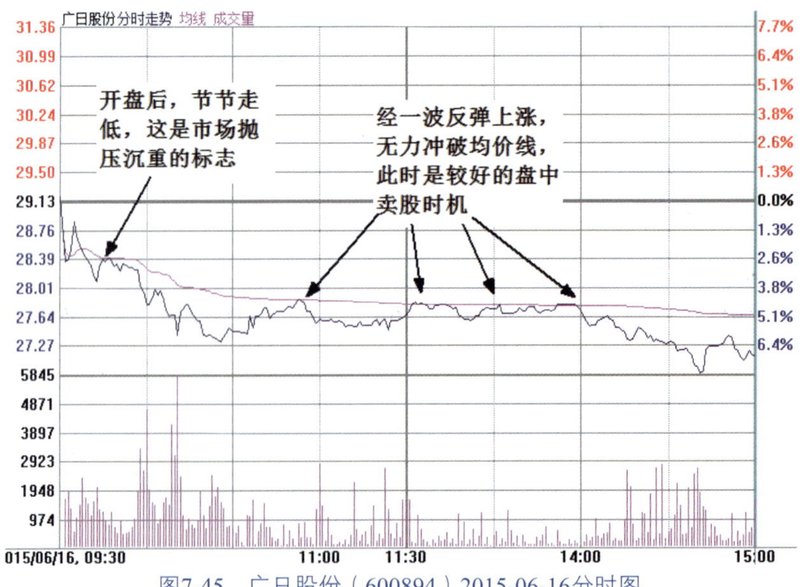

图7-45 广日股份（600894）2015-06-16分时图

图7-46　广日股份（600894）2015-06-16前后走势图

7.6.3　由强转弱、下破均价线后的卖股时机

如果个股在早盘开盘后处于相对强势，但随后经一波快速下跌而跌至均价线之下，并持续地运行于均价线下方，则多表明个股已由强转弱，随后，在均价线下方，我们可以逢个股反弹后的相对高点卖股出局。

如图7-47为金通灵（300091）2015-06-15分时图，当日此股在早盘阶段开始向下跌破均价线，且随后无法收复失地，这是市场由强转弱的信号。结合此股的K线走势图，当日此股正处于快速上涨后的阶段性高点，是市场抛压较为沉重的区域，在当日的随后时间段内，在均价线下方，可以逢反弹卖股离场。图7-48标示了此股在2015-06-15前后的走势情况。

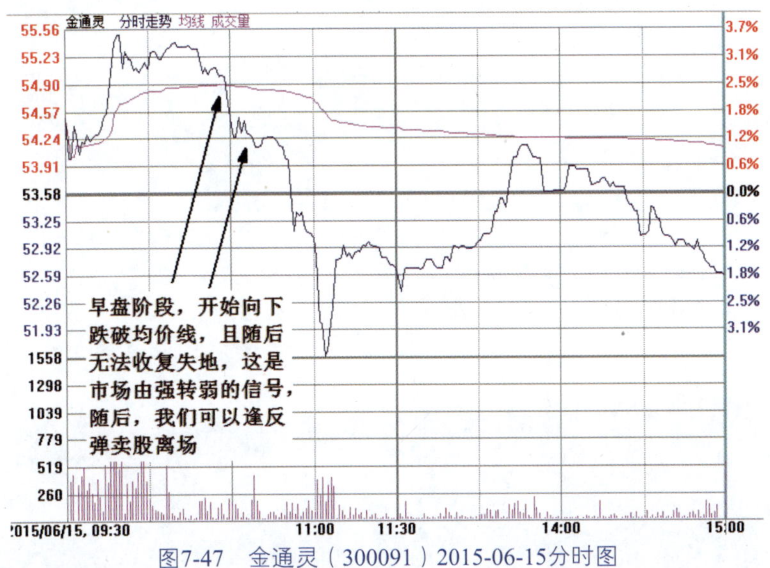

图7-47　金通灵（300091）2015-06-15分时图

图7-48 金通灵（300091）2015-06-15前后走势图

炒股

第8章 股民必知的15个技术指标

大智慧指标系统包括几乎所有市场中可见的指标。另外，投资者还可以按照自己的理解进行自定义指标。本章的内容主要是讨论常用的指标，这些指标是投资者进行买卖决策的重要参考。

8.1 MACD指标的应用

MACD，即指数平滑移动平均线，是最常用的指标之一。MACD基于移动平均线，稳定性较高，分析起来难度也较小。

8.1.1 MACD的含义

MACD的全称是指数平滑异同移动平均线，是由Geral Appel于1979年根据双移动平均线原理提出的。所谓双移动平均线，这里指的是短期移动平均线和长期移动平均线。

MACD采用的是短期移动平均线与长期移动平均线的差值，对买进、卖出时机做出研判。简单言之，就是用短期移动平均线的值减去长期移动平均线的值。当差值从负数变为正数时，则为买进信号；反之，则为卖出信号。

因此，MACD的基本原理与双移动平均线相同，但看起来更清晰明确，可以直接用MACD的阴线和阳线简单地表明买进卖出的信号。MACD线的图形如图8-1所示。

ACD(12,26,9) DIF: -0.44 DEA: -0.47 MACD: 0.05
2015年 9
2015/09/22/二
10
11
12
1

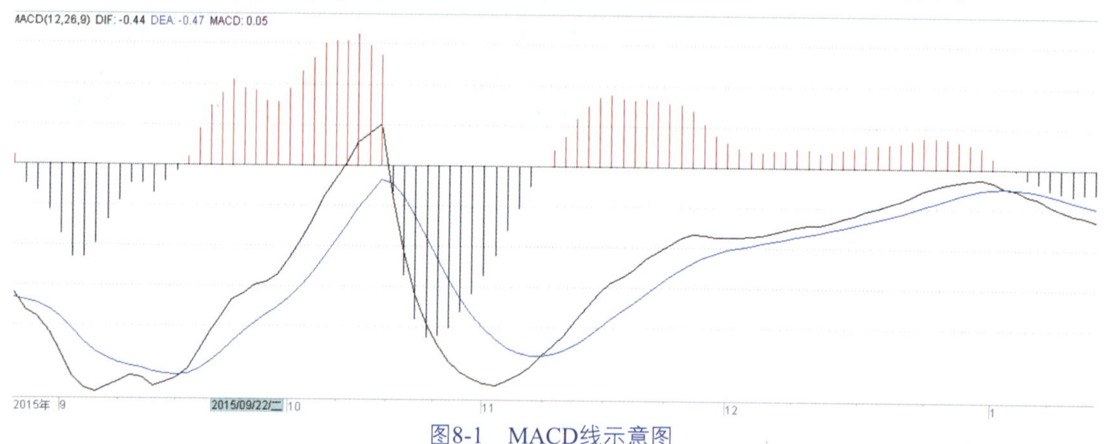

图8-1 MACD线示意图

在图8-2中，MACD线的短期移动平均线和长期移动平均线的天数分别采用大智慧软件分析系统默认的12日和26日，投资者可以在MACD子窗口中选择“调整指标参数”来修改短期、长期移动平均线计算的天数，如图8-2所示。

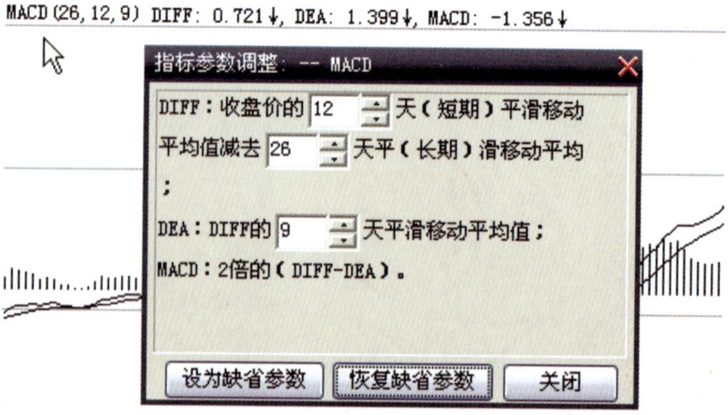

MACD(26,12,9) DIFF: 0.721↓, DEA: 1.399↓, MACD: -1.356↓
指标参数调整: -- MACD
DIFF：收盘价的 12 天（短期）平滑移动
平均值减去 26 天平（长期）滑移动平均
；
DEA：DIFF的 9 天平滑移动平均值；
MACD：2倍的（DIFF-DEA）。
设为缺省参数
恢复缺省参数
关闭

图8-2 调整MACD指标参数

两个图中的DIFF线是指当天收盘价短期、长期指数平滑移动平均线的差值；DEA是指DIFF线的M日指数平滑移动平均线，M日的数值可以进行修改，此处采用默认的9天；而MACD线的数值为DIFF线与DEA线的差值，三个数值在图中分别以白、黄颜色的直线和红、绿颜色柱体表示。

在现有的图形分析软件中，MACD默认的参数都是12、26、9，分别代表短期、长期平滑移动平均线的天数和M值。其差值则用柱状线表示，柱状线的中轴称为0轴。低于0轴表示股价或指数处于弱势，高于0轴则表示股价或指数处于强势。

8.1.2 MACD黄金交叉

前面说过，用MACD线可以清晰明确地看到股票的买卖点，但直接使用MACD线的颜色来判断买卖点往往让投资者迷惑，因为MACD的阴线和阳线变动是很频繁的。不过有几种MACD图形的信号准确度却要高得多，比如黄金交叉、死亡交叉以及背离图形。

黄金交叉是看多信号，有两种表现形式。第一种是DIFF线与DEA线都处于0轴以上，当DIFF线向上穿破DEA线时，表示股价或指数将继续上涨。此时投资者可以持股待涨或继续加仓。第二种是DIFF和DEA都处于0轴以下，当DIFF线向上穿破DEA时，表示股价或指数将止跌转强，此时投资者宜看多做多。图8-3给出的就是黄金交叉第二种情况的例子。

图8-3 MACD黄金交叉

在该图中，MACD的DIFF线和DEA线均处于0轴以下，股价处于弱势区域。但当DIFF向上穿破DEA时发生黄金交叉，之后股价转为强势，随之而来的是一段强势上涨。

8.1.3 MACD死亡交叉

MACD死亡交叉是看空信号，也有两种情况。第一种是DIFF线与DEA线都处于0轴以上，当DIFF线向下击破DEA线时，表示股价或指数即将由强转弱，投资者此时应当看空做空。第二种是DIFF线与DEA线都处于0轴以下，当DIFF线向下突破DEA线，表示股价将进入极度弱势中，此时投资者宜严格看空，最好清仓观望。死亡交叉的第一种情况如图8-4所示。

图8-4　MACD死亡交叉

在该图中，DIFF线在0轴以上击穿DEA线，发生死亡交叉，随后出现的是一波较大幅度的下跌。因此，投资者在碰到第一种类型的死亡交叉时，一定要谨慎。

8.1.4 MACD背离图形

技术指标的用法包括三种，即协同、交叉和背离。协同是指股价与指标趋势一致；交叉是指指标线或K线出现长短线的交叉。而背离指的是股价与指标的趋势不一致，甚至相反，即股价趋势向上，指标却走平或向下；股价趋势向下，指标同时却走平或向上。

MACD的背离包括两种，即顶背离和底背离。顶背离是经常出现在顶部的现象，其技术特征为股价在向上而MACD线却在向下。相应地，底背离是看多信号，它的技术特征是股价走低的同时MACD线却在走高，表示股价将见底回升。

图8-5给出的即为底背离的一个例子。在图中四方框中可以看出，该处股价在走低，但MACD中DIFF线却在逐渐走高，出现底背离图形。最终在MACD线出现黄金交叉的同时，股价转而向上并走出了一波上涨行情。

MACD背离的产生，往往是在市场中多空的某一方运行了较长的时间后出现的。多空双方中一方的强势，往往导致多头或空头行情运行时间比其原本的时间要长一些，这种现象可以称之为股价走势的惯性。而这种惯性就会导致股价走势和MACD走势上的不一致，即产生了背离现象。因此，背离现象也是对股价走势与MACD走势的一种调和，使之最终走向协同的状态。

实际必须在复权价位下使用MACD背离，另外，由于停牌导致的背离信号作用就失效。

需要注意的是，MACD背离虽然在应用中有着较高的成功率，但同样也可能成为庄家设置陷阱的工具。譬如，股价经过一段时间的暴跌，MACD转而向上出现底背离图形，但经过一段时间后股价并未转而向下，反而是继续横盘运行甚至继续下跌。顶背离也会有类似的陷阱，即股价走高了一段时间后出现顶背离，此时散户获利并纷纷出逃，而庄家趁机吸收筹码并进一步拉升股价。

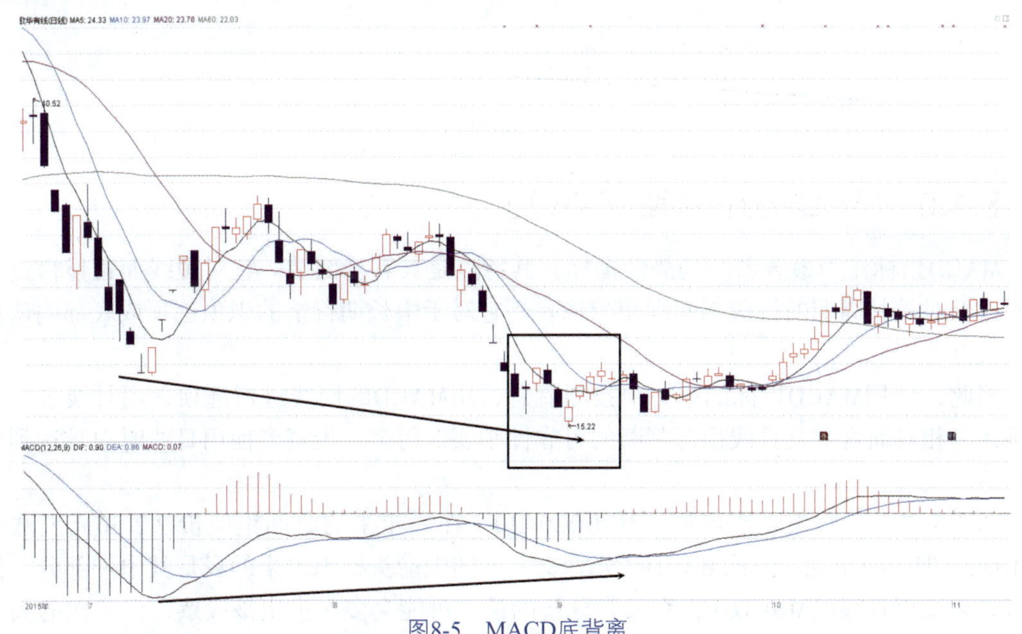

图8-5　MACD底背离

这种虚假的背离信号产生的原因在于，MACD指标更适合中长期股价或指数走势判断，而在暴涨或暴跌行情中，多空能量难以在短时间内释放。因此，投资者在应对这种行情时要谨慎，一方面尽可能取更长的周期来判断，另一方面要等待背离图形的确认。有时候需要多次背离图形，甚至更高级别的背离后，股价才会出现反转。

图8-6给出的就是这样一个底背离的例子。此图中采用的是上证指数，其产生的原因

不可能是庄家操作，其根本原因在于空方能量没有释放完毕。

从图8-6中可以看出，在趋势线标出的这段时间中，股价走势向下，而MACD出现在0轴以上并逐渐走高，出现底背离图形，但经过短暂的回调后，股价不但没有反转，反而进一步向下。因此，注意MACD的时效性，在暴涨暴跌行情中投资者需要谨慎使用。

图8-6　上证指数MACD底背离

8.1.5　MACD分析周期设定技巧

MACD指标作为最著名的趋势性指标，其特点是具有稳健性。它对短线而言显得过于缓慢，但对较长周期的行情判断则相当稳妥。它对于中长期行情的识顶逃顶或底部确认功能尤其重要。

因此，使用MACD指标的第一个技巧就是，用MACD的周线进行逃顶，用月线进行风险确认。相对而言，其日线顶部判断的可靠性则要低得多。投资者使用日线时很难达到最大收益。

如图8-7所示，该股票吉林化纤（000420）在一年半的时间里股价从2.80元上涨到13.10元，但中间出现过多次MACD线死亡交叉，图中箭头标识出来的只是其中一部分。投资者如果按照日线的MACD死亡交叉来分析的话，可能会多次进出该股票，但多次的买卖不但需要支付大量的交易费用，最终的获利结果也很难达到长线持有的效果。

同样以该股在这一年半的周期内为例，当选择MACD周K线时，如图8-8所示，在这段时间内MACD周线仅仅出现了两次死亡交叉。投资者若按照MACD周线来操作的话，不但可以大大节省时间成本和交易费用等，获利也要远远大于依据日线操作的比例。

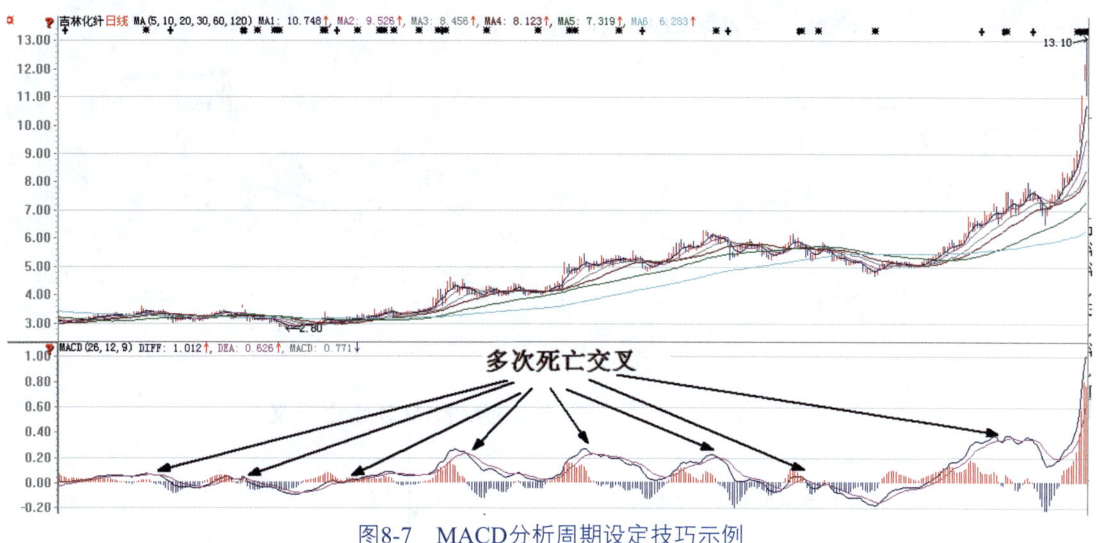

图8-7　MACD分析周期设定技巧示例

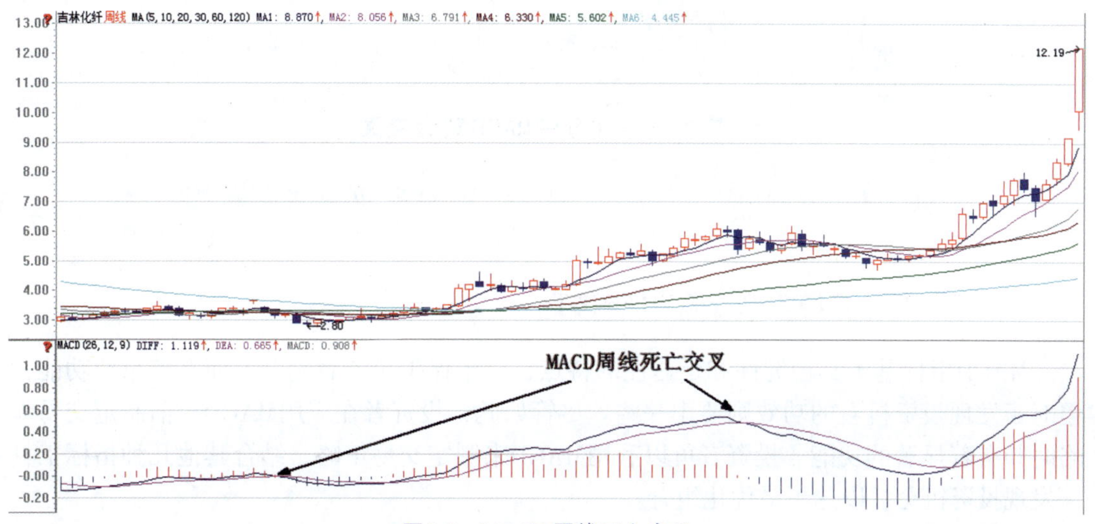

图8-8　MACD周线死亡交叉

MACD作为最常用的一个趋势分析指标，其功能不仅仅对中长期分析有效，对股价或指数的短线分析，其功能同样巨大。其使用方法为，获取最近连续几个交易日的分时图数据，选取较长的分时周期，如15分钟或30分钟，然后在此分时图上使用MACD来按照中长线分析的方法进行研判。这种方法可以对短线甚至超短线起到非常好的作用。

如图8-9所示，选取最近几日的分时图，以30分钟线为分析周期，此时可以看到分时图上有一个重要的黄金交叉和一个重要的死亡交叉。投资者可以在黄金交叉附近买入，在出现死亡交叉或顶背离时卖出，获取短线利润。

MACD分时图分析为短线投资者提供了一个极佳的工具，即使是在大盘不好的时候，投资者也可以以此为依据参与以获取短线利益。这是本节介绍的MACD使用的第二个技巧。

图8-9　MACD分时线黄金交叉

8.1.6　MACD股票策略制定技巧

MACD指标基于其稳健性和延迟性的特点，对于保护投资者利益方面有着重要功能，但对于发现投资机会的功效则要小一些。尽管如此，投资者在应用MACD提前制定交易策略时却有着显著的功能。投资者可以利用MACD来制定交易策略，结合其他几种指标工具来发现投资机会，以达到最优化组合。

通常，DIFF和DEA数值都高于0轴是多方强势的特征，在这种情况下，投资者宜持股待涨。当DIFF数值上传MACD产生黄金交叉时，不一定是确定的买入信号，投资者可以等到第二天或第三天的回调机会再买入。而当DIFF线下穿DEA线时，说明短期股价到达高点，此时投资者可以在第二天或第三天的反弹高点出货。当DIFF线第二次上穿DEA线时，意味着将会出现一波大行情，此时投资者要坚定持股待涨，直至出现顶背离或死亡交叉。

第二种情况是DIFF和DEA都位于0轴的下方，这时空方强势，投资者的主要策略应该是持币等待机会。当DIFF上穿DEA时，说明出现止跌反弹信号，投资者可以投入适当仓位博取一个反弹收益。而当DIFF下穿DEA出现死亡交叉时，投资者宜清仓出局，再次等待机会。被套的投资者可以利用黄金交叉的时候买入股票，在降低成本的同时使股票获取一定的收益。在反弹结束时宜卖出手中的股票，大趋势不改，不要一直持仓。在弱势中，投资者需要坚定一种理念，每次反弹都是出货的机会，切忌追涨。在这种情况下，当DIFF第二次下穿DEA时，表示后市会有一波更大的下跌行情，即波浪理论中所称的C浪下跌。C浪下跌杀伤力更大，时间往往也更长，投资者最好的策略就是清仓持币，等待时机。C浪下跌运行结束末期往往会出现底背离，底背离一旦得到确认，则意味着行情发生反转，投资者在此时买入股票是最好的策略。

使用MACD指标时，短线可更侧重于DIFF线的研判。当DIFF向下击穿0轴时，表示股价或指数将转入弱势，此时投资者宜谨慎，稳健型的投资者可以清仓观望。当DIFF向上击穿0轴时则表示股价或指数转入强势，此时投资者可以买入适当仓位。当MACD接着上穿0轴时，则多方强势特征得到确认，此时投资者可以积极做多。

总而言之，MACD指标对判断市场处于多方市场还是空方市场功效很显著。投资者可以首先判断市场属性，然后指定相应的买卖策略。MACD的黄金交叉是重要的买点信号，但实际使用中需要注意，当黄金交叉的位置位于0轴以下时，则距离0轴越远其信号越强；反之，当黄金交叉出现在0轴以上时，距0轴越近其信号越强。

MACD低位出现两次金叉时，其买入信号更加强烈，表示后市将出现一波快速上涨。即当DIFF、DEA指标处于0轴以下，在较短时间内出现两次金叉，则为后市出现快速上涨的信号。这个时间一般为8～13个交易日。

投资者在碰到两次黄金交叉的时候，宜大胆参与，耐心等待机会，趋势不变，则一路持有。

图8-10　MACD底部两次黄金交叉

如图8-10中的例子，该股票在0轴以下出现黄金交叉之后出现短暂的死亡交叉，之后经过几天的DIFF线与DEA线的黏合，出现第二次黄金交叉。第二次黄金交叉带来了难得的投资机会，之后股价一路上涨，并在最后快速拉升。

8.2 KDJ指标的应用

KDJ是用于显示超买、超卖的震荡指标，对于股市在正常运行中的趋势分析反应灵敏，准确度也较高。但在股市出现单边行情时，则会出现钝化现象。因此，投资者在使用KDJ指标时需要注意适用的环境，建议配合别的指标进行分析，以提高研判的准确率。

8.2.1 KDJ的含义

KDJ指标，即随机指标，是由George Lane所提出的一种新型技术分析指标。它是期货和股票市场上最常用的技术分析工具之一，用于股市的中短期趋势分析。

KDJ指标是根据统计学的原理，通过对特定周期内出现的最高价、最低价、收盘价作为基本数据进行计算，并依据这三个价格之间的比例关系，从而计算出最后一个计算周期的RSV值，即未成熟随机值。之后再根据平滑移动平均线的方法计算K值、D值和J值，通过这三个值形成的曲线来研判股价或指数走势。它根据股价波动的真实幅度来反映股价走势的强弱以及超买超卖情况，从而提前发出买卖信号。

KDJ的计算方法较为复杂，首先是计算出某一个计算周期的RSV值，常用的计算周期有9日、9周等；之后计算出K值、D值和J值。J值用于反映K值和D值的乖离程度，可以比K值或D值更提前揭示顶部或底部信号。

与MACD指标一样，实际使用中根据K线所取的周期不同KDJ也会对应日KDJ指标、周KDJ指标和月KDJ指标。KDJ指标对反映中短期走势效果较佳，因此，日KDJ指标和周KDJ指标应用的较为广泛。

大智慧365分析软件中一般不把KDJ作为默认指标，投资者可以在技术分析页面中直接输入KDJ，在大智慧的搜索框中确认KDJ指标即可，如图8-11。

图8-11　KDJ指标子窗口

从图8-11中可以看到，KDJ指标由三条线组成，即K线、D线和J线。KDJ指标的默认参数为9、3、3，其中9是指所取数值的天数，第一个“3”是指用RSV的三日移动平均线表示K线，第二个“3”是指用K值的三日移动平均线表示J线。投资者可以用修改指标参数的方法来修改这三个数值。

8.2.2 KDJ的分析方法

KDJ指标通过K线、D线和J线的图形关系来分析股票的超买超卖、背离及突破等现象。在大智慧图形分析软件中，三条线的取值范围都是在0～100之间。从反应速度上来讲，J线的反应速度最快、K值次之，D值最慢；但从信号的可靠性来说，D值可靠性最高、K值次之，而J值最差。

一般来讲，K、D、J值均在20以下时，认为股票处于超卖区，为买入信号；当K、D、J值处于20～80之间时，处于徘徊区，宜观望；而当K、D、J值在80以上时，处于超买区，为卖出信号。图8-12表示的就是股票处于超卖区的例子，图中K、D、J值全部处于20以下，超卖区带来的是买入信号，此后不久股价即反弹，走出一波上涨行情。

KDJ图形子窗口中的50线被认为多空力量的分界线。当K、D、J值高于50时，表示多方力量较大；处于50附近时，表示多空两方力量均衡；而当K、D、J值都低于50时，表示空方力量较强。

图8-12 KDJ指标超卖示意图

当J线处于50以下并向上突破K线时，表示股价可能短期突破弱势转而向上，投资者可以清仓试探；当J线上穿K线后迅速上升，同时K线也向上突破D线时，说明股价或指数将开始中长期上涨行情，投资者此时可以加大仓位，制定中长期持股的策略；当KDJ线由窄幅盘整转而快速拉升时，说明股价已经进入短线快速上涨阶段，此时要做的就是持股待涨。

当J线在80以上区域掉头向下时，说明股价短线将掉头向下，此时投资者可以高抛股票；如果紧接着K线也开始掉头向下，则表示短期上涨行情已经结束，中线需要看空；此后，如果D线也从80以上区域掉头向下，则中期、短期上涨行情结束得到确认，此时投资者宜清仓出局，持币观望。

图8-13中的例子很好地解释了KDJ线与股价变动的关系。在图中标注的“向上突破时”阶段，J线突破K线与K线突破D线几乎在同一时间，股价产生了一波上涨；而在后面的“掉头向下时”阶段，K线、D线、J线全都掉头向下，股价随之产生了一段时间的下跌。图中描述的技术特征非常明显。

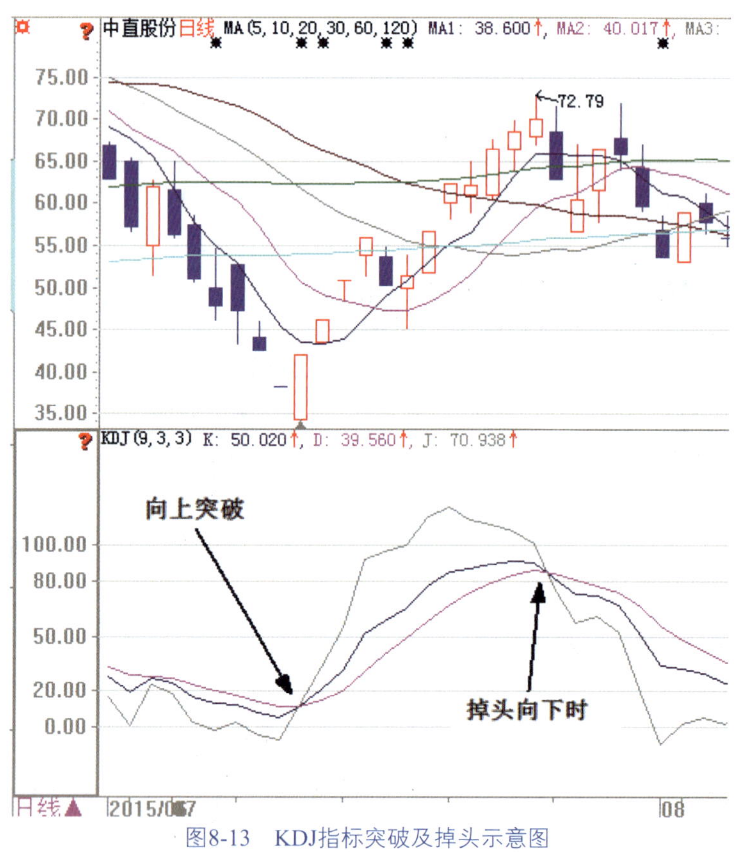

图8-13　KDJ指标突破及掉头示意图

8.2.3　KDJ黄金交叉

通常将KDJ数值在20以下称为KDJ的低位，80以上称为高位，而50左右称为中位。基于黄金交叉发生时所处的位置不同，黄金交叉可以分为两种情况。

第一种情况，股价在中低位盘整，此时K线、D线、J线也均处于中位盘整。当J线和

K线几乎同时向上突破D线，则发生KDJ黄金交叉。这种情况下的黄金交叉称为KDJ中位金叉，是看多信号，表示股价即将转为强势。此时投资者宜看多操作，中短线买入股票。中位金叉如果伴随着成交量的上涨，则信号意义更大。如图8-14所示，该处J线和K线几乎同时在中位突破D线，产生中位金叉，之后股价在一段时间内快速上涨。

另一种情况称为高位金叉。在股价经过一段时间的上升后，产生中高位盘整行情，同时K线、D线、J线均处于80线附近。当J线和K线几乎同时再次上穿D线时，则产生高位金叉。高位金叉同样为看多信号，表示股价或指数处于强势中，短期内股价将再次上涨。与中位金叉类似，高位金叉如果伴随成交量的显著放大，其信号意义更强烈。此时，投资者可以加仓买入股票，获取第二个波段的收益。高位金叉如图8-15所示。

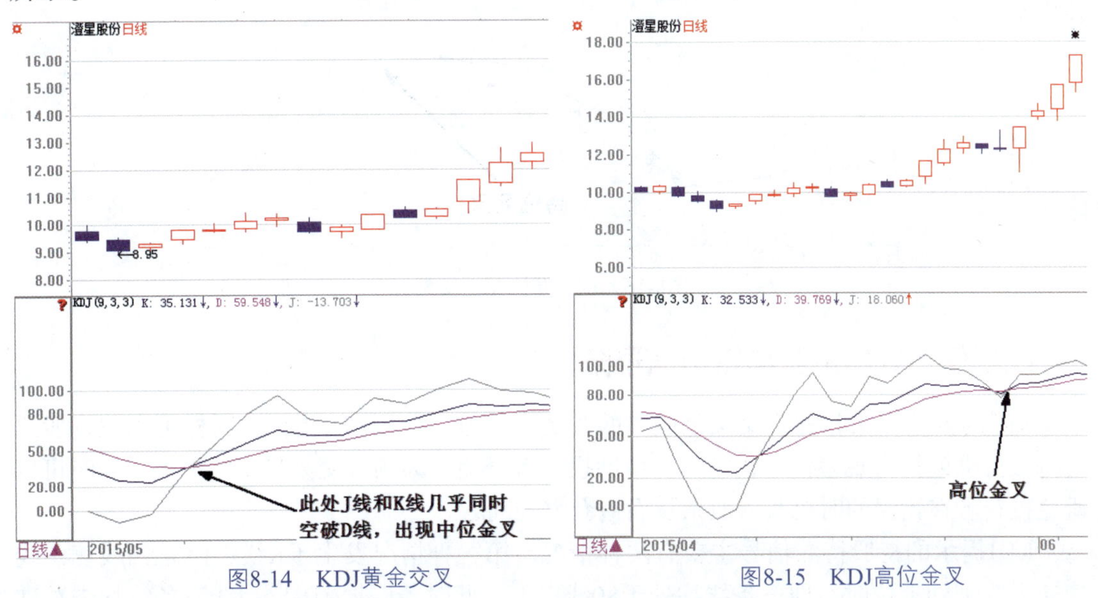

图8-14　KDJ黄金交叉

图8-15　KDJ高位金叉

8.2.4　KDJ死亡交叉

与黄金交叉类似，按照交叉发生的位置不同，KDJ死亡交叉也分高位死叉和中位死叉两种情况。

当股价经过一段时间的上涨后，一旦J线和K线在高位几乎同时向下突破D线，则产生高位死叉。高位死叉是看跌信号，表示股价或指数即将由强转弱。此时投资者宜择机卖出股票，耐心等待机会。如图8-16所示。

顾名思义，中位死叉发生在KDJ处于中位时。这种情况下，股价经过一段时间的下跌和下跌反弹后，反弹动能不足，中长期均线对股价上涨压力过大，KDJ线转而向下，当J线和K线在中位向下突破D线时，中位死叉产生。中位死叉是看空信号，表示后市多方动能疲软，股价将进一步下跌。出现中位死叉时，投资者可以果断卖出手头剩余股票，耐心等待空方动能释放完毕。

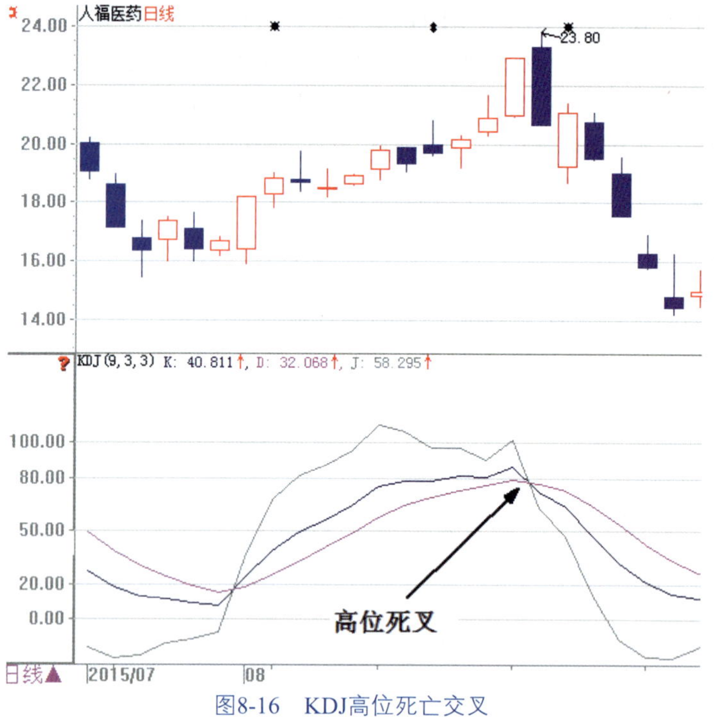

图8-16 KDJ高位死亡交叉

8.2.5 KDJ持股与持币信号分析

KDJ的黄金交叉和死亡交叉是股票的买卖点信号。使用KDJ指标，同样可以识别股票的持股待涨或持币观望信号，它可以帮助投资者避免因为频繁交易带来的损失，同时可以避免投资者在错误的时机买入股票从而被套牢的问题。

KDJ提示的持股待涨信号主要有两种情况。第一种情况发生于K线、D线、J线三条线均向上突破到上位时，即三条线均处于80线以上。此时若K线、D线、J线三条线均未跌破80线，则意味着股价一直处于上涨行情中，投资者宜持股待涨。如果K线图中股价一直在中短期支撑线上运行，则其信号特征更明显。

第二种情况时K线、D线和J线同时向上运行，类似于K线中的多头排列，这也是持股待涨信号。这种情况下只要K线和J线未向下跌破D线，且D线始终向上运行，则投资者可以一直持股，如图8-17中的例子。在该图中，K线、D线和J线一直向上运行，同时股价保持在中短期均线以上，则其持股待涨信号非常强烈，投资者可以坚定持股，获取最大收益，直到出现死亡交叉再考虑卖出股票。

KDJ线提示的持币观望信号也有两种情况。第一种情况，K线、D线、J线三条线均位于50线以下，则KDJ线在未向上突破50线时，意味着股价或指数一直处于弱势中，投资者宜持币观望。若股价同时被中短期K线的移动平均线压制，则其持币观望信号更强烈。如图8-18所示。在图8-18方框圈中的位置，K线、D线、J线三条线在死亡交叉后一直处于50线下运行，其股价处于弱势中。与此同时，虽然中间出现弱反弹，但股价走势中一直未能突破中短期均线压制。此时投资者最好的策略就是持币观望，等待信号转向。

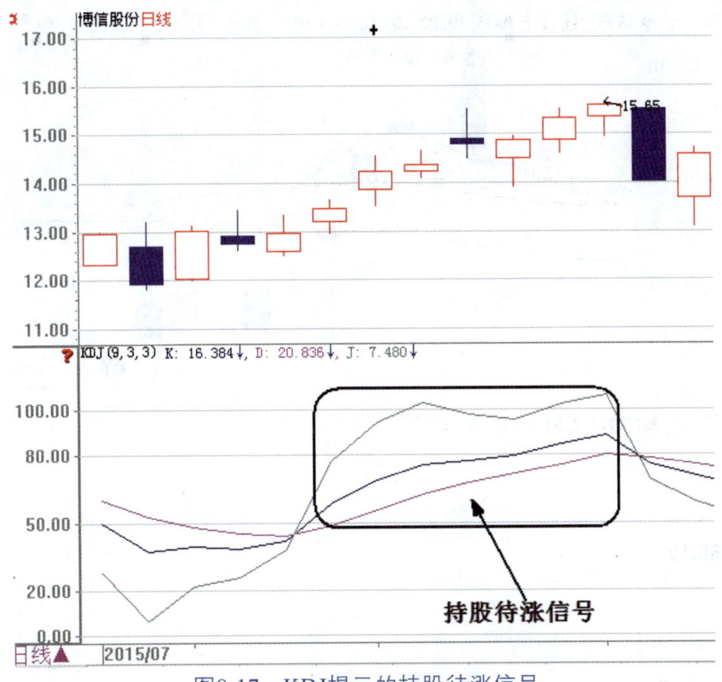

图8-17　KDJ揭示的持股待涨信号

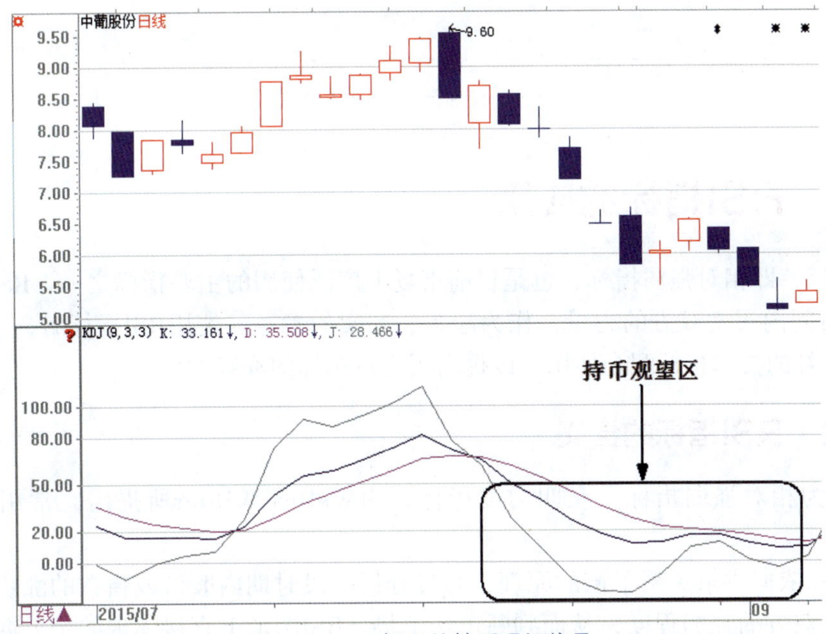

图8-18　KDJ揭示的持币观望信号

持币观望的第二种信号发生于中高位死叉后，此时股价经过一段时间的涨势，若K线、D线和J线均向下发展，表示股价由强转弱，此时投资者宜卖掉手头的股票，持股待涨。若这种情况下，股价同时被中短期均线压制，则持币观望的信号更加强烈。如图8-19所示。

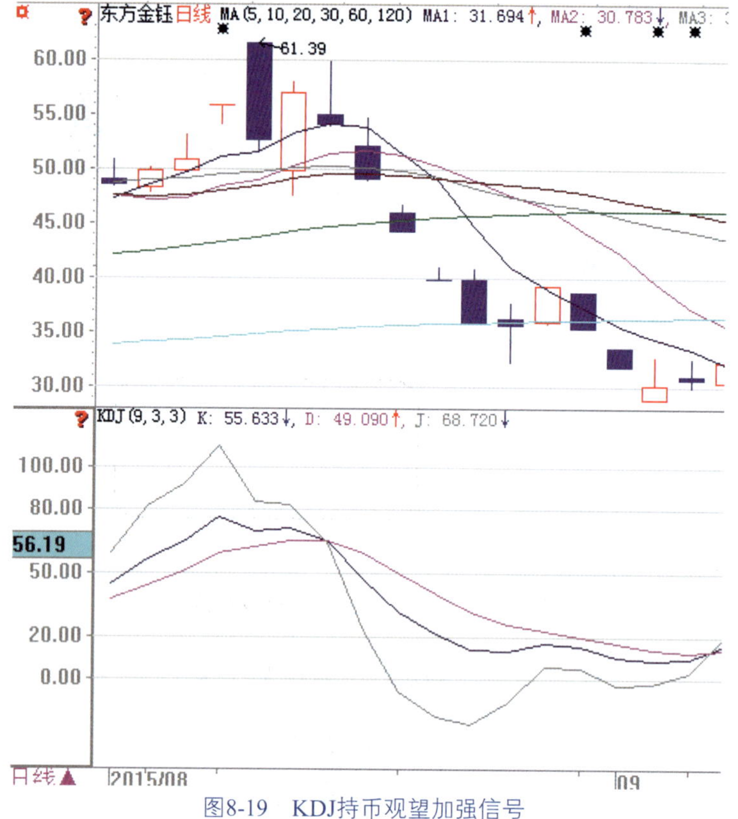

图8-19　KDJ持币观望加强信号

8.3　RSI指标的应用

RSI指标，即相对强弱指标，也是目前市场上广泛使用的主要指标之一。RSI指标计算分析一段时间内买卖双方的力量，作为超买、超卖的参考。使用RSI指标时，建议与K线图及其他互补的技术指标配合使用，以提高买卖点选择的准确度。

8.3.1　RSI指标的含义

RSI称为相对强弱指标，又叫力度指标，由Welles Wilder所提出，常用于中短线分析。

RSI指标依据供求关系平衡的原理，通过分析一段时期内股价或指数的涨跌幅来确定市场上多空双方的强弱程度，从而判断市场走势。RSI图形上直接体现的是近期市场上买卖双方的力度，它通过多方和空方动能的强弱来判断大盘的走势。

RSI计算时，先计算一个相对强度RS的数值。RS是用一定时间内收盘价上涨数值的总和除去该时间内收盘价下跌数值总和的均值，而RSI是用100减去100与RS+1的比值。这种计算方法实质上反映的是该时间内上涨所产生的波动占总波动的百分比。这个比值越大，则强势特征越明显；反之，则弱势特征越明显。

RSI指标图形如图8-20所示。投资者可以在大智慧技术分析页面直接输入RSI调用RSI指标。从图中可以看出，RSI的取值介于0～100之间，其默认参数为6、12、24。除了这一组参数外，5、10、14这组参数使用得也很广泛。一般来讲，参数中设置的周期越短，其对短期股价走势的预判越敏感，但准确性会小一些；周期越长，其延时性会高一些，准确率相对地也会高一些。

图8-20 RSI指标示意图

与上两节中介绍的指标一样，当K线选用日线、周线、月线等时，RSI指标会相应地变成日RSI指标、周RSI指标和月RSI指标等。由于RSI指标更适合用于中短期趋势的分析，日RSI指标和周RSI指标应用频率要高得多。

8.3.2 RSI指标的使用方法

RSI指标使用时主要看RSI的数值范围、RSI的交叉状况以及RSI的曲线图形。RSI数值范围体现了买卖双方的力度强弱，交叉情况反映了股票的买卖点，而RSI的曲线图形则可以揭示持股待涨或持币观望等信号。

RSI的数值范围位于0～100之间，通常将RSI数值位于80以上和20以下作为超买、超卖区的分界线。当RSI值大于80时，表示多方动能远大于空方动能，市场处于超买状态，股价随时会出现向下的转变，此时投资者宜谨慎看空，随时准备卖出手头的股票。相应地，当RSI数值低于20时，空方动能远大于多方，此时股价处于超卖状态，反弹随时可能展开，投资者可谨慎看多。而RSI数值在中间区域时，空方动能与多方动能相差并不明显，投资者需要参考其余指标进行分析。

与上两节所述的指标类似，当短期RSI线由下向上击破长期RSI线时，出现RSI黄金交叉；反之，当短期RSI线由上向下击破长期RSI线时，出现RSI死亡交叉。黄金交叉是看多信号，投资者可以买入股票；死亡交叉是看空信号，表示股价可能转而向下。

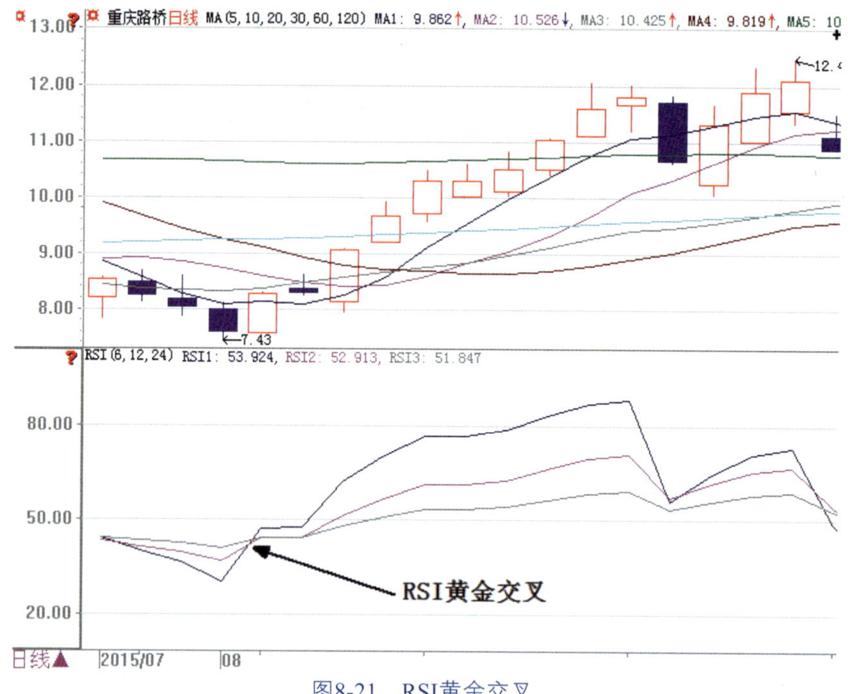

图8-21 RSI黄金交叉

如图8-21所示，在RSI的6日线、12日线向上突破24日均线出现RSI黄金交叉后，股价出现了一段较大幅度的上涨。

图8-22 RSI死亡交叉

RSI指标同样可以揭示持股待涨或持币观望的信号。当RSI指标的中长期线均位于50线以上且呈向上趋势时，为持股待涨信号；当中长期RSI线均位于中高位置，但中期线向下穿破长期线时，为持币观望信号，此时多方力量转弱，而空方力量转强，投资者宜持币观望为主。如果中长期线同时向下运行，表示多方力量已经衰竭，股价极有可能出现大幅下跌，这种情况下投资者宜及时清仓，持币观望。

如图8-22所示，图中宏图高科（600122）股票在RSI三条线出现死亡交叉后，从50线以上的位置掉头向下，此时空方动能已经强于多方动能，投资者在死亡交叉时应该卖出手中股票，并在后面的时间内空仓观望。之后空方动能连续释放，导致股价一路下跌，市场进入超卖区。

8.4 BOLL指标的应用

BOLL指标，即布林线指标，是中长期研判的重要指标。它采用“喇叭口”作为重要的研判手段，分析时灵敏度较低，但稳定性较高。适合与KDJ、RSI等短期指标配合使用以提高买卖点的时效性和准确率。

8.4.1 BOLL的含义

BOLL指标全称为布林线指标，是美国股市分析家John Bollinger提出的。BOLL指标通常用于研判股价的中长期走势。

BOLL指标依据的是统计学中的标准差原理。一般来讲，股价总会在一定的范围内波动，这个范围称之为“股价通道”，而股价通道也会随着股价的变化而自动调整。BOLL指标可以通过股价通道灵活而直观地描述股价变动的趋势，成为现在广泛应用的分析工具。

与大多数指标通过数量计算获得的方式不同，BOLL指标与股价的形态和趋势计算紧密相关。它的计算方法是所有的股票分析指标中最复杂的，其中标准差的计算涉及到中轨线、上轨线和下轨线的计算。中轨线指的是一定时间内的移动平均线，上轨线为中轨线与两倍标准差的和，而下轨线为中轨线与两倍标准差的差值。通过计算该时间内的收盘价均值计算出标准差，然后再利用标准差计算出三条轨线的数值，分别称为MB、UP、DN。

大智慧中BOLL线的使用效果如图8-23所示，在键盘输入BOLL即可直接调用BOLL指标。从图中可以看出，BOLL指标主要由三条线组成，即上轨线UP、中轨线MB和下轨线DN，三条线分别按照从上到下的顺序排列。

与别的指标一样，通过改变K线的日线、周线、月线、分钟等，可以使用日BOLL线、周BOLL线、月BOLL线、分钟BOLL线等。其中，日BOLL线和周BOLL线的应用范围更广。

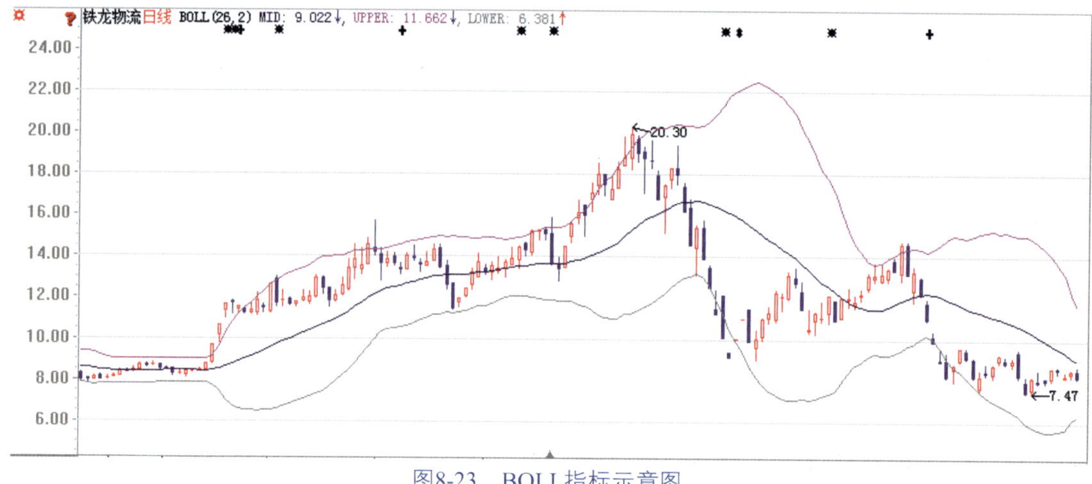

图8-23 BOLL指标示意图

8.4.2 BOLL的分析方法

BOLL指标的分析主要集中在其上、中、下轨线以及K线（价格线）之间的关系。上下轨线构成了股价通道，并随着股价的波动而变化。一般来讲，股价的变动应该处于股价通道内，当股价脱离股价通道运行，说明发生了比较极端的状况。同时，中轨线和下轨线对股价运行起支撑作用，而上轨线与中轨线对股价的上涨也起压力作用。

K线与中轨线的位置可以揭示股价的强弱状况。当股价在中轨线以上运行时，表示股价处于强势状态；反之，表示股价处于弱势状态。

当BOLL线的上、中、下轨线同时向上时，表示股价处于明显的强势状态中，股价短期内还将继续上涨，此时投资者宜持股待涨或逢低买入。而当其三条轨线同时向下时，说明股价处于明显的弱势状态，股价短期内还将继续下跌，投资者宜继续持币观望或逢高减仓。

上轨线向下而中、下轨线向上运行时，揭示股价处于整理状态中。这种情况如果发生在长期上升趋势时，表示当前股价处于强势整理状态，投资者宜耐心持股等待调整结束；如果这种情况发生在长期下跌趋势中，则属于下跌途中的弱势整理，投资者宜继续持币观望或逢高减仓。

BOLL线的上轨线向上运行，而中、下轨线向上运行的可能性非常小。

BOLL线的上、中、下轨线几乎同时横向运行时，需要看K线的走势来研判具体的走势。如果股价是经过了一段较长时间的下跌，则这种BOLL图形表示当前处于构筑底部阶段，投资者可以继续观望，一旦三条线呈向上状态，则可以加大仓位；但如果三条线呈继续向下的状态，则需要逢高减仓，谨防这种情况是由于下跌中继产生。如果股价经过了一段较小幅度的上涨后出现这种状态，则表示股价处于上涨途中的阶段整理，投资者可以逢低买入，当三条线呈向上状态，可加大仓位。

如图8-24中的例子，该股票金健米业（600127）在图中描述的时间段中，股价保持在中轨线以上运行，强势特征明显；同时，上、中、下轨线呈多头排列状态，也是一个强势信号。对于这种情况，投资者要做的就是持股待涨或逢低加仓，不要在中间的短暂回调中被清洗出局。

图8-24　BOLL指标分析示意图

另外，BOLL指标在使用中还需要参考三条轨道线与价格线的关系。当价格线向上突破中轨线时，表示股价出现强势特征，此时投资者可以中长线买入股票，而一旦股价突破上上轨线，则表示股价强势特征已经确立，短线股价即将大幅被拉升，此时投资者宜持股待涨或短线买入。

当股价在上轨线上方运行时，若三条轨线也是向上，则表示股价保持强势特征，短线继续看涨；但当股价从上向下跌破上轨线时，则表示强势可能结束，若此时三条轨线也掉头向下，则投资者宜及时卖出股票。

当股价从上往下跌破中轨线时，表示股价中期下跌趋势已经形成，此时投资者宜逢高减仓；如果股价继续向下跌破下轨线时，则表示股价处于极度弱势中，投资者宜持币观望。

8.4.3　BOLL与KDJ配合使用

BOLL指标属于支撑压力类指标，而KDJ指标属于超买超卖类指标。两者配合使用，可以更好地确认价格变动的周期长短，同时使KDJ信号得到进一步确认。

BOLL指标与KDJ指标配合使用对识别底部或顶部效果尤其明显。BOLL线中的上轨线对股价走势有压力作用，而中、下轨线起支撑作用。当价格处于BOLL线中轨线甚至下轨线以下时，股价处于弱势状态，此时可以不参考KDJ指标的信号。如果此时DKJ也处于低位，则是中期趋势与短期趋势的弱势走向一致。这种情况下，利用两种指标的配合使用可以获得反弹的机会。

具体方法是，当股价处于BOLL指标的下轨线附近时，股价处于弱势，如果只用BOLL线分析是不可参与操作的。若此时KDJ同时处于超卖区，则当股价出现反弹时，投资者可以利用KDJ给出的超卖信号博取反弹获得短线收益。

如图8-25中的例子，如果单从BOLL线来分析图中方框圈中的位置是不建议操作的，但通过KDJ来分析却会发现该股票在超卖区附近波动，预示着短线机会。之后KDJ出现黄金交叉，但BOLL却没发出买入信号，此时投资者可以买入博取一个反弹机会。事实证明，后市该股票有着一波不错的涨幅。

BOLL线属于中长期指标，因此，趋势判断的信号往往比较迟钝，KDJ可以很好地弥补这一点。上面的例子就是利用二者配合提早发现底部的一个用法。

图8-25　BOLL指标与KDJ指标配合示例

BOLL与KDJ配合也可以更快地发现顶部。当股价处于BOLL上轨线或中轨线上运行时，若KDJ指标向上突破80线，则投资者宜保持谨慎。当股价跌破BOLL线上轨线或中轨线后将会引发BOLL线开口变窄，此时股价下跌可能已经经过了一段时间。此时利用KDJ信号则可以提前卖出。

如图8-26中的例子，图中方框圈中的位置，股价始终运行在BOLL中轨线以上，且中轨线、下轨线继续处于向上的方向，BOLL线本身并没有给出卖出信号。但投资者如果继续持有等到卖出信号确认的话，股价已经经过一波较大的下跌了。

配合KDJ指标分析则效果要好得多。图中KDJ指标在股价将要到达顶部时，已经处于超买区，提前发出了卖出信号。之后KDJ出现死亡交叉，此时投资者卖出股票，则几乎不会受到股价下跌的损失。可见BOLL与KDJ配合使用对于顶部分析效果也极其明显。

图8-26　BOLL指标与KDJ指标发现顶部

8.5　其它常用指标

除上述几个指标外，大智慧还提供了其他的很多指标，如W%R、ROC、BIAS、CCI指标等。下面主要讲述的是这些指标的概念、使用范围以及分析示例。投资者可以根据自己的需求来选择合适的指标进行研判。

8.5.1　W%R指标的原理及应用

W%R，即威廉指标，又叫威廉超买超卖指标，是由Larry Williams在1973年提出的，它是技术分析中短期分析的常用工具。

威廉指标通过分析一定时间股票最高价、最低价和收盘价之间的关系来判断超买超卖，从而预测股价的中短期走势。与其他指标一样，威廉指标也可以分为日、周、月、年、分钟等不同周期。其计算原理与随机指标类似。

威廉指标的研判主要是根据W%R数值的大小、W%R曲线形状等方面。W%R指标的数值范围也是0～100。与KDJ不同的是，W%R指标是以0为顶部、而以100为底部的。

W%R的0～20区间为超买区，20线为卖出线，表示市场处于超买状态，股价进入顶部，投资者此时宜考虑卖出股票。80～100区间为超卖区，80线为买入线，表示市场处于超卖状态，股价接近底部，投资者此时可考虑买入股票。W%R值在20～80区间时，表示市场上买方与卖方力度均衡。

实际使用中，当W%R曲线突破20线进入超卖区时，表示股价处于快速上涨趋势，此时投资者宜持股待涨，并密切关注股价走势变化。而当W%R曲线突破20线时，投资者宜

逢高减仓。当W%R曲线向上突破80线进入超卖区时，投资者可择机入仓。当W%R曲线再次向下突破80线时，投资者可短线进入。

投资者在大智慧的技术分析页面中可以在键盘输入威廉指标的拼音首字母WLZB来调用W%R指标。

图8-27　威廉指标分析示例

图8-27给出了一个威廉指标分析的例子，该例中W%R曲线向上突破80线，进入超卖区，威廉指标提示卖出信号，之后股价紧接着出现一轮下跌。

8.5.2 ROC指标的原理及应用

变动速率指标ROC是由Gerald Apple和Fred Hitschler共同提出的，它主要用于研究股价变动能量的大小，较适用于中短期技术分析。

ROC指标利用物理学中的加速度原理，通过对当天的收盘价和其N天前的收盘价进行比较计算，应用ROC的变动速度来测量股价变动的能量，从而衡量多空双方力量的强弱。

ROC指标的分析主要集中在0轴线、ROC指标揭示的超买超卖现象、ROC曲线的形状等方面。0轴线是ROC的重要生命线，当ROC线由下往上突破0轴线时，表示多方动能开始强于空方动能，股价将进入强势区域，投资者此时可以中线买入股票。当ROC线处于0轴线以上并继续向上攀升，说明股价的上涨动能在继续加大，股价将继续上涨，此时投资者宜持股待涨。当ROC运行到0轴线上方较远的位置开始掉头向下时，表示多方动能开始衰竭，此时投资者宜短线卖出。

当ROC线由上向下突破0轴线时，表示空方动能开始大于多方动能，股价将进入弱势，此时稳健型的投资者可以中线逢高卖出；若ROC线在0轴线以下继续向下运行，表示空方动能占据优势，此时宜持币观望。

ROC在0轴线以下较远并向上转向时，是短线底部信号，此时投资者可清仓博反弹；若ROC线在0轴线以下持续向上攀升，则表示多方动能开始累积，投资者可逢低吸纳。

如图8-28的例子，该股票前期ROC开始向下跌破0轴线并持续向下，股价一路下跌；之后ROC线掉头向上时，股价止跌回升，当突破0轴线时，上涨速度加快。

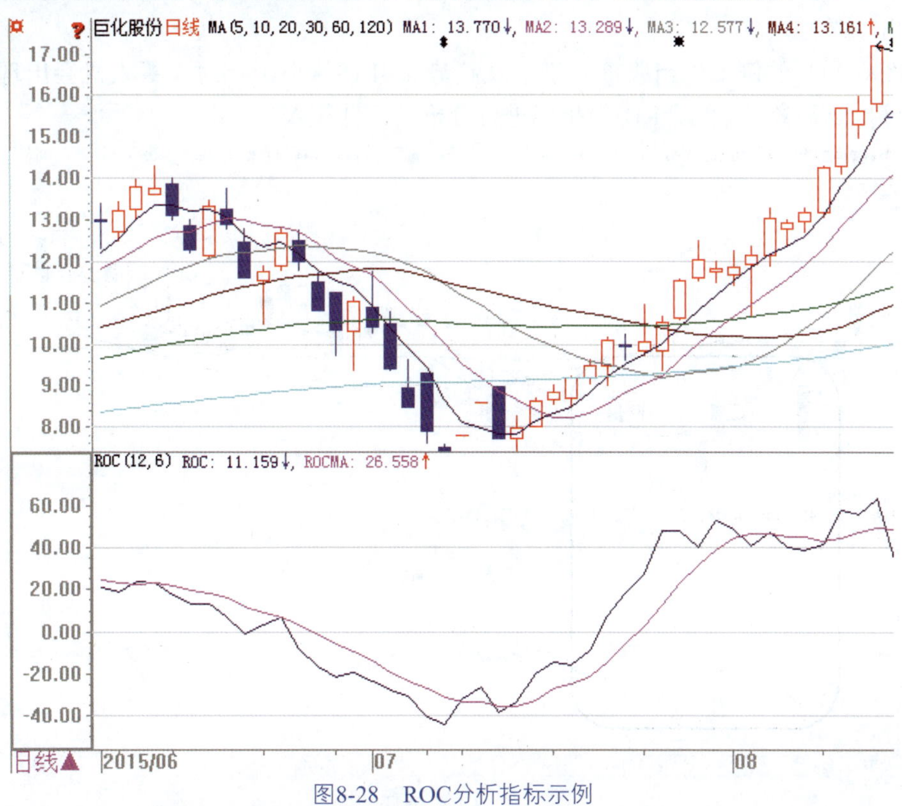

图8-28 ROC分析指标示例

8.5.3 BIAS指标的原理及应用

乖离率指标BIAS又叫Y值，是从移动平均线派生出来的技术分析指标，可用于短线、中线或长线分析。

BIAS依据葛兰碧移动均线法则产生，它通过数学计算的方法来获得股价偏离移动平均线的程度，从而发出买卖点信号。

BIAS指标的计算相对简单，即为当日收盘价与移动平均价的差值与移动平均价的比率。按照移动平均价所采用的天数不同可适用于不同周期的分析，常用的有5日、10日、30日和60日等。与其他分析指标类似，BIAS指标也可以分为日BIAS线、周BIAS线或月BIAS线等。

BIAS指标的研判主要集中在BIAS正负值的转换及BIAS取值等方面。股价在移动平均线上方，则为正乖离率；反之，则为负乖离率。正值越大，说明股价涨幅越高，则股价继续上涨的压力就越大，下跌可能也就越大；反之，负值越大，则反弹的可能性越大。

BIAS数值的大小可直接用来研判股价的超买超卖现象。一般来讲，股价处于下跌趋势时，若BIAS值小于-5，则表示股价处于超卖状态，可考虑买入股票；而在此趋势下若BIAS值大于5，则表示股价处于超买状态，此时宜卖出股票。

股价处于上升趋势时，BIAS值所参考的数值有所不同。此时若BIAS值低于-10，说明股价处于超卖状态，可短线买入；而若BIAS值大于10，则表示出现超买现象，此时宜考虑短线卖出股票。

如图8-29中的例子，当股价处于下跌趋势而BIAS值小于-5时，买入机会出现。此时投资者可积极看多，并结合KDJ等指标进行分析，逢低买入。

图8-29　BIAS指标示例

8.5.4　CCI指标的原理及应用

顺势指标CCI是由美国股市分析家Donald Lambert于20世纪80年代提出的，它最早用于期货市场的分析，现在也常常用于研判股价偏离度。

CCI指标依据的是统计学原理，引入价格与一定时期内股价平均区间偏离程度的概念，更侧重于强调股价偏差在技术分析中的重要性。CCI属于超买超卖类指标，所不同的是它的数值区间不在0～100之间，而是介于-∞～+∞之间。因此，对于超买超卖现象的描述更精准，对于暴涨暴跌行情的描述也更灵敏。

CCI计算时利用当日收盘价、最高价、最低价的平均值减去一定时期内的平均值，然后再除以该段时间内平均值与收盘价的差值的平均数，最后乘以计算系数0.015。

CCI指标的使用主要集中在CCI区间的划分与判断方面。大智慧Level2图形分析软件与分析家股票分析软件一样，设置的CCI数值对比区间为-200～200。当CCI数值大于200时，表示股价处于超买状态，此时投资者宜看跌；而当CCI数值小于-200时，说明股价进入超卖状态，此时投资者宜逢低买入股票；当CCI数值处于-200～200之间时，说明股价处于窄幅震荡整理区间，此时没有买卖信号，投资者宜耐心观望。

CCI通过CCI线与对比数据（-200、200）之间的图形也可以提示买卖信号。当CCI线向上突破200线时，为看多信号，此时投资者可以中短线买入股票。若上穿200线的同时有较大成交量配合，则买入信号更强烈。当CCI线向下跌破-200线时，为看空信号，此时投资者宜耐心等待机会；当CCI线下穿200线时，表示股价上涨趋势可能已经结束，此时投资者宜逢高卖出股票。当CCI线由下往上突破-200线时，表示股价可能已经筑底回升，此时投资者可以清仓参与；当CCI位于-200到200之间的常态区间运行时，投资者可参考KDJ、W%R等指标进行判断。

如图8-30中的例子，当CCI线向上突破200线时，随之出现了一波涨幅；但当CCI线跌破200线时，下跌随之展开。

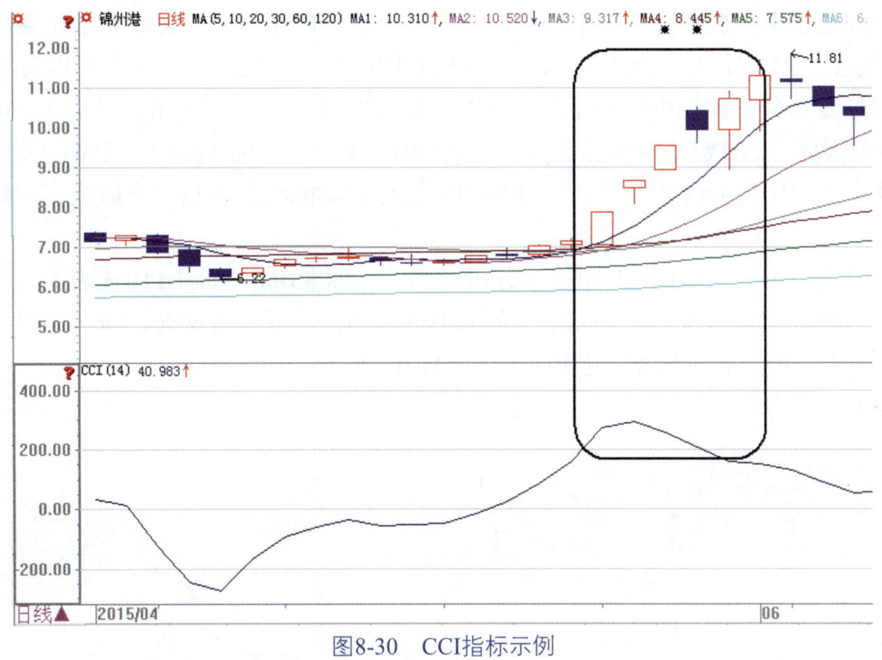

图8-30　CCI指标示例

8.5.5　DMI指标的原理及应用

动向指标DMI，又名趋向指标，是由美国股票技术分析大师Wells Wilder提出的，它比较适合用于中长期技术分析。

DMI指标分析依据的是多空双方动能受价格波动变化的影响而发生的均衡点变化。它在计算时把每日股价高低波动的幅度因素考虑在内，因而对于走势的预测更准确和稳定。

DMI指标的计算比较复杂，它是按照一定的规则首先比较每日股价波动产生的最高价、最低价和收盘价，从而计算出股价波动的真实波幅、上升动向值和下降动向值；之后将一定时期内的上升动向值、下降动向值除以该时期内的真实波幅，获得上升指标和下降指标；之后通过该时期内的上升指标和下降指标获得动向值DX；之后对DX求平均得到ADX；最后通过当日的ADX与前面某一日的ADX比较从而计算出评估数值。

与其他的分析指标一样，DMI指标按照所选周期不同可分为日DMI指标、周DMI指标、月DMI指标、年DMI指标和分钟DMI指标等。市场上常用的是日DMI指标和周DMI指标。

DMI指标主要用于研判股价走势，主要在两个方面：一个是分析上升指标、下降指标与平均动向指标之间的关系；另一个是对股价转向特征的研判。其中，上升指标、下降指标的曲线关系可用于判断买卖点，而平均动向指标可用于判断未来行情发展趋势。

当股价处于上涨趋势时，若上升指标同时从下往上突破下降指标出现黄金交叉，则表示买方动能大于卖方动能，此时投资者可看多做多；而若平均动向指标线同时向上，则表示股价的上涨动能更加强劲。

当股价处于下跌趋势时，若上升指标同时从上往下跌破下降指标，则表示空方动能大于多方动能，为卖出信号，此时平均动向指标若同时下降，则下跌速度及幅度将加大。

大智慧股票分析软件中提供了四种DMI指标可供用户选择，使用键盘输入DMI可以出现四种DMI指标，即DMI趋向指标（标准）、DMI-4.0趋向指标（4.0）、DMI-QL趋向指标（钱龙算法）和DMI-QLL趋向指标。四种趋向指标的功能类似，只是在曲线和参数上有所区别。

图8-31给出了一个用标准DMI指标分析的例子。标准DMI指标中PDI代表上升指标线、MDI代表下降指标线，图中箭头标出的位置PDI上穿MDI出现黄金交叉，与此同时ADX方向向上，后市有一波不错的涨幅，且PDI未跌破MDI时涨势持续了很长的时间。

图8-31 DMI指标示例

8.5.6 DMA指标的原理及应用

平行差指标DMA属于中短期指标，常用于大盘指数及股价走势的中短期研判。它依据的是快慢两条移动平均线的差值来分析股价走势。

DMA的计算方法比较简单，利用短期平均值减去长期平均值即可得到DMA的数值。与其他技术分析指标一样，DMA也分日DMA线、周DMA线、月DMA线、分钟DMA线等不同周期数据。大智慧分析软件中DMA指标包括两条线，除DMA线外还有一根AMA线，AMA的数值是用DMA除以10得到。

DMA指标主要集中在DMA、AMA两条线的方向、配合及交叉情况时使用。当DMA线和AMA线均处于0轴线以上并向上移动时，说明买方动能大于卖方动能，此时投资者宜持股待涨或逢低买入。

当DMA线和AMA线均处于0轴线以下且向下移动时，说明卖方动能大于买方动能，此时投资者宜持币观望或逢高卖出。当DMA线和AMA线均处于0轴线以上但方向开始掉头向下时，说明卖方动能开始加大，后市股价将出现下跌，此时投资者宜逢高卖出；当DMA线和AMA线均处于0轴线以下但方向开始掉头向上时，说明买方动能开始累积，短期行情将启动，此时投资者可逢高买入或持股待涨。

DMA指标的一个重要功能是具有预判性，即DMA指标的动向往往领先于股价的涨跌。因此，将DMA曲线和股价K线配合使用，往往可以达到更好的买卖点参考效果。

当DMA线处于0轴线以下开始向上时，若与此同时股价也同时向上，则表示此时卖方动能开始衰弱，短期内股价有望止跌回升，投资者可以清仓逢低买入；当DMA线向上穿破0轴线并继续攀升而股价同时向上时，说明买方动能开始大于卖方动能，此时投资者应逢低买入或坚决持股待涨。

当DMA线从0轴线以上回落，但经过一段时间强势整理后再度掉头向上时，若股价与之同时整理后向上，则投资者宜继续持股待涨，后市依然有着较强的上涨动力。

当DMA曲线已经在0轴线上方较远时掉头回落，且震荡盘整后继续向下时，若股价未能突破上方均线压制同时掉头向下，则意味着一波较为强劲的下跌行情即将产生。此时投资者一定要谨慎。一旦下跌趋势得到确认，则需要立即清仓离场。

当DMA曲线在较长时间的下跌后，弱势反弹之后继续向下，同时股价在盘整后继续创出新低时，说明卖方动能尚未得到有效释放，此时投资者宜继续持币观望。

DMA曲线和AMA曲线的运行过程中也有黄金交叉和死亡交叉的概念。当DMA线向上穿破AMA线时，形成黄金交叉，为买进信号，表示后市看涨；反之，当DMA线向下击穿AMA线时，形成死亡交叉，表示后市看跌。

图8-32给出了一个DMA分析的例子。该图中DMA线在箭头标注的地方向上穿破AMA线产生黄金交叉，之后两条线的发展方向与股价一致，股价上涨趋势稳定。当DMA线和AMA线向上穿破0轴线时，买方动能开始大于卖方动能，此后股价上涨速度明显加快。

图8-32 DMA指标示例

8.5.7 ARBR指标的原理及应用

ARBR指标可以分成两个指标，即人气指标AR和买卖意愿指标BR。这两种指标可以分开使用，也可以同时使用，主要通过买卖双方动能的对比来分析股价及指数的中长期趋势。

ARBR指标是通过股票的开盘价、收盘价、最高价和最低价之间的关系来分析研判多空双方的动能，从而预测股价的未来走势。AR指标和BR指标的计算有所区别，前者的分析对象是当日的开盘价、最高价和最低价；而后者分析的是前一日的收盘价、当日的最高价和最低价。

与其他指标一样，AR指标、BR指标也分日ARBR、周ARBR、月ARBR、年ARBR和分钟ARBR等。其中，日ARBR和周ARBR使用频率较高。

AR线以100为买卖方的均衡状态，其浮动范围为20，即当AR值处于80～120之间时，股价处于平稳区域，AR值走高表示买方动能大于卖方动能；但当AR值过高时，则表示股价处于超买状态，下跌随时可能产生，此时投资者宜密切关注，当AR值掉头向下时果断卖出股票。

AR值在80以下时表示卖方动能大于买方动能，但当AR值小于40时，说明股票处于超卖状态，此时投资者可逢低买入。

BR值与AR值类似，处于100左右时表示股价变动处于相对稳定区域；当BR值大于300时，表示股价处于超买状态，可逢高卖出；当BR值小于40时，表示股价处于超卖状态，投资者可逢低买入。

AR线、BR线配合使用时可以达到更好的效果。AR线、BR线同时向上或向下时，其趋势特征比单根AR线或BR线更明确。当BR线从较高位置掉头向下时，若BR线跌幅达到

50%但AR线继续向上，则表示股价处于上升过程中的整理区域，投资者可以逢低加仓。若BR线呈向上趋势而AR线继续走平甚至出现小幅下跌，则需逢高出货。

若股价放量上涨，同时BR线向上穿破AR线出现黄金交叉时，投资者宜及时买入，后市看涨；若BR线一直在AR线上方运行且两线方向向上时，表示股价上涨将继续，此时宜持股待涨。

当股价到达高位后开始下跌，而AR线向下穿破BR线产生死亡交叉时，投资者宜果断卖出。若之后两线继续向下发展，说明下跌将继续，此时投资者宜持币观望。

图8-33给出了一个AR、BR配合分析的例子。图中股票亚星客车（600213）在股价与AR线、BR线趋势一致向上时，股价处于连续上涨中；当出现黄金交叉之后，股价上涨趋势得到进一步确认，此后AR线一直在BR线上方运行且两线趋势向上，股价向上趋势得以较长时间保持。

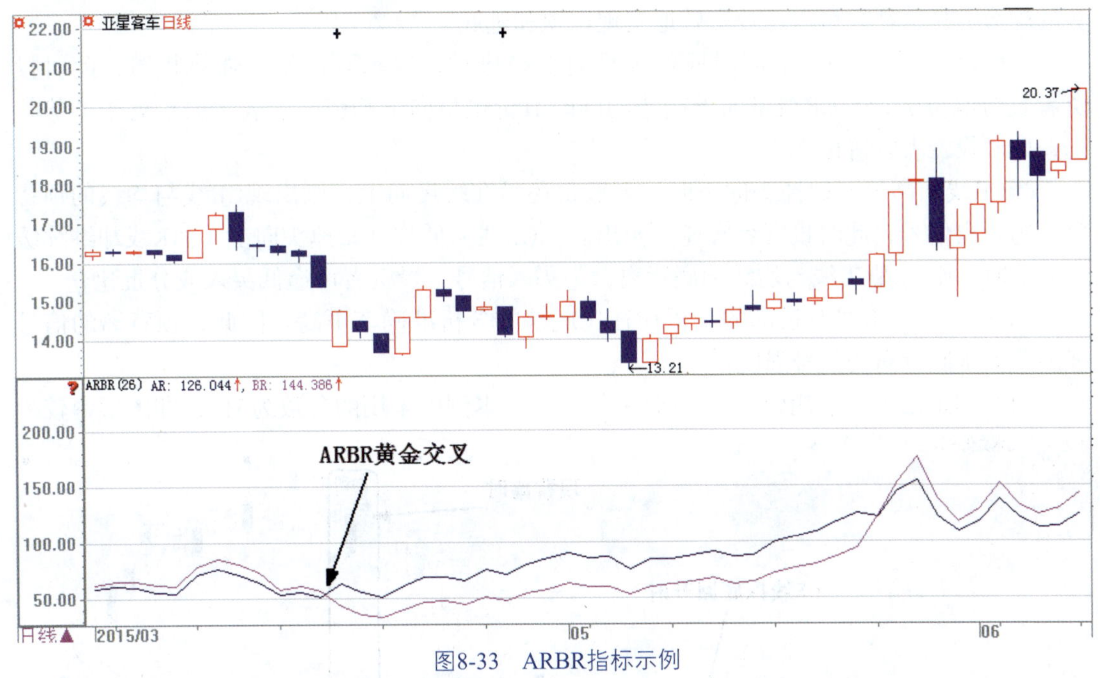

图8-33 ARBR指标示例

8.5.8 CR指标的原理及应用

中间意愿指标CR与AR、BR较为相似，也是通过买卖双方动能的分析来把握指数或股价的中长期走势。但CR指标与AR、BR指标的区别也是非常大的，其最大的区别在于，CR指标的理论出发点是，中间价是股市最有代表性的价格。这一点与AR、BR指标主要依据开盘价、收盘价、最高价、最低价之间的关系来分析截然不同。

为了避免AR、BR指标的不足，CR指标在计算时采用上一个研判周期的中间价作为计算时的均衡价位。它的计算方法与AR、BR类似，也是用一个计算周期的最高价减去最低价的综合作为买方动能的综合，用上一个交易日的差值总和作为卖方动能的总和，用前一个数值除去后一个数值即得CR值。

CR指标在研判时主要集中在CR数值的取值范围、CR线与K线的配合等方面。CR值用100线作为中间意愿线，即当CR值处于100线附近时，表示买方和卖方动能均衡。

当股价处于长期上涨行情时，若CR值大于300，表示股价处于超买状态，股价随时可能出现回档，此时投资者宜逢高卖出；当股价处于下跌反弹趋势时，若CR值大于200，则表示反弹已接近顶部，此时投资者宜逢高卖出。

当股价处于震荡行情时，若CR值小于40，说明盘整即将结束，投资者宜逢低买入；当股价经过较长时间下跌时，若CR值小于30，说明股价处于超卖状态，投资者可逢低吸纳。

用CR值进行识顶判断时，准确性往往比识底要高。投资者在实际使用时，若需要进行识底，建议结合其他的指标进行分析。

与AR线、BR线类似，CR线也有领先股价走势的示警作用。投资者利用CR线和股价走势的配合分析，往往可以比较有效地实现识顶和逃底。

当CR线呈向上趋势的同时股价也呈向上趋势时，表示股价处于强势状态，此时投资者宜持股待涨；当CR线呈向下趋势的同时股价也呈向下趋势时，表示股价处于弱势状态，此时投资者宜持币观望。

当CR线从高位开始掉头向下时，若股价还是在缓慢向上，则出现CR线与均线的顶背离，为卖出信号，此时投资者宜逢高卖出。当CR线从低位开始掉头向上，而K线却继续缓慢向下时，则出现CR线与均线的底背离，为买入信号，投资者可逢低买入或分批建仓。

如前所述，CR线对顶部的分析往往比底部的分析准确率更高。因此，顶背离的信号强度要大于底背离的信号强度。

图8-34给出了一个用CR线进行分析的例子。本例中采用的参数为5日，即图形中较为

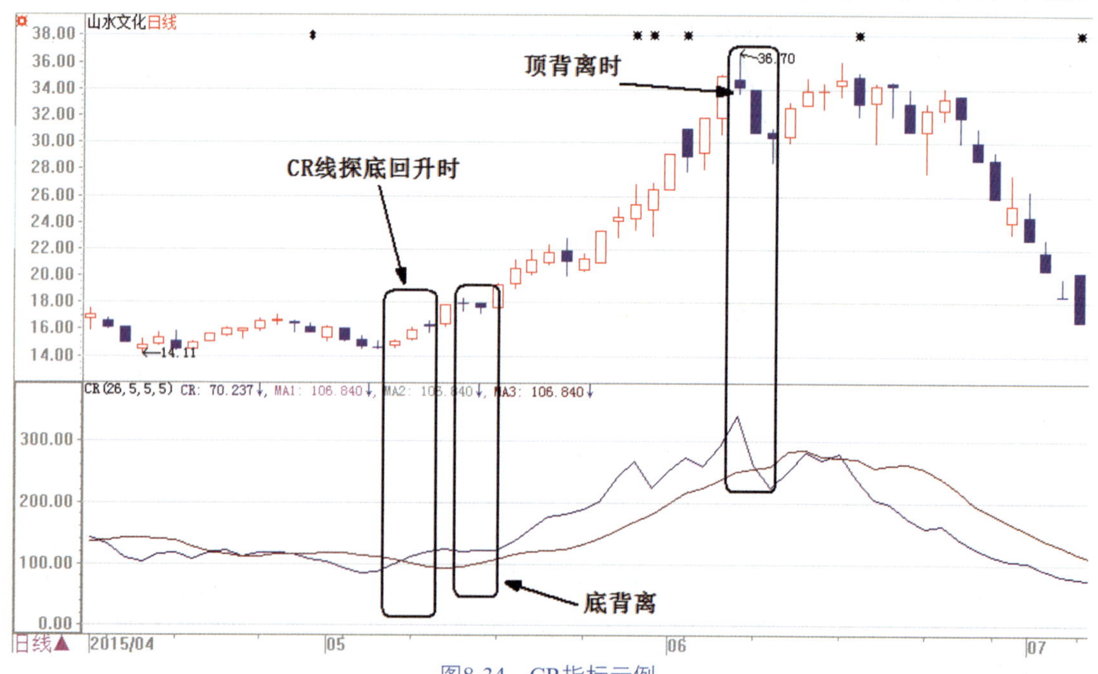

图8-34　CR指标示例

圆滑的曲线为CR5日线。在图中第一个圈中的位置，即标注“CR线探底回升时”的位置，CR线先于股价从低位探底回升，此时投资者可逢低买入。之后股价出现回调，但CR从低位保持向上，出现底背离，底背离为投资者带来了第二次买入的机会。之后股价走势与CR线走势出现一致，此时投资者需要做的就是持仓待涨。

当CR线到达高点时，股价出现回调，但此时CR线还是处于缓慢向上趋势，此时出现顶背离。这时候多方动能已经衰竭，稳健的投资者可以在顶背离出现的第一时间卖掉手中的股票。激进型的投资者在发现股价跌破短期均线，而CR同时还是处于缓慢向上过程时，也应该立刻出掉手中的股票，持仓观望。从图中的例子可以看出，顶背离出现后紧接着就是一轮很大幅度的下跌。

8.5.9 PSY指标的原理及应用

心理线指标PSY属于能量类和涨跌类指标，它依据投资者对股价涨跌产生的情绪波动进行分析，对股价短期走势有一定的信号意义。

PSY指标通过一定时间内多空总动能的分析来描述股价的超买超卖状态。它的计算方法比较简单，用一定时间内股价上涨的天数除以这段时间的总天数，再乘以100即得到PSY数值。

大智慧中PSY的默认天数为12，实际使用中投资者可以通过修改指标参数的方法来修改天数。参数越大，则PSY数值越趋向于集中，稳定性越强，但相对来说对股价走势的描述就越迟钝；参数选择得过小，则PSY取值波动范围往往容易越大，导致信号准确率降低。

PSY指标的研判主要集中在PSY指标的数值、PSY线的走势等方面。PSY的取值介于0～100之间，50线是多空双方均衡线。

一般来讲，当PSY数值在25～75之间波动时，表示多空双方处于均衡状态，投资者此时可参考别的指标判断走势。当PSY线向上穿破75线时，说明这段时间内上涨的天数多于下跌的天数，多方动能大于空方动能。但若PSY数值过大，则说明股票处于超买状态，股票的获利盘较多，投资者存在着获利出逃的可能。因此，投资者此时需要保持谨慎。而当PSY数值小于25时则相反，此时卖方动能大于买方动能，但如果数值过小，则说明股票处于超卖状态，此时存在着反弹的投资机会。

实际使用中，投资者可在中长期上涨或下跌的初期，将超买、超卖的参考线分别调整为85线和15线；而当股价沿某一走势运行一段时间后，再将这两个参考线分别调整为75线和25线。

PSY线的运行趋势也能提供指数或股价的走势信号。当PSY线在40线与60线之间震荡时，说明买卖双方动能均衡，此时投资者宜持观望态度，不要轻易操作；当PSY线运行在50线以上，或者向下向上缓慢突破50线时，表示买方动能大于卖方动能，此时投资者应逢低买入或持股待涨；当PSY线保持在50线以下运行或由上向下穿破50线并未能收回50线以上时，表示卖方动能大于方动能，此时投资者应逢高卖出或持币观望。

图8-35给出了一个用PSY进行分析的例子。本例子中为了数据的平稳性，并未采用大智慧分析软件中默认的12日作为参数，而是采用了钱龙分析软件中使用的72日作为参数。

实际使用中投资者可以按照自己分析周期长短的需求来更改参数。

图8-35 PSY指标示例

本例中，股价经过一段时间的盘整后，PSY线由下向上穿破50线，意味着该股票人气开始活跃，多头力量开始慢慢增强，此时投资者逢低买入。该图的例子中，PSY上穿50线后一直保持在50线以上运行，投资者该做的只是持股待涨。

需要注意的是，分析PSY线时更重要的是看PSY数值所处的位置，而不是PSY线的运行方向。投资者切勿仅仅根据其运行方向来操作。

8.5.10 OBV指标的原理及应用

能量潮指标OBV是由美国股市分析家葛兰碧提出的。它依据能量潮指标，着重研究成交量与股价的关系，对短期技术分析非常有用。尤其是对上市时间不足两年的次新股，其短线趋势信号往往准确率很高。

OBV指标的算法比较简单，是用前一日的OBV数值加上或减去当日的成交量，即OBV计算的是累积成交量。

使用OBV进行趋势分析时，需要配合股价走势来进行。一般来讲，当OBV线向下而股价在升高时，往往预示股价上涨能量不足，为卖出信号；当OBV线上升而股价却小幅度下跌时，说明人气旺盛，股价下跌只是短暂回调，为买入信号。

当OBV线缓慢上升的同时股价也缓慢上涨时，说明买方动能稳定，股价中长期走势向上，此时投资者宜持股待涨；当OBV线缓慢下降的同时股价也缓慢下跌时，说明卖方动能在慢慢累积，股价中长期向下，此时投资者宜逢高卖出并持币观望。

当OBV线快速上升时，说明买方动能快速释放，股价会有较快速度的拉升，但这种能量的爆发往往不能持久，因而当OBV线在快速上涨后出现掉头向下迹象时，投资者宜逢高卖出；当OBV线快速下跌时，说明卖方动能快速释放，股价往往会有较快速度的下跌。同样地，这种空方动能的爆发也不会持久，当OBV线出现锯齿形盘整之后向上时，投资者可逢低买入。

OBV线经过长期上涨或下跌出现一个盘整期时，往往接着会出现两种可能。一种可能是出现掉头，此时表示股价走势出现反转；另一种是盘整后继续原有走势，此时意味着原有走势会以更快的速度进行。

图8-36给出了一个OBV指标分析的例子。图中所示的时间段中，开始时OBV低位盘整后上涨，与此同时股价也在上涨，买方动能大于卖方动能，此时投资者应逢低买入股票并中长线持有。股价经过一段较长时间的上涨后出现高位盘整，此时OBV线选择掉头向下，股价也同时出现下跌，说明累积的卖方动能开始释放，此时投资者应逢高卖出股票并继续等待机会。

图8-36　OBV指标示例

8.5.11　TOWER指标的原理及应用

TOWER指标，即宝塔线指标，是一种与K线和点状图类似的指标，主要用于指数和股价的中长期趋势研判。TOWER指标通过不同的颜色或虚实体的柱体线来区分股价的涨跌，依据买卖双方动能变化的过程及状态在图表中表现，从而预示股价涨跌的趋势及提示买卖点信号。

TOWER指标依据的是趋势线的原理，引入了支撑区和压力区的概念，通过TOWER线预示的信号来判断买卖点。与其他指标不同的是，它不提示买卖点的具体价位，不主张主观预测股价的高点或低点，而纯粹从股价的趋势来分析何时买入、何时卖出。

TOWER指标信奉的是涨不言顶、跌不言底的投资理念。它不提供股价高点、低点的位置信号，只是告诉投资者在低点反转时买入并耐心持有，在高点反转向下时果断卖出。使用TOWER线来进行投资选择，虽然可能在次高点卖出股票或在次低点买入股票导致获利减少，但这种方法不会导致错失回调后的上涨或下跌中的短期反弹被套，比较适合稳健型的投资者。

TOWER指标并没有计算公式，它只是以收盘价为参考，当上涨时用白线显示，下跌时用黑线表示，以图表的方式直观地显示在股价窗口中。

按照计算周期的不同，TOWER指标也可以分为日TOWER指标、周TOWER指标、月TOWER指标、年TOWER指标及分钟TOWER指标等。由于TOWRE指标较适合中长期走势研判的特性，TOWER指标常用的计算周期为日和周。

TOWER指标的研判主要集中在黑白柱线的状态转换分析以及TOWER线与股价K线的配合分析上。当股价从底部开始反弹向上，TOWER指标的黑色柱体进入翻白的状态时，说明买方动能开始积聚，此时投资者可逢低买入；股价上涨过程中，只要TOWER白色柱体线持续出现，则说明股价保持着强势状态，此时投资者可持股待涨或逢低买入；当TOWER白色柱体线维持了较长的时间且股价涨幅已经较大时，投资者应当关注TOWER线的状态，当柱体线开始翻黑，则说明空方动能开始释放，投资者宜逢高卖出。

股价处于下跌趋势时，若TOWER黑色柱体线一直出现，则说明卖方动能大于买方动能，投资者宜持币观望；调整趋势中若出现小幅度翻白，但盘整区间没有突破时，说明下跌趋势将延续；若经过一段时间的下跌，TOWER线快速翻黑后翻白，投资者宜多观察几天，防止庄家故意拉高出货。

若股价在底部经过较长时间的横盘后突然出现柱体很长的大阳线，同时TOWER线也出现较长的白色柱体线时，说明股价已经转换到上涨趋势，此时投资者宜逢低买入。股价在上涨过程中若TOWER线一直保持白色实体，则即便K线中出现小幅度回落，投资者仍可耐心持有；相应地，若股价在下跌过程中TOWER线一直保持黑色实体，则即便K线中出现小幅度上升，投资者仍要持币观望，因为小幅反弹后往往意味着更大的跌幅。

若股价经过较长时间的上涨后突然出现大阴线，同时TOWER线也出现实体较长的黑色柱线时，往往意味着股价的下跌已经开始，此时投资者宜果断卖出股票。

大智慧股票分析软件中，用键盘输入TOWER指标的缩写BTX时会出现两个选项，即TWR宝塔线和TWRF宝塔线（副图），建议投资者使用第二个TOWRE工具，以便于TOWER指标和股价K线的配合分析。

图8-37给出了一个用TOWER工具进行分析的例子。本例中采用的是K线及TOWER线的周线数据，其特点为TOWER指标发出的买卖信号比日线数据要迟钝一些，但可靠性相对于日线数据要高一些。本例中的股价经历了三个阶段：第一个阶段，股价处于上涨趋势，而TOWER线一直保持阳线，此时投资者可逢低买入并耐心持有；第二个阶段，在相对高的价位上股价出现阴线，与此同时TOWER线也由白翻黑，此时投资者应逢高卖出；第三个阶段，股价到达底部，开始止跌上涨，而TOWR线也同时由黑翻白，此时投资者宜逢低买入并耐心持有。第三个阶段带来了一段很长时间的上涨，在上涨过程中股价也出现过回落，但TOWRE线中表现出的却是一直为白色柱体，表示股价回落之后会继续上涨。事实证明，在第三个阶段，股价经过短暂回落后以更快的速度上涨。

图8-37 TOWER指标示例

8.5.12 指标选择的方法

上面的章节中介绍了目前股市分析中使用最为广泛的几个指标，事实上股票市场中依据不同的理论定义并流行的指标是非常多的。大智慧默认的常用指标就有18种，而大智慧可提供的指标总数多达100种以上，况且投资者根据自己的理解还可以自定义指标。如此之多的指标往往给新用户带来很大困扰，不知道该如何去学习和使用。

比较好的一种方法是，投资者不要去试图掌握所有指标，也没必要记住所有指标的用法，而应该掌握几种适合自己投资理念的指标，配合常用的分析方法，不断总结摸索，树立一个自己的投资分析方法，并不断修正。

事实上任何指标都是有其自身的优点和缺陷的，譬如MACD指标对中长期分析较为稳妥，但对震荡走势则容易产生盲区；KDJ指标对中短期走势的研判比较敏感，但对单边式的走势则容易出现盲区；TOWER指标对中长期走势分析比较稳妥，但对顶部识别则容易判断不准；均线的数据较为真实，但对压力位、支撑位的描述则不够灵敏，等等。

投资者在实际研判中可以将不同的分析指标进行使用，从而弥补各指标本身的不足。譬如可以用KDJ指标来辅助MACD指标，用DMI指标来辅助KDJ指标，用KDJ指标、RSI指标来辅助MA指标（即均线系统），用KDJ、RSI指标来辅助TOWRE指标等。

指标配合使用的另外一个要点就是，利用不同指标不同的特性选择合适的计算周期来配合使用，往往可以达到更好的效果。实际操作时，可以使用分钟短线指标来选择买卖时机，使用日线、周线的中长期指标来判断中长期走势。举例说明，在行情初处于极强或极弱的单边市场中，日KDJ往往反应迟钝，此时用中长期指标如MACD则可以准确判断行情处于哪种状态；而短线投资者可以使用分钟KDJ进行买卖点选择进行波段操作，稳健型的投资者则可以根据单边市场的属性选择持股待涨还是持币观望。

炒股

第9章 跟随主力擒涨停

在国内的股票市场中，存在着两个迥然不同的投资者群体，一个是主力阵营，一个是散户阵营，两类投资者的特点不同，对股市的影响力也不相同。散户是趋势的追随者，他们对股价走势的影响力很小；主力则是价格走势的制造者，他们引导着甚至决定着个股的运行。在进行股票交易时，我们一定要学会分析主力的行踪，把握主力的动向，方可最大限度地从股票市场中获取更高的回报。本章我们就来解析一下主力的控盘行为，让读者对主力有一个更为透彻的理解与认识。

9.1 主力的类型与特点

主力，也称主力资金，是股票市场中的主导力量，其一举一动不仅影响着个股的涨跌起落，甚至决定着个股的涨跌起落。“主力”是一个和“散户”相对的概念，凡是有一定炒股经验的投资者都会不约而同地认定这样一个事实，即：无论对于股价的中长期走势，还是对于股价的短期走势来说，主力在其中的作用都是占主导地位的。如果主力入驻个股力度较大、对个股控盘能力较强，则这样的主力也可以称之为庄家。在股票市场中，“主力”与“庄家”这两个概念很常见，很多投资者也混用它们，其实，“庄家”这一概念更侧重于指代那些对个股走势有绝对控盘实力的大资金；而主力这一概念则是通俗意义上的大资金，对个股走势的影响力可强可弱。在实盘操作中，我们不必过于严格的区分这两个概念，可以将焦点放在对于个股走势的研究上，以此来判断主力控盘能力的强弱，预测股价的后期走向。

9.1.1 主力的类型

股票市场中充斥着各种资金，每一路主力资金都与众不同、实力不凡。主力资金的类型也是多种多样的，他们在入驻个股、控盘个股的过程中，往往有着截然不同的风格。有的主力虽然实力较强，但根据价值投资理念来操作，不会过多关注股价短期波动，这类主力更注重参与个股，而非炒作个股；有的主力则兴风作浪、不顾个股的业绩情况，大肆进行炒作。下面我们就来了解一下沪深A股市场中的主力资金类型有哪些，并简单地介绍一下他们的控盘风格。

1. 公募基金

公募基金（Public Offering of Fund）就是股民和基民常说的“基金”。基金是一种间接的证券投资方式，基金管理公司通过发行基金单位，集中投资者的资金，由基金托管人（即具有资格的银行）托管，由基金管理人管理和运用资金，从事股票、债券等金融工具投资，投资人与基金管理公司共担投资风险、分享收益。在股市中，我们常说的基金重仓股就是指这一只股票由某一只基金或是某几只基金重仓持有。

公募基金的资金实力极其强大，并且他们比较重视价值投资，为了可以更好地应对基民的申购与赎回操作，保证其资金的流通性，公募基金所入驻的个股多为大盘蓝筹型的个股，而且，由于有监管层的要求，基金要单独开设交易账户，故不会刻意地炒作个股，那些基金重仓的个股也往往由多只基金共同入驻，个股的走势更多地取决于这多只基金的合力效果。

公募型股票基金的主要特点体现在其买卖行为是围绕着基民的申购与赎回，当基民申购多时则加大持股力度，反之，则进行减仓应付基民的赎回。持股方式是大部分时间被动持股不动（少数会在开盘收盘时推波助澜）。在行情好的时候可能会部分地追逐市场热点，在行情不佳的情况下可能会对维护一些重仓股的股价，也会针对一些基本面有利好消息的股票抱团取暖。在行情走势相对稳健时，基金重仓股的表现与大市相近，但是在行情大起大落时，由于基民的申购力度加大或是赎回力度加大，基金重仓的表现会快于大市，基金此时有推波助澜的作用。

2. 券商

有一些实力强大的券商在提供服务的同时也进行证券投资，其资金募集方式与基金类似，多是面向公众并以“券商理财产品”的方式进行资金募集，由专业人士运作，其所选个股多是一些业绩较为优秀、行业发展前景较好的个股。券商在股市中的行为特点也与基金中基本相似，即多是被动持股，并不以控盘者的角色出现。

3. QFII

QFII是英文Qualified Foreign Institutional Investors的缩写，即“合格境外机构投资者”。QFII制度使得国际资金可以加入到A股市场中来，但QFII资金并不熟悉国内股市的炒作风格，且国外资本介入国内股市多是由于看好中国经济的发展，并且多是长线布局于行业龙头股，故QFII可以称作是真正的价值投资者。

QFII虽然资金雄厚，但并不主导个股行情，若QFII进入或退出一只个股，大众投资者更应该关心的是这只股基本面问题，而不是技术指标。如在2006年上半年，QFII连续大幅增仓A股，其持股特点是：持续持有优质品种、所持股票业绩增长稳定，这时QFII的介入并非盲目，也是根据技术分析，基于对中国经济走势向好及股票相对估值过低的原因。事实证明，2007年是中国经济高速发展的一年，同时也迎来了史无前例的大牛市。

4. 上市公司大股东

随着股权分置改革的实施，大股东甚至是控股股东的非流通筹码，也开始逐步转变为可在二级市场中买卖的流通筹码。这样，二级市场中股票价格的变动直接与大股东的利益相挂钩，二级市场的股价变动也是大股东时刻关注的对象。有一些大股东，特别是具有控股色彩的个股来说，会有着较强的控制股价走势的意愿，而且，这些大股东也都有强大的资金实力作后盾。当然，大股东在控盘个股的过程中，为了掩人耳目，也不会使用自己账户明目张胆地施行控制的，他们会以亲朋好友的身份来开设大量的交易账户，为控盘个股打开方便之门。一般来说，大股东在控盘个股时，更多的是采用低吸高抛的方式来维护股价，即：当个股跌得较多时会主动承接，以此来护盘；而当股价涨得多时，会抛售一定的筹码回收本金。这种控盘方式与通常意义上的“吸筹、拉升、洗盘、出货”这种控盘流程还是有所不同的，这也是我们值得注意的一点。因而，在分析个股走势的过程中，若看到个股有大资金在托盘，这并不意味着其随后就有较强的上涨动力，因为这完全有可能是控股股东的一种护盘行为所致。

5. 民间游资与私募

民间游资也称为民间资本，它的资金来源比较隐蔽，可能是几个实力超强的大户联合而成，也可能是具有私募性质的理财产品。在实际分析中，我们往往并不对民间游资、私募基金、大户联盟等具备较强私募性质的资金作过细划分。

在一些暴涨的题材股、消息股甚至是具有隐藏题材的ST类个股身上，如果我们查看F10，很难发现公募基金的身影，但是可以肯定的是，这些个股之所以能暴涨，必定是有主力资金在运作。其实，这正是民间游资的“杰作”。

民间游资是股票市场中的活跃因子，他们重题材炒作、重消息运作，而且，在炒作一只个股的过程中，个股往往并非由单独的一只游资炒作，我们常常可以看到某只个股在政策面利好消息或是预期重组等利好因素的刺激下，实现短期内的飙升，极端的走势甚至会出现连续数个涨停板，其实，这正是多路游资在进行“击鼓传花”式的炒作。在实战之中，这类有民间游资重点炒作的个股，也正是我们中短线关注的重点品种，它可以为我们带来巨大的中短线收益。

但是有一点是值得我们注意的，这类民间游资重点炒作的个股，在启动之后固然很强劲，但是，一旦市场热退潮、民间游资开始纷纷跑路时，股价的下跌也往往如其上涨时一样迅猛，我们应警惕其高位区的风险。

9.1.2 主力的特点

兵法云“知己知彼，百战不殆”，我们是散户投资者，而股市又是一个博弈场，胜方的盈利往往是建立在败方的亏损之上的。主力常常作为获胜的一方，其利润正是来源于散户投资者群体的普遍亏损。在了解了主力的特点之后，我们无疑可以更好地与主力进行博弈，提高胜算。下面我们就来看看主力的特点。

1. 资金实力雄厚，控筹力度大

资金的多少决定了主力可以控盘什么样的个股，能在多大程度上控制此股的走势。很明显，小盘股容不下大资金，小资金入驻大盘股也产生不了多大影响。但是无论小盘股还是大盘股，想要实现较大程度的吸筹，进而能在较大程度上控制个股走势，手中没有足够的资金是绝对不行的。

一般意义上的大户是不会有这么多资金的，散户资金相对来讲更少。而主力则不同，实力最弱的主力也会有几千万的操盘资金，而实力较强的主力其资金更是动辄上亿、甚至是几十亿。这样的话，主力就可以大力度地买入某只股票的流通筹码，由于一只股票的流通筹数量是有限的，因而，手中掌握了更多的筹码就意味着他对个股走势有着更强的控制力，进而可以很好地引导、甚至控制个股走势。

在实际运作个股的过程中，主力会将操盘资金分成两部分：一部分用于低位区的吸筹，另一部分则是控制股价波动或拉升个股。这两部分资金比例是成反比的，用于吸筹的资金越多，控制的股票筹码也越多，随后维护股价或拉升股价时所使用的资金就会减少。而建仓资金如果较少，那市场仍有大量的“浮筹”存在，这些浮筹会对主力后期控制股价起到不小阻碍作用，因而主力拉升与维护股价所用到的资金便会增多。就一般情况来讲，中长线的主力在低位区的吸筹会更充分，对个股走势的影响力也更强，个股的中长期上涨空间也更为惊人；反之，短线主力的吸筹与拉升往往合为一体，主力会更多地借助于市场的追涨力量来实现拉升个股。

2. 消息领先于市场，提前一步行动

在股市中时间长了，我们就会发现这样一个“有趣”的现象，即：个股在发布明显的利好消息（例如：公布高送转预案、公布资产注入预案、公布签订大订单等）前，股价会提出现异动，而且，在正式公布消息前的一两个交易日内，很可能出现连续的涨停板。对于这种异动的走势，市场中的散户投资者自然不知其然，其实，这是主力资金提前获知了

内幕消息，提前展开吸筹加仓操作，或者是提前运作个股。

对于散户投资者来说，其获取消息的方式无非只有两种。一种是公开发布的消息，这种方式所获取的消息虽然准确，但不具有领先优势，当重大的利好消息公开发布时，个股往往是以无量涨停板的形态呈现出来，短期内根本不给投资者买入的机会；反之，重大的利空消息发布时，个股往往又会以无量的跌停板形态呈现出来，投资者也难以在短期内卖股离场。另一种是道听途说的小道消息，这种方式所获取的消息较不可靠，如果盲目地依据小道消息进行追涨操作，则很可能出现高位被套的不利局面。

在股票市场中，谁提前获取了消息，谁就能走在市场的前面，而主力正是借助于灵通的消息渠道，提前获取了这一消息，也就走在了市场的前头。这充分体现主力的消息优越性，主力提前获知了上市公司的利好消息，从而提前运作个股，并为后期继续借利好运作此股打下了基础。

如图9-1所示为苏常柴A（000570）2015-09-24分时图，在当日的尾盘阶段，此股出现了明显的异动，股价快速飙升、并上封涨停板，这种走势必然是主力资金运作而成，那么，主力意欲何在呢？9月27日发布的公告可以解答我们的疑问："公司控股股东常州市国资委于2015年7月16日至2015年8月26日期间通过深圳证券交易所集中竞价交易系统累计增持公司234.75万股股份，占公司股份总额的0.42%，出资金额为2000万元"，很明显，这是一则利好消息，这则消息必将催生股价大涨。而具备了灵通消息渠道的主力资金却早已在2015-09-24提前介入了，这就是主力提前获知消息的优势，它可以让主力提前布局，买到更为便宜的筹码，在这种情况下主力的胜算可达100%。

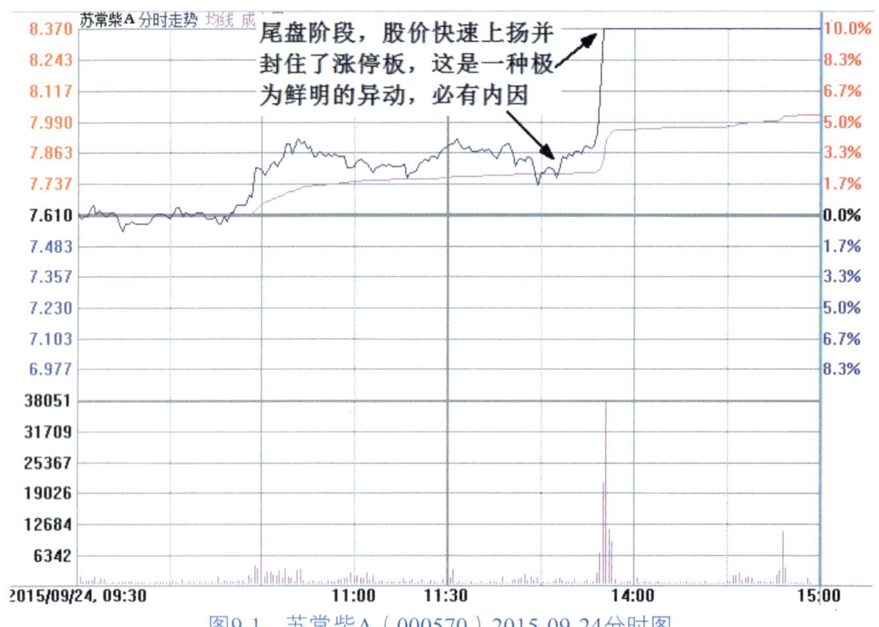

图9-1　苏常柴A（000570）2015-09-24分时图

3. 开设大量的交易账号，隐匿自身行踪

很多投资者都会有这样的想法，既然吸筹力度极大，那么，从交易所公布的前十大股东流通名单中是可以发现主力信息的。但情况并非如此，主力并不会利用一个或少数几个交

易账号买卖操作，在控盘个股的过程中，主力为了掩人耳目、躲避监管层的监督，会开设大量的交易账户，这样的话，就可以将自身的行踪混迹于成千上万个散户、大户的交易账号之中，并可以保证自己不出现在上市公司的“前十大流通股东”这一公开信息之中。

4. 控盘过程清晰，目标明确

主力介入一只个股绝不像散户那样随意，散户可以由着性子追涨杀跌、频繁换股，但主力一般只专心运作一只股票，而且主力对于目标股的选择、控盘过程的安排、人员的调度、时机的选择等有着较为明确的方案。主力的控盘过程可长可短，这与主力的风格、资金实力、控盘目标等有关。但不管是中长线控盘还是短线控盘，主力的整个控盘流程都是较为清晰的，从而形成了一条清晰的行动路线，这条行动路线有几个较为鲜明的环节：吸筹（也称为建仓）、拉升、洗盘、出货（也称为派发）。

5. 深谙市场思维，操盘手法多变

上市公司的业绩总是差强人意，国内股票市场的炒作风气更浓。对于绝大多数个股来说，由于没有业绩持续增长作为支撑，它们的股价走势也难逃趋势循环的命运。换个角度来看，低位区布局者是聪明的，高位区卖出者是明智的。股价的“高”与“低”往往是显而易见的，但即使是如此，大多数散户仍然难以获利，这是因为他们受到主力操盘手法的迷惑。

散户在买卖中往往受情绪影响，看到一只个股在近几日内出现了强势上涨后，就有追涨买入的冲动，看到一只个股在近几日内出现了大幅下跌，就会出现恐慌心理进而杀低出局。主力深谙散户投资者的这种心理倾向，在实盘操作中，为了诱使散户做出错误的决策，在盘中会使出不同的买卖手法。例如：在主力的吸筹阶段，为了可以让散户产生恐慌，主力会不计短线得失，通过抛售手中的筹码来故意打压股价，这样，当随后个股反弹上涨时，散户就会有较强的“逢高”出局的愿望，主力正好借此建仓；散户虽然卖在了阶段性的高点，却失去了再度低位入场的机会，从中长线的角度来看，个股后期的上涨空间仍然巨大。但是，散户往往迷失于眼前的价格走势，看不到长远的发展，主力成功地利用了散户的这种“短视”缺陷，实现了大力的吸筹；反之，在主力的出货阶段，为了可以让散户不顾高位区的风险产生追涨愿望，主力往往会在一两日内制造强势的放量涨停板假象，在个股当前大涨的刺激下，散户往往失去理性的思考，落入了主力布下的诱多圈套。

9.2 主力控盘的流程与盘面特征

主力的控盘流程，也可以称之为控盘过程，指主力利用自己的强大实力达到对二级市场股价走势进行部分控制或完全控盘的过程。由于我国股市不存在做空机制，所以，主力只有通过低吸高抛的目的才能进行获利。主力的资金进出力度较大，要实现低吸高抛，就要有一个循序渐进的运作过程。一般来说，主力的一轮控盘过程可以细分为六个环节：建仓、震仓、拉升、洗盘、拔高、出货。其中的“建仓、拉升、出货”是必不可少的控盘环节，属必备环节；其余几个环节是否出现与主力的控盘风格、大盘走势等因素有关，其中洗盘环节的出现频率最高。了解主力做盘的各个阶段有助于我们更好地选择时机，并在个股起涨前进行布局、在大涨后获利出局。本节我们就详细讲解主力控盘流程的各个环节。

9.2.1 建仓环节——低位布局，积蓄筹码

建仓，也称之为吸筹，股市中常说的“建仓”就是在合适的点位及较低价位的二级市场中买入股票，建仓阶段是主力将自己的资金转换成股票筹码囤积起来的过程，其目的是为了等股价涨上去之后高位抛出获利。

建仓的股票品种、买入筹码的数量、买入的方式等，与主力的控盘风格和控盘实力等因素相关。一般来说，长线主力多喜欢布局于那些有业绩增长潜力的绩优股，而短线主力则往往顺应市场热点在短期内大量建仓题材股。

主力建仓个股，自然是为了后期更好地拉升，因此，个股后期一定要有较大的上涨空间才行。个股可以不处于趋势循环中的最低点，但是其前期的累计涨幅应不能太大，否则，个股后期难有上涨空间，主力的建仓行为也将是十分不明智的。事实上，也不会有哪家主力在中长期的高位区大力度进行建仓。

在主力建仓过程中，主力充当了买方，这势必会引发多空力量对比格局的转变，而这种市况也会体现在盘面形态的变化上。换言之，通过盘面形态的变化，我们是可以发觉主力吸筹痕迹的。但是，不同类型的主力、不同方式的吸筹手法会产生完全不同的盘面形态，这是我们识别主力建仓时的一个要点。下面我们结合实例来看看主力建仓时的盘面特征有哪些。

如图9-2所示为龙生股份（002625）2012-02-27至2014-03-21期间走势图，此股在低位区出现了震荡缓升的走势，期间的成交量温和放大，值得注意的是此股虽然上涨速度较为缓慢，但是其走势仍旧强于同期的大盘。这种量价配合关系正是主力资金持续流入的典型标志，而且，这是中长线的主力在积极地建仓。由于个股前期的累计跌幅巨大，虽然目前已有一定的震荡上行空间，但仍旧处于趋势循环中的底部位置区，而中长线主力又开始持续流入，这预示着个股后期定有较为充足的上涨空间，是其上涨潜力巨大的标志。对于中长线的投资者来说，我们要布局这类有主力眷顾的个股。

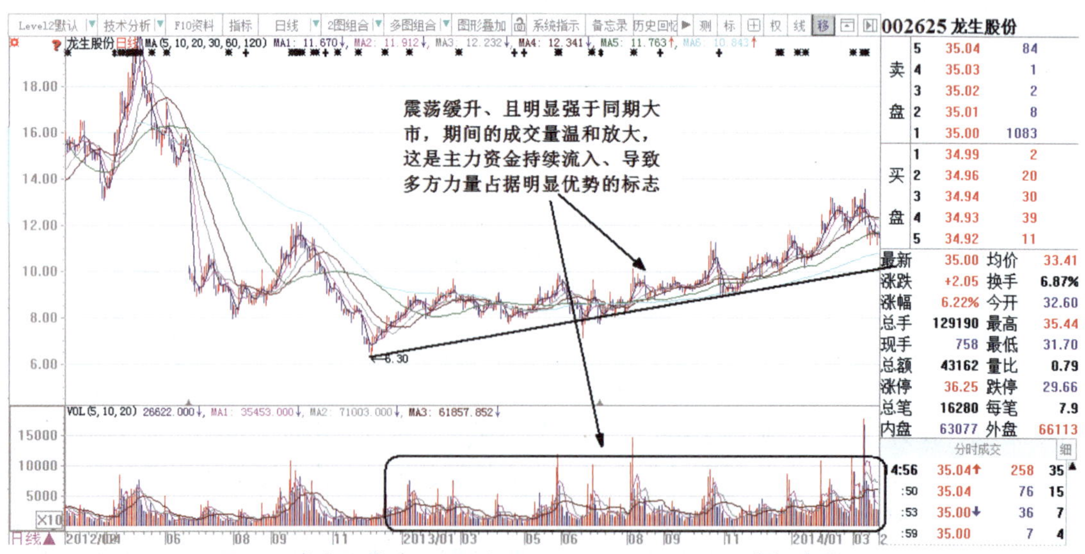

图9-2 龙生股份（002625）2012-02-27至2014-03-21期间走势图

如图9-3为苏宁环球（000718）2014-11-06至2015-03-12期间走势图，此股在低位区出现急速的上涨走势，连续的大阳线伴以涨停板，短期内的上涨势头十分迅猛，且量能巨幅放大，到2015-06-18创出新高23.90元，从2014年11月的5元左右上涨到23.90元，半年时间上涨幅度接近400%。这正是主力资金以拔高股价来实现快速吸筹的典型标志，也是主力以空间换时间的一种吸筹手法。由于个股短期内的上涨幅度巨大，这会造成多空分歧的明显加剧，持股者也将有着极强的抛售冲动，主力正好借机完成了快速吸筹，虽然短线上买在了较高的价位，但主力目光长远，由于个股后期仍有较大的上涨空间，故主力必将在随后获取高额回报。

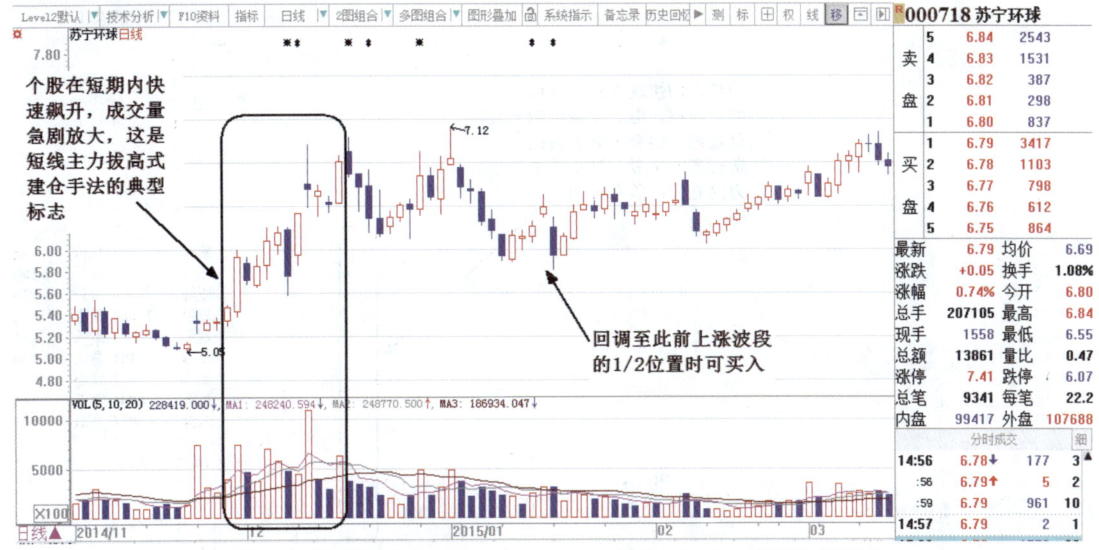

图9-3 苏宁环球（000718）2014-11-06至2015-03-12期间走势图

在实盘操作中，对于这类在低位区出现了拔高式吸筹形态的个股，有一个较好的回调介入点。一般来说，在短期的拔高走势之后，个股会回调至这一波拔高波段的1/2位置点，此时就是极好的中线买股介入时机。

9.2.2 震仓环节——拉升前的清洗浮筹操作

震仓环节介于建仓与拉升环节之间，它不是主力控盘流程中的一个必备环节，但是，有些主力却很喜欢这种操作。在建仓完毕之后、大力拉升之前进行震仓操作，可以很好地清洗掉底部区介入的获利浮筹，为随后的拉升打下良好的基础。底部区介入的市场浮筹其持仓成本无疑是很低的，散户投资者的持仓成本越低，对主力后期的拉升和出货等控盘操作就越为不利，已获利的市场浮筹是随时都有可能抛售出来的。通过拉升前的震仓操作，主力不仅可以提高一下市场平均持仓成本，也可以进行拉升前的最后一次加仓操作。

所谓的震仓，就是主力结合大盘震荡通过抛售少量筹码来打压股价的一个过程，震仓的时间往往极为短暂，但个股的下跌力度却极为凶猛，体现在盘面形态上，就是连续的大阴线使得个股短期内跌幅巨大。但由于大量的筹码已被主力掌握，主力仅仅是抛售了少量的筹码来进行打压，因此，在快速下跌过程中，看不到资金出逃的迹象，成交量明显缩小。

连续的大阴线下跌伴以成交量的明显缩小，这是主力震仓时的典型盘面特征。

如图9-4为南风化工（000737）2014-10-10至2015-06-10期间走势图，此股在稳健的上扬过程中，其走势强于同期大盘，这是个股中有主力资金从中积极推动个股的标志，随后，连续几个交易日的大阴线且量能大幅度萎缩的走势形态出现。这种短期内股价速跌、量能大幅缩小的形态正是主力持仓力度较大，借大市震荡之机清洗获利浮筹的典型标志。个股短期内快速下跌后的低点并不是卖股时机，对于持币者来说，可逢机短线买股入场。一般来说，在主力震仓之后就会快速地拉升个股，因而，主力震仓之机还是我们短线买股入场的好时机。

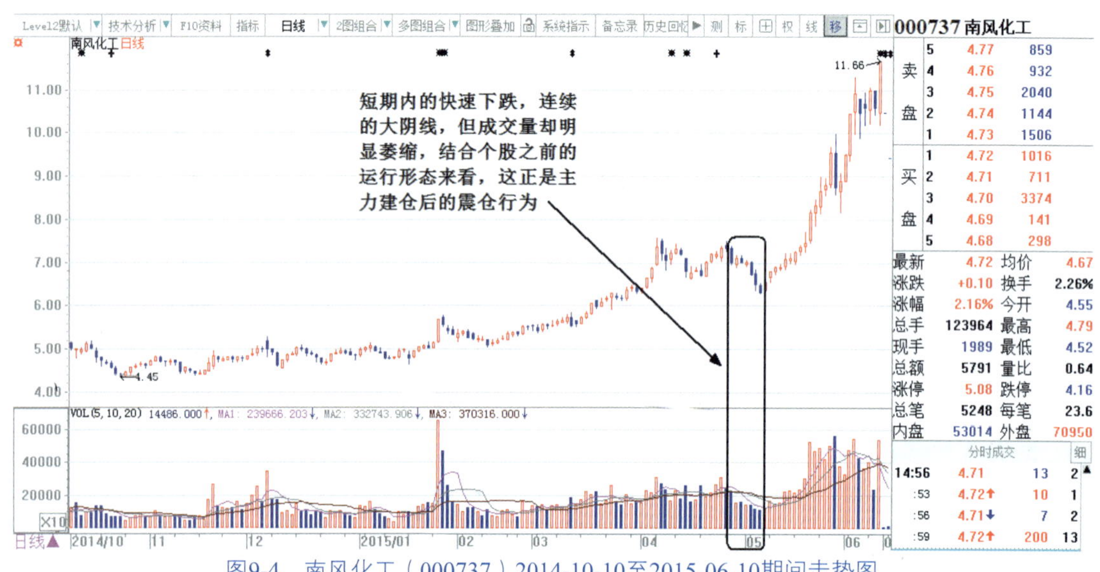

图9-4　南风化工（000737）2014-10-10至2015-06-10期间走势图

9.2.3　拉升环节——强劲上扬，独立于大市

主力拉升股价的目的就是要将股价做上去，主力为了实现在二级市场中通过实现低买高卖并从中赚得差价收益的目的，就必须在建仓个股后将股价做上去。所谓拉升，就是主力大幅拉高股价的过程。这一过程或长或短，长线主力在拉升初期，为了避免引起市场关注，往往采用较为缓和的方式进行拉升，而短线主力为了聚集人气，很可能会采用较为激进的快速拉升方式。主力在拉升过程中会把自己隐藏的面目暴露出来，这时要研究的问题不是有庄与无庄的问题，而是跟庄者要不要继续跟下去的问题。对于拉升环节来说，拉升时机与拉升手法这两个要素至关重要，不同的拉升手法呈现出不同的盘面形态。下面我们就来看看拉升时机与拉升手法。

好的拉升时机可以让主力只需花费不多的拉升资金即可大幅地拉升股价，起到事半功倍的效果。一般来说，主力会在以下五种时机进行拉升：

- 股市环境较好、大盘走势稳健时。市场交投气氛活跃或大盘处于稳健上升通道中时是主力的拉升时机。大盘走势既是个股走势的大背景环境，也是市场人气的直接反映，好的大盘走势有利于主力快速实现对其所控盘个股的拉升计划。此时，有大盘的稳健走势为背景，主力拉升个股可以得到市场的认可并获得共鸣，不仅可以成功地大幅度拉升个股，也可以进一步激发投资者的做多热情。

- 重大利好消息公布前。主力凭借着得天独厚的信息渠道往往可以提前获悉上市公司的利好消息，这样，主力就可以在上市公司正式公布利好消息前提前运作个股，对其进行拉升。这样的话，当利好消息正式公布时，主力既可以借助于利好消息再度拉升个股，也可以借机出货，从而使自己处于绝对的主导地位。
- 利好消息公布后。有一些消息是主力无法提前获知的，例如：产业扶持政策、区域扶持政策等政策面的利好消息。上市公司保密措施较好、突然公布了某一利好消息，这使得主力与散户投资者同时获得了消息，这些消息极有可能会形成市场热点。对于一些短线主力来说，很可能会实施拔高式建仓、快速拉升一体化的操盘方式。个股也就在利好消息的催生下出现了飙升走势。
- 龙头股启动时。国内股市中的板块效应异常明显，在我国的股市中，板块的概念深入人心。在市场热点形成之后，板块中会有一两只个股率先获得主力资金的炒作，它们上涨时冲锋在前、回调时则稳于磐石，能够起到稳定军心的作用，这类个股称之为龙头股。实力强的主力会率先发掘有潜质的个股并进行大力炒作使其成为龙头股，而实力较弱的主力则会在龙头股的示范效应下积极发掘与它相关的其他个股进行炒作，这种拉升方式也可以称作“补涨”。在龙头股的示范效应下，主力在拉升同类的其他个股时，就会轻松许多。可以说，板块热点形成之后，对于同板块中的其他个股来说，是一个很好的拉升时机，有实力的主力是不会错过这一机会的。
- 技术形成良好时。股市中的技术派不在少数，如果一只个股走势稳健且有技术指标中的金叉买入形态支撑的话，此时拉升会获得技术派的认可，从而保证拉升成功。仅凭技术指标和形态去拉升股价的主力往往是实力较弱的主力，而那些敢于制造恶劣情形，不看指标而肆意拉升个股的主力才是完全控盘的主力。

如图9-5所示为三星电气（601567）2014-02-14至2015-06-12期间走势图，此股的低位震荡区是主力吸筹的一个区域，当主力完成了吸筹任务之后开始拉升个股，控盘此股的是中长线主力，在拉升过程中，主力实施较为稳健的方式，我们可以看到个股稳步上行、股价重心不断上移，但个股的上涨速度并不迅疾，这种走势使得个股不会受到市场过多关注，这是一种短期内走势虽然不是轰轰烈烈、但上涨过程却很独立的方式，它常见于中长线强控盘主力运作的个股之中。实盘操作中，只要个股的这种上涨节奏不被明显破坏，则我们就可以一直持股待涨。

如图9-5中标注，在累计涨幅巨大的高位区，个股的上涨态势出现了明显的变化，不再是稳健式地上扬，转而变成了急速地飙升，且个股的上涨波动幅度加剧，个股此时的上涨节奏已完全与前期不同。其实，这是个股进入到主力拔高环节的标志，它也预示着主力已有了较强的出货意愿，个股在经历了这种短线飙升之后，随后见顶的概率将增加。我们此时不可追涨买入，以免陷入高位被套的窘境之中。

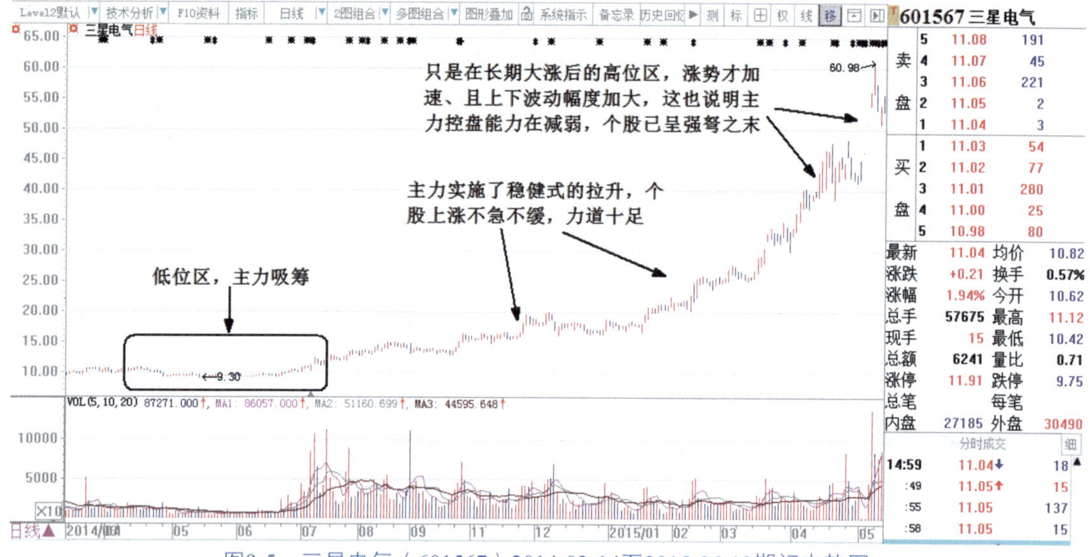

图9-5　三星电气（601567）2014-02-14至2015-06-12期间走势图

如图9-6所示为沙钢股份（002075）2014-09-22至2015-06-24期间走势图。此股在低位区经历了长期的整理蓄势，这是主力吸筹的一个过程。随后，个股开始以连续的涨停板方式实现向上突破，股价短期内迅速翻倍。这是一种很独特的拉升方式，个股的上涨形式犹如火箭，故这种拉升方式也称为“火箭式拉升”。一般来说，这种拉升方式多出现在主力炒作题材股时。在实盘操作中，一旦发现了个股的热点题材，且其有强势启动标志——涨停板，则我们就应在第一时间内追涨买入。

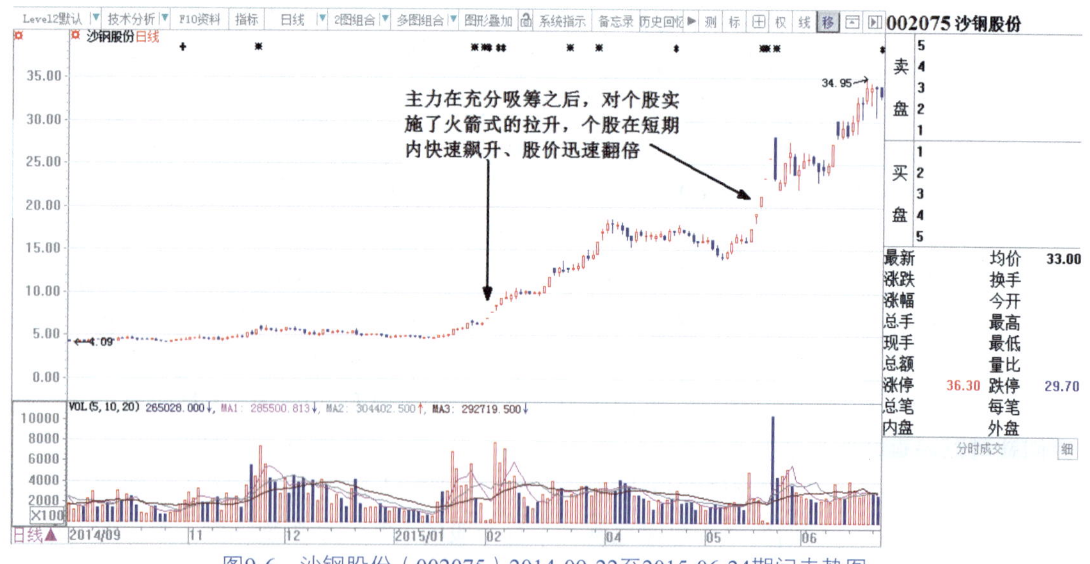

图9-6　沙钢股份（002075）2014-09-22至2015-06-24期间走势图

台阶式上升，也是主力拉升过程中可能出现的一种形态。它是指个股的上涨是以“台阶”的方式来实现的。个股往往会在主力短期内的强势拉升中而快速上升到一个新高度，随后，个股在一个更高的位置区强势横向震荡且上下震荡幅度不大，这就构成了一个台阶。这种震荡整理走势既可以很好地清洗掉没有耐心的获利浮筹，从而为随后的继续拉升打下基础，也可以提供一段时间的休整，并使得庄家可以寻觅一个更好的拉升时机。

一般来说，台阶式拉升形态出现在控盘能力极强的主力所运作的个股身上。这类个股中长期累计涨幅往往十分惊人，一些个股在大盘走势较好的背景下，甚至能出现十倍左右的上涨幅度。在实盘操作中，一旦我们发现了这样的个股，就要一直持有不动摇，直至其出现了明显的顶部反转信号为止。

如图9-7所示为雷鸣科化（600985）2013-06-14至2015-06-12期间走势图，此股在持续上涨过程中是以一个台阶一个台阶的方式实现稳健上涨的，这说明个股已有中长线强控盘主力资金入驻。实盘操作中，对于这类个股，我们短期内的预期值不必过高，但从中长线的角度来看，则可耐心地一直持股待涨。

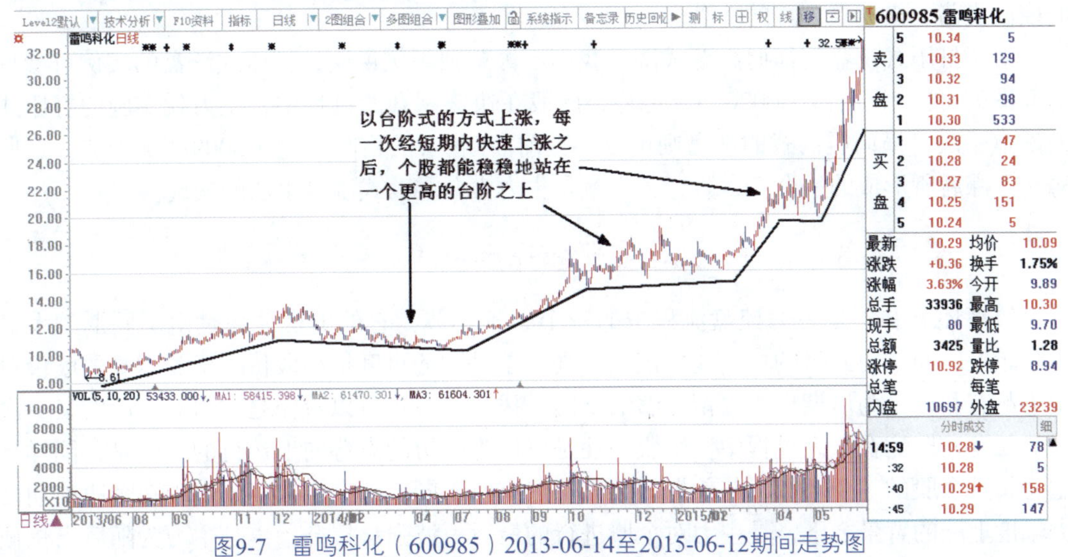

图9-7 雷鸣科化（600985）2013-06-14至2015-06-12期间走势图

9.2.4 洗盘环节——高位换手，继续拉升

洗盘是主力清洗市场获利浮筹的环节，它可以出现在建仓之后、拉升之前，此时的洗盘称为震仓。通常来说，我们所说的洗盘主要是指在拉升途中出现的洗盘行为。

当个股经历了较大幅度的上涨之后，市场浮筹处于满盘获利的状态，此时，再度继续强势拉升对主力而言是极为不利的，为达到后期继续炒作、方便出货的目的，主力必须于拉升途中让低价买进、意志不坚的散户抛出股票，让获利有兑现要求的投资者交出自己的筹码，以减轻上档压力，同时让持股者的平均价位升高，以利于施行控盘的手段，达到牟取暴利的目的。

基于洗盘方式的不同，主力通过洗盘可以达到不同的目的。例如：时间相对较长的横向震荡走势可以提高市场散单的平均持仓成本，使得市场成本远远高于自己的建仓成本，这有助于主力在高位抛货离场，防止主力刚一出现抛货迹象就把散户投资者吓跑的情况。又如：持续时间相对较短的打压式洗盘，可以有效地清洗掉那些意志不坚的散单，为主力后期继续拉升奠定基础。再如：宽幅的横向震荡走势，可以使得主力在洗盘的过程中不停地高抛低吸赚取差价，以弥补其在拉升阶段所付出的较高的交易成本，这样，既降低自己的持仓成本，同时也抬高跟风者的持仓成本，而且又可让市场弄不清主力的意图，辨不清以后主力出货的位置。

在洗盘的过程中，我们可以重点关注两方面，一是洗盘的时间，二是洗盘的空间。洗盘的时间讲究的是节奏，如果时间太短，难以较好地处理浮码，达到预期的效果；如果时间太长，则难以吸引新的投资者追高跟风。洗盘的空间是指主力洗盘过程中股价震荡的幅度，洗盘的空间太小，难以有效地清洗获利浮筹，洗盘的空间太大，又容易降低主力的控盘能力，不利于后期的拉升。就一般的实时情形来说，短线主力在炒作题材股、热点股时，在急速拉升个股的过程中会采取时间相对较短、空间相对较大的打压式洗盘；而那些控盘实力极强的长线主力在稳步拉升个股的过程中，会采取时间相对较长、空间相对较小的横向震荡、横向整理式的洗盘。

对于打压式洗盘与横向震荡式洗盘我们不再单独举例说明，打压式洗盘的实例可参见前面图9-6的沙钢股份（002075）走势，此股在快速飙升的过程中，主力就实施的打压式的洗盘手法；横向震荡式的洗盘则可以参见前面图9-7的雷鸣科化（600985）走势，个股每次上涨后所形成的一个新台阶，其实就是主力横向震荡式洗盘手法的展现。

9.2.5 拔高环节——为出货预留充足空间

拔高环节并不是主力控盘流程中的一个必备环节，它的出现往往是由于同期的大盘走势较好，而主力此时的控盘能力依旧较强，于是顺势再度推高股价，毕竟越高的股价对主力越有利，也为后期出货预留足够的空间。拔高环节也可以看作是主力对个股的又一次强势拉升，毕竟在拔高过程中，个股往往是以极为凌厉的态势向上运行的。但是，同样是主力拉升个股的一个环节，与前期的拉升仍然有所不同。首先，拔高是出现在个股前期已大幅度上涨的背景之下，是主力对个股进行的最后一波强势拉升，也是主力为随后出货预留空间的体现，拔高的目的与拉升的目的自然不同。其次，拔高走势的出现与大盘息息相关，除非大盘走势较好且主力控盘能力依旧较强，否则，主力是不会逆市拔高的，因为这样只能让主力承接到更多的获利浮筹、使自己的持仓成本增加，自己的后期出货操作更为被动。

对于拔高走势的盘面特征，读者可参见前面讲到的三星电气（601567）的走势，此股在持续上涨过程中，一直是较为稳健的，并没有出现短期内的过激表现，但是，在累计涨幅巨大的高点位置时，它前期的上涨节奏被明显破坏，此时个股的短期飙升力度加大、上下波动幅度也加剧，这正是主力在高位区对个股进行拔高，个股升势即将见顶的标志。实盘操作中，当个股在此位置点出现了这种盘面特征，我们就要留意顶部区风险了，不宜再追涨买入。

9.2.6 出货环节——派发筹码，获利出局

主力的控盘流程是一个低位买进、高位卖出的过程，出货阶段对应于主力“低吸高抛”过程中的“高抛”阶段，是主力将手中筹码在高价位卖给市场进行套现的活动。如果

说在其他几个控盘环节中，主力可以凭借着强大的控盘实力轻松完成的话，那么，出货阶段则更需要市场的配合才行。因为，当主力出货时，只有市场中大量的散户投资者去承接，主力才能出货成功，否则，主力通过前期大幅拉升所创造的利润也只能是纸上利润。在通常的情况下，为了麻痹散户投资者的高位风险意识，主力需要反复炒作个股、让个股尽可能长时间地停留在高位区，才可能出货成功。

在主力出货阶段，有一个重点是我们应关注的，这就是，主力出货未必一定会造成股价的下滑，有一些个股在主力出货过程中，依旧创出了新高。但此时个股的上涨必定不如前期凌厉，从盘面形态上，我们还是可以发觉主力出货迹象的。

一般来说，短线主力出货最低需要半个月到三个月；而长线主力在拉高股价后，高位震荡出货的时间有时会长达一年以上。从出货空间方面来讲，累计涨幅较小的个股，由于主力持仓量往往也相对较小，因而出货的空间不需要太大，但是累计上涨幅度越大的股票，由于主力持仓量巨大，其需要出货的空间也就越大。

当个股进入到主力出货阶段后，由于主力控盘行为的改变，势必会引发个股走势上的差异，换言之，通过个股盘面走势，我们是可以发觉主力出货行为的。实盘操作中，我们也主要是通过个股走势来捕获主力出货行为的。

主力出货时，有两种最为常见的手法，一种是震荡式的出货，另一种则是打压式的出货。震荡式的出货时间较长，打压式出货的时间较短，下面我们结合实例来看看这两种出货手法的典型盘面形态。

如图9-8为中国太保（601601）2014-02-21至2015-06-16期间走势图，此股在中长期上涨后的高位区出现了明显的震荡滞涨走势，时间较长且股价重心不断下移，这是主力采取震荡式出货的典型盘面特征。实盘操作中，我们一旦发现个股在高位区出现了这种走势，就应及时地逢反弹之机卖股离场。因为随着震荡时间的延长，个股向下破位的几率也将越来越大。

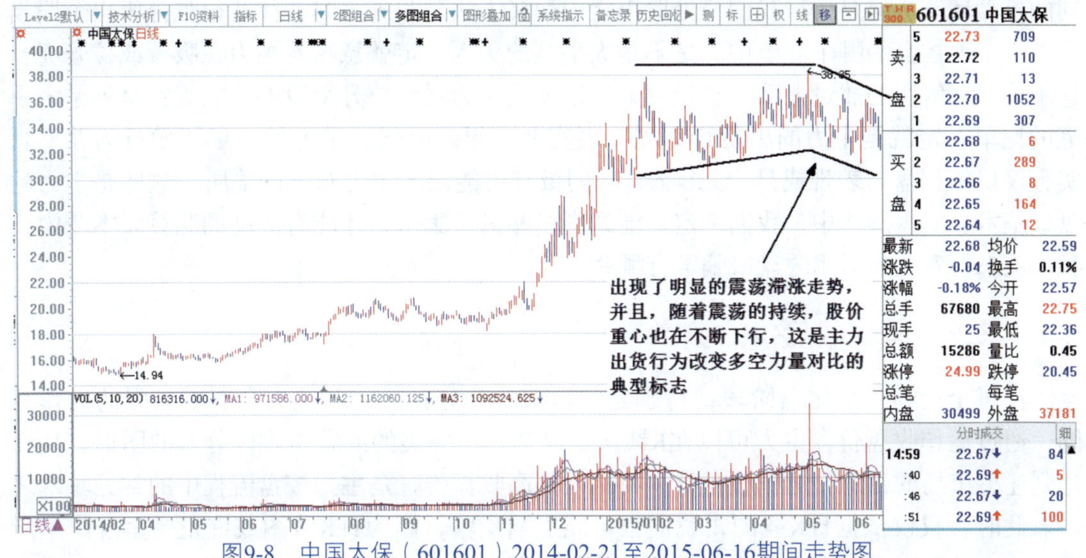

图9-8 中国太保（601601）2014-02-21至2015-06-16期间走势图

如图9-9为中国中冶（601618）2014-08-04至2015-06-08期间走势图，此股在中长期的高位区出现了一波快速的下跌且这波下跌有量能的明显放大，这说明有大量的资金在主动出逃，量能放大效果非常明显且持续数个交易日，此股资金也只能是主力资金。当个股于高位区出现了这种形态后，它随后再度快速下跌的概率是极大的。实盘操作中，我们应在第一时间内卖股离场，不可犹豫不决。

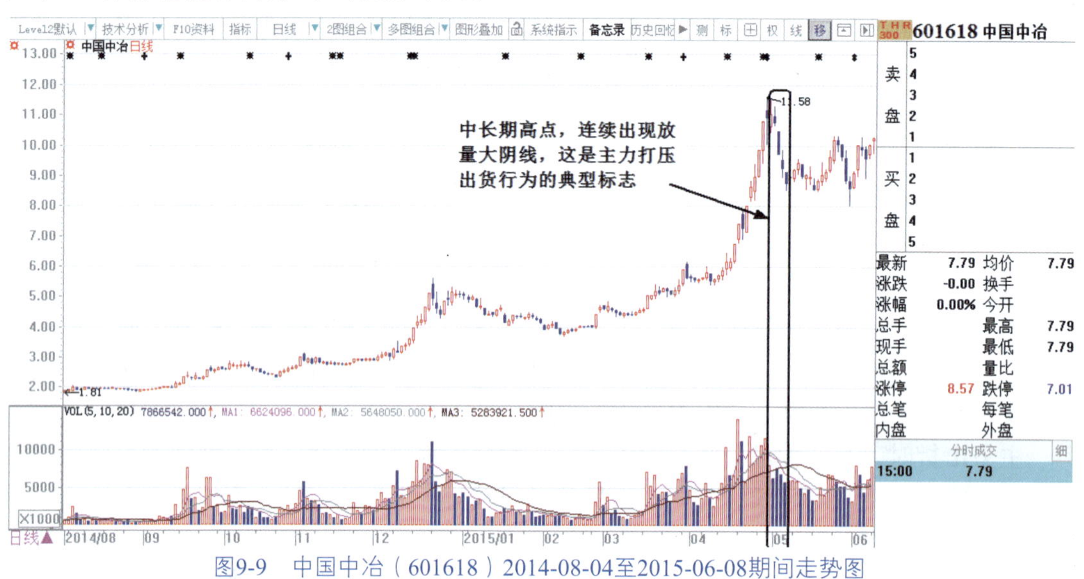

图9-9 中国中冶（601618）2014-08-04至2015-06-08期间走势图

9.3 应对主力盘口骗术

主力控盘流程是一个相对漫长的过程，从宏观的角度来讲，我们可将其划分为各个不同的控盘环节，但是，当我们身处股市之中而又无法预知未来时，往往很难分辨出个股当前处于主力控盘的哪个环节中。是不是大手笔的买入一定就意味着主力在吸筹或拉升呢？是不是形态鲜明的放量上涨、放量突破一定就是主力强势拉升个股的标志呢？是不是大手笔的抛单一定就是主力的出货行为呢？事实上，很多时候，主力的市场买卖行为并不真实，仅仅依据盘口表现或是K线形态，我们极有可能误入主力布下的陷阱，这些是主力的盘口骗术。实盘操作中，我们一定要能识别这些盘口骗术，才能有更高的胜算。本节中，我们就来看看主力惯用的盘口骗术有哪些。

9.3.1 运作收盘价的骗术

在每个交易日的尾盘阶段，特别是收盘前的几分钟，一些主力会有着较强的运作意图，通过运作收盘价，主力可以在K线图上制造一个完美的或者是难以分辨的图形，从而达到迷惑市场的目的。运作收盘价，特别是打高收盘价，是主力控盘流程中的常见骗术之一。此时，仅仅依据日K线图，我们很可能上当受骗，因为日K线图或许正是呈现出了所谓的“突破”形态。实盘操作中，这种仅仅依据打高收盘价来制造突破形态的个股，其突破的可信度不高。

如图9-10所示为上海电气（601727）2015-06-09分时图，此股在收盘前的最后一刻突然出现了一笔天价大买单，这使得个股的收盘价接近于涨停板的价位，从日K线图来看，个股呈盘整后的突破状，但是，这只是主力运作收盘价制造的假象。实盘操作中，我们不可追涨买入。如图9-11标示了此股2015-06-09前后的走势情况。

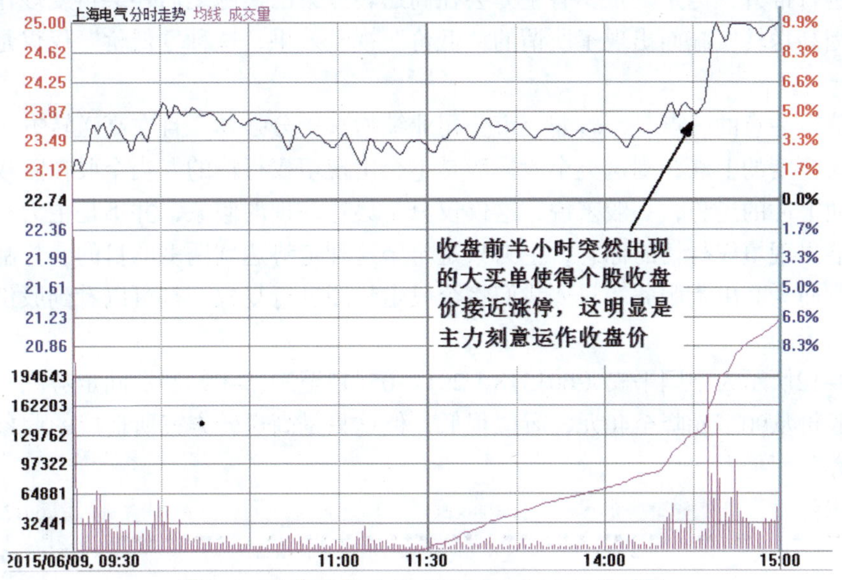

图9-10 上海电气（601727）2015-06-09分时图

图9-11 上海电气（601727）2015-06-09前后走势图

9.3.2 除权、填权的骗术

在年报的分红方案中，一些上市公司往往推出大比例的送股、转股分配预案，高送转历来是市场追捧的热点之一，有些主力资金在上市公司正式公布高送转预案前就已获知了内部消息，从而提前炒作个股，等方案真正发布时，只要个股累计涨幅尚可，仍会借利好公布之机进行推升，但是，很少有主力会在高送转方案已实施之后还会再度炒作个股。此时，个股因高送转实施而出现了所谓的“低价”视觉效果，这种“低价”仅仅是除权造成的假象。

另外值得注意的一点是，若非上市公司业绩增长十分强劲，且在高送转方案实施前已出现了较大幅度的上涨，则这类个股一般是不会出现填权行情的。当个股在除权之后出现了涨停板向上冲的走势，一般来说，这仅仅只是昙花一现的假象，并不是主力有意炒作个股、个股能出现填权行情的标志，主力只是希望这种走势达到诱多的目的，打乱散户的正常思维，进而为其出货服务。只要我们将个股走势图进行复权，是可以看到股价此时高高在上这种情形的。

如图9-12所示为中国平安（601318）2014-05-12至2015-09-29期间走势图，此股在除权之后，股价从90多元降至40元，看似很低，但这只是高送转方案所造成的假象，我们不可贪“便宜”而买入。

图9-12　中国平安（601318）2014-05-12至2015-09-29期间走势图

如图9-13所示为艾比森（300389）2014-09-16至2015-06-24期间走势图，此股在除权之后又出现了连续的大阳线和涨停板，似有填权的倾向，但是，上市公司的业绩下降，且该股上市后股价已被主力大肆炒作过。因此，个股能够出现填权行情的概率微乎其微。除权后的涨停板上冲走势不过是主力迷惑市场的诱多手段之一，我们不可追涨买入。

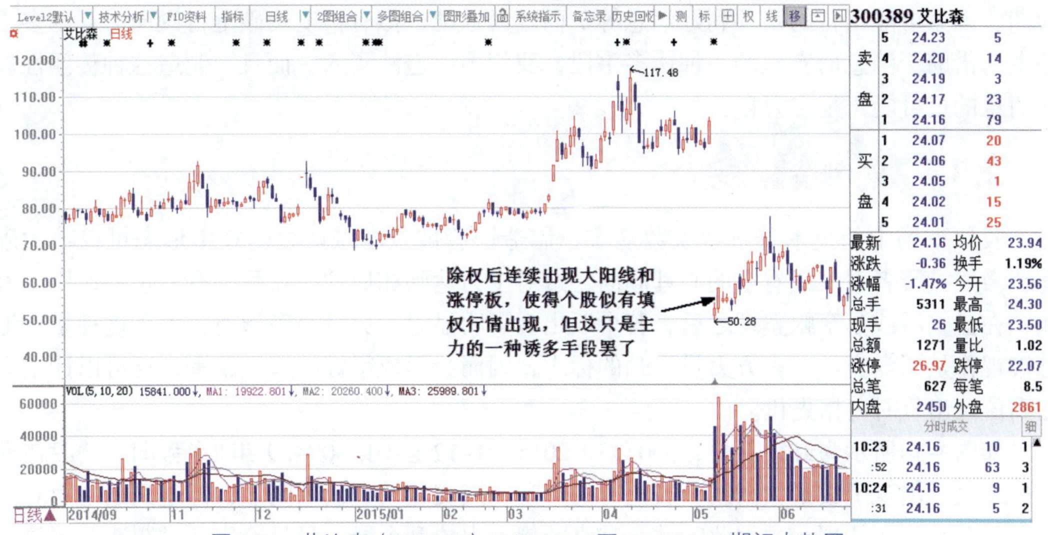

图9-13　艾比森（300389）2014-09-16至2015-06-24期间走势图

9.3.3　大单压顶、托底的骗术

盘口中委买委卖的挂单方式，也是主力迷惑散户投资者的惯用伎俩。在盘口委托单中有两种特殊情况是我们重点关注的，一种是大单压顶，一种是大单托底。大单压顶是指上方五档卖盘中的压单数量远大于下方五档买盘中的托单数量，大单托底则是指上方五档卖盘中的压单数量远小于下方五档买盘中的托单数量。从直观感觉来讲，大单托底是股价难跌的体现，而大单压顶则是股价难涨的体现。然而，实际的情况往往并非如此，主力往往会通过大单托底或大单压顶来制造直观表象，以诱导散户投资者做出错误的判断。

很多时候，主力会刻意地在买卖盘中利用大压单或大托单制造假象，这时，我们只有用逆向思维来判断才能得出正确结论。但是，在更多的时候，大压单确实代表着抛压沉重，大托单也确实代表着买方承接力强。那么，要如何识别大压单或大托单是否就是主力刻意制造的虚假盘面现象呢？我们不妨从个股的日K线与盘口分时线走势来着手。

日K线走势很好理解，个股是具有上涨形态还是下跌形态一目了然，在此不再赘述。下面我们来看看如何从盘口分时线着手分析。一般来说，如果大单压顶，而当日的分时线走势很稳健，不出现明显的下跌，则这些压在上面的大卖单并非是真实想要卖股的单子，更有可能是主力刻意挂在市场上的，以达到清洗不稳定浮筹的目的。实盘操作中，这类个股若有启动迹象，则我们不能被这种虚假的大单压顶而迷惑，不可因心浮气躁而卖股离场。反之，如果大单托底，但当日的股价却节节下跌，丝毫没有强势迹象，则这些托在下面的大买单并非是真实想要买股的单子。实盘操作中，这类个股若阶段涨幅较大或是有破位下行迹象，则我们仍应卖股离场，规避风险。

9.3.4　制造消息的骗术

消息，是个股上涨的催化剂，也是解释个股上涨的理由。但是，当一只个股已被明显炒作过、中短期内涨幅过大之后，如果个股还因某种不确定的传闻消息（例如：资产注入预期、国家可能出台的某项利好消息等）而蠢蠢欲动，似有再度突破上行倾向时，则多半是主力借助于消息而实施的一种诱多手段，我们不可追涨买入。而且，制造这种传闻性较强消息的很可能正是主力自己。

9.3.5 对倒造量的骗术

股票市场中的技术分析者人数众多，制造一些被技术派认可的技术形态可以较大限度地激发投资者看多或看空的心理倾向，这对主力达到相应的控盘目的有着重要作用。例如：在盘整后或是窄幅整理之后，若个股出现了明显温和放量突破形态，由于这种量价形态被视作是买盘充足、多方力量强劲的标志，因而会形成很好的追涨氛围，这可以让主力在高位区出货时占据先机。

如图9-14所示为红宇新材（300345）2015-01-12至2015-09-29期间走势图，此股在震荡整理之后出现了放量大阳线突破上行的形态，成交量放大效果明显，但这只是主力对倒放量拉升手法的体现，主力此时并非是真的想大力拉升个股，只是希望通过制造对倒放量上涨这种形态来激活市场人气，从而为随后的出货服务。实盘操作中，我们要能识别出主力的这种骗术，以免追涨买入后陷入高位被套的窘境。

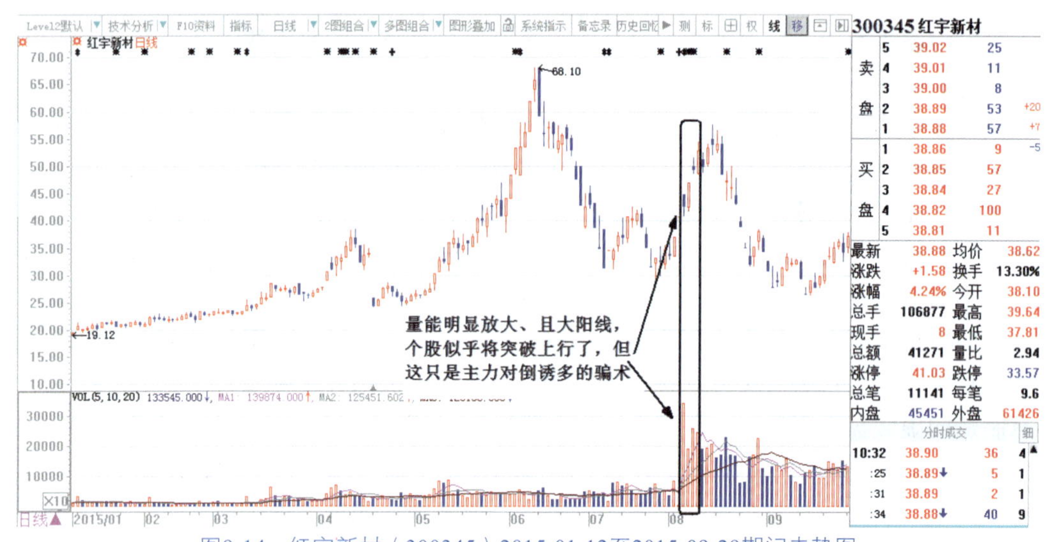

图9-14 红宇新材（300345）2015-01-12至2015-09-29期间走势图

9.3.6 拉升前的挖坑骗术

很多主力资金在拉升个股前会逆着来运作个股，采取先打压再拉升的手法，即：将个股打压至阶段性的低点，并使得股价持续徘徊在这一低点，这使得个股的K线形态十分难看清，个股也似乎将破位下行。这种难以分辨的形态具有很强的杀伤力，技术派、心理不过硬的投资者往往就会在主力真正拉升个股前被洗掉。实盘操作中，这也是主力控盘中常见的骗术之一。

如图9-15所示为濮耐股份（002225）2013-12-05至2015-06-12期间走势图，此股在相对较低的位置点出现了长期的横向震荡走势，随后，一波幅度较大的下跌走势使得个股呈向下破位状，但没有真的破位，而是出现了一个“挖坑”走势。这正是主力在真正大力拉升个股前实施的欲扬先抑的操盘手法。一般来说，主力既然敢于制造如此难看的图形，而又不担心引发大量抛盘离场增加控盘难度，多代表主力的控盘能力极强，这类个股后期的上涨潜力和上涨空间都是巨大的，实盘操作中，如若我们能识别出主力的这种骗术，则可轻松坐享翻倍带来的资金裂变胜利果实。

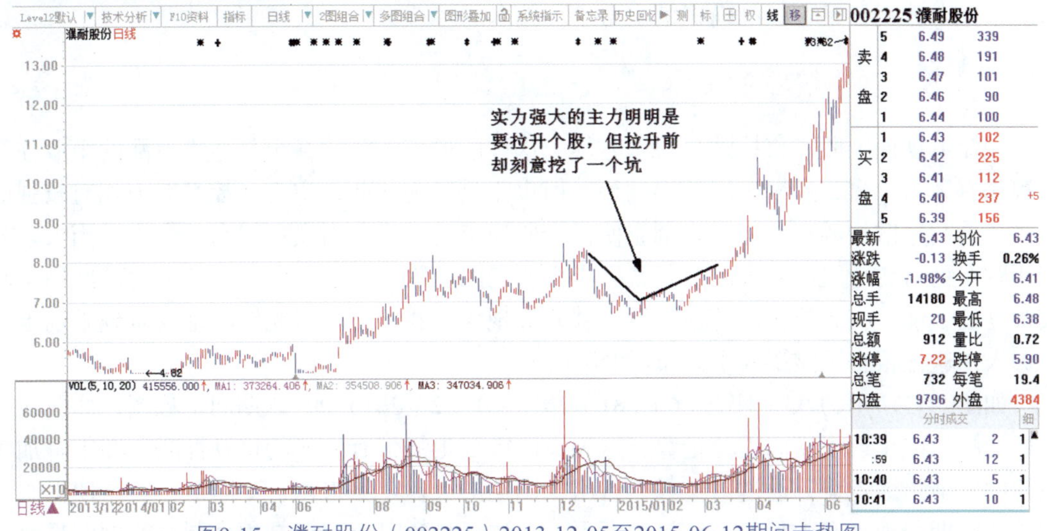

图9-15 濮耐股份（002225）2013-12-05至2015-06-12期间走势图

9.3.7 假突破的骗术

在长期的震荡整理之后，如果个股出现了突破整理区的一波上涨走势，很可能让那些技术派误以为升势仍将持续下去，实则，这很有可能是主力诱多出货的一种手法。通过制造假突破形态来打乱市场投资者的正常思维，主力方可乱中取胜，成功实现高位套现出局。

如图9-16所示为山推股份（000680）2014-08-19至2015-09-29期间走势图，此股在长

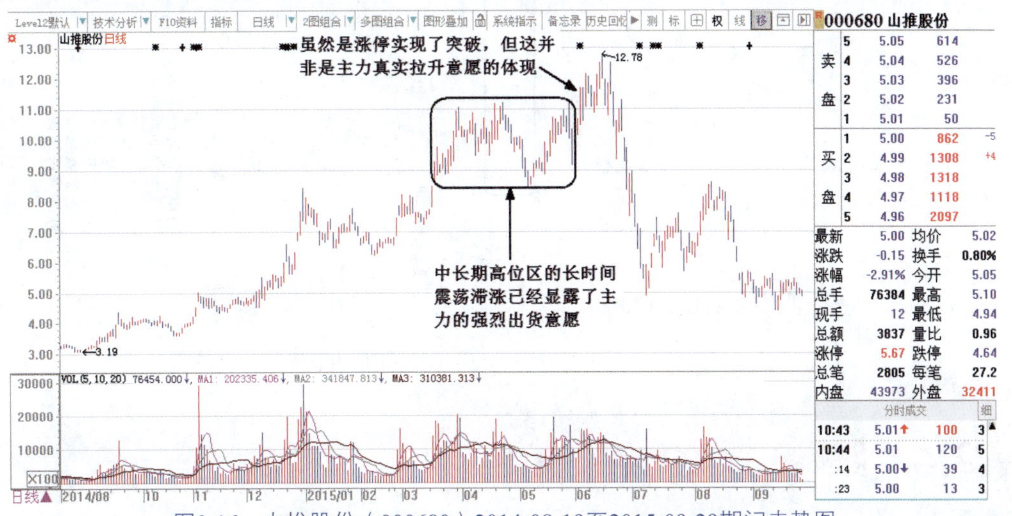

图9-16 山推股份（000680）2014-08-19至2015-09-29期间走势图

期上涨后的高位区出现了较长时间的震荡整理走势，但如果我们细心查看就可发现，这期间的震荡整理走势相对较弱，股价重心有下移倾向，这说明多空力量的整体对比格局已发生改变。考虑到此股前期累计涨幅巨大，又出现了特立独行的飙升走势，故这种多空力量对比格局的转变只能是主力放弃拉升转而开始出货这一市场行为导致的。虽然个股随后出现了所谓的突破形态，但这只是主力诱多出货的骗术之一。只要我们结合个股的整体运行情况来综合分析，是可以准确识别主力这一骗术的。

9.3.8 逆市抗跌的骗术

大盘下跌而个股逆市抗跌，很多时候，这种能逆市不跌、甚至是逆市上涨的个股往往被视作有主力护盘，后期表现值得期待。但也正是因为如此，主力在控盘能力相对较强的时候，会利用散户的这种心理，刻意使得个股逆市抗跌，以引发短线盘的介入。当大盘真正止跌企稳时，个股因主力的出货就会出现所谓的补跌。实盘操作中，若个股已经历了较大幅度的上涨，在高位区能够逆市不跌并非好现象，我们不可目光短浅地仅看到眼前走势而买入，这样很有可能误入主力布下的陷阱。

如图9-17所示为八一钢铁（600581）2015-01-22至2015-09-29期间走势图，此股在大涨后的高位区出现了横向震荡走势，这种横向震荡走势带有明显的抗跌性质。图中叠加了同期的上证指数走势，通过对比可以看出，同期的大盘走势很差，不断下行。这使得八一钢铁的同期表现带有十足的逆市抗跌意思，但这只是暂时，仅仅是主力制造的虚假强势现象，随后，个股在主力的出货带动下，将有着很大的补跌空间，我们不可以在此高位震荡区买股入场。

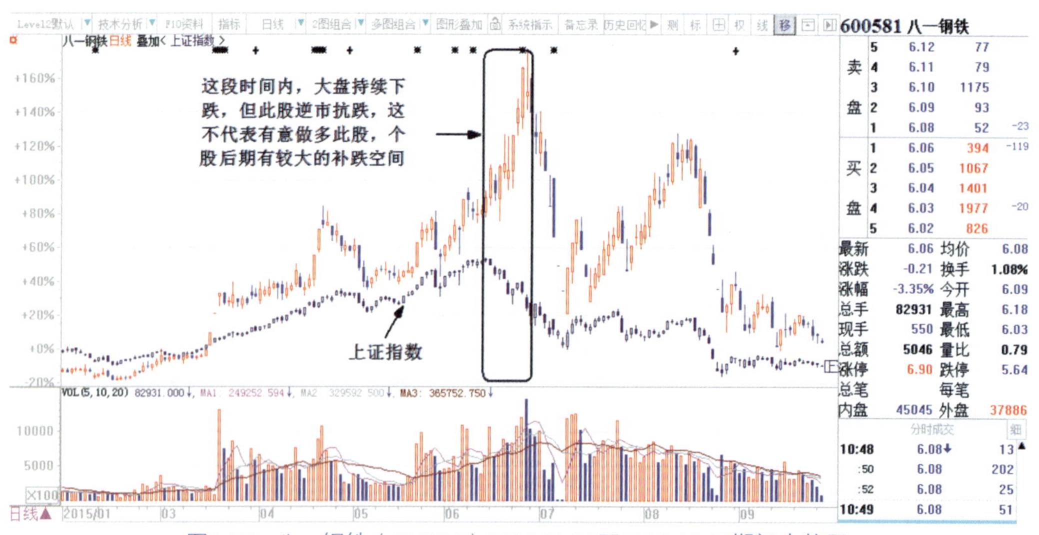

图9-17 八一钢铁（600581）2015-01-22至2015-09-29期间走势图

9.4 跟随主力的操盘技巧

股市投资者成功的秘诀在于既拥有良好的基础知识，也在于掌握事倍功半的技巧，股市是主力与散户相互博弈的一个竞技场，主力狡猾多变，但散户也并非完全处于被动挨打的局面，当我们掌握了主力的行踪并能适当地运用一些技巧来灵活操作后，则无疑能大大增强自己的获利能力，本节中，笔者结合自己多年来征战股市的经验，详细讲解一些实用性较强的跟庄技巧。

9.4.1 辨识洗盘与出货

主力洗盘的目的是尽量把心态不坚定的跟风盘甩掉，出货的目的则是尽量吸引买盘，通过各种手段稳定其他持股者的信心，而自己却在尽量高的价位上派发手中尽量多的股票。洗盘与出货的目的性明显不同，能否正确的对其进行识别，直接决定着我们的股票交易是否成功。很多投资者持有一只个股很长时间了，却在个股真正开始出现上涨行情前卖股离场，其实，这一方面是源于心态的不好，另一方面则是由于我们不能正确地对出货与洗盘进行辨识。

一般来说，我们可以从盘口与K线这两个角度来辨识出货与洗盘。从盘口来看，当主力真正出货时，并不会在卖盘上挂出较大的压单，反之，却常常会在委买盘中挂出大托单，显示委比较大，造成买盘多的假象。虽然，委卖盘中的单子数不多，但上方却有吃不完的货，个股的盘口走势往往较弱，这与买卖盘的挂单情况并不相符。但是，在洗盘阶段，主力却常常会在卖盘上挂出大卖单，造成卖盘多的假象，而在委买盘中却并不挂大单。

从K线走势来看，主力洗盘仅仅是想提高市场的平均持仓成本，让那些不坚定的短线获利盘出局，并不是要吓跑所有的人。而且，在洗盘过程中，主力依旧强力控盘个股，对个股走势有着很强的影响力，一般来说，若非主力的控盘能力特别强，是不会将图形做得很难看的，股价重心也不会因主力的洗盘行为而出现下移。但是，出货则以卖出手中大量的股票为第一目的，所以关键位是不会守护的，导致股价重心不断下移。可以说，股价重心是否下移是判别洗盘与出货的重要标志。

9.4.2 第一时间追涨启动股

在主力的控盘过程中，相对来说，建仓是一个较为缓慢的过程，它的持续时间较长，在大盘走势不理想的情况下，主力的建仓时间少则数月，多则半年有余。但是，一旦主力吸筹充分，有意拉升个股，其上涨势头往往十分凌厉。可以说，拉升环节的持续时间并不长，而且，在个股启动拉升之初，一般并不会出现较大幅度的回调，对于短线投资者来说，如果我们不能在个股启动之初及时买入，而是想等到充分回调后再买股布局的话，则极有可能错失个股的上涨行情，只能眼看着个股越涨越高，若再追涨买入的话，则风险也自然无形中扩大了。

如图9-18所示为深天马A（000050）2014-03-11至2015-08-28期间走势图，此股在经历了低位区的长期整理之后，以一个涨停板的形态实现了突破前期高点，很明显这是主力有意强势拉升个股、个股开始启动的标志。此时，只要大盘走势不是很差，主力一般仍会按照原计划强力拉升个股，个股在启动之初就出现大幅回调的概率不大。实盘操作中，最好的操作方案就是在个股启动的第一时间内买股入场。

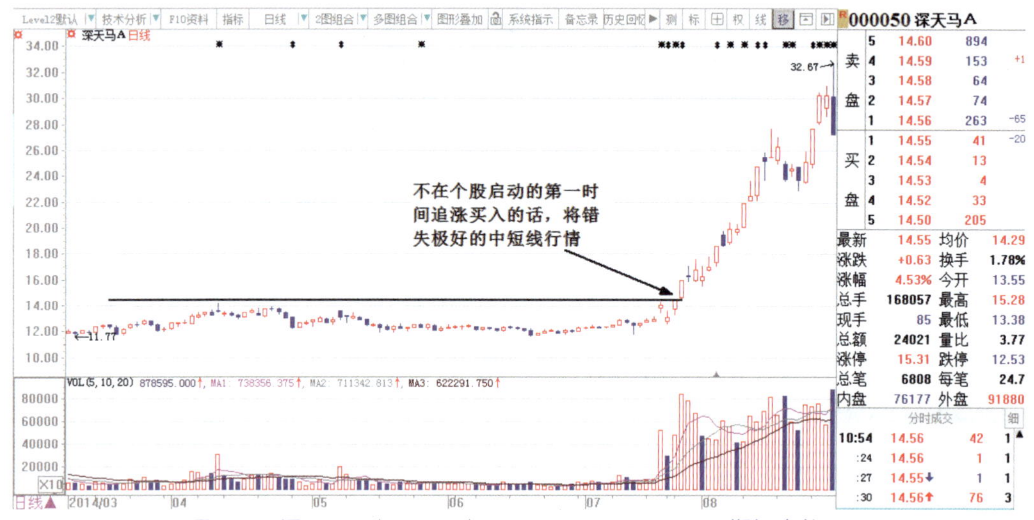

图9-18 深天马A（000050）2014-03-11至2015-08-28期间走势图

9.4.3 少参与已炒作过的品种

无论是跟庄操作，还是价值投资，在进行一笔交易前，我们一定要评估一下这笔交易的“风险——收益”比值。如果这笔交易所冒的风险要大于其潜在收益，那它就是不值得参与的。一般来说，只有这笔交易的潜在收益要明显高于风险时，它才是一笔可行的、有效的交易。

在跟庄操作中，我们尽量参与那种没有被明显炒作过的个股，即：这类个股有庄家入驻，但是庄家并没有对其进行急速拉升，个股也没有出现飙升走势。只有这样的个股才具有较大的上涨潜力，也才能使得我们的潜在收益远大于预期风险。对于那些前期已出现了大幅飙升走势，庄家早已获利巨大的个股来说，我们再参与它无疑是火中取栗。

9.4.4 反弹后的卖股技巧

好的心态是成功的制胜法宝，我们空有知识与技巧还不行，当个股走势较为迅疾并出乎我们预料，而我们又因某种原因没能在第一时间内采取行动时，此时需要冷静地观察与审慎地分析。

对于在上升中先是飙升创出新高，随后又突然反转下行的个股来说，如果我们没有足够的看盘时间，则很有可能没有及时获利出局，毕竟个股的转势太快了。但是，也不必恐慌，通常，若个股和股市没有重大利空消息，其出现倒V形反转的概率是较小的。实盘操作中，此时即使我们已经意识到了个股的升势见顶，也知道不宜再以升势中的持股待涨方式来进行操作，但也不必急于在个股短期内下跌幅度较大的位置点斩仓离场，因为个股随后仍有望迎来一波反弹行情。毕竟这类个股有主力运作，急速的倒V形反转走势是不可能满足主力出货需求的。为了更好地出货，主力一定会尽量让个股长时间的停留在高位区，这也就给了我们反弹后出局的机会。

如图9-19所示为红宇新材（300345）2014-07-08至2015-09-29期间走势图，此股在上升中首先出现了一段时间的横向震荡整理。随后，在主力的强势拉升下，个股急速上涨创出了新高，其上涨势头强烈。但是，个股并没有在飙升后的高点站稳，而是又急速地反转下行。若我们错失了最佳的高点离场时机，那么，在短期内深幅下跌之后，显然不是理想的卖股时机。实盘操作中，我们完全可以等到随后的反弹走势出现再逢高卖股，这是一种策略，也是一种技巧。

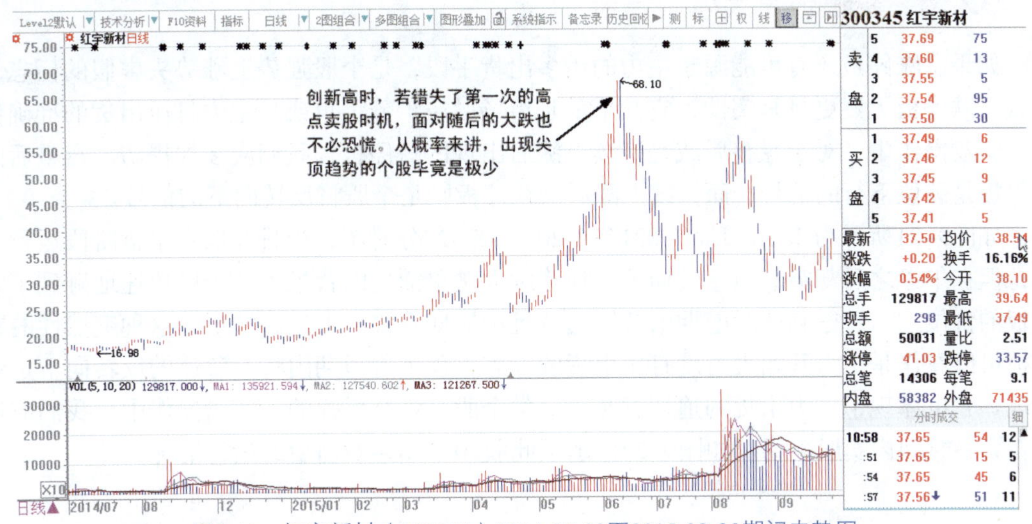

图9-19 红宇新材（300345）2014-07-08至2015-09-29期间走势图

9.4.5 提防新股行情的隐蔽风险

新股是一个特殊的群体，在新股上市之后，由于其往往具有一定的题材面或是正符合市场热点，受到主力资金的偏爱，从而获得炒作。就一般情形来说，炒作新股的均为短线主力，它们的建仓、出货速度都很快，这类个股在被炒作之后，于高位停留时间较短，而且很可能在不经反复震荡的情况下就直接反转向下。因此，实盘操作中，对于那些上市后涨幅较大的个股，我们是不宜高位参与的。

如图9-20所示为柏堡龙（002776）2015-06-26至2015-09-29期间走势图，此股作为一只新股于2015-06-26正式登录股市。随后有主力炒作此股，从而使得其出现了中短期的大涨。

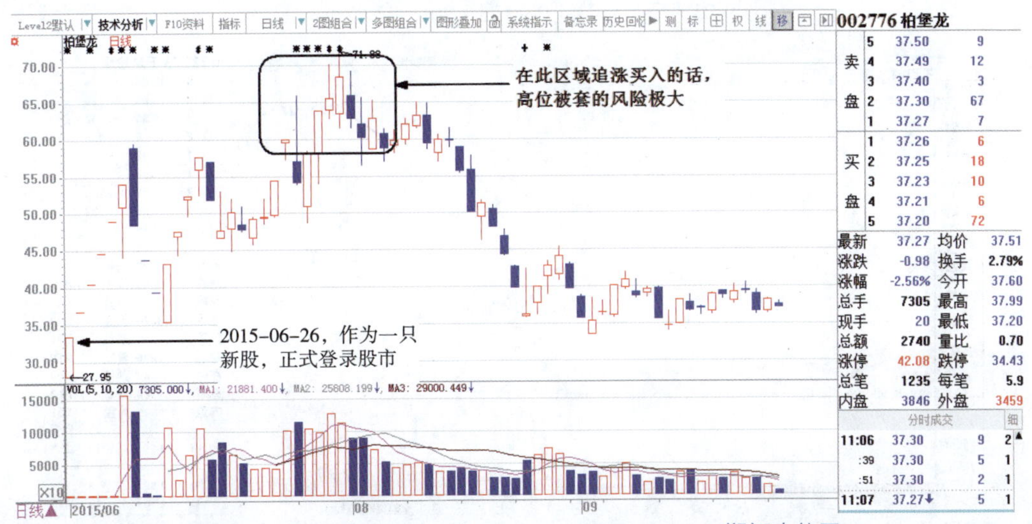

图9-20 柏堡龙（002776）2015-06-26至2015-09-29期间走势图

但是，在大涨后的高点，此股并没有长时间停留，反转向下的速度很快。如果我们在高位区追涨买入此股的话，将极可能被套牢在高点位置区。

9.4.6 跌停板是高风险信号

如果说涨停板还有可能源于主力的诱多出货手段，是个股强势上涨势头虚假的标志，那么，跌停板无疑更具真实性，它几乎就是市场抛压十分沉重或是主力打压出货的准确信号。实盘操作中，对于盘整后或是持续上涨后出现的跌停板，我们应多加提防。盘整后的跌停板是破位下行的信号，而持续上涨后的跌停板则是个股将反转向下的信号。

如图9-21所示为千足珍珠（002173）2015-07-27分时图，当日此股在早盘阶段运行平稳，但在午盘之后却突然地急转向下，在连续大抛单涌出的背景下，个股快速地砸到了跌停板的价位上，考虑到此股前期的持续上涨且中短期涨幅巨大这一情形。这种突然性的跌停板可以看作是主力开始大力度打压出货的标志，预示着短期内将有急速的反转向下走势出现，它也体现了主力出货的迫切意愿。这类个股是难有反弹的，实盘操作中，我们应选择在第一时间内卖股离场。如图9-22标示了此股2015-07-27前后的运行情况。

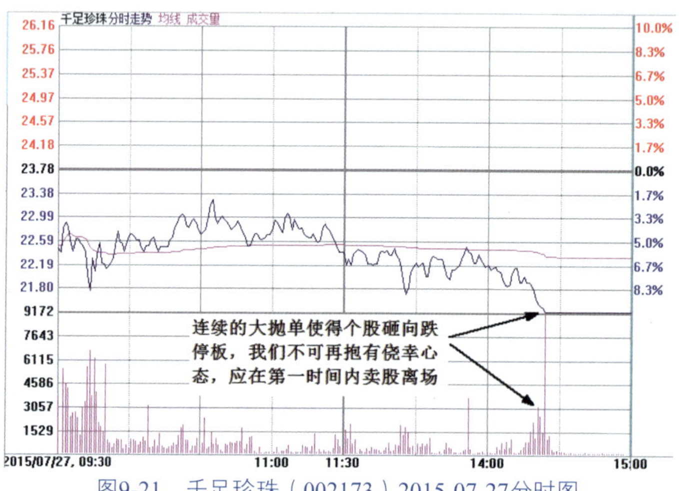

图9-21 千足珍珠（002173）2015-07-27分时图

图9-22 千足珍珠（002173）2015-07-27前后走势图

第10章 技术分析

炒股

基本面分析法和技术分析法的学习都是为了预测市场变动趋势。基本面分析是从基本面及消息面等因素出发，判断股价变动的未来趋势。而技术分析是应用数学和逻辑的方法，从价格、成交量、时间周期等方面进行判断。

10.1 技术分析理论

10.1.1 技术分析理论的含义及使用原则

技术分析理论基于，外在影响市场变动的因素已经全部或大部分反映在市场价格的走势上。技术分析主要通过图表解析和技术指标两种方式来完成。图表解析是通过市场上股价变动的K线图形来推测股价将来的趋势；技术指标是利用一些数据运算的方式来辅助图形形态的解析。图形解析是最经典的分析方法，但由于其容易产生主观理解，因此，实际使用中都是图形解析加技术指标的方法配合完成。使用技术分析时，需要谨记下面的几项原则：

- 股价涨跌变化不规则的，从中长期的角度却可以发现明显的发展趋势。
- 股价走势存在着惯性原理。这表现在两方面，一方面是趋势一旦产生，则不会很快转变，除非突发重大利空或利好消息；第二方面是除非技术形态发生确定的改变，则原有趋势会继续发展。
- 通过K线可以推断出中长期的趋势。另外，趋势在发展过程中总是会有转向，但转变幅度不超过2/3，则对整个趋势影响不大。譬如指数处于上升趋势中，在此趋势下指数回落2/3，则向上趋势不变。
- 无论处于向上还是向下趋势，中间横盘数天或数周，可以有效地抵消相反方向的力量。
- 趋势线产生背离往往意味着出现反转，此原则可靠性很高，但不是必然现象。
- 依据道氏理论，股价发生关键性变化之前，其K线形态的信号强度往往很高。比如头肩顶出现时，行情可能会出现反转；头肩底形成后，股价会向上突破。
- 量能配合K线往往信号强度更高。比如，股价向上突破开始时，往往伴随着量能的有效放大；而股价走势出现反转时，量能必定出现萎缩。在K线变化的关键趋势，如顶部、底部、背离等形态时，配合量能分析可以达到更好的效果。
- 跟随主力的步调进行操作是很好的一个方法，但主力行为并不总是影响股票的最大因素。事实上，股票强势时往往会持续较长时间，而股票弱势时也会蛰伏一段时间。这种现象往往是由投资者的追涨杀跌心理导致。因此，主力进行建仓时喜欢分批建仓，潜伏一段时间才会大举上攻。
- 股价的压力位和支撑位对于判断股价走势有很大用处。压力位被突破，股价就可能继续上涨；反之，支撑位被跌破，则意味着股价会继续下跌。

10.1.2 股市著名的几个技术理论

在股市发展的过程中，出现过十几种技术理论，每种理论都有其侧重点及优缺点。这些理论是技术分析的基础，下面对各个技术理论作一个简要的说明。

- 道氏理论：道氏理论是技术分析的起源，它用于反映证券市场的整体趋势。道氏理论认为，股价变动总共有三种趋势，基本趋势、次级趋势和短期趋势。基本趋势是指股价全面性的上涨或下降，其持续时间一般为一年以上，这就是多头市场和空头市场的来源。次级趋势又叫修正趋势，是在基本趋势发展过程中产生的相反趋势，其持续时间为三周到数月。短期趋势反映的是股价在几天之内的变动情况。从道氏理论的基本内容可以看到，此理论对市场整体趋势的把握比较到位，但对个股选择则没有涉及。

- 波浪理论：波浪理论认为股价的上下波动类似于波浪的起伏，遵循波浪的规律，即上升是5浪，下跌为3浪。波浪理论是现在广为流行的一种技术理论，对中期趋势分析往往比较有效。但实际使用中需要注意浪数的计算。如果对高点、低点的判断有误，则会导致数错上升或下降的浪数。
- 随机漫步理论：该理论认为，股价会随着股票的内在价值而上下浮动，但这些浮动确实随意而没有规律可循的。因此，多方和空方都不会真正地控制股价，不会让其系统地变动。
- 相反走势理论：简称相反理论，需要考虑大众观点，因为当投资者普遍看好时，股价会因这种群体心理而出现上升。但相反理论同时又指出，股市中赚大钱的只占5%，因此，投资者如果要做最后的赢家需要与普遍思路相反。相反理论在大的行情转变时往往比较有效。相反理论的价值不仅局限于证券投资市场，其对地产、黄金、外汇等投资也有效。
- 信心股价理论：简称信心理论，是基于市场心态而分析股价，它强调心理或信心对股价走势的影响比股票本身的因素更大。但这种理论的缺点在于，股票市场上的群众心理是难以把握的，因此，实用性往往受到影响。
- 亚当理论：亚当理论认为没有任何分析工具可以准确地推测市场趋势。它指出，投资者应该适应市场大趋势，顺势而为。亚当理论提出了RSI、DMI等技术分析指标，对未来股市的大势分析相当有效。
- 黄金分割率理论：黄金分割率在数学上是指0.618和1.618两个比率，这是一个神奇的数学比率，自然界中有很多的巧合，恰恰符合黄金分割比率。譬如金字塔的长度、向日葵的花盘等。黄金分割比率在股价分析中常常作为支撑价位、反转价位的依据。通过黄金分割率得出的结论经常有效，但缺乏实际理论的验证，投资者使用时可以作为参考。
- 江恩理论：江恩理论认为股价走势中也存在着宇宙中的自然规则，股价的变动是可以通过数学方法预测的。江恩的数学表达有两个因素，即价格和时间。此理论通过江恩图形、江恩螺旋正方形、江恩六边形、江恩轮中轮等图形将价格与时间融合在一起。其中，7是江恩理论中一个重要的数字，在周期循环中，7或7的倍数往往被用到。江恩理论对预测市场价格的走势准确率非常高，是市场上非常流行的一套分析理论。
- 凯恩斯长期好友理论：此理论认为世界整体的经济是向前发展的，随着科学的进步、生产效率的提高，商品价格也会总体提升，因此股价的总体趋势是向上的。因此，这种理论主张投资者无论是在空方市场还是多方市场，都可以买入股票长期持有。凯恩斯理论也是长线投资者的理论依据。

- 博傻理论：博傻理论诠释了投机行为的动机，即股票即使是在高价买入，但只要还会有人继续追涨，则股票还是可以赚钱。博傻理论只能在股市上升行情中使用，是一种追涨的投资方法。

10.2 认识移动平均线

移动平均线的分析方法来源于道氏理论中的“三种趋势说”。它是股市分析中除了K线分析外，使用最广泛的一种分析方法，其准确率也相当高。移动平均线是基本K线的平均数据体现，可以更稳定地反映股价运行的规律，以助于投资者进行趋势研判。

10.2.1 移动平均线的含义

移动平均线是一定交易时间内的算术平均线，如5日均线、10日均线、月均线等。以5日均线为例，将连续的5个交易日的收盘价相加，然后除以5，得到5日的平均值，再将股票从上市首日开始一直到最后一天的所有这个平均值相连，即可得到5日移动平均线。

在大智慧的技术分析页面中有一些默认的均线，如5日均线、10日均线等，如图10-1所示。投资者可以右键单击技术分析页面，从弹出的菜单中选择“指标/调整指标参数”来修改均线的天数。

图10-1 大智慧默认移动平均线参数

10.2.2 3个类型的移动平均线

移动平均线从其形态来区分，可分为单根移动平均线、普通组合移动平均线和特殊组合移动平均线三种类型。

1. 单根移动平均线

单根移动平均线又可分为短期、中期及长期三种形式。短期的是指3日、5日（周线）、10日（半月线）等几种。其中实用最为广泛的是5日均线和10日均线，即周线和半月线。

相对来说，5日均线起伏比较大，信号强度比10日均线要弱一些。因此，5日均线常常用来进行超短线分析，而10日均线则用来做中短线分析。

中期移动线包括20日线（月线）、30日线及60日线（季线），其中30日移动平均线实用频率最高。30日线与别的均线配合分析，可以作为中短线买卖的依据。

长期移动平均线包括100日、120日（半年线）、150日、200日、250日（年线）几个。其中120日和250日实用频率最高，常被用来做中长线分析。

2. 普通组合移动平均线

普通组合移动平均线是将几根单根移动平均线组合起来使用，通常是3根。普通组合移动平均线简称均线组合。相对于单根移动平均线来说，均线组合能够更加真实地反映股价变动的情况，从而成为下一步走势的参考。

均线系统按照其分析周期不同，可分为短期均线组合、中期均线组合和长期均线组合。短期均线组合使用的移动平均线一般为5日、10日、20日均线或5日、10日、30日均线；中期均线组合使用的一般为10日、30日、60日均线或5日、10日、30日均线组合；而长期的一般为30日、60日、120日或60日、120日、250日均线组合。

三种均线组合的分析周期不同，其作用也不同。短期均线组合主要用来分析股价短期内的运行趋势，如1个月到3个月。在股价处于上涨趋势时，5日均线是多方的第一道防线，10日均线是重要的支撑线，10日均线一旦跌破，市场就可能转为向下趋势。20日线或30日线是中短期趋势的标志线，其向上倾斜时可看多，而向下倾斜时则要看空。

中期均线组合常用来作为大盘或个股中期趋势的判断依据，如3个月到6个月。中期均线组合呈多头排列时，投资者宜看多；反之，中期均线组合呈空头排列时，投资者宜看空。由于中期均线组合所取的天数更多，其对趋势分析的准确率要比短期均线组合高。多头排列和空头排列的含义及分析方法在后面的章节中会说明。

中期均线组合可以用来盘点大盘探底回升的性质，比如看大盘探底回升是反弹还是反转。如果大盘探底后反弹，30日均线向上突破60日均线，则意味着有一波中期的反弹行情；如果中期均线组合黏合着向上发展，则意味着行情出现反转，一波大行情随之而来。

长期均线组合主要用来分析大盘或个股的长期走势，比如半年以上的走势。当长期均线组合出现多头排列时，投资者可以坚定持股；反之，当长期均线组合出现空头排列时，投资者宜逢高减仓或者采用短线思维来持股。

3. 特殊组合移动平均线

移动平均线都是以日为单位画出来的，但这种均线对周、月或者分时数据则不可用。特殊移动平均线就是作为日均线的弥补产生的。

特殊均线与日线类似，也可以进行参数设置，比如设置成5周、10周等。实际使用中特殊均线一般作为组合来使用，即特殊组合移动平均线。其中，周均线、月均线组合往往用来分析长期趋势，它对趋势的表达更清晰；而分时均线往往用来作为超短期趋势的研判，可以用来更精细地分析超短期趋势。

10.2.3　移动平均线的3个作用

移动平均线除了可以作为趋势分析的手段外，它本身对股价走势也会产生影响。总的来说，移动平均线有3个作用。

1. 反应股价走势

移动平均线最重要的作用就是用来判断股价是处于上升趋势还是下降趋势。均线向上，则股价上升；反之，均线向下，则股价下降。

在利用均线系统进行趋势分析时，有两个概念的信号强度非常高，即“黄金交叉”和“死亡交叉”。黄金交叉是指天数少的移动平均线向上突破天数多的移动平均线，与此同时，天数多的移动平均线也是方向向上。黄金交叉是向好信号，表示后市看涨，如图10-2所示。

死亡交叉与黄金交叉相反，指的是天数少的移动平均线向下击穿天数多的移动平均线，与此同时，天数多的移动平均线也是方向向下。死亡交叉是看空信号，表示股价后市看跌。

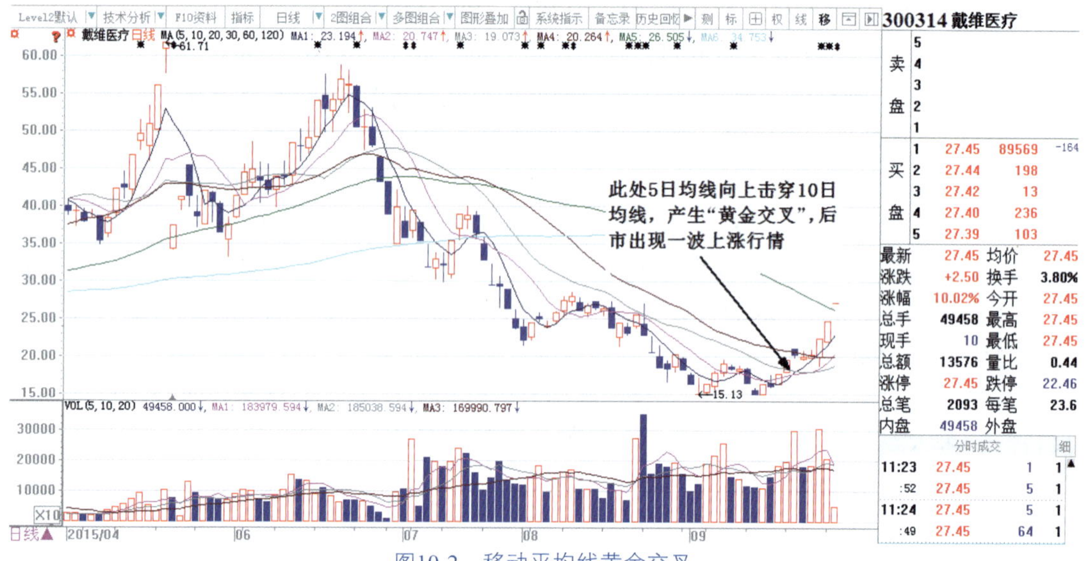

图10-2　移动平均线黄金交叉

2. 揭示当前股票成本

简单来说，移动平均线的股价即为当前股票的平均成本。所以，均线向上，则该均线时间段内的投资者平均而言是获利的；反之，均线向下，则该均线周期内的投资者平均而言是损失的。需要注意的是，这样只代表全体投资者的平均成本，并不代表所有投资者都会出现这种情况。通过这种平均成本的分析，可以了解自己在投资者中处于什么样的处境。主力常常以此作为市场运作的依据。

3. 助涨助跌

移动平均线的助涨助跌一方面是由于股票的商品规律形成，另一方面来源于均线系统对于投资者的心理作用。上涨或下跌趋势一旦形成，会持续几周到几个月的时间。因此，在上升行情中，均线可以看作多方的防线，具有助涨的作用；而下跌行情中，均线可以看作空方的防线，具有助跌作用。这种助涨助跌的作用，在股价从盘整走势形成突破时尤其明显。

10.3 6种图形看涨跌

使用移动平均线进行趋势研判时，记住一些常用图形是非常有用的。这些常用图形经过市场多年的验证，其可靠性较为稳定。另外，由于市场上投资者对这些图形往往具有共识，反过来又会影响股价的下一步走势。

10.3.1 多头排列

多头排列出现在上涨趋势中，由三根移动平均线组成。其图形特点为，最上面的一根为短期均线，中间一根为中期均线，最下面一根为长期均线，三根均线均为向上的圆弧形。

需要注意的是，这里的短期均线、中期均线和长期均线是相对而言的，这与前面章节中的概念有所不同。如5日、10日、30日的组合中，5日作为短期均线，10日作为中期均线，而30日作为长期均线。下面的移动平均线常用图形中概念相同，不再说明。

移动平均线是做多信号，表示后市看涨。实际使用时，投资者在多头排列的初期和中期，可以积极做多，并以持股待涨为主；而在多头排列的后期，需要谨慎做多，不可满仓操作。

多头排列的例子如图10-3所示。本例中采用的是5日、10日、30日的均线组合。如图

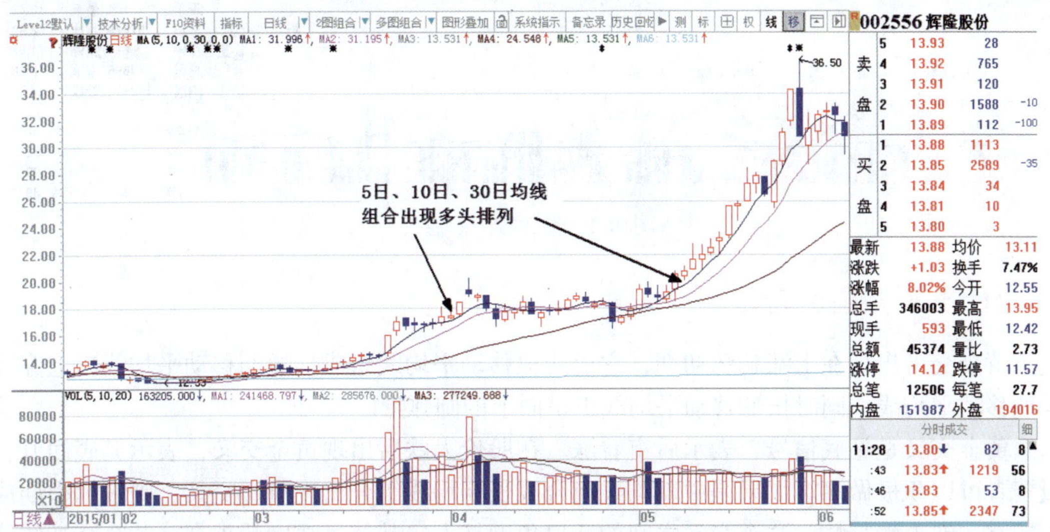

图10-3 多头排列示意图

中的例子MA（5,10,0,30,0,0）即代表3根移动平均线。箭头开始的位置3根均线呈弧形向上，出现多头排列形态，后市随之而来的是一波上涨。

多头排列按所选组合周期的不同，其参考意义也不同。短期组合用来判断短期上涨，中期组合用来判断中期上涨，长期组合用来判断长期上涨。其信号符合短期均线组合、中期均线组合和长期均线组合的意义。

10.3.2 空头排列

空头排列与多头排列相对应，它出现在下跌趋势中，也是由3根移动平均线组成。这3根移动平均线的排列顺序为，最上面一根是长期均线，中间一根是中期均线，而最下面一根为短期均线。这三根均线都呈向下的圆弧形。

空头排列是做空信号，表示后市会继续下跌。在空头排列的初期和中期，应该坚定地做空，到空头排列的末期，可以谨慎做空，清仓试探。

空头排列的技术图形如图10-4所示。还是以5日、10日、30日均线组合为例，图中股票辉隆股份（002556）在该处出现空头排列，之后短期出现下跌。下跌之后5日移动平均线与10日移动平均线出现黏合，但突破失败，再次出现空头排列，再次短线下跌。

图10-4　空头排列示意图

10.3.3 黄金交叉

黄金交叉出现在上涨趋势初期，它由两根移动平均线组成。短期移动平均线向上穿破长期移动平均线，同时长期移动平均线也呈向上的圆弧形。

黄金交叉是见底信号，表示后市看涨。在股价大跌后出现黄金交叉，表示见底回升，投资者可以积极做多。如果是中期均线组合或长期均线组合出现黄金交叉，则表示中期或长期有一波上涨行情。这个交叉之间的开口角度越大，其信号强度就越高。黄金交叉的技术图形如图10-5所示，本例中采用的是周K线，此时移动平均线组合变成周均线组合。

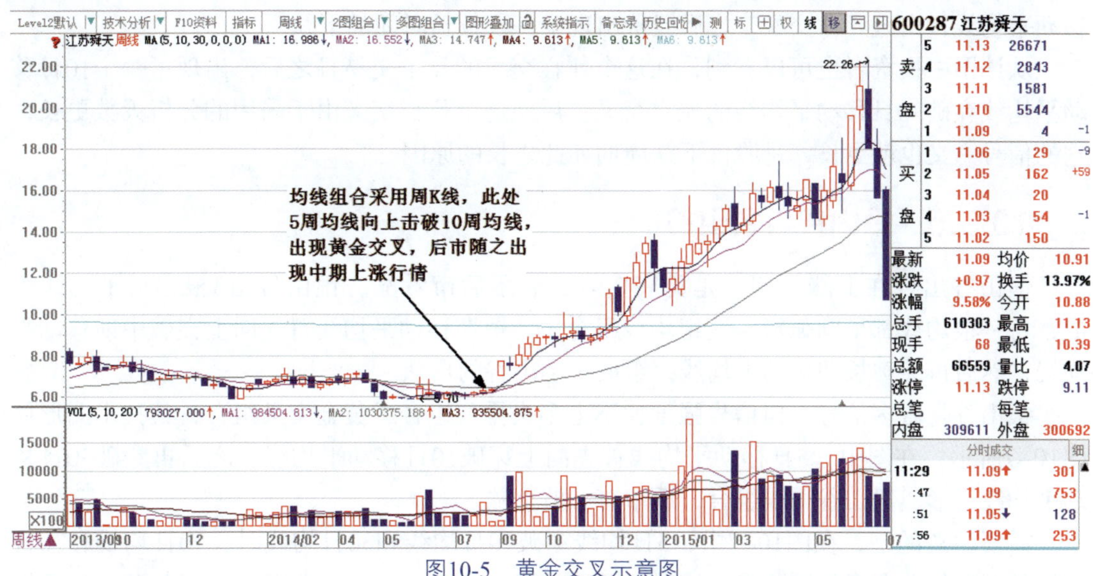

图10-5 黄金交叉示意图

在图10-5中，5周移动平均线向上突破10周移动平均线，随之出现的是一波大的中期上涨行情。

10.3.4 死亡交叉

死亡交叉与黄金交叉相对应，它出现于下跌初期，是看空信号。死亡交叉也是由两根移动平均线组成，短期均线从上向下穿过长期均线，与此同时，长期均线也是向下的弧形。

死亡交叉出现在一波大幅上涨后，投资者需要坚定做空。投资者如果在周K线、月K线下发现死亡交叉，则要保持谨慎做空，不宜长线持股。死亡交叉组合中，开口的角度越大，则看跌信号越强烈。

死亡交叉的技术图形如图10-6所示。在图中，5日移动平均线向下击破10日

图10-6 死亡交叉示意图

移动平均线，出现死亡交叉，之后股价出现了一段较长时间的下跌。

从该图中投资者也可以看到，在这个死亡交叉的几个交易日之后，出现了一个10日移动平均线穿破30日移动平均线的死亡交叉。后面这个死亡交叉由于采用的分析天数更长，它的信号意义也就更长，是股价下跌周期如此之长的原因。

10.3.5 银山谷与金山谷

银山谷出现在上涨初期，是见底信号，表示后市看涨。银山谷由3根移动平均线组成，每一根均线都呈圆弧形。这组均线组合中，短期移动平均线首先向上突破中期移动平均线，然后再突破长期移动平均线，组成一个山谷的形状。

银山谷是看多信号，但信号强度比不上多头排列组合或黄金交叉组合，其技术图形如图10-7所示。在图中，5日移动平均线首先向上穿破10日移动平均线，之后再穿破30日移动平均线，形成银山谷均线组合，后市有一波上涨。

需要注意的是，在图10-7中，5日均线穿破10日均线和30日均线时，10日均线和30日均线的图形均非向上的圆弧形，因此，不构成黄金交叉。这也是判断银山谷与黄金交叉组合区别的关键点。

银山谷的信号强度相对较弱，激进型的投资者可以在此减仓。

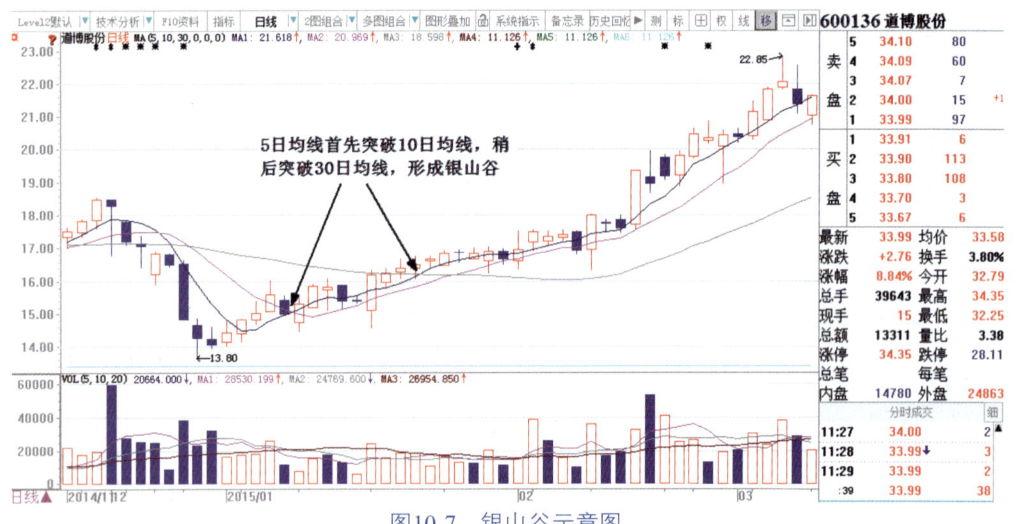

图10-7 银山谷示意图

金山谷出现在银山谷之后，它的图形特征与银山谷相同，出现时股价要不低于银山谷位置的股价。金山谷也是看多信号，信号强度比银山谷要强烈，同时股价上涨的时间也要长一些。一般来说，金山谷与银山谷之间相隔的时间越长，后市股价上涨的空间就越大。但需要注意的是，如果银山谷之后出现回调再次出现银山谷图形，则该图形并非金山谷。

由于金山谷出现在银山谷的一定交易日之后，股价可能已经上涨了一定的幅度。因此，金山谷更适合稳健型的投资者。

金山谷的技术图形如图10-8所示。在图中，5日均线首先向上穿破10日均线，接着穿破30日均线，出现银山谷。之后经过一段时间的运行，5日均线在股价稍高的位置再次穿破10日均线和30日均线，出现金山谷，后市随之而来的是一波上涨。

图10-8 银山谷与金山谷

10.3.6 死亡谷

死亡谷出现在下跌初期，是见顶信号，表示后市看跌。死亡谷由3根移动平均线组成，短期移动平均线先后穿过中期和长期移动平均线，形成一个山谷的形状。

死亡谷的看空信号比死亡交叉还要强烈，出现此图形时，投资者应该坚定做空。当股价经过一段较大的上涨后出现此图形时，投资者应该果断止损出局。

死亡谷的技术图形如图10-9所示。在图中，5日移动平均线先后向下穿破10日移动平均线和30日移动平均线，随之而来的是一个幅度和周期很大的下跌。

图10-9 死亡谷

死亡谷的出现，表明空方已经积累了相当大的做空能量。出现死亡谷后的调整周期和调整幅度往往都比较大。在此情况下，止损出局后再次等待机会是较好的选择。

10.4 趋势线实用指南

趋势线是趋势分析的一种方法，趋势线分析方法简单易用，但在股价趋势判断时往往会有很好的效果。使用趋势线，可以简单明确地把握股价走势，从而做到因势利导、顺势而为。趋势线对分析大盘或个股的走势，尤其是对分析中长期走势作用很大。

10.4.1 趋势线概述

趋势线的画法为用大智慧的直尺工具连接逐浪上升的两个低点，或者连接逐浪下降的两个依次下移的高点。前者称之为上升趋势线，后者称为下降趋势线。还有一种是用于股价横盘时，此时股价的低点和高点横向延伸，这时候画出来的就是横盘趋势线。

如图10-10所示就是一条上升趋势线。其画法为，选取一段较长时间的股价走势，然后选择“查看”菜单下的“画线工具”子菜单，在画线工具中选择“趋势线”，然后选择两个依次产生的低点即可完成。从图中可以看到，尽管该股在上涨过程中出现较长时间的横盘调整，但中期趋势并未改变，后市还是出现了较大幅度的上涨。

图10-10 上升趋势线示意图

趋势线按照速度来分，还可以分为快速趋势线和慢速趋势线。快速趋势线运行主要用于揭示股价的短期趋势，维持的时间比慢速趋势线要短，适合短期投资者使用。而慢速趋势线用于判断股价的长期趋势，适合长期投资者。实际使用时，投资者可以长短结合进行对比分析，这样可以波段操作，从而达到最大收益。

从时间上来分，趋势线又可分为短期趋势线、中期趋势线和长期趋势线。短期趋势线是连接两个小波浪的低点或高点，时间跨度一般为几周甚至几天，不会超过两个月。它用于分析股价的短期走势。中期趋势线连接两个中等波浪的低点或高点，时间跨度为几个月到一年，它用于判断中期走势，其准确率比短期趋势线要高。相应地，长期趋势线时间跨度可达几年，用于分析股市的长期走势。

10.4.2 趋势线使用方法

上升趋势线表示股价或指数的走势为向上，它对股价或指数的走势起支撑作用，因此又称“上升支撑线”。因此，上升支撑线只要不被有效跌破，则股价或指数将保持在上升通道中。此时投资者可以看多，长线投资者可一直持股。

当上升趋势线被有效跌破时，它就变成了压力线，此时投资者宜减仓为好，如图10-11所示。在图中，股价在箭头尾端跌破支撑线，随之而来的是一波很长时间的下跌。投资者仔细观察此图可以发现，在股价运行过程中，几次出现股价触及甚至低于支撑线的情况，但收盘价全部高于支撑线。这种盘中的跌破并非有效的跌破，对整体走势影响不会产生很大影响。而一旦确认上升趋势线有效跌破，投资者宜先清仓，再等待时机。

实际使用中，上升趋势线被触及而不被跌破的次数越高，其支撑作用越明显，因而可靠性越高。这种情况下，每次股价触及上升支撑线的时候都是中线投资者加仓的良机。

下降趋势线表示股价或指数的走势为向下，它对股价或指数的走势起压力作用，因此又叫“下降压力线”。因此，下降压力线只要不被有效突破，则股价或指数将保持在下降通道中，此时投资者宜看空，稳健型的投资者宜空仓等待机会。

下降趋势线被有效突破时，则会对股价走势起支撑作用，对股价或指数的进一步下跌起阻止作用。此时投资者宜看多，做好进场的准备，如图10-12所示。

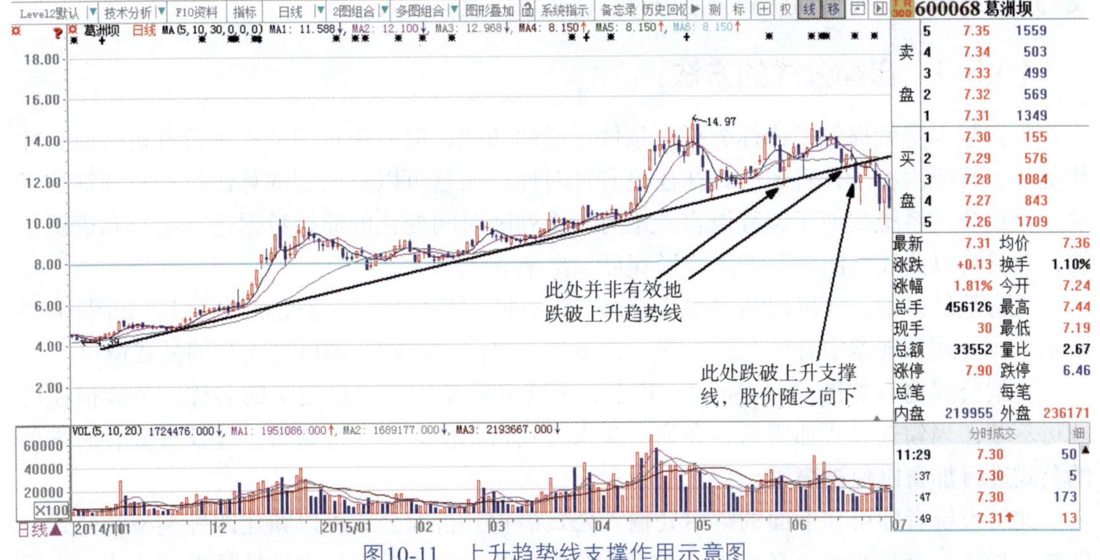

图10-11　上升趋势线支撑作用示意图

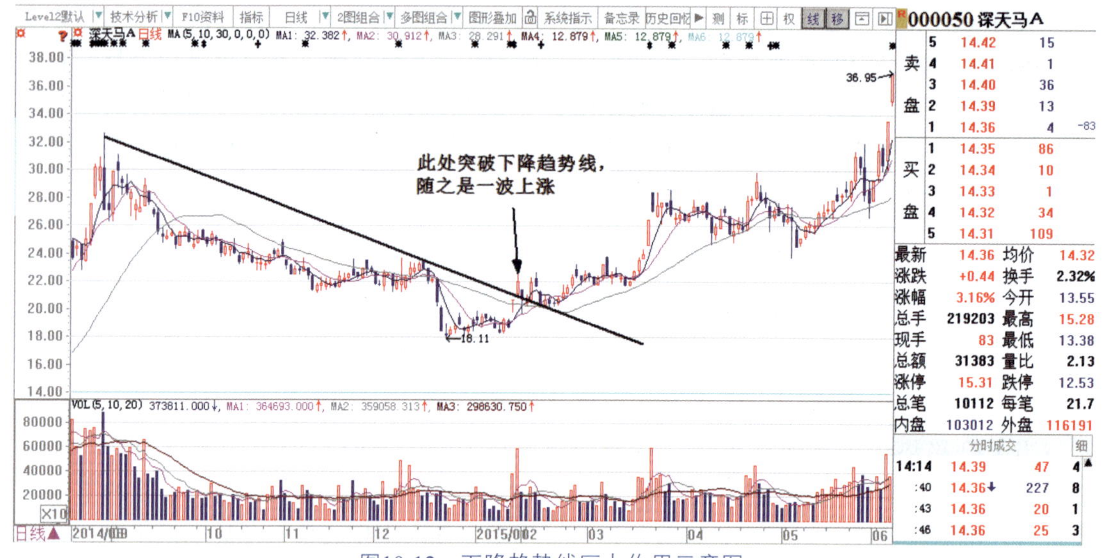

图10-12　下降趋势线压力作用示意图

在图10-12中，股价突破下降趋势线后，该趋势线立即变成支撑线，后面的股价走势中数次触及该线，但并没有有效跌破。此时，下降趋势线在突破后的支撑作用相当明显。对于中长期投资者来说，每次股价触及该线但没有跌破的时候都是进仓良机。

10.5　大智慧条件选股

大智慧为投资者提供了选股的功能，使用此功能可以根据投资者的过滤条件来选出满足条件的所有股票。另外，使用大智慧的自编公式功能，投资者可以按照自己的理解来定义公式或指标。这两种功能配合使用时，往往可以收获奇效。

10.5.1　自编公式的方法

大智慧本身就提供了指标分析及条件选股的功能，但使用自编公式进行分析时效果往往更好。其原因在于，自编公式往往更有针对性，而且可以对内部的算法过程有详细的了解。自编公式系统类似于编程语言，是对一系列随时间变化的原始数据进行组合和逻辑运算，并最终以曲线、图形及指示等形式显示出来。

大智慧的自编公式可以通过按快捷键“Ctrl+F”打开“公式管理器”窗口。如图10-13所示，在公式管理器中有一个自编项，在该项上单击“新建”即可进入自编公式窗口。

自编公式窗口如图10-14所示。其中，公式名称是用户自己定义的名称，公式描述可填可不填；当勾选公式加密后，会弹出输入公式密码窗口。一般来讲，建议投资者对重要的公式进行加密以免被窃用。

此后投资者即可在下面的空白处输入公式语句。自编公式可以新建四种类型的公式，即技术指标、交易系统、条件选股和五彩K线公式。技术指标公式是最基本的公式，主要用于指标图形的绘制。技术指标结合选股条件逻辑判断表达式时，可以生成条件选股公式，用于条件选股；技术指标公式结合买卖逻辑判断表达式，可以得到交易系统公式；技术指标公式结合五彩逻辑判断表达式，即可得到K线模式公式。

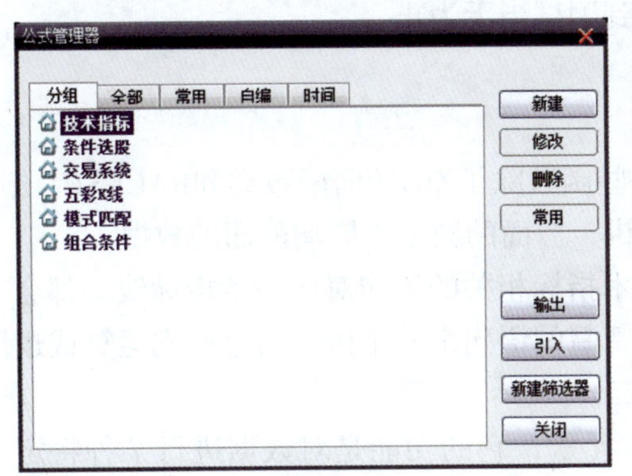

图10-13　进入自编公式菜单

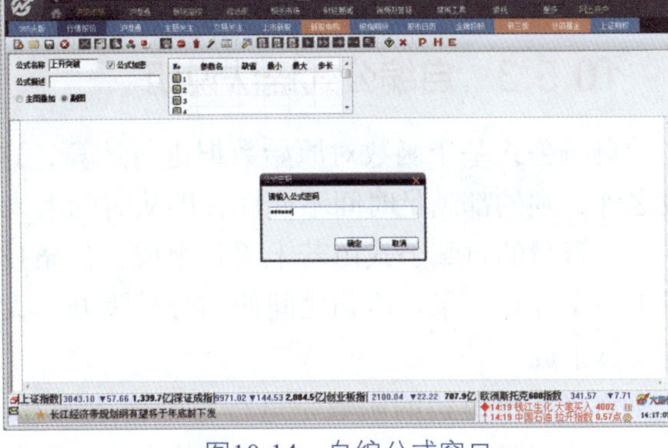

图10-14　自编公式窗口

10.5.2　条件选股的用法

条件选股是指用户设定选股条件后，大智慧将计算出当前或历史上的满足条件的股票，其快捷键为F7。条件选股是大智慧非常实用的工具，用户可以通过此功能大大减少股票筛选的时间。

大智慧365支持七大类选股方法，包括技术指标、条件选股、交易系统、五彩K线、组合条件、模式匹配和基本面条件。图10-15给出了一个简单的条件选股的例子，在条件选股窗口中，选定选股条件为“KDJ随机指标买入条件选股”，采用默认参数，然后在“选股至板块”中选择“全部板块”。如果需要针对某些股票进行条件选股，可以在“高级”中进行设置，本例中采用默认的所有股票。

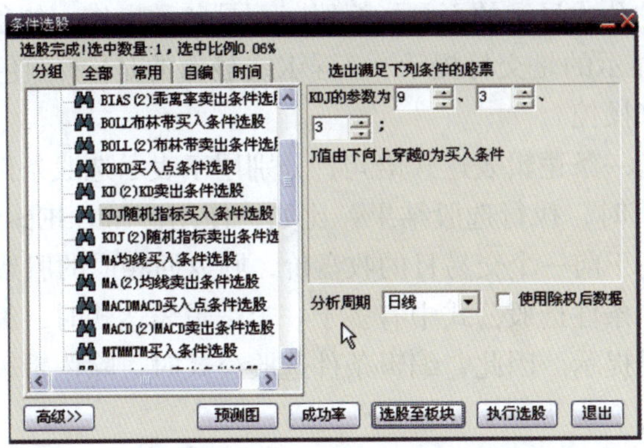

图10-15　大智慧条件选股

单击“执行选股”，在窗口的最上面会显示出采用此条件的选股结果。本例中选出一只股票。此时可以在“上次选股结果”中查看选择出所有股票。

通过条件选股选出的股票会列出在动态显示牌上，同时选股结果会自动保存在“条件选股结果”板块中。

另外，大智慧提供了条件选股成功率测试的功能。这个成功率测试是基于买入操作的成功率来衡量的。使用成功率测试，可以实现在用户选定的股票范围内，用一定时间内的历史数据测试选股条件的成功率。用户可以根据成功率来验证选股条件并进一步调整。成功率测试的默认时间段为股票上市的第一天开始到测试当天为止。

10.5.3　自编公式语法说明

自编公式基于函数对原始数据进行运算，这些函数除了ZIG转向函数类和BACKSET函数之外，别的都满足时间不变性，即从时间上来讲，后面的数据不影响前面的数据。

大智慧的自编公式由若干语句组成，每条技术指标相关的语句对应一条指标线，都会得出一个计算结果。语句之间使用分号隔开。大智慧的语句由若干函数通过四则运算或逻辑运算组成。

公式系统里边的函数是进行自编公式的基本元素，它的功能是对数据进行某种特定操作，如“函数CLOSE（）”表示某个分析周期的收盘价。括号内需要输入的是函数的参数，可以是常量或变量。常量是不随时间变化的数值，如“CLOSE（1）”表示本计算周期的收盘价；而变量是随时间变化的数值。若函数的参数不是唯一时，则参数的顺序是不能随意改变的。

语句就是计算符将函数连接在一起的一个语法段，其中计算符分为算术计算符和逻辑计算符。算术计算符是四则运算计算符，而逻辑计算符则包括大于、小于、约等于、AND和OR等。

语句计算的结果连接成线对应的就是指标线。语句也可以定义自己的名称以便于区分。语句名位于语句的前面，用冒号隔开。

一个复杂的公式往往有很多语句，若中间的某些语句没必要显示出来，则可以定义为中间语句。在定义中间语句时，语句名的后面跟上冒号加等号。

另外，其他类型的公式显示的不是指标线，而是各种操作，如条件选股显示的是选股结果，交易系统公式显示的是交易提示，五彩K线显示的是K线颜色等。这种类型的操作通过逻辑运算的结果来操控。

条件选股公式只有一条逻辑表达式语句，分别用于表示选股条件是否满足。当选股条件的逻辑运算结果为真时，执行选股结果。比如，使用“CLOSE>REF（close，1）”语句时，若当期收盘价高于前一个交易日的收盘价，则返回相应的股票。

需要注意的是，当条件选股公式中有多于一个逻辑表达式时，编辑器会提示“只能有一个输出结果”的报错提示。因此，编辑条件选股公式时，除逻辑表达式语句外的其他语句需要设定为中间语句。

在自编公式时，有时候需要引用指标数据或其他公式的数据。引用其他指标的数值时，投资者不需要重新编制这个指标，大智慧提供了简单地调用别的指标的方法。指标的调用的格式为“指标.指标线（参数）”。

引用其他股票的数据主要包括两种情况。一个是引用大盘的数据，即针对大盘进行对比以研判个股与大盘走势之间的黏合性，此时可以使用大智慧提供的函数INDEXC

和INDEXV来完成。还有一种情况则是引用其余股票的数据，如同板块的其他股票进行对比。引用股票的格式为“股票代码$数据”。股票代码后面的数据可以是CLOSE、VOL、AMOUNT等函数。如引用“Z3000069$VOL”表示引用股票300069的成交量，而“Z300069$CLOSE”则表示引用该股的收盘价。

表10-1给出了常用函数及函数组合的说明，建议投资者记住其功能及名称。这些函数及函数组合在自编公式中使用频率很高，是投资者自编公式的基础。

表10-1　常用函数及函数组合

函数名称/公式	使用说明
CLOSE	收盘价线
MA（X, Y）	X的Y日移动平均线
REF（CLOSE, 1）	今日收盘价相对于昨日收盘价的涨幅
VOL/CAPITAL	换手率，即当期成交量占流通股本的比例
HIGH=HHV（HIGH, N）	创新高，即当日最高价是N个交易日的最高价
（HHV（CLOSE, N）-LLV（CLOSE, N））/CLOSE＜RATE	横盘整理，即N个交易日内股价在RATE表示的百分比之内摆动
VOL/REF（VOL, 1）＞2	放量，今日成交量比前一个交易日成交量放大一倍以上
VOL/MA（VOL, N）＞M	放量，今日成交量比前N个交易日的平均成交量放大M倍以上
VOL/REF（VOL, 1）＜0.5	缩量，今日成交量比前一个交易日缩小一半以上
VOL/MA（VOL, N）＜M	缩量，今日成交量比前面N个交易日的平均量缩小了M倍以上
CLOSE/REF（CLOSE, 1）＞1.05	上涨，今日涨幅超过5%
CLOSE/REF（CLOSE, 1）＜0.95	下跌，今日跌幅超过5%
CLOSE＞OPEN	收高，阳线
CLOSE＜OPEN	收低，阴线
OPEN＞REF（CLOSE, 1）	高开
OPEN＜REF（CLOSE, 1）	低开
OPEN＞REF（HIGH, 1）	跳空高开，其中HIGH为前一个交易日的最高价
OPEN＜REF（LOW, 1）	跳空低开，其中LOW为前一个交易日的最低价

10.5.4　常用大智慧自编公式

投资者在掌握了自编公式的语法之后，可以按照自己对于选股方法的理解来定义自己的公式。下面给出了一些常用的股价趋势研判方法以供投资者参考。

1. 股价创N个交易日新高

公式为*hhv*（*high, n*）=*hhv*（*high*, 0） *and barscount*（*c*）＞=*n*；其中*N*和*X*为指标参数，*N*的第一个有效值为0；而若*X*非0时，则在当前位置到*N*周期前的数值为1。

2. 股价创N个交易日新低

公式为*llv*（*low, n*）=*llv*（*low*, 0） *and barscount*（*close*）＞=*n*；其中*N*为指标参数，第一个有效值为0；*X*为第一个有效数据到当前的天数。

3. N个交易日内阴线多于阳线

公式为*count*（*open*<*close*, *n*）/*n*<0.5；其中*N*为指标参数，可选择有效的参数进行修改；另外0.5也是可以编辑的，表示阴线占全部K线的比例。

4. N个交易日内阳线多于阴线

公式为*count*（*open*<*close*, *n*）/*n*>0.5；其中*N*为指标参数，0.5也是可以编辑的。

5. N个交易日内涨多跌少或涨少跌多

公式为*count*（*c*>*ref*（*c*, 1），*n*）/*n*>0.5；和*count*（*c*>*ref*（*c*, *1*），*n*）/*n*<0.5；前者表示*N*个交易日内上涨幅度大于下跌幅度，其比例为0.5；而后者则相反。

实际使用中可以修改0.5所代表的参数，以表示上涨/下跌幅度的比例。

6. N个交易日内连续收阴线/收阳线

公式为*up*：=*close*>*open*；*count*（*up*, *n*）=*n*；或*up*：=*close*<*open*；*count*（*up*, *n*）=*n*；前者表示股价在*N*个交易内连续收阳线，后者表示股价在*N*个交易日内连续收阴线。*N*为指标参数，当*N*为0时，表示从第一个有效值开始。

7. N个交易日内持续放量/持续缩量

公式为*a*：=*vol*>*ref*（*vol*, 1）；*count*（*a*, *n*）=*n*；或*a*：=*vol*<*ref*（*vol*, *1*）；*count*（*a*, *n*）=*n*；前者表示*N*个交易日内持续放量，后者表示*N*个交易日内持续缩量。*N*为指标参数，表示要统计的时间交易日数量。

8. 放量上攻

公式为

*a*1：= *close*/*ref*（*close*, 1）；

*a*2：= *a*1>1 *and a*1<1.03；

*b*1：= *vol*/*ref*（*vol*, 1）；

*b*2：= *b*1>1 *and b*1<2；

*c*1：= *ma*（*vol*, *n*）/*capital*<0.05；

count（*a*2 *and b*2, *n*）/*n*>0.6 *and c1*；

放量上攻基于的是量价分析理论，放量上攻包含两个概念：一是股价上涨，二是量能放大。从该公式中也可以看出，本公式其实是由股价上涨和量能放大两部分组成的。

9. 股价阶段性强势上涨

公式为

a：= *sum*（*if*（*date* – *n*=0, *indexc*, 0），0）；

b：= *sum*（*if*（*date* – *n*1=0, *indexc*, 0）0）；

e：= *sum*（*if*（*date* – *n*=0, *c*, 0），0）；

f：= *sum*（*if*（*date* – *n*1=0, *c*, 0），0）；

（（*f* – *e*）/*e*）>（（*b* – *a*）/*a*）；

其中n和n_1都是指标参数，本公式用于选出n到n_1之间涨幅高于大盘的股票。需要注意的是，n和n_1的参数格式应当为yymmdd，即用两位数表示年，两位数表示月，末尾两位数表示日。

10. 均线多头与均线空头

公式为

```
a1：= ma（c, n1）；
a2：= ma（c, n2）；
a3：= ma（c, n3）；
a4：= ma（c, n4）；
count（a1>a2 and a2>a3 and a3>a4, 3）=3 and isup;
```

或

```
a1：= ma（c, n1）；
a2：= ma（c, n2）；
a3：= ma（c, n3）；
a4：= ma（c, n4）；
count（a1<a2 and a2<a3 and a3<a4, 3）=3 and not（isup）；
```

前一个公式表示的是均线多头排列，后者是均线空头排列。n_1、n_2、n_3和n_4全部是参数，表示均线采用的日期。

11. 早晨之星与黄昏之星

公式为

```
ref（close, 2）/ref（open, 2）<0.95 and ref（open, 1）<ref（close, 2）and abs（ref（open, 1）–ref（close, 1）/ref（close, 1））<0.03 and close/open>1.05 and close>ref（close, 2）；
```

或

```
ref（close, 2）/ref（open, 2）>1.03 and ref（open, 1）>ref（close, 2）and bs（ref（open, 1）–ref（close, 1）/ref（close, 1））<0.02 and close/open<0.97 and close<ref（close, 2）；
```

前一个公式为早晨之星，为看多信号；后者为黄昏之星，为看空信号。早晨之星和黄昏之星分别由3根K线组成。

12. 黄金交叉与死亡交叉

公式为

```
a：= ma（c, 5）；
b：= ma（c, 10）；
cross（a, b）；
```

或

```
a：= ma（c, 5）；
b：= ma（c, 10）；
cross（b, a）；
```

前者为黄金交叉，后者为死亡交叉。黄金交叉是看多信号，往往揭示了重要买点；而死亡交叉为看空信号，往往意味着合适的卖点。

需要注意的是，本例中采用的参数为5日和10日，对中短期分析较为有效。中长线投资者可以按照自己的需要适当地调整为较大的参数。

炒股

第11章 创业板相关知识

创业板是这两年新兴的股票投资方式，相对于主板市场上的股票而言，它的收益性和风险性要更大。通过本章的内容，投资者可以了解创业板的概念、开通方式以及操作理念与主板股票的区别。

11.1 创业板相关概念

创业板是股票的一种，但相对于主板市场的股票，它又有一些较为明显的区别。因此，进行创业板投资之前，了解创业板的概念、交易规则并完成创业板投资所需的手续是必要的。

11.1.1 创业板的定义

创业板又叫二板市场，是地位低于主板市场的第二股票交易市场。在中国，创业板特指深圳创业板。它在上市门槛、监管制度、交易者条件、投资风险以及信息披露等方面与主板市场有着较大区别。

创业板的设立是为了给有潜力的中小企业提供更方便的融资渠道。通过创业板上市的公司大多属于高科技公司，成长空间大，但规模较小，不符合主板上市条件。

创业板为中小企业和新兴公司提供了证券融资的途径，是对主板的有效补充。它有助于扶持中小企业，有利于建立多层次的资本市场。

创业板投资的风险比主板市场要高得多，但相应地利润也高得多。由于创业板投资巨大的风险性，政府对创业板的监管要更加严格，尤其是对“信息披露”的要求，要远远高于主板。

创业板于2009年10月23日举行开板仪式，之后经由深圳交易所对上市公司进行审议。2009年10月30日，首批28家创业板公司正式挂牌上市。

11.1.2 创业板开通流程

投资者在开通创业板时，要求已经拥有沪深股市股东卡。由于创业板的风险比主板要大得多，投资者在开通时会被要求填写《风险承受能力测评问卷》进行风险评估。

需要注意的是，股票交易经验满两年的投资者和不足两年的投资者在开通创业板时要求有所不同。满两年的投资者需要签署《创业板市场投资风险揭示书》，而不满两年的投资者还需要手工抄录“特别声明”，并经由营业部经办人员和负责人见证并签字。

交易满两年和不满两年的审核时间也不同。交易经验满两年的投资者可以在两个交易日后开通创业板交易权限，而不足两年的投资者则需要五个交易日之后才能开通创业板交易权限。创业板开通的详细流程请参考图11-1。

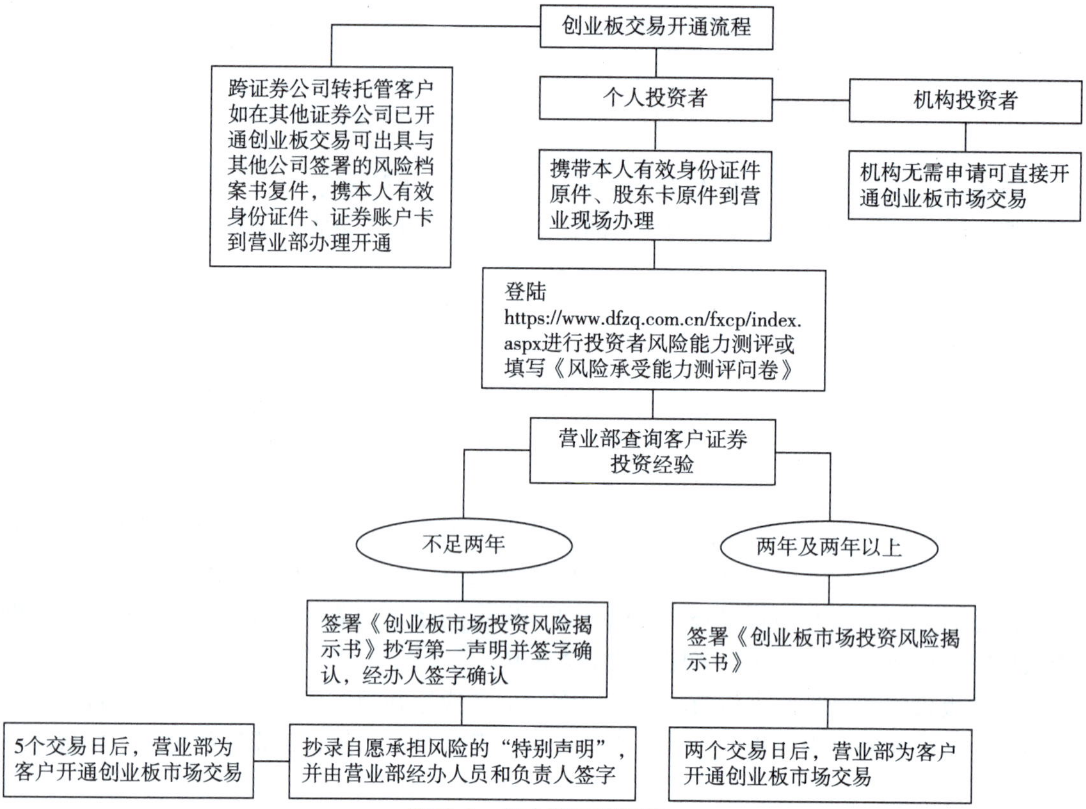

创业板交易开通流程

跨证券公司转托管客户如在其他证券公司已开通创业板交易可出具与其他公司签署的风险档案书复件，携本人有效身份证件、证券账户卡到营业部办理开通

个人投资者

机构投资者

携带本人有效身份证件原件、股东卡原件到营业现场办理

机构无需申请可直接开通创业板市场交易

登陆https://www.dfzq.com.cn/fxcp/index.aspx进行投资者风险能力测评或填写《风险承受能力测评问卷》

营业部查询客户证券投资经验

不足两年

两年及两年以上

签署《创业板市场投资风险揭示书》抄写第一声明并签字确认，经办人签字确认

签署《创业板市场投资风险揭示书》

5个交易日后，营业部为客户开通创业板市场交易

抄录自愿承担风险的“特别声明”，并由营业部经办人员和负责人签字

两个交易日后，营业部为客户开通创业板市场交易

图11-1　创业板开通流程

11.1.3　创业板交易规则

创业板股票的交易规则与主板类似，同样为T+1规则，即当天买入的股票只有在第二个交易日才可以卖出。另外，创业板上市首日之后每天的涨跌幅限制也是10%，即10%的涨跌幅度分别为涨停板和跌停板。

但创业板比主板多了上市首日的交易风险控制机制。创业板上市首日，深交所会对各股票进行严密监控，对进行大笔集中申报、连续申报、高价申报或频繁撤销申报等异动行为的账户，将根据有关规定对其进行限制交易，情节严重者将上报监管部门进行查处。

创业板上市首日的风险控制机制还体现在其停牌指标上。创业板股票上市首日盘中股价较开盘价上涨或下跌幅度达到或超过20%时，深交所将对该股票临时停牌30分钟；上涨幅度或下跌幅度达到50%时，深交所将对该股票再次临时停牌30分钟；当上涨幅度或下跌幅度超过80%时，深交所将对其实施临时停牌直至14:57。第三种停牌情况中，深交所将在14:57对该股票复牌并处理停牌期间的申报，这些申报将会先进行复牌集合竞价，竞价未完成的情况下可以继续进行收盘集合竞价。

投资者可以在临时停牌期间内继续申报或撤销申报，申报的单子将在复牌时进行处理。

11.2 创业板与主板的区别

总体来讲，国内企业无论是在主板、中小板还是创业板上市，都必须遵守《公司法》和《证券法》，只是在发行、上市及监管的具体规则上有所区别。其中，主板与中小板的发行条件是一样的，只是中小板企业规模要小一些，在深交所上市，而主板在上交所上市。广义的主板市场包含中小板市场。

由于创业板设立的目的是为了给规模小、成长性良好的小型企业提供融资机会，其风险要远大于主板市场。因此，在发行、上市及监管等规则上有一些区别。创业板与主板在上市条件上的区别请参考表11-1。

表11-1 创业板与主板的区别（1）

上市条件	创业板	主板（包括中小板）
主体资格	依法设立且持续经营三年以上的股份有限公司，定位服务成长性创业企业；支持有自主创新的企业	依法设立且合法存续的股份有限公司
股本要求	发行前净资产不少于2000万元，发行后的股本总额不少于3000万元	发行前股本总额不少于3000万元，发行后不少于5000万元
盈利要求	最近两年连续盈利，两年净利润累计不少于1000万元，且持续增长；或者最近一年盈利，且净利润不少于500万元，最近一年营业收入不少于5000万元，最近两年营业收入增长率均不低于30%；或者净利润以扣除非经常性损益前后孰低者为计算依据。	最近3个会计年度净利润均为正数且累计超过人民币3000万元，净利润以扣除非经常性损益前后孰低者为计算依据；或者最近3个会计年度经营活动产生的现金流量净额累计超过人民币5000万元；或者最近3个会计年度营业收入累计超过人民币3亿元。另外，最近一期不存在未弥补亏损；
资产要求	最近一期末净资产不少于2000万元	最近一期末无形资产（扣除土地使用权、水面养殖权和采矿权等后）占净资产的比例不高于20%
主营业务要求	发行人应当主营一种业务，且最近两年内未发生变更	最近3年内主营业务没有发生重大变化
董事、管理层	发行人最近两年内主营业务和董事、高级管理人员均未发生重大变化，实际控制人未发生变更。高管不能最近3年内受到中国证监会行政处罚，或者最近一年内受到证券交易所公开谴责	发行人最近3年内董事、高级管理人员没有发生重大变化，实际控制人未发生变更。高管不能在最近36个月内受到中国证监会行政处罚，或者最近12个月内受到证券交易所公开谴责
募集资金	募集资金只能用于发展主营业务	募集资金应当有明确的使用方向，原则上应当用于主营业务

除上市条件外，创业板在企业类型、信息披露、退市机制以及停牌机制等方面与主板也有着较大区别，详情请参考表11-2。

表11-2　创业板与主板的区别（2）

管理项目	创业板	主板（包括中小板）
企业类型	偏向于成长型、创业期、科技含量较高的中小企业	对行业及类型没有任何限制
企业规模	企业规模最小	主板市场，包括中小板市场的企业规模都要大于创业板
上市条件	见表11-1	见表11-1
上市报审环节	报审前不需要征求发行人注册地省级政府或发改委意见	证监会在对上市企业初审时需要征求发行人所在省级政府及国家发改委意见
发审委组成人员	由独立于主板而专为创业板设立的发审委委员会审批	由主板发审委审批
保荐人的持续监督期限	首次发行股票并在创业板上市的，持续督导的期间为上市当年剩余时间及其后3个完整会计年度	证券上市当年剩余时间及其后两个完整会计年度
信息披露	实行网站为主的信息披露方式；实时披露，可在中午休市期间或下午三点三十分后披露临时报告；增加创业板市场风险特别提示	于规定时间编制并公布定期报告，包括年度报告和中期报告；对某些可能影响上市公司股价的事件发布临时报告
退市制度	除了主板规定的退市标准外，创业板增加更为严格的退市标准；创业板退市时启动快速退市程序；创业板公司退市后必须进入代办股份转让系统	上市公司财务年报连续三年亏损，且无债务重组
停牌机制	披露年度报告、业绩报告等重大事项不实行以小时例行停牌；出现异常情况，如预计中大事项决策阶段不能保密，市场中有传闻且出现股价异动时，公司可提出停牌申请，或由深交所直接实施盘中停牌；长期停牌公司每5个交易日必须披露停牌原因及进展情况	上市公司有重要信息公布，如年报、中期业绩报告时刻停牌；证券监管机关认为上市公司须就有关对公司有重大影响的问题进行澄清和公告时；上市公司涉嫌违规需要进行调查时

11.3　创业板风险分析

创业板的高收益主要体现在资本升值上，即资本利得。由于创业板上市公司大多属于成长性高的高新技术企业，具备良好的市场前景和创收增值能力。随着公司的发展及盈利能力的增长，业绩的回报预期会在二级市场有较好的表现。这样上市公司的股票会不断增值，投资者可以通过手头掌握的股票赚取较高的差额，这就是创业板板块股票的资本利得。

如果仅仅从创业板股票的主收益方式来看，会得出创业板投资要做长线的结论，但事实不然。其原因在于，创业板的市场及股票本身的风险太大，投资者若不详加斟酌的话，甚至最后会导致成本资金血本无归。

创业板的高风险主要来自两方面，一个是市场的风险，一个是创业板上市公司自身的风险。香港2000年3月到10月的创业板市场就是一个很明显的市场风险的例子。2000年3月27日香港创业板指数达到了1045点，但受4月份美国纳斯达克市场下跌的影响，到10月11

日指数跌到了只有355点。这种情况下创业板公司的股价大部分跌幅都达到了70%以上。

创业板上市公司自身的风险在于，创业板上市公司规模小，公司存在时间段多处于创业的初期或成长期，经营业绩不稳定，存在较大的变数。

另外，创业板的上市公司存在着直接退市的风险。创业板市场不存在ST警示等过渡阶段，也不像主板会要求进入代办股份转让系统等。也就是说，若投资者在创业板市场投资失误，则可能经受很大的损失，甚至可能损失所有的股票市值。

目前国内创业板公司的平均市盈率在57倍左右，而主板平均的加权市盈率仅为23倍，中小板市盈率也不过是在30倍左右。但事实上，创业板公司的业绩增长能否维持如此之高的市盈率是需要验证的。在这样高的市盈率下，若股价被进一步炒作，则企业的成长性会被透支，未来的融资也会出现困难。

而现在马上就会到达创业板设立6周年的时候，将迎来创业板公司原始股东解禁的潮流。到时候会有一些创业板的大股东为了套现而抛售手头的股票，这是某些创业板公司的一个挑战。但同样地，经过这件事情的检验，好的创业板公司也会崭露头角。

创业板上市公司是优胜劣汰的，成功的创业板市场是经济快速发展的必然产物。比如美国纳斯达克就是美国经济、新技术累加的成果。纳斯达克市场中诞生了微软、英特尔、苹果等创业板出身的巨无霸，这些公司又反过来引领了行业的发展，促进了美国经济的前进。

中国的经济经过30多年的高速发展，积累了大量的中小企业，这些公司在创业板上市的速度远大于主板市场。随着经济和市场的发展，这些创业板公司中也会诞生具有可观前景的创新公司。

投资者需要时刻谨记创业板市场的高风险，但也要擅长发现创业板公司中的价值投资机会。

11.4 创业板操作技巧

通常，创业板更适合股票投资经验丰富的投资者，因为伴随着高收益的回报，创业板的风险也是相对较大的。普通股票的投资者分析创业板股票时，需要结合创业板资深投资者的特点针对性地调整分析的重心。

11.4.1 创业板申购的4个技巧

创业板申购的要求与时间安排，与主板完全一样。由于创业板发行在深交所，与上交所每次申购数量必须是1000的倍数不同，它每次需申购的股数为500的倍数。也是只能申购，重复申购则后面的申购无效。申购资金从申购日起冻结，在T+3日解冻。

申购创业板股票前需要开通创业板股票账户，一般来说，申购的资金量越大，成功率越高。新股上市首日极少出现破发的情况，因此，新股申购对投资者来说是一项稳赚不赔的投资手段。这也导致了申购的成功率往往比较低。

创业板股票申购时无法通过技术方法获知股价的成长空间。因此，只能通过对股票进行基本面分析，对股价的成长性作一个判断。这些可以通过对基本面中上市公司的业务成长能力、商业模式以及询价市盈率等进行分析来获得。相应地，获利空间越大的股票申购人数也会越多，从而导致申购成功率下降。投资者可以根据自己的资金情况做一个选择。有以下四个技巧可以一定程度上提高新股申购的命中率。

- 不要把资金分散到不同股票的申购上。参与新股申购后，资金会在一定时间内被冻结。如果一周甚至一天内发行几只新股的情况下，就要选准其中一只，投入可以动用的所有资金进行申购以提高中签率。市值最大的新股中签率往往要高一些，建议投资者考虑市值较大的新股。
- 新股的中签配号是由电脑抽号产生的，因此具有随机性。但从概率上来讲，数字处于中间区域时中签概率要大一些。下午是机构投资者下单的高峰期，因此建议投资者在下午进行申购，尤其是在13:30到14:00之间，这个时间成功率要略大于其他交易时间。
- 在市场上的申购资金量较少时申购。一周出现几只新股的情况下，由于前面已经有大量资金投入股票申购中，此时进行后面的新股申购往往成功率要高一些。
- 用申购次数来提高申购成功率。新股中签是小概率时间，但如果投资者可以进行持之以恒地多次尝试，则可以通过数量来提高成功的概率。

11.4.2 创业板投资策略

创业板与主板有着很多根本性的不同，因此投资者在对创业板投资时需要采取一些不同的策略。投资者在进行创业板投资时，需要仔细地研究上市公司的基本面资料。创业板高收益、高风险的特征决定了投资者在制定投资策略时要把风险控制放在第一位。

风险控制的第一个手段就是采用组合投资策略。组合策略，又叫投资多元化策略，就是将资金按照某种比例分散到不同的投资对象中，以分散投资风险。由于创业板的市场波动性较高，建议投资者尽量避免对单一品种进行重仓投资。采用组合投资策略的另一个优势是，投资者可以通过风险的分散稳定心态，而且投资组合中某些品种下跌，另外一些品种上涨的可能性较大。长期来看，组合策略可以获得较为稳定的收益。

在进行组合投资时，除了投资到创业板内不同品种的股票上，还可以进行创业板和主板的组合。实际投资中建议投资者采用后一种方法。因为创业板作为小规模的股票，往往有着整体的联动性，即创业板股票的下跌往往是整个板块的下跌，采用第一种方法分散风险的作用往往不明显。

采用创业板和主板组合的方法，既不会放弃创业板的高收益机会，又可以较为明显地减少投资风险。投资在两个市场上的比例可以灵活一些，这样当两个市场出现此消彼长的情况时，可以根据市场的步伐获得较大的收益。

创业板投资风险控制的另一个方法就是严格遵循止损策略。当股票买入的理由不复存在时，应当果断出局，即便是割肉出局。在创业板股票中很容易出现连续上涨或连续下跌的情况，在发现形势不好时，不要存在侥幸心理。如图11-2中的创业板股票上海凯宝（300039），在2015年6月大盘出现下跌时，该股股价出现了连续地快速下跌。在这种情况下，投资者连中途反弹出货的机会都没有。在这段时间中，事实上创业板整个板块的跌幅都很大，如果投资者不止损出局的话，需要浪费很长的时间才可能回本。投资者在买入股票时设好止损位，这样当到达止损价位时出局，可以避免大部分损失。

图11-2　上海凯宝（300039）股价走势图

创业板在国内刚刚开始发展，前景存在着变数，而且由于上一节所述的各种风险，长线投资风险过大。因此，中线持股的策略是较为妥当的。

中线持股既可以避免短线股价频繁波动带来的风险，又可以获取创业板公司成长带来的较高收益。以图11-3中第一批创业板上市的神州泰岳为例，股价从2009年10月30日上市时的80多元，到2015年6月15日已经飙升到404.77元（复权后的价格）。这种收益要远远高于普通短线投资者的收益了。

图11-3　神州泰岳股价走势图

对创业板股票进行中线投资时，首先要注意所投资企业的行业前景。投资者需要从招股说明书、大智慧F10基本资料等渠道中找出上市公司主营业务的增长情况，同时参考该主营业务目前所处的行业阶段，以及国家对此行业的相应政策。通过这些手段，投资者可以发掘出真正具有高成长性的创业板公司。另外，投资者需要对股票进行跟踪，包括资金流向、主力行为、大笔成交、放量原因等，通过这些手段来掌握住主力对股票的操作策略，使自己的操作步调与主力保持一致。

投资者在制定止损策略时，可以参考两种方法，即适时止损和适价止损。所谓适时止损，是指当股价到止损点的时间还没有走出预期行情时出局。适时止损与K线分析中时间周期的概念相关。

适价止损在使用中每个人设定的止损位是不一样的，一般认为5%的损失是止损出局比较合理的点位，即当手中的股票跌幅达到5%时果断卖出。这种方法有利于投资者克服侥幸心理，以避免市场继续下跌带来更多的损失。

另外一个适价止损的方法是看关键支撑位。当股价跌破关键的支撑线、颈线位时果断止损离场。这些价位都是对股票下跌具有支撑作用的点位，如5日均线、10日均线、黄金分割位等。支撑价位的跌破，意味着下跌空间进一步打开，后市还会有更大的跌幅。此时卖出手中的股票，等待下跌结束是更理性的选择。

11.4.3　创业板操作的4个技巧

与主板相比，创业板在大盘中所占的比重较小。因此，创业板受大盘的影响也会比较大。在进行创业板投资时，投资者不要独立于大盘来分析创业板的股票。事实上创业板股票受大盘走势的影响往往远大于其他股票。

第一个技巧就是，在大盘的趋势确认前先一步做出相应的回应。如图11-4所示，上证综指从2015-06-15开始下跌，到2015-07-09创出新低，这期间大盘指数下跌近35%。在此之前，如图11-5所示，创业板指数从2015-06-04就提前开始下跌，到2015-07-08跌幅达到43%以上。

图11-4　大盘短期趋势图

图11-5　创业板指数走势图

第二个技巧就是人弃我取。由于创业板的资金量比较小，因此很容易受到资金的炒作而导致股价非理性上涨。投资者在短线操作中要避免追涨已经涨幅很高的股票，反而要注意品种类似的其他滞涨股票。主力在进行股票投资时，不会长期在某一只创业板股票上拉升，往往会通过操作不同的股票来获取收益。因此，投资者在创业板形势良好时，要把更多的注意力放在主力炒作不突出的股票上，耐心等待机会并提前埋伏。

第三个技巧是获取新股的短线机会，这种方法适合短线投资者。新股上市首日，由于没有10%的涨跌停限制，往往存在博短线的机会。这种机会可以通过观察新股上市的换手率来判断。一般来说，新股换手率接近60%时，主力资金才会有拉高股价脱离成本区的动作。

新股开盘之后的5～15分钟，即上午9:35～9:45的时间段，主力会趁散户在观望的时机介入。投资者通过这段时间换手率及股价的走势，可以推断出主力是否介入。一旦判断主力介入，投资者可以快速跟进，博得一个短线获利的良机。尤其是前三笔成交换手率达到5%，或者前10分钟换手率达到20%左右的股票，都值得关注。

新股开盘的短线机会还可以通过分时线来判断。上市首日的创业板股票，如果开盘之后的第一个5分钟或第三个5分钟收阳线，则后市还会有机会。这种情况下投资者可以逢低介入，做短线获利。而若第一个和第三个5分钟K线都收阴线，则该股短线基本上没有行情。

通过分时线判断的方法如图11-6所示。在大智慧股票分析软件中，进入该股票的分析页面，然后在页面上方第二行中点击“分时图”后面的倒三角，将分时图切换到5分钟图。此时可以直接查看该股票的第一个或第三个5分钟K线是收阳还是收阴。

图11-6 分时分析示意图

第四个技巧就是看主力成本。判断主力成本区的方法可以通过观察成交量来判断。一般来说，成交量明显集中位置的均价线，就可以看成主力的成本区，如图11-7所示。股价在成本区上下10%之内的位置，都有很大的介入价值。投资者可以选择合理的价位进入，耐心等待主力抬升股价。

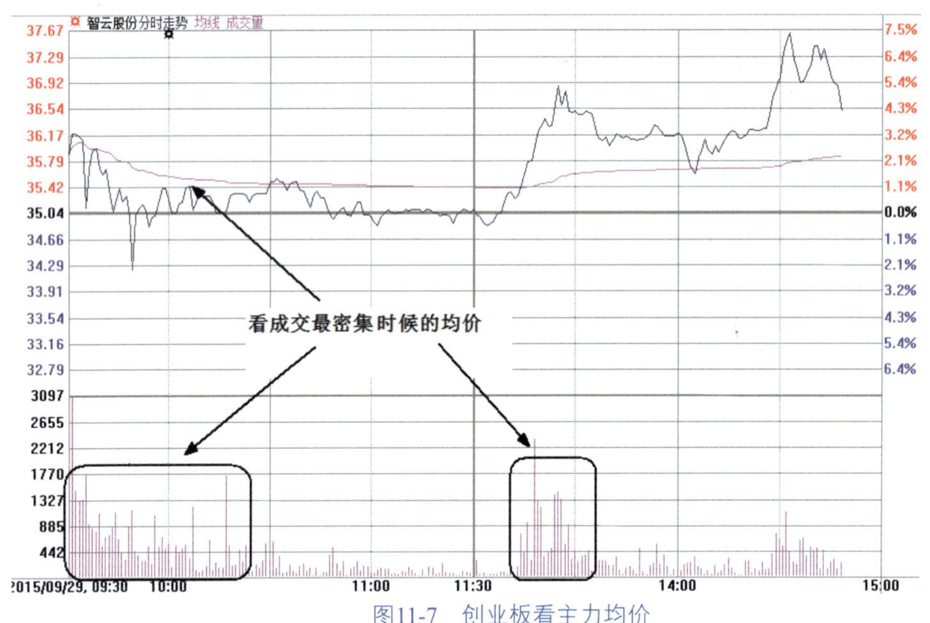

图11-7 创业板看主力均价

图11-7中显示的是当日的成本均价，投资者可分析成交量密集的价格波动范围，然后取一个均值作为日买点选择的参考。投资者若为了进一步提高买点的准确率，可以在日线甚至周线中按照类似方法进行选择。

炒股

第12章 股指期货与融资融券

2010年，A股市场先后开通了股指期货与融资融券业务，前者是以某种股票为基础资产的标准化的期货合约，而后者是指券商为投资者提供融资和融券交易。股指期货与融资融券的操作与股票有着较大的区别，投资者可以从本章的描述中对此进行研究并判断是否符合自己的投资需求。

12.1 股指期货基本介绍

股指期货交易中，买卖双方交易的是一定时期后的股票指数价格水平。合约到期后，股指期货通过现金结算差价的方式来交割。股指期货的推出，是为了满足不同风险偏好的投资者选择适合自己策略的交易方式，也为投资者进行证券理财提供了更多的渠道。

12.1.1 股指期货的概念

股指期货又叫股价指数期货，其全称为股票价格指数期货。股指期货是指以股价指数为标的物的标准化期货合约，即买卖双方约定在未来的某个特定日期，按照事先约定股价的股价指数的大小，在约定期限后通过现金结算差价来进行交割。股指期货属于期货交易的一种类型，它的特征和流程与普通的商品期货完全相同。

股指期货的推出可以满足三个作用。

第一，股指期货可以用于股票投资组合的风险管理，用于防范系统性风险，即可以通过套期保值等方法来防范大盘的系统性风险。

第二，股指期货可用于套利，即通过股指期货定价的偏差，买入股指期货标的指数成份股并同时卖出股指期货，或者通过卖空股指期货标的指数成份股的同时买入股指期货，从而获得无风险收益。

第三，股指期货可用作杠杆性的投资工具。由于股指期货采用保证金交易制度，投资者只要判断方向正确，即可以获得很高的收益。相应地，这种制度也导致股指期货的操作风险要比股票更大。举例来说，如果保证金为10%，则投资者买入1张沪深300指数期货后，若股指期货上涨了3%，则相对于保证金来说，投资者即可获利30%；相反，若投资者判断方向错误，则亏损比例也会高达30%。

国内的股指期货于2010年2月20日正式推出。2010年2月22日9时起，投资者可开始开户申请，4月16日起股指期货正式上市交易。

12.1.2 股指期货与股票的区别

股指期货与股票存在着较大的区别，主要体现在以下五个方面。

第一，股指期货合约有到期日，不能无限期持有。股票在买入后可一直持有，一般情况下股票数量不会减少，除非发生送股、退市等情况。而股指期货有到期日的概念，到期时会自动摘牌。因此，在进行股指期货投资时，需要注意合约到期日，以决定是提前了结头寸还是等合约到期，或者把头寸转到下一个月。这里的头寸指的是投资者所持有的股指期货量。

第二，股指期货采用保证金交易制度，需要每天结算。股指期货合约采用保证金交易，只要付出合约面值10%～15%的资金就可以买卖一张合约。这种杠杆性的交易制度在提高盈利空间的同时也加大了风险性。因此，股指期货需要每日结算盈亏。这一点与股票不同，投资者所买入的股票再卖出前是不结算账面盈亏的。股指期货每天需要按结算价对投资者所持有的合约进行结算，盈利的部分可以取走，但账面亏损需要第二天开盘前补齐，即通常所说的追加保证金。由于保证金只是一个比例，因此，甚至可能会出现亏损金额超过保证金数值的情况，这一点与股票也是不同的。

第三，股指期货可以卖空盈利，而股票只能通过股价上涨盈利。股指期货合约可以非常方便地卖空交易，价格下跌时再买入，其操作比股票、融券交易要简单得多。而投资者买入股票后，只有当股价上涨才可以获得利益。股指期货卖空后，若合约价格下跌，则投资者获利；若合约价格上涨，则投资者需要面对损失。

第四，股指期货实行现金交割交易。股指期货在交割时只计算盈亏，但不转移实物。投资者在合约的交割期不需要买卖相应的股票，直接以现金进行交易，

第五，股指期货与股票的影响因素有区别。股票分析包括两种手段，即基本面分析和技术分析。投资者在进行股票投资时，可能根据自己的投资周期侧重于不同的分析方法；而股指期货则更多地受宏观经济状况的影响。因此，股指期货更侧重于基本面分析。

12.1.3 股指期货交易制度

股指期货交易的基本制度主要包括以下七项内容。

第一，保证金制度。保证金是投资者履行期货合约的财力保证，期货市场中保证金是必须缴纳的。国内的股指期货市场中，按照沪深300股指期货合约的通知，中金所规定股指期货近月合约的保证金为15%，远月合约保证金为18%。

第二，每日无负债结算制度。期货交易所需要依据每日市场的价格波动，对投资者所持有的合约计算盈亏，并划转保证金账户中的资金。期货交易实行的是分级结算，即交易所首先对结算会员进行结算，结算会员再对非结算会员及其客户进行结算。交易所在当日交易结束后，按结算价算出所有非平仓合约的盈亏、交易保证金、手续费、税金等费用，划转所有的应收应付款项，并增加或减少会员的结算准备金。

结算后若发现会员的保证金不足，则交易所会即刻通知会员追加保证金。会员得到交易所通知的结算结果后，再根据此结果对非会员及客户进行结算。若客户的保证金不足，则期货公司会即刻通知客户追加保证金。

第三，价格限制制度。股指期货也采用涨跌停板限制制度，即期货合约在一个交易日中的价格波动不得高于或低于涨跌停板。涨跌停板的基准价格是上一交易日的结算价。国内目前对股指期货与股票的规定一样，涨跌停板的限制分别为正负10%。

第四，持仓限额制度。持仓限额制度是为了防范市场操纵或投资者买入合约过于集中，导致风险过大。现仓数量是指交易所规定投资者可以持有的、按单边计算的合约最大数额。一旦会员或客户的持仓总数超过了限额，交易所可按规定强行平仓或者提高保证金比例。

第五，强行平仓制度。与持仓限额制度、涨跌停板制度一样，强行平仓制度的制定也是为了风险控制。强行平仓是指仓位持有者以外的第三人，即期货交易所或期货经纪公司，强行了解仓位持有者的仓位，又叫被斩仓或被砍仓。强行平仓的原因包括下面四种。

- 交易所会员或客户的交易保证金不足并未在规定时间内补足；
- 交易所会员或客户的持仓量超出持仓限额；

- 交易所会员或客户操作违规；
- 国家政策变化或发生连续涨跌停板。

与强行平仓对应的概念是对冲平仓。所谓对冲平仓，是指期货投资企业在同一期货交易所内通过买入卖出相同交割月份的期货合约，用以了解先前卖出或买入的期货合约。强行平仓时若发生亏损，由交易所会员或客户承担；若发生盈利，则由期货交易所计入营业外收入处理，不再划给违规的会员或客户。若由于国家政策变化或发生连续涨跌停板限制而发生的强行平仓，则盈利将划给会员或客户。

第六，大户报告制度。当投资者的持仓量达到交易所规定的持仓限额时，应通过结算会员或交易会员向交易所或者监管机构报告其资金及持仓状况。

第七，结算担保金制度。结算保证金是由结算会员按照交易所的规定缴存的，用于应对结算会员违约风险的共同担保资金。当结算会员出现违约时，在动用完该违约结算会员缴纳的结算担保金之后，可要求其他会员的结算担保金按比例共同承担该会员的履约责任。结算会员联保几只是为了确保市场在极端行情下也可以正常运作。

结算担保金分基础担保金和变动担保金。前者是结算会员参与结算交割业务必须缴纳的最低担保金数额，后者是结算会员随着结算业务量的增大，必须向交易所追加的担保金部分。

12.1.4 股指期货开户条件

投资者要开通股指期货，必须同时满足下面五个条件。

第一，保证金账户可用余额不低于50万元；

第二，具备股指期货基础知识，进行相关测试且评分不得低于80分；

第三，具有至少10个交易日、20笔以上的股指期货仿真交易记录，或者最近三年内具备10笔以上商品期货交易成交记录；

第四，综合评估表评分不低于70；

第五，不存在严重不良诚信记录；不存在法律、行政法规、规章和交易所业务规则禁止或限制从事股指期货交易的情形。这些禁止或限制情况包括：非国家单位和事业单位，非中国证监会及其派出机构、期货交易所、期货保证金安全存管监控机构和期货业协会工作人员，非证券、期货市场禁入者，可提供开户证明文件，非证监会规定不得从事期货交易的其他单位或个人。

12.1.5 股指期货开户流程

投资者在选中某一个期货公司后，需要进行如下四步方可完成股指期货开户。

- 提供有关文件、证明材料；
- 在准确理解期货公司出具并说明的《风险揭示声明书》和《期货交易规则》之后，在《风险揭示说明书》上签字、盖章。填写客户资信情况登记表和确定交易手续费；
- 期货经纪机构与客户共同签署《客户经纪合同书》；
- 期货经纪机构为客户提供期货账户，此账户须与期货经纪机构的自有基金账户分开。客户须在期货账户中存有足额保证金。

股指期货开户需要提供的材料包括如下5种。

- 银行卡复印件或扫描件1份；
- 身份证扫描件一份；如果是第一代身份证，扫描正面，第二代身份证则扫描正反两面；
- 个人数码大头照，需要500万以上像素且上身尺寸占照片比例的60%；
- 个人客户需提供本人身份证原件及银行卡或存折；
- 机构用户需提供营业执照、税务登记证复印件、组织机构代码证原件复印件、机构法定代表人身份证件原件或加盖机构公章、法定代表人名章的《法人授权委托书》及开户代理人的身份证原件、银行开户许可证，机构授权的指令下单人、资金调拨人、结算单确认人的身份证原件。

图12-1给出了个人及机构用户股指期货开户的简要流程，便于投资者了解。

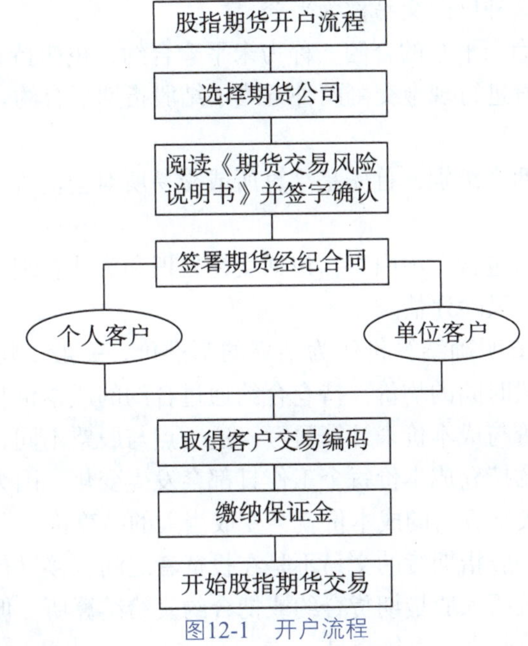

图12-1 开户流程

12.1.6 股指期货运作流程

股指期货的运作主要包括四个方面，即定价、交易、结算和交割。

1. 定价

与其余金融工具的定价原则一样，股指期货合约的定价在不同条件下差异也会比较大。但其真实价格应当与理论价格最终趋向一致，这是定价的基本原则。

影响股指期货合约定价的因素有三个，即标的指数、金融市场上的借款利率和股票市场上的股息收益率。由此可以得出股指期货的简单公式，

股指期货合约定价=（1-借款利率+股市收益率）×标的指数。

需要注意的是，上述计算方法中的借款利率指的是年利率，股市收益率同样指的是年

股息收益率。

从国外股指期货市场的经验来看，实际股指期货价格与理论价格往往存在着一定的偏差。当实际股指期货价格大于理论股指期货价格时，投资者可以买进与股指相关的股票，并卖空股指期货而获利；当实际股指期货价格小于理论股指期货价格时，投资者可以卖出与股指相关的股票，并买多股指期货而获利。这种操作策略即所谓的指数套利。

2. 交易

以前的期货交易都是在交易大厅进行的。现在大多数期货交易则可以方便地通过网络终端进行。投资者可以通过期货公司的网络系统输入买卖指令即可进行交易。

股指期货交易时，买卖双方都需要向结算所缴纳一定的保证金。第一次买入合约称为建立多头头寸，第一次卖出称为建立空头头寸。每天的头寸都需要当日结算，即所谓的逐日盯市。建立多头头寸和建立空头头寸可统称为开仓。

投资者开仓后的合约不一定非得持有到期，在到期前的任何时候都可以通过做反向交易而冲销现有的头寸，这种反向交易称为平仓。

投资者在开仓之后尚未平仓的合约，称为未平仓合约，也叫持仓。未平仓合约可以通过择机平仓或持有到期日进行现金交割两种方式了结股指期货合约。

3. 结算

股指期货的结算分两个级别，首先是结算所或交易所对会员进行结算，之后会员对客户进行结算。

两个级别的计算都需包含三项内容，包括交易处理和头寸管理、财务管理或称盈亏结算、风险管理或称保证金风险评估。

其中盈亏计算时需要明确结算价作为结算的基准价，一般采用的是股指期货合约当天的收盘价或收盘前一段时间的均价。持仓合约通过合约的成本价与结算价比较来计算盈亏；平仓合约则用平仓价与成本价来计算盈亏。这一点与股票不同，持有股票期间成本价是不变的，而股指期货的持仓成本价每个工作日都会发生变化。因为每天的账面盈亏都会结算给投资者，这样当天结算后的成本价就会变成当天的结算价。

从法律意义上来讲，股指期货的交易不是在投资者之间直接进行的，而是经由结算所的过渡。投资者从结算所买入股指期货合约或把合约卖给结算所。但实际运作中结算所是透明的，投资者相当于彼此之间直接交易。

4. 交割

与其他期货一样，合约持仓到期时需要进行交割。与商品期货或国债期货、外汇期货等不同的是，股指期货采用的不是实物交割，而是现金交割。股指期货并不需要交割指数相关的股票组合，而是用标的指数作为结算价，计算盈亏后了结头寸完成交割。

12.2 股指期货分析方法

鉴于股指期货的特殊性，应用普通的股票分析手段进行股指期货分析是难以满足需求的。股指期货的风险性也远高于股票。本节主要介绍了股指期货的分析手段以及风险。

12.2.1 股指期货基本面分析

股指期货的标的物是股票指数，而股票指数是用来反映样本股票价格变动的指标，而股票价格是不断变动的。股指期货的基本面分析与股票的宏观基本面分析类似，主要看下面的5个方面。

1. 宏观经济状况

宏观经济运行良好的情况下，股票价格指数也会呈向上的趋势；而宏观经济萎靡，则股票价格指数通常也会呈不断下跌的趋势。

2. 利率、汇率变化

一般来讲，利率提高，则股票价格指数会走低；利率降低，则股票价格指数会走高。其原因在于，当利率提高时，投资者会倾向于把存款、债券等作为投资方式，股票市场中的资金会减少，从而导致指数走低；反之，利率降低时，投资者更倾向于把股票作为投资对象，以抵消通胀带来的资产贬值。利率的变化影响股指走势的另外一个原因在于，利率作为宏观调控的手段，给投资者送出不同的信号。这种信号变化会影响投资者的心理预期，从而导致股价指数的变动。

汇率的变化对股指的影响与利率类似。当本币升值时，进口相关的企业利润会上升，其股价会走高并带动股指变化；当本币贬值时，出口相关的企业利润会上升，其股价会走高并带动相关股指的变化。

3. 资金情况及通胀水平

当股票市场中资金量大时，股指往往会走高；反之则会走低。譬如，当货币供应量增加时，社会中的闲置资金会倾向于证券投资，从而导致股指走高；而若货币供应量减少，则股票市场中资金量也会减少，因而导致股指走低。

通胀水平过高也会导致股指下跌，其原因在于国家往往会提高利率以应对通货膨胀的压力，而利率提高会导致股指走低。这一点与原油价格对股指的影响类似，原油价格走高时，企业生产成本会提高，利率则会相应地降低，因此造成相关股票价格下跌，股指走低。

4. 政治因素

股指的走势受很多政治事件的影响，如战争、政变、金融危机等。政局的稳定是股指健康发展的首要前提，因为政局稳定人民会对经济前景充满信心，投资者乐于进行证券等投资来获取收益；若发生战争、政变、金融危机等突发事件时，投资者更倾向于更加稳定安全的投资产品，例如存款、黄金等。

5. 政策变化

国家的宏观经济金融政策变化，如利率变动、行业政策出台、地域政策出台等，会对整个经济或某些板块产生直接影响。宏观经济环境或某些行业、地域的经济变化又会影响投资者对于相关企业经营前景的预期，从而导致部分或全部股价发生变化，股指因而走低或走高。

大智慧365股票分析软件同样提供了股指期货的分析功能。投资者可以使用F10快捷键进入股指期货的基本资料页面，从中获取股指期货的相关基本资料。

使用大智慧365股票分析软件进行股指期货分析的方法包括如下几个步骤。

（1）登录大智慧365分析软件，将显示如图12-2所示的“365头版”界面。

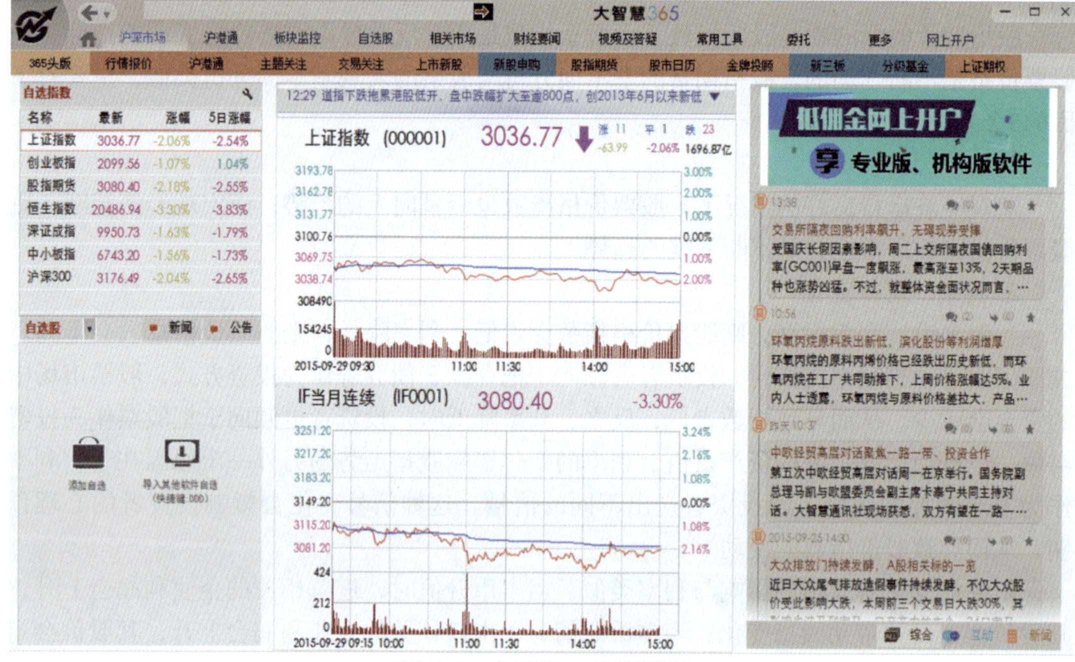

图12-2　大智慧365头版界面

（2）在大智慧365的第二行菜单中单击选择“股指期货”，进入股指期货页面，如图12-3所示。

序号	代码	名称 ●¤	最新	现手	买一价	买一量	卖一价	卖一量	涨跌	涨幅	今开	最高	最低	昨收
1	IF0001	IF当月连续	3084.0	1	3084.4	1	3084.8	3	-65.2	-2.07%	3108.2	3120.0	3048.8	3150.0
2	IF0002	IF下月连续	2998.2	1	2992.6	1	3009.0	1	-73.2	-2.38%	3050.0	3050.0	2971.8	3070.0
3	IF0003	IF下季连续	2942.0	1	2940.2	3	2942.0	2	-85.0	-2.81%	3000.0	3000.0	2912.2	3024.8
4	IF0004	IF隔季连续	2872.0	100	2869.2	1	2880.0	1	-78.4	-2.66%	2894.2	2911.0	2846.6	2940.4
5	IF1510	IF1510 ¤	3084.0	1	3084.4	1	3084.8	3	-65.2	-2.07%	3108.2	3120.0	3048.8	3150.0
6	IF1511	IF1511 ¤	2998.2	1	2992.6	1	3009.0	1	-73.2	-2.38%	3050.0	3050.0	2971.8	3070.0
7	IF1512	IF1512 ¤	2942.0	1	2940.2	3	2942.0	2	-85.0	-2.81%	3000.0	3000.0	2912.2	3024.8
8	IF1603	IF1603 ¤	2872.0	100	2869.2	1	2880.0	1	-78.4	-2.66%	2894.2	2911.0	2846.6	2940.4
9	IH0001	IH当月连续	2086.4	2	2086.0	2	2086.4	2	-47.8	-2.24%	2111.0	2114.2	2066.4	2136.2
10	IH0002	IH下月连续	2050.0	55	2047.2	1	2055.8	1	-48.4	-2.31%	2063.6	2076.8	2040.0	2094.6
11	IH0003	IH下季连续	2023.8	3	2015.0	1	2018.6	1	-44.0	-2.13%	2050.2	2050.2	2001.8	2069.6
12	IH0004	IH隔季连续	1988.0	1	1983.2	1	1994.8	1	-44.0	-2.17%	2005.2	2007.8	1965.2	2032.0
13	IH1510	IH1510 ¤	2086.4	2	2086.0	2	2086.4	2	-47.8	-2.24%	2111.0	2114.2	2066.4	2136.2
14	IH1511	IH1511 ¤	2050.0	55	2047.2	1	2055.8	1	-48.4	-2.31%	2063.6	2076.8	2040.0	2094.6
15	IH1512	IH1512 ¤	2023.8	3	2015.0	1	2018.6	1	-44.0	-2.13%	2050.2	2050.2	2001.8	2069.6
16	IH1603	IH1603 ¤	1988.0	1	1983.2	1	1994.8	1	-44.0	-2.17%	2005.2	2007.8	1965.2	2032.0
17	IC0001	IC当月连续	5890.6	1	5890.6	1	5895.0	1	-101.4	-1.69%	5950.0	5950.0	5788.2	5994.4
18	IC0002	IC下月连续	5658.4	1	5651.8	1	5670.8	1	-101.4	-1.76%	5680.2	5716.4	5557.2	5768.4
19	IC0003	IC下季连续	5504.0	3	5499.4	1	5504.0	2	-113.0	-2.01%	5563.4	5568.4	5400.2	5632.6
20	IC0004	IC隔季连续	5220.6	42	5210.0	1	5260.8	1	-133.6	-2.50%	5312.0	5312.0	5160.0	5362.0
21	IC1510	IC1510 ¤	5890.6	1	5890.6	1	5895.0	1	-101.4	-1.69%	5950.0	5950.0	5788.2	5994.4
22	IC1511	IC1511 ¤	5658.4	1	5651.8	1	5670.8	1	-101.4	-1.76%	5680.2	5716.4	5557.2	5768.4
23	IC1512	IC1512 ¤	5504.0	3	5499.4	1	5504.0	2	-113.0	-2.01%	5563.4	5568.4	5400.2	5632.6
24	IC1603	IC1603 ¤	5220.6	42	5210.0	1	5260.8	1	-133.6	-2.50%	5312.0	5312.0	5160.0	5362.0

上证指数 3038.14 ▼62.62 1,696.9亿 深证成指 9949.92 ▼165.63 2,512.1亿 创业板指 2098.57 ▼23.69 841.0亿 S&P/TSX综合指数 13004.58 ▼374

国务院再发72号文支持线上线下融合发展

图12-3　股指期货页面

（3）单击进入具体的股指期货后，可以看到股指期货的分时图；通过F10快捷键，可以进入股指期货的F10资料页面。F10资料中的相关内容如图12-4所示。

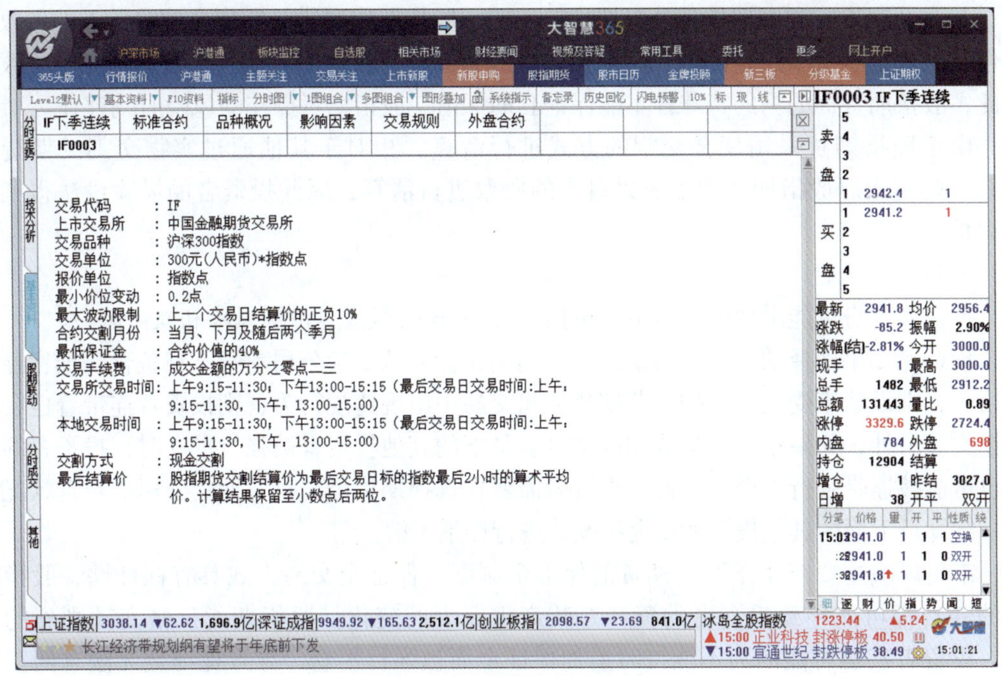

图12-4　股指期货基本资料

F10资料里边含有该股指期货的基本信息、期指说明、影响因素、交易规则、外盘合约、期指常识等几个分类内容。投资者可以通过“期指说明”了解股指期货的基本常识，通过“影响因素”了解股指期货的基本分析因素，通过“交易规则”可了解股指期货的交易规则，通过“外盘合约”可了解相关国外股指期货的合约信息，通过“期指常识”可以学习股指期货的基本知识。

12.2.2　股指期货风险分析

股指期货的风险分析需要从三个方面进行研判，即股指期货特有的风险、投资者风险和套利操作中的风险。

1. 股指期货特有的风险

股指期货除了具备金融衍生品的风险外，还具有一些本身特有的风险，包括基差风险、合约品种差异风险、标的物风险和交割制度风险。

基差是现货价格与其相对应的期货价格的差值。基差的决定因素主要是实际商品的供求关系。由于现货价格和期货价格的趋同性，基差应该趋向于0。但市场波动过大时，则可能出现基差倒挂的异常现象。这种异常的变动表明股指期货的价格信息不能反映真实的价格，将会产生巨大的交易性风险。

当类似的股指期货合约品种，在相同的影响因素下，合约价格变化不同将会产生合约品种风险。其表现主要有两种，一种是合约的价格变动方向相反；另外就是合约的价格变动幅度相差过大。

股指期货标的物的特殊性，导致其特定风险无法完全防范。股指期货的标的物是股指，与商品期货、利率期货和外汇期货等不同，股指期货现货与期货合约数量上的一致性仅仅具备理论意义。这是因为在实际操作中股票品种与权数不可能与指数达到完全一致。因此，股指期货标的物的特殊性不能保证套期保值，股指期货操作的风险时刻存在。

由于股指期货采用现金交割的方式进行清算，相对于其他通过实物交割的期货来说，风险更大。股指期货中不能以对应的股票进行清算，因此投资者的风险没法得到完全评估。

2. 投资者风险

投资者本身可能出现的风险主要包括3个，即连带风险、市场风险和操作风险。

投资者如果选择的期货公司出现法律问题，譬如该期货公司本身不具备合法期货经纪资格等，则没法享受法律保护。若期货公司交易中出现违规行为，则投资者连带着也会受到损失。另外，如果结算会员或相同结算会员下的其他投资者被强行平仓时，投资者的资产也可能被连带强行平仓。因此，投资者需要在选择期货公司时对期货公司的经营状况，同一结算员下面的其他投资者资金状况等进行详细了解。

市场风险主要产生于股指期货的保证金制度。保证金交易方式具有杠杆性，股指微小的变动都可能导致投资者的资产总数产生巨大的变化。股指期货价格变动剧烈的时候，投资者甚至可能因为不能按时追加保证金而被强行平仓，导致保证金无法拿回。因此，投资者在进行股指期货交易时需要保证足够的可追加资金，以应对保证金可能产生的风险。

操作风险主要产生于投资者个人的操作策略上，尤其是仓位选择。当投资者满仓操作时，若反向波动达到1%，就会造成爆仓。投资者需要通过控制最大持仓手数来应对股指期货的杠杆比。从国际股指期货市场上的经验来看，能够保持持久盈利的杠杆比一般位于4：1～20：1之间。投资者最好将自己的杠杆比控制在此范围之内，从而实现操作风险的有效控制。

3. 套利风险

股指期货套利操作中可能出现的风险主要包含5个方面，即保证金追加风险、套利竞争风险、股利发放不确定性风险、成本变动风险和跟踪误差风险。

股指期货采用每日无负债结算制度，当保证金余额不足而投资者未能按时追加时，将会在第二个交易日开盘时被以市价强制平仓或减仓。因此，投资者在进行股指期货套利操作时需要合理调度资金，以避免套利部位提前解除。

依据是否持有现货指数，套利者可分为纯粹套利者和准套利者。准套利者本身已持有合约，不用在套利时临时建立现货头寸，因此成本较低；而纯粹套利者则需要建立现货头寸，其价格区间比纯粹套利者要宽，因而获利难度加大。

上市公司的现金股息也是计算在股指期货套利区间之内的。由于国内股利发放时间没有确定时间的规定，投资者可能错误地判断股利发放时间而导致套利失败。

等待成本和冲击成本很难准确评估，与当日股指期货市场的流动性有很大关联。错误估计成本的变动，可能会导致套利失败。

沪深300指数的跟踪是不确定的，中间有着很大的偶然因素。若指数变动的误差与预估的差别较大，则可能导致套利失败。

12.2.3 股指期货技术分析

股指期货标的物的特性，表明它可以采用与股票类似的技术分析手段。股票分析中的K线、形态分析、交易量、趋势线、移动平均线等同样适用于股指期货。股指期货的技术分析与股票的技术分析基本原理是相同的，股票分析中的KDJ、RSI等指标同样非常适用于股指期货。

12.1.2节中介绍了股指期货与股票的不同点，投资者在使用技术方法分析股指期货时需要注意这些不同点所带来的影响。这些区别主要表现在下面几个方面。

- 成交量：股指期货的成交量是当天的买卖总量，以双向计算。与股票相同的是，股指期货的成交量也是一半为买，一半为卖；不同的是，股指期货的买卖量中可能包含开仓及平仓数值。因此，股指期货的成交量包含了买、卖、开仓、平仓的不同组合的信息，比股票的成交量信息要更复杂。
- 持仓量：股指期货的持仓量是买卖双方没有平仓的头寸的总和，也是双向计算的。持仓量的大小可以揭示投资者参与合约买卖的兴趣，反映了买卖双方的动能情况。持仓量的分析需要与价格变化的分析配合使用。
- K线图：股指期货的价格变动比股票要频繁，因此使用K线图进行分析时，分时图使用的频率要更高。譬如在做T+0时，投资者可以参考5分钟K线图来寻找合适的买卖点。
- 操作方向：股指期货可以通过双向交易来获利，即投资者做多做空都可能获利。因此，投资者需要充分利用双向交易带来的对冲机会，更加方便迅捷地实现止损目标。

新一代大智慧股票分析软件同样提供了股指期货的技术分析功能。投资者可以从主菜单选择进入最新版大智慧的股指期货技术分析页面。

大智慧默认的股指期货技术分析周期为分时，即双击具体的股指期货会首先进入其分时走势图。分时走势图中提供了分时线走势图、价差、价差均线以及股指期货成份股的相关信息，如图12-5所示。

大智慧“技术分析”页面中提供的信息则有所不同。在技术分析页面，大智慧为股指期货分析提供了类似股票分析的均线系统、指标系统，下面默认的两个窗口为“最新动态”和“机构观点”，如图12-6所示。

均线系统和指标系统的使用方法与股票分析时完全一样。只是在具体分析时，投资者需要针对股指期货与股票的不同，选用合适的指标及参数。“最新动态”子窗口提供了大智慧整理的相关资讯，“机构观点”子窗口提供的是市场上主流的期货公司的一些观点。这两个子窗口可以作为投资者很好的买卖参考。

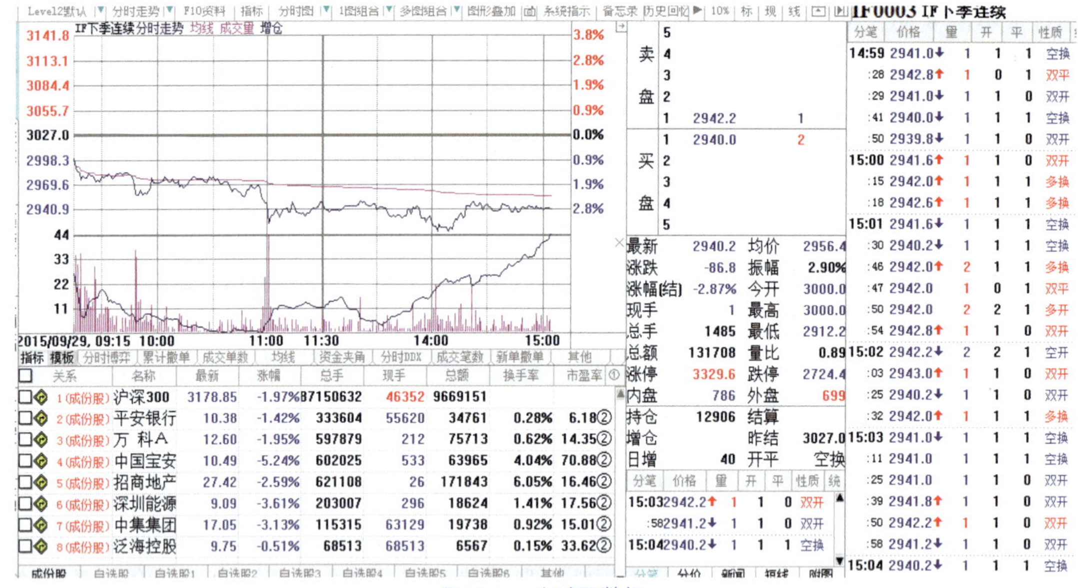

图12-5　分时图数据

图12-6　技术分析页面数据

12.3　股指期货投资技巧

股票投资时获取利润除了获得上市公司的分红配股等回报外，主要是为了赚取股票价格上涨带来的差价，而股指期货则有所不同。鉴于股指期货在指数上涨或下跌时都存在获利的可能，投资者需要根据股指期自身的特点来定制投资策略。

12.3.1 套期保值

套期保值是期货市场产生的根本原因，是期货的主要交易类型之一。通过套期保值，投资者可以有效地规避股市系统性风险，并锁定手头的利润。

并非所有的股票组合都必须进行套期保值，判断是否需要进行套期保值的标准有两个：一个是股票头寸买卖是否灵活，另一个是股票头寸受大盘非系统风险影响是大是小。如果股票组合中股票种类不多，买卖较为方便，则可以不考虑进行套期保值；相应地，如果持有的头寸很大，股票种类比较复杂，或者需要持有的时间很长，则股票组合受非系统性风险影响的力度就会比较大，这时候采用套期保值是很好的选择。

套期保值分为两种，即空头套期保值和多头套期保值。前者适合需要买入股票组合的投资者，通过买入股指期货合约来规避买入股票组合成本的不确定性；而后者适合已经持有股票组合并想卖出股票组合的投资者，这样为了防止大盘下跌造成未来卖出股票时收益减少，可卖出股指期货合约。

在进行套期保值操作时，需要注意合约的选择和套期保值规模的选择。一般来说，应选择月份相同或相近的合约，这样可以一定程度上规避基差风险；合约选择的另一标准是看股指期货合约的成交活跃度，应该选择成交量比较大的合约，以有效地规避流动性风险。综合上面两点来看，成交量活跃的近月合约更适合进行套期保值操作。当合约进入交割期时，投资者可以对合约进行平仓并将保值头寸转到下个活跃合约。

进行套期保值之前需要确定套期保值的规模，即确定买入或卖出的合约数量。套期保值的规模可以通过套期保值比率获得，只要知道了现货对应的股指期货合约数，就可以算出此比率并确定套期保值的规模。

套期保值结束的时间可以通过两种方法来确定。一种方法是在了解现货头寸的同时结束套期保值交易；另外一种方法是，当市场发展趋势符合预期时，可以提前结清头寸结束套期保值。

套期保值也是有风险的，其风险主要体现在两方面。一方面是投资者所需要保值的资产并非股指期货标的物的资产，两者价格走势一般不会完全相同，这种风险称为交叉保值风险；另一方面则是由于套期保值的资产价值与股指期货价格的走势一般不会一样，这就是基差风险。

为了规避基差风险，可以采用保质期限与合约到期日一致或接近的方法；为了规避交叉保值风险，可以选用风险收益比接近的股票组合，与此同时，对风险收益比时刻跟踪，但此比率过低或不稳定的时候即时调整股票组合。

12.3.2 投机交易

投机交易是最符合股指期货高风险高回报的交易方式。这里的投机交易，是指利用商品或金融资产价格的波动，从而进行风险性投资的行为。股指期货的投机交易主要有两种方式。

第一种方式较为简单，即投资者通过预测合约价格走势，在看涨时买进合约，看跌时卖出合约，从而获取价差收益。譬如当投资者判断市场价格向上时，则可买入合约并利用其杠杆效应获取较大利益。

第二种方式较为保守，即利用指数间的差价来获利。譬如投资者判断地产市道将向上，则可投入较多仓位到地产分类的股指期货上。或者可以采用长期指数合约与短期指数合约搭配的方式来进行，也可以一定程度上降低风险。比如投资者认为股价指数长期向好，但对短期指数合约没信心，则可以长期合约和短期合约搭配买入。

股指期货的投机交易很好地诠释了风险越大收益越大的特点。当采用较为保守的方式，风险降低的同时回报率也可能会减低。

与套期保值不同，投机交易需要投资者主动承担价格变动的风险。投资者在进行投机交易时要判断自己的风险承受能力，慎重操作。

另外一个与套期保值的不同在于，投机交易一般不会进行交割。这种情况下投资者关心的是合约价格变动的趋势及幅度，而不会关心实际的标的物。进行投机交易的投资者一般会选择在合约到期前即将合约平仓。

12.3.3 套利交易

股指期货的套利，指的是利用股指期货与股票现货两个市场，或者股指期货不同合约的价差变化，在相关市场或相关合约间反向交易，从而有效利用价差的变化而获利的交易行为。

与套期保值、投机交易等方式相比，套利交易的风险相对较低，因为套利交易时投资者不关注单个合约的绝对价格水平，从而规避了价格波动剧烈时单向交易的风险；另外套利交易更适合机构投资者，因为需要资金量大，且需要投资者对不同的期货市场、不同合约有深入的了解。

套利交易主要分为两种类型，一种是期限套利，即在期货与现货之间套利；另外一种是价差交易，即在不同月份、不同品种或不同市场之间进行套利。

期限套利的依据是股指期货合约与股指期货标的物指数之间的价差。当股指期货合约与现货之间的价差到达一定程度时，投资者可买进低估资产，同时卖出高估资产。由于合约与现货的价格有趋向一致性的特点，投资者可在两者的价差达到正常水平时反方向操作，从而获得较稳定的收益。

价差交易可细分为三种，即跨期套利、跨品种套利和跨市套利。跨期交易是指投资者可根据同一品种的合约，利用不同交割月份的合约之间的价差进行套利；跨市场套利时指投资者在不同交易所的同一品种的合约上利用价差进行套利的行为；而跨品种套利则是指投资者利用同一交割月份，但标的指数不同的合约上，利用价差套利的行为。

套利交易与套期保值适用的情形不一样。套期保值更适合期货市场与现货市场价格走势一致时；而套利交易则适合期货与现货之间，或者期货合约之间的价差出现不合理的差值幅度时。当价差越大时，套利交易所可能获得利润就越大。

12.4 融资融券基本介绍

融资融券的推出，为投资者进行证券市场投资提供了更多的便利和可能，但高利润伴随着的也是更高的风险。投资者需要了解融资融券的概念和准入机制，并考察自己的风险承受能力等，判断是否适合参与融资融券投资。

12.4.1 融资融券的概念

融资融券，指的是投资者以抵押保证金的方式，从证券公司借取资金或证券进行市场交易。投资者从证券公司借取资金买入证券或借取证券卖出的交易行为，就称为融资融券交易，又叫信用交易。与股指期货类似，融资证券从本质上来说也属于一种保证金杠杆交易模式，投资者既可以做多，也可以做空。

1. 融资融券的两种交易

融资证券交易分为融资交易和融券交易两种。前者从证券公司借取的是资金，后者借取的是证券。示意图如图12-7所示。

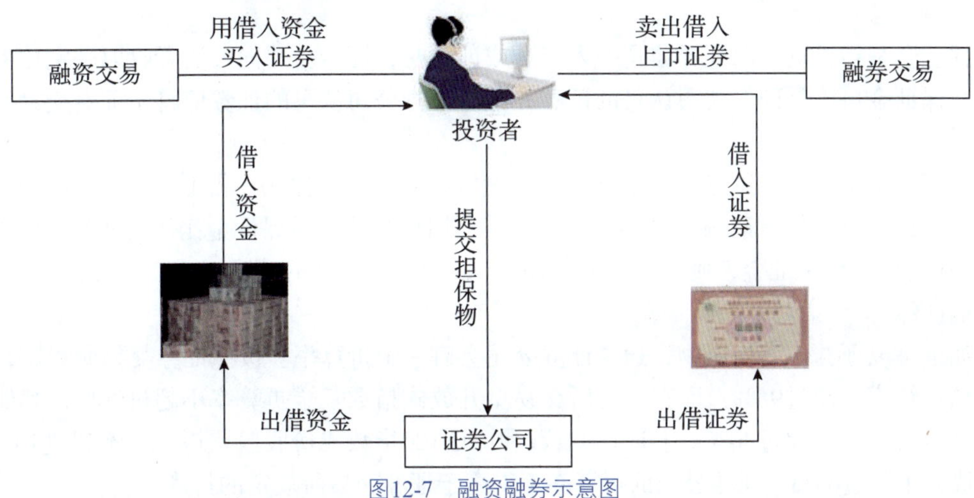

图12-7 融资融券示意图

融资交易时，投资者以保证金作抵押，从证券公司融入一定的资金来买入证券，然后在规定的时间内偿还资金。需要注意的是，按照《融资融券试点交易实施法则》的规定，投资者在进行融资交易时，保证金不得低于总资金的50%。

融券交易时，投资者以保证金作抵押，从证券公司融入证券，并择机卖出证券偿还借款。融券卖出的申报价格不得低于卖出时的最新成交价。按照《融资融券试点交易实施法则》中的规定，投资者在进行融券交易时的保证金比例也不得少于50%。

融资融券的担保品包括现金、上证所挂牌交易基金、债券、股票等几种类型。其中作为担保品的股票、基金、债券等必须满足相关要求。

投资者与证券公司确定融资融券交易之前，证券公司需要对投资者的身份、财产状况、证券投资经验以及风险偏好等情况进行评估，不满足相关要求的投资者将不能进行融资融券交易。

融资融券交易有两大交易规则。其一是期限不得超过6个月，即投资者在上证所进行融资融券交易的期限不得超过6个月；其二是保证金比例不得低于50%，即融资交易时融资保证金比例不低于50%，融券交易时融券保证金比例不得低于50%。

2. 标的证券

标的证券是投资人融入资金可买入的证券和证券公司可对投资者融出的证券。标的证券限于其认可的上市股票、证券投资基金、债券及其他证券。

随着融资融券业务的发展，标的证券也在不断增多。

2011-12-05，融资融券标的物由原来的90只扩容至深沪交易所共有278只股票及7只交易所交易型开放式指数基金（ETF）。

到2015-09-30为止，沪市融资融券标的证券已达508只（含14只ETF基金），而融资融券可充抵保证金证券（包括债券、股票等）已达3892只，具体数据可参考上海证券交易所官方网站公布的数据。

到2015-09-30为止，深市融资融券标的证券已达405只（包含主板、中小板、创业板的股票和ETF基金）。

3. 保证金

保证金是指投资者向证券公司融入资金或证券时，证券公司向投资者收取一定比例的资金，保证金可以是证券公司认可的证券充抵，证券公司认可的证券应符合证券交易所的规定。

按照融资融券交易试点实施细则规定，融资融券保证金比例不得低于50%，例如，某投资者在证券营业部申请融资融券业务后，其信用评级的初始保证金比例为50%，如果信用账户中有1万元保证金，则该投资者可融资买入2万元市值的证券，或者融券卖出2万元市值的证券。

如果是以证券作为担保物，通常证券公司会有一个折算率。按照证券交易所规定，上市国债折算率不超过95%，证券交易所交易型开放式指数基金折算率不超过90%，其他债券和基金折算率不超过80%，上证180指数和深证100指数成份股股票折算率不超过70%，其他股票不超过65%。证券公司的折算率不得高于证券交易所规定的折算率。

例：某投资者信用账户内有100元现金和100元市值的A证券，假设A证券折算率为70%，那么，该投资者信用账户内的保证金金额为170元（100元现金×100%+100元市值×70%）。

4. 保证金可用余额

随着投资者持有股票、担保物的价格不断变化，投资者的保证金在每个交易日都是动态变化的，证券公司每天都会计算投资的保证金可用余额。

保证金可用余额是指投资者用于充抵保证金的现金、证券市值及融资融券交易产生的浮盈折算后形成的保证金总额，减去投资者未了结融资融券交易已占用保证金和相关利息、费用的余额。保证金可用余额由以下四部分组成。

1. 作为保证金的现金。投资者信用资金账户内的现金由作为保证金的现金和融券卖出所得现金两部分组成，其中融券卖出所得现金只能用于买券还券，不能作为保证金。

2. 充抵保证金的证券。投资者信用证券账户内的证券由充抵保证金的证券和融资买入证券两部分组成，其中充抵保证金证券部分直接经折算后计入保证金可用余额。

3. 融资融券交易产生的浮盈部分。融资融券交易产生的浮盈经折算后可计入保证金总额，融资融券交易形成浮亏的，浮亏金额需全额从保证金可用余额中扣减。

4. 未了结融资融券交易已占用保证金部分。

投资者进行每一笔融资买入或融券卖出时所使用的保证金应以其保证金可用余额为限。其计算公式为：

保证金可用余额＝现金+∑（充抵保证金的证券市值×折算率）+∑［（融资买入证券市值－融资买入金额）×折算率］+∑［（融券卖出金额－融券卖出证券市值）×折算率］－∑融券卖出金额－∑融资买入证券金额×融资保证金比例－∑融券卖出证券市值×融券保证金比例－利息及费用

其中，折算率是指融资买入、融券卖出证券对应的折算率，当融资买入证券市值低于融资买入金额或融券卖出证券市值高于融券卖出金额时，折算率按100%计算。

值得注意的是，在计算保证金可用余额时，投资者已了结融资融券关系的，涉及的融资买入证券或融券卖出所得资金记入可充抵保证金部分，对于部分了结融资融券关系的，证券公司可以按比例将涉及的融资买入证券或融券卖出所得资金记入可充抵保证金部分。

12.4.2 融资融券对证券市场的影响

融资融券的推出，存在着三个方面的意义。

首先，它可以有效地提高市场资金的流动性。融资融券的杠杆性可以放大资金的使用效率，并且可以为银行中的资金转移到股市提供了一条新的途径。

其次，融资融券可以活跃交易，并且存在着价格发现功能，融资融券投资者可以更敏锐地响应市场中趋势的变化，可以对证券市场中的合理定价、信息发现起到促进作用。

第三，融资融券为投资者提供了新的盈利模式。融券投资者可以按照两种方向来交易，这样投资者在市场下跌的时候也可以盈利。而融资投资者可以使用融资融券的杠杆原理，更加有效地利用资金并借机获取更大的收益。

相对而言，融资融券也存在着一些负面的影响，主要体现在两个方面。

第一，融资融券可能助涨助跌。融资融券投资者可能会为了扩大自己的收益而放大市场中涨跌趋势的力度，从而扩大了市场波动的范围。

第二，融资融券可能加大金融体系的风险。由于融资融券时，投资者是从证券公司借入资金或证券来操作，若借入的资金或证券不能按时偿还时，则系统性风险会加大。

12.4.3 融资融券与股指期货的关联

股指期货与融资融券之间是相互促进的。若没有融资融券业务，则股指期货的做空获利就会受到投资者资金量的制约。同时，融资融券可对股指期货引起的市场波动起到制衡的作用。当市场中做空或做多的某一方过度投机，引起股价波动太大时，融资融券投资者会选择反向操作，这样可以使得股价波动在正常范围内。

相应地，股指期货也可以为融资证券的发展起到推动作用。融资融券同样会起助涨助跌的作用，当投资者单方面操作时，股价的波动范围会过大，从而引起市场中的非理性操作，此时股指期货的反向操作可以起到平抑作用。同时，股指期货本身的价格发现功能可以对融资融券业务起到有效地引导，使得融资融券交易更理性和科学。

融资融券和股指期货并非必须同时推出，但二者的共存可以互相有效地规避风险。而事实上，融资融券业务也不能完全取代股指期货的存在意义。

融资融券更适合规避某只股票的下跌风险，对于市场中系统性风险的规避作用则不明显。股指期货的标的物是指数，其对应的是一系列的股票组合。这种情况下，融资融券没法照应到股票组合中的每一只股票，系统性风险的规避只能通过股指期货的风险控制机制来完成。

12.4.4 融资融券开户流程

融资融券交易风险较大，且投资者与证券公司之间除了证券代理买卖的关系之外，还存在着借贷、信托、担保等复杂的法律关系。因此，其开户流程比普通的证券开户更复杂，对投资者的准入要求也更高。融资融券的开户流程主要包括6个步骤。

1. 确定证券公司

投资者需要首先确认证券公司及营业部是否具备融资融券业务的资格。证券公司的融资融券业务资格必须是中国证监会批准的，2010年3月19日证监会公布的融资融券试点券商只有6家，包括国泰君安证券、国信证券、中信证券、光大证券、海通证券和广发证券。

2. 确定符合准入条件并递交申请材料

融资融券业务对投资者的财产情况、专业水平、投资能力、风险习惯等都有要求，每家证券公司的具体要求可能不一样，但要求的基本内容都差不多。这些基本要求包括法律法规要求、账户存在时间的要求（一般为开通账户18个月以上且无不良记录）、账户内资产要求（一般至少为50万元）、风险承受能力要求等。

投资者需要递交的材料包括融资融券业务申请表、身份证、普通证券账户卡、金融资产证明、个人信用报告、持有公司限售股票申请表等。

3. 投资者培训、业务及心理测试

证券公司或营业部需要对投资者进行融资融券业务及相关风险的培训，之后对投资者进行心理、业务和风险三方面的测试。测试通过的客户才会进行后面的步骤。

4. 征信审核

证券公司在授权投资者融资融券交易前，需要对投资者进行征信，即对投资者递交的资格申请材料进行审查并确定授信额度。根据证监会的相关要求，授信额度一般最高为投资者金融资产的50%。

5. 签订融资融券合同、开立信用账户

证券公司和营业部在为投资者讲解融资融券合同及风险揭示书之后，将和投资者签署合同，之后开立信用账户。一般来讲，信用账户的审批需要5～6个工作日，有的证券公司

甚至需要11个工作日。

6. 转入担保物，进行融资融券交易

融资融券投资者需要开通上海、深圳两个交易账户。开通后投资者需将担保物转入交易账户，账户被激活后方可交易。

融资融券账户的开通流程可参考图12-8。

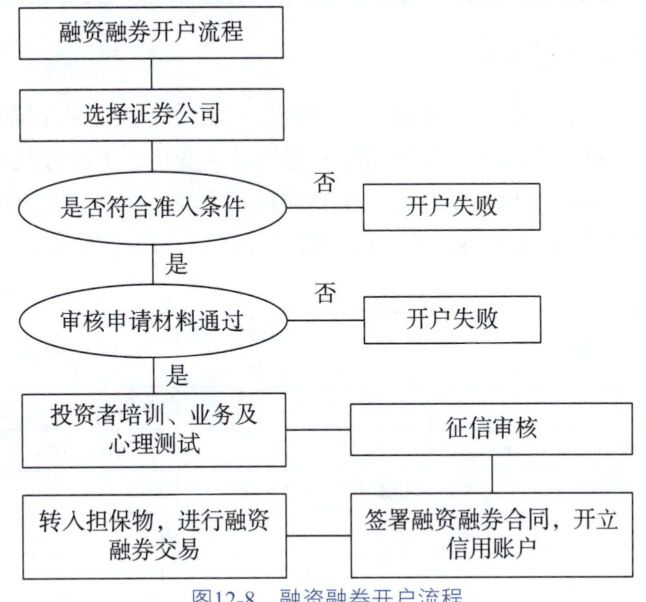

图12-8 融资融券开户流程

12.5 融资融券操作案例

投资者在进行融资融券操作时，除了对交易的股票进行技术分析之外，还需要随时关注证券公司的补仓、平仓通知，防止担保物维持比例超过规定的下限而被证券公司强制平仓，从而造成不可挽回的损失。本节以一个具体案例介绍在融资融券操作过程需要注意的一些重点事项。

12.5.1 开户和保证金

投资者要做融资融券交易，经过证券公司资格审核后开立信用资金账户和信用证券账户，并向信用证券账户中转入浦发银行50万股；向信用资金账户转入资金500万元。

投资者开设融资融券业务的证券公司规定授信时的初始保证金比例为100%，融资保证金比例为100%，融券保证金比例为200%，最低维持担保比例为130%；根据证券交易所公布折算率，浦发银行折算率为70%，证券公司对折算比率不做调整，计算中融资融券的利息和费用忽略不计。

首先，投资者担保品的折算价值如表12-1所示。

表12-1 担保物折算价值

担保物名称	数量	价格	价值	折算率	折算后价值
浦发银行	50万股	10元	500万元	70%	350万元
现金	500万元		500万元	100%	500万元
合计					850万元

12.5.2 融资融券交易

投资者开设好融资融券账户，并转入相应担保物之后，就可在保证金额度内进行交易了。每笔交易之后，投资者的保证金可用余额都会发生变化，下面分几种情况介绍。

1. 假设投资者以40元的价格融资买入中兴通信10万股。执行该笔交易前，保证金可用余额为850万元。执行该笔交易后保证金可用余额计算如表12–2所示。

表12-2 交易后保证金可用余额

项目	保证金增加/减少	数值	结果/万元
现金	+	500万元	500
∑（充抵保证金的证券市值×折算率）	+	50×10×70%	350
∑[（融资买入证券市值-融资买入金额）×折算率]	+	0	0
∑[（融券卖出金额-融券卖出证券市值）×折算率]	+	0	0
∑融券卖出金额	-	0	0
∑融资买入证券金额×融资保证金比例	-	40×10×100%	400
∑融券卖出证券市值×融券保证金比例	-	0	0
利息及费用		0	0
保证金可用余额			450

从表12–2可看出，投资者此时保证金可用余额为450万元。

此时，投资者账户的维持担保比例为：

$$\text{维持担保比例}=\frac{\text{现金+信用证券账户内证券市值}}{\text{融资金额+融券卖出证券数量}\times\text{当时市价+利息及费用总和}}$$

$$=\frac{500+50\times10+40\times10}{400+0+0}$$

$$=\frac{1400}{400}$$

$$=350\%$$

2. 投资者又以自有资金500万元，以5元/股的价格买入宝钢100万股，买入后保证金可用余额计算如表12–3所示。

表12-3 交易后保证金可用余额

项目	保证金增加/减少	数值	结果/万元
现金	+	0	0
∑（充抵保证金的证券市值×折算率）	+	50×10×70%+5×100×70%	700
∑[（融资买入证券市值-融资买入金额）×折算率]	+	0	0
∑[（融券卖出金额-融券卖出证券市值）×折算率]	+	0	0
∑融券卖出金额	-	0	0
∑融资买入证券金额×融资保证金比例	-	40×10×100%	400
∑融券卖出证券市值×融券保证金比例	-	0	0
利息及费用		0	0
保证金可用余额			300

从表12-2可看出，投资者此时保证金可用余额为300万元。

此时，投资者账户的维持担保比例为：

$$
\begin{aligned}
\text{维持担保比例} &= \frac{\text{现金+信用证券账户内证券市值}}{\text{融资金额+融券卖出证券数量}\times\text{当时市价+利息及费用总和}} \\
&= \frac{50\times 10+40\times 10+5\times 100}{400+0+0} \\
&= \frac{1400}{400} \\
&=350\%
\end{aligned}
$$

本次操作由于使用的是自有资金，操作后虽然保证金余额有变化，但维持担保比例却没有变化。

3. 投资者以10元每股的价格，融券卖出深发展15万股，卖出后保证金可用余额计算如表12-4所示。

表12-4 交易后保证金可用余额

项目	保证金增加/减少	数值	结果/万元
现金	+	150	150
∑（充抵保证金的证券市值×折算率）	+	50×10×70%+5×100×70%	700
∑[（融资买入证券市值-融资买入金额）×折算率]	+	0	0
∑[（融券卖出金额-融券卖出证券市值）×折算率]	+	0	0
∑融券卖出金额	-	150	150
∑融资买入证券金额×融资保证金比例	-	40×10×100%	400
∑融券卖出证券市值×融券保证金比例	-	150×200%	300
利息及费用		0	0
保证金可用余额			0

从表12–2可看出，投资者此时保证金可用余额为300万元。

此时，投资者账户的维持担保比例为：

$$
\begin{aligned}
维持担保比例 &= \frac{现金+信用证券账户内证券市值}{融资金额+融券卖出证券数量\times当时市价+利息及费用总和} \\
&= \frac{150+50\times10+40\times10+5\times100}{400+150+0} \\
&= \frac{1550}{550} \\
&= 281.8\%
\end{aligned}
$$

此时，投资者的授信额度还剩300万元（850－400–150），可是，由于保证金可用余额已经为0，剩余的授信额度就不能使用了。

12.5.3　证券公司补仓通知

投资者持有以上仓位一段时间之后，突然接到证券公司要求补仓的通知。这时，由于股票价格出现变化，投资者持仓情况如表12–5所示。

表12-5　持仓情况

证券名称	数量（万股）	原价（元）	现价（元）	价值（万元）	折算率	折算后价值（万元）
浦发银行	50	10	6	300	70%	210
中兴通信	10	40	25	250	70%	175
宝钢股份	100	5	3	300	70%	210
深发展	-15	10	25			
现金	150			150	100%	150
费用	-10			-10		

经过一段时间，证券公司收取投资者融资利息和融券费用合计为10万元。根据表12–5的持仓情况，计算出投资者的维持担保比例：

$$
\begin{aligned}
维持担保比例 &= \frac{现金+信用证券账户内证券市值}{融资金额+融券卖出证券数量\times当时市价+利息及费用总和} \\
&= \frac{150+50\times6+10\times25+100\times3}{400+15\times25+10} \\
&= \frac{1000}{785} \\
&= 127.4\%
\end{aligned}
$$

由于投资者的维持担保比例已经低于130%，因此，证券公司发出了补仓通知。

接到通知后，投资者必须尽快（在合同约定的时间内）进行操作，将维持担保比例提高到150%以上，否则就会被证券公司强制平仓。

这时，投资者可采用向账户中增加现金的方式，也可以采用卖出证券还款的方式来提高维持担保比例。如果投资者采用向账户中增加现金的方式，假设转入现金值为M，则

$$150\% \leq \frac{\text{现金}+\text{原信用证券账户内证券市值}+M}{\text{融资金额}+\text{融券卖出证券数量}\times\text{当时市价}+\text{利息及费用总和}}$$

M =（融资金额+融券卖出证券数量×当时市价+利息及费用总和）×150%

−（现金+信用证券账户内证券市值）

=785×150%−1000

=177.5

转入现金177.5万元之后，投资者保证金可用余额如表12-6所示。

表12-6　可用保证金余额

项目	保证金增加/减少	数值	结果
现金	+	327.5	327.5
∑（充抵保证金的证券市值×折算率）	+	50×6×70%+3×100×70%	420
∑[（融资买入证券市值-融资买入金额）×折算率]	+	10×（25-40）	-150
∑[（融券卖出金额-融券卖出证券市值）×折算率]	+	15×（10-25）	-125
∑融券卖出金额	-	150	150
∑融资买入证券金额×融资保证金比例	-	40×10×100%	400
∑融券卖出证券市值×融券保证金比例	-	375×200%	750
利息及费用		10	10
保证金可用余额			-537.5

若采用卖出证券还款的方式提高维持担保比例，假设需卖出证券金额为S，则可通过以下公式计算：

$$150\% \leq \frac{\text{现金}+\text{原信用证券账户内证券市值}-S}{\text{融资金额}+\text{融券卖出证券数量}\times\text{当时市价}+\text{利息及费用总和}-S}$$

S=355

现在投资者持仓中没有一只股票的价值超过355万元，因此需要卖出两只以上的股票才能让维持担保比例达到要求。这时，投资者以6元/股全部卖出浦发银行50万股，以25元/股卖出中兴通信3万股，共计获取375万元，用于还款。还款后保证金可用余额计算如表12-7所示。

表12-7　可用保证金余额

项目	保证金增加/减少	数值	结果
现金	+	150	150
∑（充抵保证金的证券市值×折算率）	+	3×10×70%+25×6.375×70%	321.56
∑[（融资买入证券市值—融资买入金额）×折算率]	+	0.625×（25-40）×1	-9.375
∑[（融券卖出金额—融券卖出证券市值）×折算率]	+	15×（10-25）×1	-225
∑融券卖出金额	-	150	150
∑融资买入证券金额×融资保证金比例	-	40×0.625×100%	25
∑融券卖出证券市值×融券保证金比例	-	375×200%	750
利息及费用		10	10
保证金可用余额			-697.82

提示，在卖券还款375万元后，投资者融资余额为25万元，按中兴通信买入时每股40元计，剩余7万股中兴通信中，其中0.625万股为融资买入（25万元/40元=0.625），其余6.375万股（7-0.625）为可充抵保证金证券，这6.375万股可充抵保证金证券的价值为25×6.375×70%=111.5625万元。

卖出后，账户的维持担保比例为：

$$
\begin{aligned}
\text{维持担保比例} &= \frac{\text{现金+信用证券账户内证券市值}}{\text{融资金额+融券卖出证券数量}\times\text{当时市价+利息及费用总和}} \\
&= \frac{150+100\times3+7\times25}{(400-375)+15\times25+10} \\
&= \frac{625}{405} \\
&= 154.3\%
\end{aligned}
$$

本次操作的计算有点复杂，这里再对上面公式的计算进行一些说明：

信用证券账户内证券市值，包括现在持仓两只股票，分别是100万股宝钢股份，现价3元每股，中兴通信原持仓10万股，本次操作卖出3万股，还剩7万股，现价25元每股。

融资金额，原为400万元，本次卖券还款375万元，现在融资余额就是25万元。

融券卖出的是深发展，融券卖出证券数量×当时市价，数量为15万股，市价为25元每股。

卖券还款之后，投资才得授信额度余额为850-25-375=450万元。由于保证金可用余额为-697.82万元，因此可以融资或融券金额为0万元。

12.5.4 证券公司强制平仓

强制平仓有两种情况：一种是维持担保比例不足进行的强制平仓，另一种是到期强制平仓。

1. 维持担保比例不足进行的强制平仓

如果投资者在合同约定的时间内未补缴担保品，使维持担保比例大于150%，证券公司将根据合同约定对投资者信用账户内资产予以平仓。

例如，平仓前投资者信用账户的持仓情况如表12-5所示。

如果证券公司与投资者约定的平仓方式为平仓至投资者归还所有负债，则证券公司进行如下平仓操作：

此时融资利息和融券费用共计20万元，深发展股价为25元。

投资者需偿还融资款400万元，偿还融券深发展15万股，按25元买入价计算为375万元，融资利息和融券费用为20万元，合计负债为400+375+20万元，扣除账户内现金150万元，因此共需要卖出价值795-150=645万元的证券。

证券公司发出强制平仓指令，卖出中兴通信10万股，卖出价格为25元，获得250万元；卖出浦发银行50万股，价格6元，获得300万元；卖出宝钢316700股，价格3元，获取95.01万元；买券还券深发展，数量15万股，价格25元。指令执行后，归还所有债务后，投资者账户剩余宝钢股份68.33万股和1000元现金。

强制平仓后，投资账户市值为1000+68.33万股×3=205.09万元。

2. 到期强制平仓

投资者到期未偿还融资金额或融券数量的，证券公司自下个交易日开始对投资者信用账户内的担保品进行强制平仓处理（融资的卖出证券，融券的则买入融券品种）

如证券公司与投资者约定的平仓方式为平仓至投资者归还所有负债，证券公司进行与前例基本相似的操作，在扣除全部负债后，剩余部分资产留存于投资者信用账户内。

炒股

第13章 基金买卖的技巧

证券市场上，基金是与股票一样备受关注的另一种理财产品。基金种类繁多，不同的基金适合不同的投资者。本章内容主要讨论不同的基金类型的概念以及相应的投资技巧。

13.1 基金相关概念

基金从操作模式、开通方式以及佣金、收益等方面都与股票有着较大的区别。本节主要讲述基金的概念、开通方式、获利方式以及需要支付的各种手续费。

13.1.1 基金的概念与种类

基金是指通过发行基金的单位将投资者分散的资金集中在一起，由专业的托管人和管理人进行托管、管理、运作、投资，从而使资本得到增值，而投资收益归持有资金的投资者所有，托管机构则收取一定比例的托管管理费用。

基金是以“基金单位”为单位的，在基金初次发行时，基金总额被划分为若干等额的整数份，每一份就是一个基金单位。

由于基金托管公司的运作人员都是比较专业的投资专家，相对股票来说，基金投资风险要低一些。另外，基金托管公司往往会把基金投资到股票、债券、现金等多个领域，进一步分散了基金的风险。此外，基金要求的最低投资量一般比较少，基金投资的门槛也比较低。基金投资中有下面几个术语。

- 基金认购，指的是在该基金募集期内，投资者申请购买基金的行为。
- 基金申购，指的是基金合同生效后，投资者申请购买基金的行为。
- 基金赎回，指的是基金持有人按合同规定的条件向基金管理人申请卖出所持有的基金的行为。
- 基金转换，指的是开放式基金持有人将持有的基金转换为同一家基金管理机构管理的另外一只开放式基金的行为。
- 开放日，指的是投资者办理基金申购、赎回等业务的工作日。
- T日，指的是销售机构在规定时间内受理申购、赎回、基金转换等交易的申请日。
- 基金封闭期，指的是开放式基金成功募集足够资金宣告合同生效后的一个不接受投资人赎回基金份额申请的时间段。在这段时间内，基金不能赎回。在《证券投资基金管理办法》中有规定，基金封闭期不得超过3个月。
- 基金拆分，指的是在保持投资者资产总值不变的前提下，改变基金份额净值和基金总份额的对应关系从而重新计算资金资产的一种方式。
- QFII，合格的境外机构投资者制度。简单来讲，就是对外资有限度地开放国内证券市场，让合格的境外机构投资者，在一定规定下汇入一定的外汇资金，并转换为本地货币进行投资的开放模式。
- 套期保值，指的是改变基金的投资类型，以保证资金不减少。比如把股票基金转换为货币基金以规避股市风险。

基金按照不同的标准可以划分为如下几类。

- 按照基金规模和基金存续期限的可变性可分为开放式基金和封闭式基金。开放式基金的发行总额不固定，基金单位总数随时可能增减；而封闭式基金都是事先确定发行总额，在封闭期内基金单位总数不变。由于封闭式基金的收益主要来自二级市场的买卖差价和年底分红，其风险来自二级市场和基金管理人；而开放式基金的收益主要来自赎回价和申购价之间的差价，其风险仅来自基金管理人。

- 根据基金的组织形式可分为公司型基金和合契约型基金。公司型基金在组织形式上类似于股份公司；而契约型基金由基金管理人、基金托管人和投资者三方通过订立信托契约产生，又叫信托型投资基金。我国现在基金的设立均为契约型基金。
- 根据基金的募集方式可分为公募基金和私募基金。公募基金就是那些正规的通过审核的基金，其信息可以在交易行情中看到；而私募基金在我国是不合法的。
- 根据基金的风险收益特征可分为成长型基金、平衡型基金和收益型基金。成长型基金的目标在于长期为投资者带来增长，收益较高，风险也较大；收益型基金偏重带来比较稳定的收益，收益不是很高，风险相对也最小；平衡型基金则属于前者的一个平衡。
- 根据基金的投资范围可分为股票基金、债券基金和货币市场基金等。股票型基金投资对象为股票，风险较高，收益也较高；债券型基金投资对象为债券，由于汇率和债券市场价格的变化，债券型基金也有风险的存在；货币市场基金用于投资货币商品，如国债、回购等。
- 根据基金资金的来源可分为在岸基金和离岸基金。在岸基金投资在本国证券市场，而离岸基金发行的对象是境外投资者。我国目前的都是在岸基金。
- 另外还有一些特殊种类的基金。包括投资于可转换公司债券的基金，以市场指数的变化决定投资组合的指数型基金，投资对象为基金中的基金，由子基金汇聚成的三伞形基金，投资对象为相对应的股票的对冲基金等。其中指数型基金现在比较流行。

13.1.2 基金的基本操作

基金操作时包括开户、基金购买、赎回三项内容。

1. 基金开户

基金需要开设的账户包括基金账户和交易账户。其中基金账户又叫“TA账户”，由基金公司开立，用于记录投资者持有基金的份额和结余情况；交易账户是由销售机构开立的，用于记录投资者通过开设机构办理基金买卖变动以及结余情况。

投资者在一家基金管理公司只能开设一个基金账户，但可以在不同的销售机构开设多个交易账户；与之对应的是，投资者在一家销售机构只能开一个交易账户，但可以通过在多个基金公司开立基金账户而购买多个基金。

开放式基金开户包括三个方式。第一种是到直销柜台开户，需要带齐身份证明复印件和该银行的存折，同时需要填写“开放式基金账户申请表”；第二种是在网点柜台，也需要填写“开放式基金申请表”；最后一种是网上开户，这种方式相对比较简单，在要买的基金网站上进行申请即可。

2. 基金购买

对于开放式基金来说，投资者在开通该基金的基金账户之后即可进行认购，认购可以在网上进行或者本人带齐身份证件和基金账户卡到代销网点进行。

同样，基金的申购也可以在网上交易软件中进行或者本人带齐相关资料到网点进行。从申购交易日结束到申购确认一般需要3天时间，之后投资者会接到基金公司的成交确认书。

需要注意的一点是开放式基金在申购时一般会有最低申购额的限制和最高可申购基金份额的限制。

3. 基金赎回

当投资者需要从基金中取回资金或投资者判断基金成长性发生改变时，可以考虑赎回基金。赎回可以通过交易软件进行，一般股票的交易软件都有基金的操作板块，也可以到银行或基金管理公司亲自办理。赎回的价格只有在当日股票市场后才可以确认，有些基金在赎回时需要征收一定的赎回费用。需要注意的是交易日后的3～5天之后，投资者才能得到基金赎回款。

另外需要注意的是，如果出现不可抗力因素、证券交易所交易时间非正常停市或基金由于巨额赎回导致基金现金支付困难时，基金公司可以拒绝或暂停赎回申请。出现这种情况的话，基金公司需要到证监会备案并走后续延期赎回程序。

4. 基金转换

基金转换是开放式基金的一种常见的操作模式。所谓基金转换，是指在开放式基金的存续期内，投资者可以要求把持有的全部或部分基金转换到同一基金管理人名下的其他开放式基金上。

基金转换比先赎回再申购要节省时间。一般赎回再申购需要花5个工作日，而基金转换2个工作日内即可完成。另外，基金转换的费率一般比申购再赎回的费率要低，而且一般持有时间超过3个月的话转换是免费的。

通过基金转换，投资者可以实现规避风险和提高收益的目标。譬如当股票市场由熊转牛时，投资者可以把手头货币型、债券型等基金转换为股票型基金以提高收益；而当股票市场呈下跌趋势时，投资者可以及时把股票型基金转换为风险较小的货币型基金等以避免风险。

除了针对股票型基金的上述转换方法外，如果投资者发现某只基金具备分红条件，即将进行分红时，也可以及时把手头的基金转换为该基金以取得分红。或者投资者发现某只基金增值能力远胜手头基金，也可以通过转换达到提高收益的目的。

13.1.3 基金的收益与费用

基金的收益来自两方面，一个是基金净值的增长，通过买卖基金的价格差获利；另外一方面就是基金分红，或者叫基金的收益分配。

基金的分红每年至少一次，但分红也有不同的处理方式。一种是现金分红，即分红直接兑现给投资者，另外一种是分红再投资，这种方式，再投资的费用一般是免除的。

基金投资的费用也来自两个方面，一个是一次性费用，另外一个是年度运作费用。

一次性费用包括投资者进行基金认购、申购、赎回、转换等行为产生的服务费用。并非所有的基金都有一次性费用，一次性费用的费率等信息在基金的招募说明书中都会详细说明。

基金的年度运作费用指的是每年发生的基金营运费用，包括管理费、托管费、证券交易费、分红手续费等。这些费用是直接从基金资产中扣除的。目前国内封闭式管理基金管理费费率为1.5%，而开放式股票基金管理费费率为1%～1.5%。国内封闭式基金托管费费率一般为0.25%，开放式基金托管费费率通常会更低一些。

另外，在实际的基金操作中，开放式基金申购费的收费方式分前端收费和后端收费。前者指的是投资者在购买开放式基金时就支付申购费，而后者指的是赎回时才支付申购费。后端收费的方式中，费率一般是持有基金的时间越长则越低，其目的是为了鼓励投资者更长时间地持有基金。由此可以看出，前端收费较为适合短期投资者，后端收费更适合持有基金超过一年的长线投资者。

13.2　基金的选择方法

选择基金作为投资技巧时，其获利方式、买卖方式、持有期限等与股票是有着较大区别的。投资者需要针对基金本身的特点来制定相应的投资策略。在选择基金作为理财产品时，前面讲述的股票基本面分析、技术分析等手段不再适用。投资者需要分析基金本身提供的各种信息和数据来进行选择。

13.2.1　基金选择的原则

随着证券投资行业在国内的发展，现在国内基金的数量和种类也是日益丰富。投资者在选择基金作为理财产品时，首先需要从自己的需求出发明确基金选择的一些基本原则。

首先，需要根据自己的收益目标和风险承受能力选择相应的基金类型。譬如，如果投资者希望追求长期稳定低风险的收益，可以选择平衡型基金；如果希望获得相对较短时间的高收益且风险承受能力强的话，可以考虑成长型基金。对于青壮年投资者来说，风险承受能力强，可以选择风险大时间长的基金；而对于老年投资者来说，风险承受能力小，同时投资期限不会过长，可以选择安全保值且周期不太长的平衡型基金以及债券型基金。

另外，在投资者进行基金选择的时候，必须了解基金的投资组合。基金经理可能把基金投资于不同的理财产品，通过分析其投资组合，可以了解基金经理的投资策略。这样结合自己对这些投资策略的分析判断，可以形成自己对该基金的成长型预判。

第三个就是在基金选择的时候一定要对基金经理有比较充分的了解。基金最终是由基金经理来运作的，优秀的基金经理可以帮你把资金运作到好的机会，给你带来丰厚的回报。完全有可能出现这种情况，一只基金以往表现良好，但更换了基金经理后业绩出现下滑，这就是基金经理操控水平的差异。

另外，在基金选择的时候，还要看基金信息披露是否充分，以及基金收费是否合理。

13.2.2　基金管理公司及基金经理人的选择

基金管理公司是专业的、合法的管理基金资产以使之升值的机构。基金管理公司必须符合《证券投资基金法》和《公司法》的有关规定，譬如基金管理公司的注册资本不得低于1亿元人民币，取得基金从业资格的人数不少于法定人数等。在选择基金管理公司的时候，可以参考如下几个方面。

首先，要看基金管理公司的综合实力。这个综合实力可以从旗下基金的数量是否在增多，旗下基金的规模是否足够大和基金成立的时间是否足够长三方面来看。不断推出新的基金产品且基金产品在较长的时间内可以有较好收益的基金公司，表明其团队是有较强的经营能力的，可信度比较高。

按照上面所述的方法选出一部分公司之后，可以进一步细化地看公司的经营情况。包括看公司经营的基金业绩如何、产品线结构是否合理，甚至公司的管理流程是否清晰科学、公司的财务指标是否有吸引力等。这样通过公司信息的细化，可以做出进一步的筛选。

通过前面两步选出的基金管理公司，可以通过对基金管理层的判断做出进一步的筛选。首先看基金管理层是否稳定，管理层人员的流动性是不是过高。流动性过高的基金公司内部往往有一些问题，可以排除。如上步骤进行完之后，就要判断剩余的基金管理公司中基金管理人的能力了。

基金公司一般对基金经理人的定位是责权统一，作为基金掌舵手的基金经理人对基金的发展空间极为重要。基金经理人一般需要具备比较全面的基本面分析能力，有良好的道德操守并具有一定远见，另外基金经理人最好经历过牛熊二市，这样对于不同的行情都能驾驭。在实际分析中，建议投资者通过不同的渠道多了解基金经理人以往的业绩以及口碑，比如可以通过身边投资过基金的人来咨询，或者通过网络、基金管理公司、代销银行等渠道看哪些基金经理人以往业绩较好。

13.2.3 基金信息研究

基金相关的信息可以从基金管理公司网站、基金宣传资料、基金代销银行、证监会制定的报纸（如《中国证券报》《证券时报》）、证监会制定的信息网站（如上海证券交易所网站www.sse.com.cn和深圳证券交易所网站www.sse.org.cn）等来获取。

一般来讲，基金信息公开披露的信息包括招募说明书、定期报告、年度报告、中期报告、基金投资组合报告、每个基金单位净值报告等。当一些临时性的重大事项发生时还会披露临时报告。投资者可以定期关注这些报告，从而判断基金未来可能会受到的影响。

上述报告中，招募说明书是在发行前公布；年度报告是在基金会计年度结束后的90日内公告；中期报告是在基金会计年度前6个月结束后的60日以内公告。每个基金单位净值公告封闭式基金和开放式基金有所不同，前者是周报，周六公布；后者是日报，次日公布前一日的数据。基金投资组合公告是每3个月公告一次。无论何时，只要有可能对基金投资人利益及基金单位净值产生重大影响的事件发生，按规定都要立即公告。

其中招募说明书对于投资者来说尤其重要，它是投资者了解基金的第一手资料。在阅读招募说明书的时候，需要考虑以下几点。第一，该基金的投资策略与自己的计划是否契合？第二，该基金的投资策略和投资风险是否在自己可承受范围之内？第三，该基金及基金经理人以往业绩是否值得信任？第四，该基金的费用是否合理？通过招募说明书，投资者可以对基金作一个评判以助于最终基金的选择。

在大智慧365股票分析软件中也可以很方便地查看基金的功能。通过大智慧有两个方式来看基金，第一个是进入大智慧的“行情”界面，单击下方选择“上证指数”（也可能显示为其他项）右侧的向下三角形，将显示如图13-1所示的列表，在这里可选择查看开放基金、ETF基金等的行情、财务指标、统计数据、指标等详细信息。也可以在大智慧中直接输入基金代码进入某基金页面查看该基金的具体信息。

序号	代码	名称	最新	涨跌	涨幅	总手	现手	昨收	今开	最高	最低	委买价	委卖价	涨速	总额
1	510010	治理ETF	0.913	-0.015	-1.62%	1592	1592	0.928	0.911	0.936	0.911	0.913	0.919	-0.76%	14
2	510020	超大ETF	2.109	-0.025	-1.17%	167	167	2.134	2.060	2.119	2.060	2.071	2.109	-0.05%	3
3	510030	价值ETF	3.583	-0.117	-3.16%	77	77	3.700	3.600	3.600	3.583	3.583	3.654		2
4	510050	50ETF	2.127	-0.047	-2.16%	1238567	1238567	2.174	2.152	2.154	2.119	2.127	2.128		26
5	510060	央企ETF	1.570	-0.034	-2.12%	10962	10962	1.604	1.600	1.600	1.565	1.570	1.572		
6	510070	民企ETF	1.550	-0.031	-1.96%	756	756	1.581	1.566	1.566	1.548	1.549	1.552	0.06%	11
7	510090	责任ETF	1.146	-0.125	-9.83%	493	493	1.271	1.144	1.251	1.144	1.146	1.248	-8.39%	6
8	510110	周期ETF	2.735	+0.008	0.29%	538	538	2.727	2.735	2.740	2.734	2.735	2.789	-0.11%	14
9	510120	非周ETF			3.22%	215	215	2.612	2.612	2.696	2.593	2.603	2.674	0.04%	5
10	510130	中盘ETF			-0.90%	36	36	3.543	3.525	3.542	3.460	3.460	3.503	0.20%	1
11	510150	消费ETF			-4.00%	23	23	3.729	3.580	3.580	3.580	3.580	3.797		0
12	510160	小康ETF			-2.80%	15006	15006	0.500	0.498	0.498	0.485	0.486	0.488	-0.41%	73
13	510170	商品ETF			-2.12%	359	359	1.700	1.633	1.664	1.633	1.637	1.664	1.77%	5
14	510180	180ETF			-1.94%	64534	64534	2.881	2.851	2.858	2.817	2.826	2.827	0.04%	1
15	510190	龙头ETF			0.65%	107	107	3.068	2.919	3.093	2.919	2.965	3.080	4.61%	3
16	510210	综指ETF			-2.19%	109	109	3.290	3.203	3.303	3.203	3.218	3.291	-2.57%	3
17	510220	中小ETF			-2.21%	288	288	3.940	3.900	3.902	3.852	3.852	3.900	-0.18%	11
18	510230	金融ETF			-1.79%	11530	11530	4.690	4.633	4.646	4.573	4.605	4.606	0.13%	
19	510260	新兴ETF			-2.77%	766	766	1.121	1.105	1.116	1.089	1.089	1.110	-1.89%	8
20	510270	国企ETF			-0.72%	226	226	0.977	0.940	0.977	0.940	0.957	0.970	1.57%	2
21	510280	成长ETF			2.62%	6109	6109	1.184	1.171	1.215	1.171	1.178	1.215		74
22	510290	380ETF			-2.60%	10062	10062	1.500	1.481	1.489	1.457	1.462	1.466	-0.20%	
23	510300	300ETF			-1.93%	732167	732167	3.262	3.224	3.233	3.180	3.198	3.199	0.13%	23
24	510310	HS300ETF			-1.14%	6510	6510	1.314	1.301	1.329	1.289	1.293	1.299	-0.08%	84

图13-1　大智慧查看基金的功能

在顶层菜单单击选择“相关市场”，然后在下方的二级菜单中单击“基金”查看基金列表。还可以在搜索框中输入FUND将显示如图13-2所示的基金列表，在下方显示了各种类型的基金，单击即可查看相应分类的基金列表。

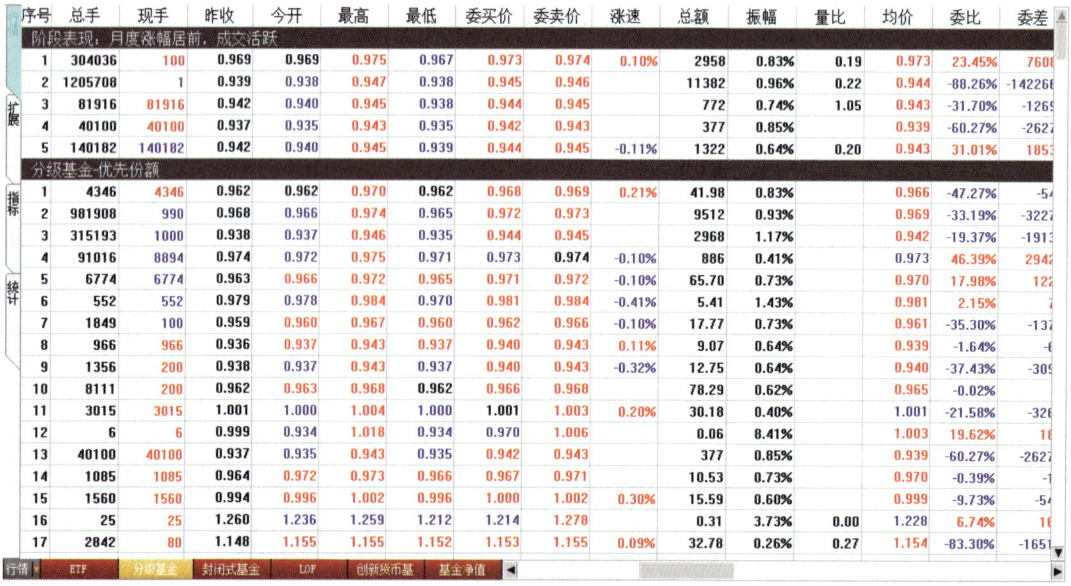

序号	总手	现手	昨收	今开	最高	最低	委买价	委卖价	涨速	总额	振幅	量比	均价	委比	委差
阶段表现：月度涨幅居前，成交活跃															
1	304036	100	0.969	0.969	0.975	0.967	0.973	0.974	0.10%	2958	0.83%	0.19	0.973	23.45%	7608
2	1205708	1	0.939	0.938	0.947	0.938	0.945	0.946		11382	0.96%	0.22	0.944	-88.26%	-142266
3	81916	81916	0.942	0.940	0.945	0.938	0.944	0.945		772	0.74%	1.05	0.943	-31.70%	-1269
4	40100	40100	0.937	0.935	0.943	0.935	0.942	0.943		377	0.85%		0.939	-60.27%	-2627
5	140182	140182	0.942	0.940	0.945	0.939	0.944	0.945	-0.11%	1322	0.64%	0.20	0.943	31.01%	1853
分级基金-优先份额															
1	4346	4346	0.962	0.962	0.970	0.962	0.968	0.969	0.21%	41.98	0.83%		0.966	-47.27%	-54
2	981908	990	0.968	0.966	0.974	0.965	0.972	0.973		9512	0.93%		0.969	-33.19%	-3227
3	315193	1000	0.938	0.937	0.946	0.935	0.944	0.945		2968	1.17%		0.942	-19.37%	-1913
4	91016	8894	0.974	0.972	0.975	0.971	0.973	0.974	-0.10%	886	0.41%		0.973	46.39%	2942
5	6774	6774	0.963	0.966	0.972	0.965	0.971	0.972	-0.10%	65.70	0.73%		0.970	17.98%	122
6	552	552	0.979	0.978	0.984	0.970	0.981	0.984	-0.41%	5.41	1.43%		0.981	2.15%	7
7	1849	100	0.959	0.960	0.967	0.960	0.962	0.966	-0.10%	17.77	0.73%		0.961	-35.30%	-137
8	966	966	0.936	0.937	0.943	0.937	0.940	0.943	0.11%	9.07	0.64%		0.939	-1.64%	-6
9	1356	200	0.938	0.937	0.943	0.937	0.940	0.943	-0.32%	12.75	0.64%		0.940	-37.43%	-309
10	8111	200	0.962	0.963	0.968	0.962	0.966	0.968		78.29	0.62%		0.965	-0.02%	
11	3015	3015	1.001	1.000	1.004	1.000	1.001	1.003	0.20%	30.18	0.40%		1.001	-21.58%	-326
12	6	6	0.999	0.934	1.018	0.934	0.970	1.006		0.06	8.41%		1.003	19.62%	18
13	40100	40100	0.937	0.935	0.943	0.935	0.942	0.943		377	0.85%		0.939	-60.27%	-2627
14	1085	1085	0.964	0.972	0.973	0.966	0.967	0.971		10.53	0.73%		0.970	-0.39%	-1
15	1560	1560	0.994	0.996	1.002	0.996	1.000	1.002	0.30%	15.59	0.60%		0.999	-9.73%	-54
16	25	25	1.260	1.236	1.259	1.212	1.214	1.278		0.31	3.73%	0.00	1.228	6.74%	16
17	2842	80	1.148	1.155	1.155	1.152	1.153	1.155	0.09%	32.78	0.26%	0.27	1.154	-83.30%	-1651

图13-2　大智慧查看基金的功能

13.2.4 新老基金的对比

市场上投资者普遍的看法是买老基金要好一些，因为经过时间的检验，可以通过以往的业绩作对比，而没有经过市场检验的新基金风险则相对大一些。不过这里我们有不同的看法，不能笼统地就说老基金比新基金更有优势。

对于新老基金的选择来说，首先要看的是市场处于何种状态。如果股市处于牛市，则购买老基金收益会更高，而如果市场处于熊市，购买新基金则更有优势。新基金从募集开始，需要两个月左右的建仓时间，如果在此期间市场正好是牛市，则投资者就损失了获得收益的机会，这就是牛市买老基金的理由。而相对地，如果市场在此期间处于下跌行情，则新基金可以通过延缓建仓以有效规避，同时可以通过申购新股、投资债券等其他产品来获取较为安全的收益。这也就是我们建议熊市买新基金的原因。

老基金的缺点在于已经有了较大的涨幅，申购费也会比新基金高，其优点在于基金管理人经历了不同的市场行情，投资能力得到验证，便于投资者选择。相对来讲，新基金申购费用低一些，但投资者选择的难度也更大。新老基金各有利弊，投资者一方面要根据投资市场所处的格局进行选择。另外，对于具体基金的选择要按照前述方法对基金进行详细地研究。

13.2.5 合理的基金组合

在投资市场上有一句话，“不要把鸡蛋放在一个篮子里边。”投资者在进行基金投资时，为了降低风险同时保证稳定收益，可以构建自己的一个基金组合。

这里讲的基金组合包含两层含义。第一，配置不同类型的基金类别，譬如股票型基金、配置型基金、债券型基金和货币型基金等。第二，规定不同基金类别的比例并根据市场的不同行情调整该比例，譬如在股票牛市时，可以把更多的资金放在股票型基金中；而当股市行情风险较大时，降低股票型基金的比例而提高债券型基金、货币型基金等安全性更高的基金上。

构建基金组合的第一步是确定自己的投资目标和投资期限。这个投资目标包括自己想要达到的合理资产增值目标，自己的投资期限以及风险承受能力分析。确定了自己的投资目标后，可以选定自己想要组合的基金。对于不同的投资者来说，投资组合中包含业绩稳定风险较小的基金类型都是必要的，因为它可以平衡市场的风险，并且可以获得长期稳定收益。

在自己构建好资金组合后，需要定期对投资组合进行监控和分析。市场总是不断变化的，最初拟定的投资组合往往过一段时间就不是最佳组合了。如果发现现有资产配置带来的收益比目标收益偏离超过10%，就要对投资组合进行调整。投资者可以每半年或每个季度对投资组合进行观察以确定投资组合的有效性。

13.3 不同基金的投资技巧

基金的种类比较多，市场上常见的基金就包括指数型基金、基金定投、货币市场基金、保本基金、LOF基金和ETF基金等等。不同基金的投资对象不同，其风险与收益也不同。投资者需要针对各种基金本身的特点设定相应的投资技巧。

13.3.1 指数型基金的投资技巧

指数型基金是一种按照证券价格指数编制投资组合产生的基金产品，它的净值表现与该特定指数一致，收益随着价格指数变动。

指数型基金的优点是收益相对稳定，投资成本一般较低，另外由于投资者可以直接看到证券价格指数，其业绩也较为透明。相对地，指数型基金也有基于其特性的风险。当股价上升时，指数型基金往往有不错的表现，但当股价震荡向下时，由于基金中所标的股票都是代表性的股票，指数型基金可能下跌的比一般基金管理的基金要更多。这也是由于指数型基金一经选定后其价格被动的由对应的证券价格指数决定而导致的。

指数型基金比较适合没有太多精力花费在关注基金变动的投资者，因为它是被动投资，选定后完全根据证券价格指数的变动而变动。

投资者在选取指数型基金时，首先要跟踪基金相对应的指数，因为指数的变动直接影响个人的收益。指数基金对应的指数在招募说明书中都会说明。比如现有的上证50ETF基金对应的是上证50指数，华安180基金跟踪的是上证180指数。

除此之外，投资者还应该关注指数基金在基金的投资对象中所占的比例。国内现有的很多指数基金并不完全是纯粹的指数基金，除本身跟踪的指数外，还会进行一些积极投资，或称主动投资。投资者需要了解这部分主动投资所占的比重，并进行考察。

如果是购买已经发行了一段时间的指数基金，投资者还应该观察在较长的时间内，指数基金与指数的变动之间存在的误差大小，如果指数涨幅大于基金应得的涨幅，说明指数所对应的标的不准确，这种基金也要排除。

除了上面针对指数型基金的几个要点外，投资者还要对基金公司、基金经理人等信息进行考察以提高投资准确率。

13.3.2 基金定投的投资技巧

基金定投，全称基金定期定额投资，是最适合工薪阶层的基金投资方式。它的操作类似保险中“分期投保、长期受益”的方法，每隔一段时间——通常为一个月——投资到某一只开放式基金或某一个基金组合固定的金额。

所以说基金定投是最适合工薪阶层的基金投资方式，一方面是因为这种方式不需要一次性投入大量资金，只需要定期存入不降低生活质量的金额；另一方面，由于资金是分散存入的，风险会有效地降低。

选择基金定投的基金时，首先要选择基金累计净值增长率稳定良好的基金。

基金净值增长率=（份额累计净值-单位面值）÷单位面值。

由这个公式可以看到，时间较长的基金的净值增长率会比较准确。

另外，刚上市不久的基金一般增长率会比时间较久的同类基金低一些。

另外，在选择基金定投时需要根据自己的具体情况来确定。首先是定期投资额度需要跟个人的财务状况相匹配，不宜选取定期投资额度过高的基金。其次，选取基金定投时要符合个人预期的投资期限。国内目前的基金定投一般期限为3年或5年，有的甚至不约定具体期限。投资者选定合适年限的基金后，可以在网上银行进行存款以节省时间。另外一般参与基金定投的投资者会被要求办理一张银行卡用于每月自动扣款以参与基金定投。

由于基金定投的时间一般是3年以上，投资者在选择基金定投作为理财产品时，一定要坚持长期投资的理念，这样才能与基金定投的投资产品相吻合以获得最大收益。另外基金定投的产品18个月是一个周期，长期理财可以实现复利效果。

如果投资者在基金定投的投资过程中出现财务上的紧急状况，可以申请主动退出，此后基金公司经确认会停止扣款。另外需要注意的是，如果超出基金规定次数未能按时补足申购基金，系统会终止基金定投的投资业务。

定投的基金在投资者赎回后，系统并不会自动终止投资者的定投业务。这种情况下如果投资者的银行卡内还有足够余额，系统仍然后定期扣除约定的款项，直到连续3个月不满足扣款数额系统自动终止。投资者也可以主动到基金网点办理终止定投的手续。

13.3.3 货币市场基金的投资技巧

货币市场基金号称“活定期”，特别适合稳健而风险抵抗力低的投资者。这种基金收益相对来说比较低，但优点在于操作灵活方便，流动性强，且安全性高。

为了进一步提高货币市场基金的操作便捷性，投资者可以直接购买工资卡或资金所属银行代销的货币市场基金。投资者只需要办理该银行的相应银行卡并开通基金交易账户即可通过电话或网络等方式进行购买。尽管如此，这里还是建议投资者在选择货币市场基金时选择规模稳定且产品线完善的基金公司的产品，以进一步保证自己的收益。

衡量货币市场基金收益的标准与别的基金有所不同，这种基金的衡量指标有两个，一个是“每万份基金单位收益”，另一个是“七天收益折合年收益率”。前一个指标是扣除管理费、托管费等费用后投资者获得的绝对收益；而后一个指标是基金公布日之前的7个自然日平均收益折算成的年收益。需要注意的是，尽管货币市场基金是按天计息的，但投资者账户中的基金份额只有在基金收益分配日后才会增加。每家基金公司的基金收益分配日可能都不同，投资者在发现收益没有变化时不必疑惑。

货币市场基金的赎回类似于活期存款。投资者可以随时全部赎回，则在持有基金期间的所有收益会以现金的方式一起返还给投资者。如果投资者赎回部分货币市场基金，则赎回部分的基金在持有期间的收益将累加到基金账户中而不是直接返还给投资者。

13.3.4 保本基金的投资技巧

保本基金并不一定是基金公司必定保证本金安全，也有可能只是保证本金的一定比例不受损失，比如80%。这种基金比较适合风险抵抗力低的投资者，或者在大盘形势不好的情况下这种基金可以有效地保证大部分资金的安全。同时由于保本基金在运作时会拿出一部分资金作为保本资产，只有剩余部分会被基金经理人作为获取收益的资产，其相应地会损失一定程度的利润。如果基金运作失败，投资者会在赎回时得到约定保本的本金；如果基金运作成功，投资者在赎回时也可以得到额外的收益。

保本基金的认购和一般的开放式基金相同，不过一般保本基金都会约定一个保本期限（一般为一年），在此期限内投资者如果赎回将不能享受保本承诺。当然，投资者在过了一定期限后如果选择主动赎回，也可以拿到所获收益。

投资者在选购保本基金时，首先要考察该基金的保本方式。基金保本一般采用两种手段，一种是基金运作前把资金分为两部分，其中保本的一部分会投放到安全性高的定期存款、债券等上面，用剩余资金获取收益。另外一种方式则是寻求第三方担保。

如果投资者选取的是第一种类型的基金，则还要考察收益资产占总资产的比例是否与自己的判断吻合。收益资产所占比重越高，则风险和收益就越大。

无论是采用哪种保本方式，投资者在购买之前都要衡量保本基金公司承诺的保本比例以及基金的保本期限是否满足自己的预期。

13.3.5　LOF基金的投资技巧

LOF是英文Listed Open-Ended Fund，即上市型开放式基金。这种基金在发行结束后，投资者可以把它作为股票一样申购、赎回和买卖。

与传统开放式基金相比，LOF基金费用相对低廉。传统开放式基金的申购、赎回双向费率一般在1.5%以上，而LOF基金的双向费用不高于0.6%。另外LOF基金操作也要简单一些，可以直接像股票一样在交易软件上买卖，而且不像传统的开放式基金交易时间为T+7。

在募集期内购买LOF基金可以到基金公司指定的柜台办理，也可以到开通股东卡和基金账户卡的交易所购买。如果是在募集结束后购买的话，投资者可以通过基金经理人以该基金的当日收市价进行申购。

LOF基金可以实现跟股票一样的T+1交易。投资者可以通过类似于股票的高抛低吸的方法实现套利，即在基金净值和市场价格之间获取价格差。另外LOF基金在出现分红的时候会有资金涌入实现套利，这种情况下二级市场价格往往会大幅上涨，这也是套利的一个好机会。但需要注意的是，分红期的上涨往往跟随着大幅下跌。

需要注意的是，利用LOF基金进行期限内套利还是有一定风险的。当二级市场价格比基金净值高时，则当天申购T+2日卖出可以获得中间差价，这是一种套利方式。但这种套利方式在T+2日二级市场基金价格下跌时，则投资者有可能无法获利。这种情况下不建议投资者赔钱卖出，可以考虑在价格跌到一定程度后继续买入以摊低成本。毕竟基金投资是长线投资，不宜用中短线买卖的方式来操作。同样，这种盘中套现的方式不建议频繁使用。

13.3.6　ETF基金的投资技巧

ETF的英文全称是Exchange Traded Fund，即交易所交易基金，又叫交易型开放式指数基金。EFT基金是费用最低且交易最灵活的指数型基金，它的操作与交易手续与股票完全相同。

由于ETF基金的指数特点，投资者在进行ETF基金投资时，只需要关注相关的指数即可，不用花费精力在股票的挑选上。以易方达50基金为例，投资者只需要关注上证50指数的涨跌，基金本身挑选的即是盈利能力最强的股票。另外，ETF基金的资金门槛比较低，最低可以购买100份，与股票的一手相同。同时，由于风险被均衡在50只股票中，远远小于个股的风险。

不同资金实力的投资者操作ETF的方式有所不同。这种不同体现在一级市场和二级市场的概念上。二级市场与买卖封闭式基金一样，所有的投资者都可以参与进行ETF的交易；而一级市场是进行ETF的申购赎回，金额至少需要100万元，一般适合机构投资者。

ETF基金现在已经是全球增长最快的金融产品，其很大的一个原因就是ETF方便的套利交易。ETF有两种套利方式，即溢价交易套利和折价交易套利。

所谓ETF溢价交易套利，是指当二级市场价格高于净值交易时，投资者可以买入与基金当日公布的股票组合，在一级市场申购ETF基金，然后在交易所卖出相同份额的ETF。由于ETF是在二级市场时溢价交易的，投资者可以获取中间的差价。

而ETF折价交易是指当二级市场价格低于净值交易时，ETF的一级市场参与者可以在二级市场买入ETF，同时在一级市场赎回相同数量的股票组合，并在二级市场卖出赎回的股票。这样投资者就可以利用ETF的折价交易机制从中获利。

ETF和LOF基金的区别主要体现在四个方面。首先，ETF基金本质上是指数型的开放式基金，是被动管理型基金。而LOF基金只是比普通的开放式基金增加了交易所的交易方式，它可能是被动管理型的指数型基金，也有可能是别的主动管理型基金。

另外，在申购赎回时ETF和LOF操作的对象不同。前者操作的是基金份额和股票组合，而后者则是直接交换现金。

相对于ETF基金来说，LOF基金的一级市场和二级市场门槛都很低，普通投资者都可以参与。而ETF基金一级市场上的操作仅限于机构投资者或资金量较大的个人投资者。

ETF和LOF基金的最后一个区别就是两者在二级市场上的净值报价刷新周期不同。ETF基金在交易时间内是15秒钟提供一个基金净值报价，而LOF基金报价则是一个交易日一刷新。

13.3.7 封闭式基金的投资技巧

封闭式基金的“封闭”概念产生于其操作模式。投资者申购封闭式基金后在契约期满之前不能赎回，而只能到证券交易所在投资者之间进行买卖。这种操作模式下，投资者持有的封闭式基金总数是不变的，这就是封闭式基金中“封闭式”的含义。

在封闭式基金的契约期内，基金单位价格与净值一般都是不同的，这便产生了基金折价和基金溢价的概念。当基金单位的价格低于其净值时即为基金折价，反之称为基金溢价。基金溢价往往产生于新基金上市初期，随之往往出现很长时间的基金溢价。

封闭式基金适合寻求收益稳定、风险性小的投资者。它的收益只来自现金分红一种，收益由券商每年一次直接划入投资者基金账户。需要注意的是，如果封闭式基金当年收益为亏损，则不进行收益分配。

相对来说，封闭式基金的操作是最节省投资者时间的，买入之后可以直接不操作，等待分红。投资者只需要在购买之前认真选择基金组合即可。